캠브리지 지침서

# 본회퍼 신학개론

THE CAMBRIDGE COMPANION TO
**DIETRICH BONHOEFFER**

* 옮긴이 주

캠브리지 지침서

# 본회퍼 신학개론

## THE CAMBRIDGE COMPANION TO
## DIETRICH BONHOEFFER

존 W. 드 그루시 편
유석성, 김성복 옮김

종문화사

이 캠브리지 지침서는 독일의 신학자 디트리히 본회퍼(Dietrich Bon-
hoeffer, 1906-1945)의 사상과 유산을 탐구하려는 독자들에게 좋은 길
잡이 역할을 할 것이다. 이 책은, 본회퍼가 다양한 배경을 가진 수많
은 사람들에게 왜 그렇게 매력적인 인물로 남아 있는지를 보여준다.
민족과 신학 그리고 교파가 서로 다른 집필자들이 본회퍼의 생애와
활동, 저작에 대한 유익한 개론과 논평을 제공하여 독자들에게 본회
퍼의 복잡한 사상의 경로를 잘 따라가도록 안내해주고 있다. 그들은
본회퍼가 처했던 정치, 사회, 문화적 상황뿐 아니라 그의 신학을 이해
하기 위해서 없어서는 안 되는 그의 전기(傳記)에 대해서도 설명해 준
다. 본회퍼신학의 주요 주제와 그에 대한 다양한 해석은 독자로 하여
금 가장 매혹적이며 도전적인 사상가 중의 한 사람인 본회퍼와 대화
할 수 있도록 인도해 준다. 이 책에는 연표, 주요 용어 해설, 색인이 있다.

헌정사

에버하르트 베트게(Eberhard Bethge)와 레나테 베트게(Renate Bethge)
내외분께 감사한 마음으로 이 책을 바칩니다.

# 디트리히 본회퍼 신학개론 서문

디트리히 본회퍼(1906.2.4. - 1945.4.9)는 현대신학에 큰 영향을 준 신학자였다. 본회퍼는 행동하는 신앙인이었으며 기독교 평화운동의 선구자였다. 그리스도인이 어떻게 이 세상 속에서 책임 있는 삶을 살아야 하는가를 제시하였다.

본회퍼는 또한 신앙고백적인 삶을 산 신앙인이었다. '예수 그리스도는 오늘 우리에게 있어서 누구인가'를 묻고 그 물음에 정직하게 고백하고, 그 고백한대로 그의 삶을 산 그리스도의 증인이었다. 그가 사형당한 독일 플로센뷔르크에 있는 한 교회의 내부 벽에는 이렇게 새겨져 있다.

"그의 형제들 가운데 예수 그리스도의 증인 디트리히 본회퍼는 1904년 2월4일 브레슬라우에서 출생하여 1945년 4월9일 플로센뷔르크에서 삶을 마감하다."

본회퍼가 1945년 사형에 처형된 후 미국의 라인홀드 니버는 본회퍼를 순교자라고 칭하면서 그의 삶은 '현대의 사도행전'이라고 하였다. 본회퍼는 제2차 세계대전 이후 새로운 신학 형성에 크게 기여했고, 그리스도인과 교회에 예수 그리스도를 따라 바르게 사는 제자의 길과 교회의 참모습을 십자가신학을 통해 제시하였다.

본회퍼는 기독교인이 된다는 것은 "기도하는 것과 사람들 사이에서 정의를 행하는 것"이라 말하였다. 본회퍼 신학은 한마디로 정의와 평화를 위한 그리스도인과 교회의 책임과 의무를 강조한 것이라 말할 수 있다.

그러나 오늘날 본회퍼가 감명을 주는 것은 그의 신학보다 그리스도를 위한 그의 삶과 죽음 때문이다. 그의 순교자적 죽음으로 인해 그의 신학은 더욱더 빛나게 되었다. 본회퍼는 전 세계에서 그리스도의 제자로서 바르게 살고자 하는 사람들에게 귀감이 되고 있다. 본회퍼의 책들은 한국에서도 1970년대 군부 독재시절에 민주화 투쟁을 하다가 감옥으로 간 젊은이들에게 큰 용기와 위안이 되기도 하였다.

본회퍼의 책들은 그동안 20세기 후반기에 신학계와 기독교인의 삶에 큰 영향을 주었다. 특히 『나를 따르라』, 『신도의 공동생활』, 『윤리학』, 『저항과 복종』(옥중서간)은 많은 사람들에게 읽히는 책들이다.

그 동안 독일에서는 그의 저술들이 단행본으로 출판되었고 그 밖에 그의 강연, 설교, 편지 등을 묶어 디트리히 본회퍼 총서(Dietrich Bonhoeffer Gesammelte Schriften I-VI)를 출판하였다. 독일에서는 1986년부터 본회퍼가 쓴 모든 글들을 묶어 16권 8,000페이지에 이르는 디트리히 본회퍼 전집(Dietrich Bonhoeffer Werke)을 출판하여 완간하였다. 미국에서도 본회퍼 전집 영어번역본을 완간하였다. 한국에서는 본회퍼 전집 16권 중에서 본회퍼의 주요 저서 8권을 번역하여 출판하였다. 『성도의 교제』, 『행위와 존재』, 『창조와 타락』, 『그리스도론』, 『나를 따르라』, 『신도의 공동생활』, 『윤리학』, 『저항과 복종』(옥중서간)이다.

영국 캠브리지대학교 출판부에서 『디트리히 본회퍼 지침서』(The Cambridge Companion to Dietrich Bonhoeffer)를 출판하였다. 이 책은 본회퍼 신학을 이해하는데 이름 그대로 지침서가 될 것이다. 본회퍼 신학에 대하여 전문가들이 종합적으로 잘 소개하였다. 본회퍼 신학을 알고자 하는 사람들에게 필독서가 될 것이다. 이 한국 번역 책의 제목은 『디트리히 본회퍼 신학개론』으로 하였다.

이 책은 존 D. 갓시(John D. Godsey)의 『디트리히 본회퍼의 신학』(The Theology of Dietrich Bonhoeffer, 대한기독교서회)과 함께 읽으면 본회퍼를 더욱더 잘 이해할 수 있으리라 생각한다.

이 책은 갓시 책을 공역한 제자 김성복 목사와 공동작업으로 이루어졌다. 병마에 시달리다가 저 세상으로 옮겨간 그의 현실을 가슴 아프고 슬프고 안타깝게 생각한다. 김성복 목사의 온화한 미소를 떠올리며 다시 만날 그날을 주안에서 굳게 믿으며 이 옮긴이 서문을 쓴다.

이 책을 출판한 종문화사 임용호 대표님께 감사드린다.

2016. 8. 20

유 석 성

# 목 차

## 제1부 본회퍼의 생애와 유산

## 제2부 본회퍼 신학의 주요 주제들

## 존 드 그루시| (John W. de Gruchy)

남아프리카 케이프타운대학 로버트 셀비 테일러(Robert Selby Taylor) 기독교학 교수. 기독교연구소 소장. 1973년 이래 동 대학에서 교수로 근무하고 있다.「남아프리카 신학 저널」(Journal of Theology for Southern Africa) 창간 편집인. 저서로는『남아프리카에서의 교회투쟁』(The Church Struggle in South Africa, Grand Rapids: Eerdmans, 1986),『본회퍼와 남아프리카』(Bonhoeffer and South Africa, Grand Rapids: Eerdmans, 1986),『개혁신학 해방: 1990년 워필드 강연』(Liberating Reformed Theology: The 1990 Warfield Lectures, Grand Rapids: Eerdmans, 1991),『본회퍼: 예수 그리스도에 대한 증언』(Bonhoeffer: Witness to Jesus Christ, Minneapolis: Fortress Press, 1988),『기독교와 민주주의: 정의로운 세계 질서를 위한 신학』(Christianity and Democracy: A Theology for a Just World Order, Cambridge: Cambridge University Press, 1995) 등. 최근『새 시대를 위한 본회퍼』(Bonhoeffer for a New Day, Grand Rapids: Eerdmans, 1997)와『디트리히 본회퍼 전집』영어 번역판 제3권,『창조와 타락』(Creation and Fall, Minneapolis: Fortress Press, 1997)을 편집했다.

## 케이트 클레멘츠 (Keith Clements)

'유럽 교회회의'(Conference of European Churches, 제네바) 총무 역임. 저서는 『오늘을 위한 애국주의: 본회퍼의 증언과의 대화 속에서 발견한 조국 사랑』(A Patriotism for Today: Love of Country in Dialogue with the Witness of Dietrich Bonhoeffer, Collins, 1986), 『자유란 무엇인가? 디트리히 본회퍼의 지속적인 도전』(What Freedom? The Persistent Challenge of Dietrich Bonhoeffer, Bristol Baptist College, 1990), 『말하기 배우기: 공적인 문제에 대한 교회의 발언』(Learning to Speak: The Church's Voice in Public Affairs, T. & T. Clark, 1995) 등. 본회퍼와 다른 현대 신학자들에 관한 수많은 방송 출연 및 심포지엄에 참여. 현재 에큐메니컬 선구자인 올드햄(J. H. Oldham)에 관한 자서전 마무리 중이다.

## 웨인 윗슨 플로이드 (Wayne Whitson Floyd, Jr)

미국 필라델피아 주(州) 소재 루터교 신학대학교(Lutheran Theological Seminary)의 본회퍼 센터(Bonhoeffer Center) 원장, 영문판 『디트리히 본회퍼 전집』(Dietrich Bonhoeffer Works, DBW, English Edition, 1995- )의 편집장이자 프로젝트 총무. 펜실바니아 주, 해리스버그 시(市)에 있는 성공회 스티픈 성당(Cathedral of St. Stephen)의 주교, 펜실바니아 중부지역 교구의 기독교 신학대학(School of Christian Studies) 학장, 펜실바니아 주(州) 칼리슬레 시(市) 소재 디킨슨대학(Dickinson College)의 종교

학부 부교수로도 봉직. 디트리히 본회퍼에 관한 저서는 『신학과 타자성의 변증법: 본회퍼와 아도르노 읽기에 대하여』(Theology and the Dialectics of Otherness: On Reading Bonhoeffer and Adorno, 1988), 『본회퍼 참고 문헌: 영문으로 된 1차 자료와 2차 문헌』(Bonhoeffer Bibliography: Primary Source and Secondary Literature in English, Clifford Green과 공저, 1992), 『신학과 책임의 실천』(Theology and the Practice of Responsibility, Charles Marsh와 공저, 1994), 새로운 『디트리히 본회퍼 전집』(DBW)의 『행위와 존재』(Act and Being, 편집자, 1996) 등이 있다.

## 클리포드 그린 (Clifford Green)

코네티컷 주(州) 하트포드 시(市) 소재 하트포드 신학대학(Hartford Seminary) 교수. 『디트리히 본회퍼 전집』 번역 프로젝트의 실행총무. 『본회퍼: 사회성의 신학』(Bonhoeffer: A Theology of Sociality, Eerdmans, 1999)의 저자. 독일어와 영어로 된 여러 권의 본회퍼 작품들의 편집자이며 그에 관한 수많은 논문의 저자. 「칼 바르트: 자유의 신학자」(Karl Barth: Theologian of Freedom, Fortress Press, 1991)와 「교회, 도시, 인간의 공동체」(Churches, Cities, and the Human Community, Eerdmans, 1996)에 기고 및 편집. 마르크스(Marx), 틸리히(Tillich), 구티에레wm(Gutierrez), 콘(Cone)에 관한 글을 썼으며 「현대의 종교」(Modern Religion, Prentice-Hall, 1990)에 기고했다.

## 지프리 켈리 (Geffrey B. Kelly, STD, LLD)

펜실바니아 주(州), 필라델피아 시(市) 소재 라살레대학(La Salle University) 조직신학 교수, 종교학 부장, 라살레 지도력 연구소 소장. 국제 본회퍼학회(International Bonhoeffer Society) 영어지부 회장 역임. 1996년 두 번째로 4년 임기 회장에 피선. 1974년 학회 설립 당시부터 1992년까지 총무로 봉직. 『해방하는 신앙: 오늘을 위한 본회퍼의 메시지』(Liberating Faith: Bonhoeffer's Message for Today)의 저자. 넬슨(F. Burton Nelson)과 『자유에 이르는 언약: 디트리히 본회퍼의 핵심 저작』(A Testament to Freedom: The Essential Writing of Dietrich Bonhoeffer)을 공동 저술. 1980년 영국 옥스퍼드에서 개최된 제2차 국제 본회퍼학회 총회 발표 논문집 『윤리적 책임: 교회에 남겨준 본회퍼의 유산』(Ethical Responsibility: Bonhoeffer's Legacy to the Churches)을 갓시(John D. Godsey)와 공동 저술. 본회퍼의 신학과 영성에 관한 수많은 논문 집필 및 '본회퍼의 그리스도 중심적 영성'이라는 주제로 미국 전역에서 컨퍼런스, 워크숍, 수련회를 개최. 1976년 제네바 세계 교회협의회에서 개최된 제2차 국제 본회퍼학회 총회를 시작으로 매 4년마다 열리는 국제 본회퍼 컨퍼런스에 많은 논문 제출했다.

## 존 모우지즈 (John A. Moses)

성공회 신부. 28년 동안 퀸즈랜드대학(University of Queensland)에서

독일역사 교수. 1997년 6월 이래 호주 뉴사우스 웨일즈 주, 아미데일 시 소재 뉴잉글랜드대학(University of New England) 역사학 부교수로 재직. 그는 광범위하게 독일 노동 역사에 관한 글들을 썼다: 『독일 노동 조합운동: 비스마르크에서 히틀러까지 1869-1933』(Trade Unionism in Germany from Bismarck to Hitler 1869-1933 [2 vols., London/New York: George Prior/Barnes & Noble, 1982), 『노동조합론: 마르크스에서 바웬사까지』(Trade Union Theory from Marx to Walesa, Oxford: Berg Publishers, 1990). 과거 공산주의 동독에서 "현실적 사회주의"(real existing socialism)의 통치를 잠식시키는 데 있어서의 동독교회의 역할을 연구 중이다.

## 버튼 넬슨 (F. Burton Nelson)

일리노이 주, 시카고 시 소재 노스 파크 신학대학(North Park Theological Seminary)의 기독교윤리학 연구교수. 1960년 이래 동 신학교에서 신학과 윤리학을 교수. '히브리 및 유대교 연구를 위한 옥스퍼드 센터'와 제휴를 맺고 있는 옥스퍼드대학(Oxford University)의 수석연구원인 동시에 일리노이 주의 유대인 대학살 기념 재단의 부교수. 저서는 『하나님의 백성 이야기』(The Story of the People of God, Covenant Press, 1971), 『자유에 이르는 언약: 디트리히 본회퍼의 핵심 저작』(A Testament to Freedom: The Essential Writing of Dietrich Bonhoeffer, Geffrey B. Kelly와 공동 편집 및 집필, Harper & Row 1990, 1995) 등. 또한 그는 『본회퍼 사람들: 한 가족의 초상』(The Bonhoeffers: Portrait of a Family, by Sabine Leibholz-Bonhoeffer, Covenant Publications, 1994)의 편집자. 10년 이상 국제 본회퍼학회 영어지부의 부회장으로 봉사. 워싱턴 소재 유대인 대학살 기념박물관의 교회관계위원회의 위원. 브라운대학 문학사(BA), 예일대학 신학석사(M.Div.), 노스웨스턴대학 철학박사(Ph.D.)이다.

## 안드레아스 판그리츠 (Andreas Pangritz)

독일 베를린대학 조직신학 사강사(Privatdozent). 저서는 『디트리히 본회퍼의 비의훈련의 요구』(Dietrich Bonhoeffers Forderung einer Arkandiziplin, Cologne: Pahl-Rugenstein, 1988), 『디트리히 본회퍼의 신학과 칼바르트』(Karl Barth in der Theologie Dietrich Bonhoeffers, Berlin: Alektor, 1989. 영역 근간, Grand Rapids: Eerdmans), 『삶의 다성음악: 본회퍼의 "음악 신학"에 대하여』(Polyphonie des Lebens: Zu Dietrich Bonhoeffers 'Theologie der Musik', Berlin: Alektor, 1994), 『신학의 소형화, 불가시화로부터: 바르트, 틸리히, 벤자민, 호르크하이머, 아도르노에게서의 포괄적인 신학의 프로젝트로』(Vom Kleiner- und Unsichtbarwerden der Theologie: Zum Projekt einer 'impliziten Theologie' bei Barth, Tillich, Benjamin, Horkheimer und Adorno, Tübingen: Theologischer Verlag, 1996) 등. 논문으로는 「민족의 운명과 같이하기」('Sharing the Destiny of his People', in Bonhoeffer for a New Day, de. John W. de Gruchy Grand Rapids: Eerdmans, 1997), 「레오 바예크와 디트리히 본회퍼의 사고에 있어서의 "신비와 계명"」(Mystery and Commandment" in Leo Baeck's and Dietrich Bonhoeffer's Thinking', European Judaism, 30 (2) 1997) 등이

있다.

## 래리 라스무센 (Larry Rasmussen)

1986년 이래 뉴욕 소재 유니온 신학대학(Union Theological Seminary) 사회윤리학 교수. 최근 저서 『지구 공동체, 지구 윤리』(Earth Community, Earth Ethics, Orbis Books, 1996)로 1977년 종교분야에서 그로우마이어 상(Grawemeyer Award)을 수상. (이 책 중 「아가서」라는 제목의 장(章)에서 본회 퍼를 생태신학[eco-theology]의 근원으로 묘사한다) 다른 저서로 『도덕적 단편과 도덕적 공동체: 사회 안에서의 교회를 위한 제안』(Moral Fragment and Moral Community: A Proposal for Church in Society, Fortress Press, 1993). 대니얼 매과이어(Daniel C. Maguire)와의 공저로 『작은 지구를 위한 윤리: 인구, 소비, 생태학에 입각한 새로운 지평』(Ethics for a Small Planet: New Horizons on Population, Consumption and Ecology, State University of New York Press, 1998)이 있다.

## 마르틴 럼샤이트 (Martin Rumscheidt)

캐나다, 노바 스코티아 주, 핼리팩스 시에 있는 애틀랜틱 신학교(Atlantic School of Theology)의 역사학 및 교리신학 교수. 칼 바르트에 관한 책들을 편집, 출판하고 본회퍼의 『행위와 존재』(Act and Being) (DBWE II)의 새로운 판과 에른스트 파일(Ernst Feil)의 『디트리히 본회퍼의 신학』(The

Theology of Dietrich Bonhoeffer)의 번역자. 플로이드와 함께『디트리히 본회퍼 전집 영문판』(Dietrich Bonhoeffer Works in English)을 위해『옥중서신』(Letters and Papers from Prison)의 새로운 번역과 편집을 출판하려고 계획.『디트리히 본회퍼 전집 영문판』(DBWE) 편집위원회의 일원이다.

## 피터 셀비 (Peter Selby)

현재 영국 워스터(Worcester)의 성공회 주교. 7년간 템스강 킹스턴 지역의 주교 역임 후, 더럼대학(Durham University)에서 응용신학 교수 겸직. 최근 저서는『구조: 예수와 오늘의 구원』(Rescue: Jesus and Salvation Today, SPCK, 1996)과『은총과 저당: 신앙의 언어와 세상의 채무』(Grace and Mortgage: The Language of Faith and the Debt of the World, Darton, Longman & Todd, 1997) 등. 그는 위 책에서 신용대출과 채무의 경제와의 관계에서 본회퍼의 그리스도론을 탐구하려고 시도한다.

## 해든 윌머 (Haddon Willmer)

1998년 리즈대학(University of Leeds) 신학교수직에서 은퇴. 동 대학에서 (1966년 이래 리즈대학(University of Leeds)에서 기독교 역사와 신학을 교수). 용서와 정치, 기독교와 유럽 문명의 관계, 선교와 개발에서의 기독교의 현대적 실현에 대해 특별한 관심을 지니다. 1973-4년 튀빙겐대학에서 수학하는 동안, 그리 알려지지 않은 그의 동시대인들인 하인리히 포겔(Heinrich Vogel, Studies in Church History, Subsidia 7, pp. 327-346)
과 오토 디벨리우스(Otto Dibelius, Studies in Church History, 15, pp. 443-451)
를 집중 탐구함으로써 본회퍼를 이해하려고 시도했다.

## 루스 체르너 (Ruth Zerner)

뉴욕대학교(University of New York)에 속한 레만대학(Lehman College)
의 역사학 부교수. 디트리히 본회퍼의『옥중 소설: 과거를 주워 모으
며』(Fiction from Prison: Gathering up the Past, Philadelphia: Fortress Press, 1981)
논평 저술. 논문「디트리히 본회퍼와 유대인: 사상과 행동, 1933-
1945년」('Dietrich Bonhoeffer and the Jews: Thoughts and Actions, 1933-1945',
Jewish Social Studies, 37 [1965]) 그리고 본회퍼, 독일의 교회투쟁, 유대인
대학살에 관해 무수한 논문을 썼으며, 독일역사와 인권에 관한 과목
을 교수한 외에도,「교회투쟁과 유대인 대학살」(The Church Struggle and
the Holocaust)을 주제로 하는 연례 학술회의의 공동 의장이며 동시에
뉴욕 시의 유대교-기독교 대화 학술세미나의 소수 집단인 프로테스
탄트 측 공동 주최자이다.

# 서 문

캠브리지대학 출판부가 '디트리히 본회퍼 지침서'(The Cambridge Companion to Dietrich Bonhoeffer. 한국어 번역서에는 제목을 본회퍼 신학개론으로 하였다)를 출판하기로 결정한 것은 20세기 말에서 본회퍼가 차지하는 위상을 암시해 준다. 뿐만 아니라 다음 세기에서도 본회퍼의 중요성이 계속 인정받으리라는 것을 시사하고 있다. 이러한 평가는 최근 본회퍼의 모든 저작이 16권의 독일어판으로 완간되었다는 사실과 이 상당한 양의 저작을 전부 영어로 번역하기로 결정했다는 사실이 뒷받침하고 있다. 만약 본회퍼가 오늘날과 지속적으로 관련성을 지니고 있다는 주장을 하기 위해 더 큰 증거가 필요하다면 우리는 국제 본회퍼학회(International Bonhoeffer Society)의 활발한 활동을 그 증거로 내세울 수 있다. 학회의 7차 총회가 1996년 케이프타운에서 그리고 8차 총회가 2000년 베를린에서 개최되었다.

본 지침서의 목적은 이 주목할 만한 목사이자 신학자이며 순교자인 본회퍼의 유산을 탐구하고, 그가 다양한 배경을 가진 수많은 사람들에게 왜 그렇게 매력적인 인물로 남게 되었는지 그 이유를 알고자 하는 사람들을 위해 가이드를 제공하는데 있다. 그들 가운데는 서로 다른 사회적 계급(직업), 서로 다른 기독교적 전통과 종교적 전통, 서로 다른 문화와 서로 다른 학문적 훈련을 받은 사람들이 있을 것이다. 우리는 본서가 본회퍼에 대한 그들의 관심을 진작시켜 주고, 그의 유산과 도전에 대한 그들의 이해를 심화시켜 주기를 희망한다. 그러나 본 지침서를 준비하면서, 우리는 이미 본회퍼의 이름을 들어서 알고 있고 그의 생애와 활동에 대해 어느 정도 숙지하고 있지만 더 깊은 대화를 갖기를 원하는 독자가 있을지도 모른다는 점을 염두에 두었다. 물론 본서가 본회퍼 유산의 직접적인 탐구의 대용물이 되어서는 안 될 것이다. 하지만 (방대한 신학적 저술로부터 시(詩)에 이르기까지 그리고 설교와 논문들로부터 연애편지에 이르기까지 모든 것을 포함하는) 그의 작품들의 다양한 성격, 그의 비교적 짧은 생애, 그러나 열광적인 성격 그리고 그가 살았던 시대의 복합적인 역사적 배경을 가정한다면, 이 책은 그 길을 출발하는 사람들뿐만 아니라 이미 그 길을 따라 멀리 나아간 사람들에게도 틀림없이 유용한 길잡이가 될 것이다.

이 책의 필진으로 선정된 사람들은 민족과 신학 그리고 교파에 있어 서로 다른 다양한 배경을 지닌 사람들이다. 그들 중 어떤 이들은 본회퍼 연구를 위해 평생 헌신한 것이 주요 선정 이유이다. 또 다른 이들은 본회퍼의 유산이 던지는 도전에 대해 그들 몸소 장기간에 걸쳐 실존적인 응답을 하는 과정에서 얻은 특별한 통찰력을 가지고 본회퍼 연구를 했기에 선정되었다. 물론 집필자들을 두 집단으로 간단하게 분류하고, 모두가 두 집단 중 어느 하나에 적합하다고 생각하는 것은 옳지 않다. 본회퍼 학자들 중 본회퍼의 실존적인 도전에 영향을 받지 않은 사람들도 있긴 하겠지만, 여기 집필자 중 그런 사람은 거의 없다. 그러므로 저자들은 그들이 다루는 특별한 주제의 성격에 따라 지적 연구와 실천적 삶에서 얻은 통찰력이라는 두 가지 요소를 다양한 비율로 결합하고 있는 사람들이다. 그러나 일부 논문들은 상세한 지식을 전해주고 있는 것이 분명한 반면, 다른 것들은 삶의 투쟁과 요구 속에서 본회퍼를 만나는 사람들에게 불가피하게 수반되는 영혼의 고뇌를 매우 많이 반영하고 있다.

『본회퍼 신학개론』(Companion 지침서) 구성은 단순하다. 제1부에서 본회퍼가 처했던 역사적 상황, 그의 다각적인 삶, 그의 사상을 형성한 신학적, 지적 영향, 그의 저작의 출판 그리고 그의 유작이 과거 50년 동안 수용되고 해석된 경로를 소개할 것이다. 제2부에서 특별히 그의 저서 및 여타 저작 속에 나타난 그의 신학의 주요 주제들에 초점을 맞출 것이다. 대체적으로 그의 박사학위논문인 『성도의 교제』(Sanctorum Communio)로부터 시작하여 그의 사후에 출판된 『옥중서신』(Letters and Papers from Prison)으로 마감되는 그의 출판물의 연대기적 순서를 따랐지만, 여기 실린 논문들은 각각의 주제들을 매우 귀중하게도 폭넓게 탐구했다. 이 말은 각 장의 내용에 약간의 중첩이 불가피하다는 것을 의미한다. 우리는 과도한 중첩을 억제하려고 노력하면서도 동일한 주제에 대한 다른 관점의 타당성을 인정하기도 했다. 우리는 본문에서 설명한 것보다 더 많은 설명이 필요하다고 생각되는 용어에 대한 해설과 본회퍼의 생애와 시대 연표를 첨부하였다.

본회퍼 학자들 가운데에는 여러 가지 주제에 대한 폭넓은 합의가 있지만, 그러면서도 접근방식과 해석의 다양성도 있는 것이 사실이다. 본회퍼의 매력 중 하나는 그의 신학이 연속성과 일관성을 지니고 있으면서도, 사람들로 하여금 그들 나름의 관심사와 상황과 관련, 발전된 토론과 논의의 장으로 초청하는 미완성 교향곡이기도 하다는 사실이다. ("미완성 교향곡"이라는 말은 완성된 음악가인 본회퍼에게 적합한 은유이다.) 본회퍼는 자기의 신학을 전통적 틀이나 혹은 어느 학파의 사상적 틀 안에 가두려는 시도를 멀리하곤 했다. 그는 또한 기독교 전통에 대해서 존경심을 거의 보이지 않은 채 신학을 하나의 유행으로 만드는 행위나 또는 현대와의 "관련성"을 추구하기 위해 신학을 오용하려는 신실치 못한 어떤 시도에 대해서도 멀리했다.

우리 모두가 본회퍼에게 매력을 느끼는 것은, 정확하게 말해서 과거에 충실하면서도 미래를 위해서 모험하려는 그의 노력, 복음에 대한 그의 헌신과 의미를 창의적으로 표현하는 그의 능력, 신학에 대한 열정적인 관심과 다양성을 공부하기 좋아하는 그의 자세, 독일문화에 깊이 뿌리를 내리고 있지만 세계의 시민이 되고자 하는 그의 노력 때문일 것이다.

서론을 마감하면서, 나는 많은 분들에게 고마움을 표하고 싶다. 무엇보다도 먼저, 나는 이 책을 에버하르트(Eberhard)와 레나테 베트게(Renate Bethge)에게 헌정했다. 본회퍼의 유산을 전달해주고 해석하는 데 있어서 그들의 역할이 없어서는 안 되는 것이었다. 그들의 역할은 이제 각장에서 분명하게 나타날 것이다. 그러한 역할 이외에도 본회퍼 연구의 국제적인 네트워크의 중요한 일부가 되는 특권을 갖게 된 우리 대다수의 삶과 노력에 대해 그들은 주목할 만한 우정과 환대와 인격적인 관심을 보여주었다. 둘째로 이 책의 각 장을 위해 기고해 주신 분들께 감사를 표한다. 모든 필자들이 이 프로젝트에 참여하기로 동의했고, 일정을 지켜주었으며, 주제에 합당한 가치 있고 창의적인 기고를 해주었다. 그들은 모두 서로 연관된 국제적인 본회퍼학회를 대표하는 분들이다. 배경이나 전문 분야나 직업에 관계없이 동일한 관심사를 지닌 사람들을 포용하는데 항상 열려 있는 이 모임의 일원이 된 것은 내 생애와 학문적인 경력에서 누릴 수 있는 것 중 가장 큰 기쁨이 되었다. 셋째로 나는 길리안 월터스(Gillian Walters)에게 가장 많은 고마움을 표한다. 그의 도움과 본회퍼의 유산에 대한 지식과 이 프로젝트에 대한 헌신이 없었더라면 나의 과제는 완수되기 어려웠을 것이다. 마지막으로『본회퍼 신학개론』(Companion 지침서)을 준비하도록 주선해 주신 루스 파(Ruth Parr) 님과 캠브리지대학 출판부 그리고 출판을 맡아주신 케빈 테일러(Kevin Taylor) 님에게 감사의 말을 전하고 싶다.


케이프타운에서  존 W. 드 그루시

## 갈색 교회회의 (Brown Synod)

1933년 9월 개최된 프러시아 교회총회(Prussian General Synod) 또는 "갈색 교회회의" 총회 대표들의 압도적인 다수가 나치정책을 지지하여 나치의 갈색 제복을 착용하였기 때문에 그러한 명칭이 붙여졌다. 바로 이 교회회의에서 히틀러에 대한 충성맹세와 아리안 조항(Aryan clause)이 채택되고, 제국감독으로 루트비히 뮐러(Ludwig Müller)가 선출되었다.

## 고백교회 (Confessing Church, Bekennende Kirche)

고백교회는 1934년 5월, 바르멘 교회회의(Barmen Synod)에서 탄생했다. 이 교회회의에서 독일 프로테스탄트 목사들 중 1/4이 독일제국교회의 루트비히 뮐러(제국감독)의 나치정책에 반대하기로 결의했다. 그들은 제국교회와의 분리를 선택하고 아리안 조항의 채택에 저항했다. 그들은 나치 이데올로기에 찬성하는 제국교회가 하나님의 말씀을 손상시켰다고 느꼈다. 이후 몇 년 동안 고백교회는 나치 독일 내에서 저항의 온상이 되었다.

### 교회투쟁 (Church Struggle, Kirchenkampf)

이 말은 독일 개신교계 내에서 고백교회와 국가사회주의당(나치)의 교회 정책을 수용한 제국교회 간의 갈등을 나타내는 말이다. 히틀러는 교회를 나치의 관료주의적 구조로 통합시킴으로써 개신교회를 지배 통제하려고 시도했다. 이 투쟁으로 인해 성경과 역사적인 신앙고백에 신실하고자 하는 개신교회의 진정성과 완전성이 위태롭게 되었었다.

### 달렘 교회총회 (Synod of Dahlem)

1934년 10월 개최된 이 교회회의는 독일 그리스도인들과 제국교회에 대항하여, 훈련센터를 포함 자체적이며 독립적인 교회 정부와 체재를 구성하고 나아가 고백교회만이 독일 내에서 유일한 합법적인 교회임을 선언함으로써 고백교회의 입장을 더욱 공고히 하였다.

### 독일 개신교회연합 (The Evangelical Church in Germany, Evangelische Kirche in Deutschland)

독일 개신교회는 16세기 종교개혁 이후 자율적인 지방교회들(Landeskirchen)로 나뉘어졌다. 개신교회에는 루터교회(Lutheran)가 지배적이었지만, 개혁교회(Reformed) 그리고 루터교회와 개혁교회가 연합된 크고 영향력 있는 프러시아 연합교회(Union Church) 등이 있었다.

## 독일 그리스도인들 (German Christians, Deutsche Christen)

이것은 아돌프 히틀러와 나치 이데올로기를 지지하던 개신교도들이 사용한 명칭이다. "독일 그리스도인들"은 개신교계 내에서 교회를 나치의 이데올로기에 동화시키는 것을 지지하는 운동을 대표했다. "독일 그리스도인들"은 기독교가 독일에서 독일의 문화를 통하여 적절한 표현을 발견한다고 믿었으며, 마르틴 루터(Martin Luther)에 의해 시작된 종교개혁을 히틀러가 완수한다고 믿었다.

## 바르멘 교회총회 (Barmen Synod)

이 회의에서 일반적으로 고백교회라고 일컫게 된 독일 개신교회의 고백교회총회(Confessing Synod)를 공식적으로 구성했다. 이 교회회의에는 개신교회에 속한 26개 주(州)교회(Landeskirchen)로부터 139명의 대표들이 참석했다.

## 바르멘 신앙고백 (Barmen Confession)

이는 1934년 5월 29-31일, 베스트팔렌 바르멘에서 개최된 제1차 교회회의에서 독일 제국교회에 반대하는 개신교회지도자들에 의해서 채택된 6개 조항의 선언문을 말한다. "바르멘 신앙고백" 또는 "바르멘 선언"은 나치즘에 대한 언급은 없었지만, 예수 그리스도 안에 나타난 하나님 말씀의 계시에 대한 어떠한 이데올로기적 추가도 배격했다. 그렇지만 바르멘 신앙고백에서는 직접적으로 "유대인 문제"

에 대해 언급하지 않았다.

## 방위부대 (Abwehr)

나치 독일하에서 군의 대적 첩보활동을 담당했던 방위기관. 이 부대는 아돌프 히틀러와 나치정부에 대한 저항운동의 중심이 되었다. 1939년 본회퍼는 그의 매형 한스 폰 도나니(Hans von Dohnanyi)의 주선으로 방위부대의 문관이 되었다.

## 비의훈련 (Arcani discilina, Arkandisziplin)

"비밀훈련"(discipline of the secret), 또는 "비의훈련"(arcane discipline)은 초대교회에서 신앙의 신비들이 남용되는 것을 막기 위한 실천사항을 이르는 말이다. 이는 특히 콘스탄티누스 황제가 로마제국에서 기독교를 합법적인 종교로 인정한 4세기 이후, 즉 많은 사람들이 확고한 헌신 없이 교회에 들어올 수 있게 된 이후에 필수적인 것이 되었다. 비의훈련은 기독교 신앙(교리문답[catechumens])으로 가르침을 받고 세례를 통하여 기꺼이 기독교적 헌신을 작정한 사람들만이 성만찬 축제에 참여할 수 있다는 것을 의미했다.

## 수정의 밤 (Crystal Night, Kritallnacht)

나치당이 유대인의 재산과 예배 처소들에 대해 조직적인 파괴를 선동한 1938년 11월 9일 밤을 이르는 말이다. 7,500개 상점이 파괴되고, 171개 유대인 회당이 방화로 소실되었다. "깨진 유리창의 밤"(the night of broken glass)으로도 알려져 있다. 이 사건과 관련, 본회퍼는 자신의 성경 시편 74편(8절) "이 땅에 있는 하나님의 모든 회당을 불살랐나이다"에 밑줄을 그어 놓았다.

## 신앙고백의 상황 (Status confessionis)

16세기 로마가톨릭에 대항하여 투쟁했던 프로테스탄트 종교개혁가들이 사용했던 이 용어는 기독교 신앙과 교회에 대한 나치 이데올로기의 도전의 결과로서 생긴 상황을 묘사하기 위하여 칼 바르트, 디트리히 본회퍼 등에 의해서 채택되었다. "신앙고백 상황"은 개신교회가 당면한 문제들에 응답하여 새롭게 신앙고백할 것을 요구했다. 바르멘 선언은 바로 그러한 신앙고백이었다.

## 아리안 조항 (Aryan clause, Arierparagraph)

1933년 4월 7일, 독일 제국의회에서 통과된 전문적인 공직의 재건을 위한 법령 제7조를 가리킨다. 이 조항은 유대인들과 유대인 혈통을 가진 모든 사람들이 공직에 임용되는 것을 배제한다. 이 조항은 또한 독일 개신교회의 성직에도 적용되었다. 아리안 조항은 1930년대 교회투쟁의 중요한 현안이 되었다. 개신교회의 갈색 교회총회(Brown Synod)는 교회투쟁에 참여하는 조건으로 성직안수를 주는 것을 채택했다.

유대인 문제 ('The Jewish question' or 'The Jewish problem', Judenfrage)

독일과 독일에 의해 점령된 국가에서의 유대인 혈통을 지닌 사람들에 대한 나치의 정책을 가리킨다. "유대인 문제"와 관련 나치의 선전선동은 유대인에 대한 중상모략과 잔혹한 반유대주의 정책으로 이어져 유대인에 대한 만연된 증오로 확산되었다. 이는 심지어 세례받은 유대인 그리스도인에게까지 영향을 끼쳤다. 나치정책하에서 유대인들의 공직 진출은 거부당했고, 유대인 상점들은 불매운동을 당했으며 재산이 몰수되고 그들은 게토(ghettos, 유대인 강제거주지구)에서 살 수 밖에 없었다. 유대인 정책의 궁극적인 목적은 유럽에 사는 모든 유대인들을 멸절시키기 위한 것으로 "최종적 해결"(final solution)이라는 말로도 표현되었다. 제2차 세계대전 중, 유대인 정책의 결과로 6백만 명의 유대인들이 집단수용소에서 죽임을 당했다.

정선율 (Cantus firmus)

이 음악 용어는 긴장 속에서 유지되며 대선율(Kontrapunkt)과 함께 지속되는 반복적인 선율을 가리키는 말이다. 본회퍼는 그의 편지들에서 "음악에서의 다성음"에 관해 명상하면서, "삶의 다성음"에 대한 그의 이해를 표현하는 은유로써 정선율과 대선율이라는 말을 사용한다.

하나님의 사랑 그리고 그의 영원성(genitivus objectivus)의 사랑은 정선율이고, "삶의 다른 멜로디들"은 그 정선율에는 관련되지만 그것과는 독립적인 대선율이다.

## 제국교회 (Reichskirche)

나치정책을 지지하는 "독일 그리스도인들"에 의해서 주도된 독일 기독교회에 붙여진 명칭.

## 제국감독 (National bishop, Reichsbischof)

제국감독은 1933년 4월 "독일 그리스도인들"에 의해서 제안되었다. 그들의 목표는 나치정책에 근거한 단일 독일 제국교회를 형성하여, 하나의 권위 아래 28개 주(州) 교회들(Landeskirchen)을 통합하는 것이었다. 히틀러가 총애하는 후보자 루트비히 뮐러(Ludwig Müller)가 1933년 악명 높은 갈색 교회총회(Brown Synod)에서 제국감독으로 선출되었다. 제국감독 직분 도입 안건은 바르멘 교회회의(Barmen Synod)를 소집하게 된 주요 이유 중의 하나였다. 제국감독 직분은 바르멘 선언에서 분명하게 비난을 받았다.

# 연 표

본회퍼의 생애 및 시대 개요

1906년 2월 4일, 디트리히 본회퍼(Dietrich Bonhoeffer), 독일 브레슬라우
　　　 (Breslau)에서 출생
1912년　가족이 베를린으로 이사, 디트리히의 부친, 칼 본회퍼(Karl
　　　 Bonhoeffer)가 베를린대학에 교수로 부임
1913년　디트리히 본회퍼, 김나지움에 입학
1916년　가족이 그루네발트(Grunewald) 교외로 이사
1918년　본회퍼의 형, 발터 본회퍼(Walter Bonhoeffer)가 서부전선에서 전사
1921년　디트리히와 쌍둥이 여동생 자비네(Sabine)가 견신례를 받음
1923년　튀빙겐(Tübingen)대학에서 신학공부 시작
1924년　베를린대학에서 신학공부 계속, 형 클라우스(Klaus)와 함께 로
　　　 마와 북아프리카 여행
1927년　논문 「성도의 교제」(Sanctorum Communio)로 박사학위를 받음
1928년　스페인 바르셀로나(Barcelona)에서 전도사
1929년　베를린대학에서 「조직신학」 여름학기 강의. 베를린에서 비카
　　　 (목사후보생)

1930년 교수자격논문 완성 후에 『행위와 존재』(Act and Being)로 발간.

슬로언 재단(Sloan Fellow)의 장학금을 받고 뉴욕 유니온 신학대

학(Union Theological Seminary, New York)에서 연구(1930-1931년)

1931년 7월: 칼 바르트(Karl Barth)와의 첫 만남

8월: 베를린대학, 신학부의 강사로 임명됨

9월: 캠브리지에서 개최된 「교회를 통한 국제친선도모를 위

한 세계연맹」의 청년총무로 임명

10월: 베를린 공과대학의 교목

11월: 베를린-베딩(Berlin-Wedding)에서 견신례를 준비하는 학

습반 담당 1932년 「창조와 죄」에 관한 겨울학기 과정

(나중에 『창조와 타락』[Creation and Fall]이라는 제목으로 출간)

1933년 1월: 히틀러(Hitler) 수상 취임

2월: 제국의회 의사당(Reichstag) 방화 소실

4월: 유대인들을 공직에서 배제하는 아리안 법령 통과

루트비히 뮐러(Ludwig Müller) 제국감독(Reichsbischof)에 임

명 베를린에서 그리스도론에 관한 여름학기 강의

9월: 마르틴 니묄러(Martin Niemöller)의 도움으로 목사 비상 동

맹 결성. 독일기독교단이 주도하는 갈색 교회총회(Brown

Synod) 개최

10월: 본회퍼가 독일어를 사용하는 두 교회의 목회를 위해 런던

으로 이주

1934년 5월: 고백교회(Confessing Church)의 첫 번째 교회회의가 바르멘
(Barmen)에서 개최. 바르멘 신학선언 채택

8월: 덴마크, 파뇌(Fanö)에서 에큐메니컬 회의

1935년 4월: 칭스트(Zingst)에 있는 목회자 신학교의 교장이 되다

6월: 신학교가 핑켄발데(Finkenwalde)로 이전

9월: 뉘른베르크 법령 통과

10월: 가족이 베를린 샤로텐베르크(Charlottenberg)로 이사

11월: 고백교회의 신학교들이 불법이라고 공포되다

1936년 2월: 핑켄발데 신학교의 임원들이 덴마크와 스웨덴 방문

8월: 베를린대학 교수자격 박탈

1937년 9월: 핑켄발데 신학교 게슈타포에 의해 폐쇄

11월: 『나를 따르라』(The Cost of Discipleship) 출판

11월: 쾨슬린(Köslin)과 그로스-슐륀비츠(Gross-Schlönwitz)에
서 집단적인 목사관이 시작

1938년 1월: 베를린에서 강제 퇴거

2월: 저항운동 지도자들과 첫 만남

4월: 모든 목사들이 히틀러에게 충성맹세할 것을 요구받다

9월: 괴팅겐(Göttingen)에서 『신도의 공동생활』(Life Together) 집필

11월: 수정의 밤(Crystal Night)

1939년 6월: 미국으로 두 번째 여행

7월: 베를린으로 귀국

8월: 방첩부대(Abwehr)의 문관이 되다

9월: 독일군 폴란드 침공. 연합군의 공식적인 선전포고

1940년 3월: 쾨슬린(Köslin)과 그로스-슐뢴비츠(Gross-Schlönwitz)에 있는 불법 신학교 게슈타포에 의해 폐쇄. 『윤리학』(Ethics) 집필 시작

11월: 뮌헨에서 방첩부대 지휘부의 일원이 되다

에탈(Ettal)에 있는 베네딕트 수도원에 체류. 『윤리학』 작업 계속

1941년 2-3월: 칼 바르트와 비서트 후프트(Visser't Hooft)를 만나기 위해 스위스로 여행

8월: 스위스로 두 번째 방문

10월: "작전 7호"(Operation 7)를 통해 일단의 유대인들이 처음으로 베를린으로부터 이송되다

1942년 4월: 노르웨이와 스웨덴 여행

5월: 세 번째 스위스 방문

5/6월: 스웨덴에서 조지 벨(George Bell) 주교를 만나다

1943년 1월: 마리아 폰 베데마이어(Maria von Wedemeyer)와 약혼

4월: 체포, 베를린 테겔(Tegel) 형무소에 수감

12월: 크리스마스 에세이 「10년 이후」(Ten Years After)를 쓰다

1944년 4월: 감옥으로부터 「신학적 편지들」을 처음 쓰다

7월: 히틀러에 대한 암살 기도

9월: 방첩부대에서 유죄를 증명하는 증거가 게슈타포에 의해
서 발견
1945년 2월: 부헨발트(Buchenwald) 집단수용소로 이감
4월: 레겐스부르크(Regensburg)로, 그 다음에는 쉰베르크
(Schönberg)로, 마침내 플로센뷔르크(Flossenbürg)로 이감
4월 8일: 군사 재판
4월 9일: 플로센뷔르크에서 처형

# 제1부

# 본회퍼의 생애와 유산

# 1. 본회퍼의 독일 : 정치적 상황

존 모우지즈(John A. Moses)

디트리히 본회퍼가 살았던 1906-1945 사이, 독일은 입헌상 세 번의 급격한 변화를 겪었다. 그 모든 것이 본회퍼의 형성에 결정적인 영향을 미쳤다. 그의 생애 처음 12년 동안은, 1871년 오토 폰 비스마르크(Otto von Bismarck) 영도하에 건립된 빌헬름 제국(Wilhelmine Empire, Kaiserreich)이 그 권력의 절정에 도달하였다가 마침내 1918년 제1차 세계대전의 종결과 더불어 자멸하는 일이 벌어졌다. 독일 최초의 의회 민주주의의 실험이었던 불운의 바이마르 공화국(Weimar Republic)이 제국의 뒤를 이었다. 바이마르 공화국은 1919년부터 1933년까지 지속된 후 붕괴되었다. 더 정확히 말하자면 한편으로는 극단적인 좌우파의 반민주적 세력에 의해서, 다른 한편으로는 입헌 지지자들의 정치적 경험 부족으로 1933년 붕괴되었던 것이다. 바로 이때, 바이마르 시대 마지막 (1929-1933년) 정치 경제적 혼돈으로부터 아돌프 히틀러(Adolf Hitler)의 국가사회주의 독재 체제인 제3제국(the Third Reich)이 등장했다. 제3제국은 본회퍼가 그 본질에 있어 악(惡)이라고 판단한 독일정신이 나타난 것으로, 본회퍼에게는 죽음에 이를 때까지 그것에 저항하는 것 이외에는 다른 대안이 없었다.

이 세 개의 독일은 따로따로 분리된 정치적 실체가 아니었다. 그들은 강력한 연속성을 지닌 요소에 의해 연결되어 있었다. 세 개의 독일에서 핵심적 중요성을 띤 사람들은 기업가, 상업 엘리트들, 군인, 특히 장교 집단, 다양한 직업을 가진 교육 받은 중산층(Bildungsbürgertum) – 간단히 말해서 자신들을 빌헬름 체제와 동일시했던 사람들이었다. 그들은 군주주의적이며 보수적인 "진정한" 민족적 가치관의 수호자들로서 자신들이 국가(Nation)를 의미한다고 여긴 사람들이다. 이들과는 달리 산업 노동계급의 폭넓은 대중은 제국하에서 사회민주당(Social Democratic Party, SPD)과 사회주의 지향적인 자유노동조합(Free Trade Unions)에 동조했다. 비스마르크에 의해 1878년 법적 보호를 박탈당했던 사회주의자들은 1891년 재편성되었다. 그들은 1912년에 이르러 독일제국의회(Reichstag)에서 단일 정당으로서는 가장 큰 정당이 되었다. 사회민주당은 제국에서 사실상 야당이었다. 그러나 강력한 로마가톨릭 정당인 중심당(Zentrum), 또는 중앙당(Centre Party)의 출현에 의해 독일 국내 정치는 더욱 복잡한 양상을 띠게 되었다. 중앙당은 통일된 독일에서의 프로테스탄트(개신교 [Evangelish])와 프러시아의 주도권에 반대하는 로마가톨릭을 대표하는 정당이기도 했다. 중앙당은 더 큰 규모의 자유노동조합과는 거리가 먼 기독교 노동조합도 육성했다. 따라서 독일사회에는 적어도 서로 다른 입장에서 자신들이 빌헬름 제국에서 소외되었다고 생각하는 두 강력한 집단이 존재했다.

바이마르 공화국에 들어서서 처음으로 사회민주당, 로마가톨릭 중앙당, 자유당 등 온건 세력들은 국가의 장기적인 정치 경제적 안정 또는 기본권을 보호하기 위해 새로 마련된 헌법에 근거하여 서로의 협력이 가능하게 되었다. 하지만 그들이 추구했던 훌륭한 목표들은 구태의연한 우파 보수주의자들이 계속 존재함으로 인해 좌절되었다. 여기에 새로운 나치정당이 가세했다. 그들은 바이마르 체제에 대해서 더욱 적대감을 가진 불만 세력들로부터 지지를 받고 있었다. 소련 밖에서 가장 큰 규모였던 독일공산당도 의회주의를 잠식시키는 데에 일익을 담당했다.

1930년대에 들어서, 아돌프 히틀러가 이끌었던 이전의 나치정당은 12석이었으나, 세계 경제위기의 여파로 선거에서 갑작스런 승리를 거두고 제국의회에서 112석을 확보하기에 이르렀다. 이로 인해 나치정당이 다른 극우 세력을 규합, 정부를 형성하는 가능성이 현실화되었다. 히틀러는 1933년 1월 수상의 자리에 올랐다. 그는 이제 바이마르 시대의 혼탁한 정치와 그에 따르는 공산주의 혁명의 위협을 독일에서 몰아내고, 독일의 국제적인 위신을 회복하며, 독일의 경제적 회복과 군사력을 위협하는 것으로 보이는 베르사유 강제명령(the Versailles Diktat)의 규정들을 이행하기를 거부했다. 그리하여 히틀러는 빌헬름 황제의 통치 초기인 1894년 약속한 바와 같이, 독일을 "영광스러운 시대"의 길로 이끌 수 있는 지도자(Führer)로 간주되었다.[1] 권력을 장악한 히틀러는 나치정당 안팎의 모든 반대 세

---

1) E. Johann, *Reden des Kaisers*, ed. E. Johann (Munich: Deutscher Taschenbuch Verlag, 1966), p. 58.

력을 가차 없이 배제하는 것 외에도, 첫째로 군의 재무장과 집약적인 공공 노동을 통한 경제 회복을 꾀했으며, 둘째로 나치 이념에 따라 급진적인 반유대인정책을 이행해 나갔다. 이러한 것들은 심각한 전쟁 준비, 국제부채 지불 거절, 그리고 유대인 조상과 신념을 가진 사람들에 대한 실제적인 물리적 박해의 시작으로 이어졌다.

1936년 외국의 한 지각 있는 관찰자[2]는 히틀러가 독일국민들을 속이는데 성공했을 뿐만 아니라 전전(戰前) 해외 정책을 통해서 이전의 적국이었던 소련은 물론 프랑스와 영국을 잠정적으로 제어했다고 말했다. 1939년 여름이 끝나갈 무렵, 히틀러는 그의 오랜 계획을 이행에 옮길 적기라고 판단했다. 따라서 제2차 세계대전이 시작되었고, "유대인 문제에 대한 최종적인 해결"을 향한 숙명적인 조치가 취해졌다.

독일역사의 최대 비극 중 하나는 이러한 재앙을 불러일으키는 정책에 대해서 독일인들 내부로부터 반대가 너무나도 미약했다는 점이다. 군대, 교회, 과거의 정당 대표들도 거의 예외 없이 나치정권에 대한 지속적인 비판을 할 수 없었고 그에 반대하는 공모 행위에 가담할 수도 없었다. 디트리히 본회퍼는 가장 대표적인 예외 인물로 간주된다. 본장(章)은 본회퍼의 발전에 영향을 미친 모습들을 조명해보는 견지에서 본회퍼 생전의 "세 개의 독일"을 각각 논평함으로써 시작할 것이다.

## 제국 (The Kaiserreich)

---

2) S. H. Roberts, *The House That Hitler Built* (London: Methuen, 1937), p. 362.

제국독일의 국내 정치와 해외 정책은 1945년 이후 진지한 연구 대상이 되었다. 국제 학계는 제국(the Kaiserreich)과 제3제국(the Third Reich) 사이의 연속성을 발견하려고 무척 애를 써왔다.[3] 독일의 역사는 불길하게도 서방의 국가들이 근대성에 이르는 길과는 다른 어떤 특수한 길(Sonderweg)을 걸었던 것인가? 그 특수한 길은 무슨 결함이 있었기에 제2차 세계대전과 유대인 대학살과 같은 야만적인 결과를 초래했던가? 이렇게 된 이유는 무엇인가? 숙명적인 전환점이 된 것처럼 보이는 제1차 세계대전의 역할은 무엇이었는가? 함부르크 "피셔 학파"(Fischer School)가 설득력 있게 주장하는 바와 같이, 제국(Kaiserreich)이 이에 대한 주된 책임을 지게 된다면, 독일은 문명화된 세계의 감정을 건드려 결과적으로 유럽과 대부분의 식민지 세계에 자신들의 의지를 부과하려는 노력에 저항을 불러온 자들의 지배하에 있었다고 해야 할 것이다.[4] 실제로 프러시아 – 독일 (Prussia-Germany)이 1914년부터 1918년까지 그렇게 하려고 시도했다는 것은 논란의 여지가 없다. 아직도 일부 학자들에게 의문으로 남아있는 것은 어찌하여 독일에서 권력의 핵심에 있던 자들이 세계를 제1차 세계대전이라는 "살인적인 무정부 상태"로 몰아넣는 것 이외에 아무런 대안이 없다고 믿었느냐는 것이다.

본회퍼 출생 당시 제국독일의 군사 및 산업력은 그 정점에 도달

---

3) F. Fisher, *From Kaiserreich to Third Reich*: *Elements of Continuity in German History* 1871-1945 (London: Allen & Unwin, 1986), pp. 97-99.

4) 프리츠 피셔(Fritz Fischer) 교수에 의해서 1961년 시작된 논쟁의 개요를 위해서는 J. A. Moses, *The Politics of Illusion*: *The Fischer Controversy in German Historiography* (London: George Prior, 1978)를 보라.

해 있었으며, 영국을 불안하게 하기에 충분할 만큼 세계 제2의 해군 강국이 되고 있었다. 당시는 영-독 대립이 격화되는 시기였다.[5] 양국의 대립은 갑작스런 "해군력 경쟁"으로 나타났다. 독일은 영국의 해군력을 능가하려는 의도를 지니고 있었다. 반드시 영국 해군과 무력 충돌을 일으킬 의도는 없었지만, 영국을 위협할 만한 규모의 "현존 함대"(fleeting-in-being)를 보유하여, 세계의 주요 세력으로 인정받을 독일의 권리를 영국에 강요하자는 것이었다.[6] 이러한 독일의 의도는 알프레트 폰 티어피츠(Alfred von Tirpitz, 1849-1930) 대제독의 풍부한 상상력의 산물이었다. 아프리카와 태평양에서의 식민지 경쟁 이상의 의미를 지녔던 "티어피츠 플랜"(Tirpitz Plan)은 궁극적으로 영국과 독일의 숙명적인 반목을 초래했다. 실로, "티어피츠 플랜"과 이에 맞서 "드레드노트형"(dreadnoughts)으로 불리는 더 크고 빠른 군함을 건조하려는 영국의 반응은 두 나라 간의 화해할 수 없는 해군 정책의 상징일 뿐만 아니라 서로 강대국이라는 자기 인식의 상징이기도 했다. 거대 해군의 유지는 영국의 실존이 걸린 주요 현안으로 영국은 방어적 수단의 해군력 보유를 계획했다. 영국 해군은 결코 중부 유럽에 군대를 상륙시키거나 정복을 목적으로 삼지 않았다. 그러나 독일인들은 강력한 해군의 보유가 강대국의 지위를 확보하기 위해 절대적으로 필요하다고 인식했다. 대부분의 독일 지식인들은 그렇게 하는 것이 운명적인 요청이라 믿고 있었다. 그러므로 영국 해군은 실용적 고려의 최종 산물이었던 반면에, 독일 해

---

5) P. M. Kennedy, *The Rise of the Anglo-German Antaginism* 1860-1914 (London: Allen & Unwin, 1980).

6) V. R. Berghahn, *Germany and the Approach of War in* 1914, vol. II (London: Macmillan, 1993), pp. 49-55.

군은 '세계정치'(Weltpolitik)를 위한 하나의 "도구"였고 또한 미래를 여는 열쇠였다

독일인들이 '세계정치'라는 말로 무엇을 의도했는지를 이해하는 것이 중요하다. 그것은 단순히, 존 홉슨(John A. Hobson, 1858-1940)이 1902년 비판한 바와 같이, 발전 도상에 있는 산업들을 위한 해외 시장을 확보하려는 의도가 아니었다.[7] '세계정치'란 오히려 역사정책의 수행이었다. 그것을 잘 나타내는 말로 가장 많이 인용되는 표현이 있는데 그것은 1895년 5월 막스 베버(Max Weber) 교수가 프라이부르크대학 취임 연설에서 행한 말이다.

> "독일 통일은 늙어 빠진 국가가 탐닉했던 젊음의 주연(酒宴)이었다는 것을 우리가 알아야 합니다. 통일이 이루어지지 않았더라면 더 좋았을 뻔했습니다. 왜냐하면 독일 통일이 세계무대에서 벌어질 '힘의 정치'의 출발점이 아니라 오히려 결말이라면 통일은 매우 비싼 대가를 치룬 사치였기 때문입니다." [8]

민족사에 대한 이러한 견해는 막스 베버와 사실상 독일의 모든 엘리트 지식인들에게 전형적인 것이었다. 프러시아의 민족정신(Volksgeist)은 1871년 비스마르크 치하에서 독일 통일에 영향을 미쳤고, 그 정신의 본질은 팽창의 원동력이 되었다. 프러시아가 "독

---

7) 홉슨은 제국 권력의 산업 생산을 위한 시장을 창조하기 위하여 식민지들이 필요하다는 사상에 대해 공격했다. 식민지를 위한 경쟁은 "평화에 대한 지속적인 위협"이며, 자유 무역을 위해서 포기되어야 한다. 자유 무역이 국제평화를 유지하는 데에 더 크게 이바지하게 될 것이다. J. A. Hobson, Imperialism: A Study, vol. III (London: Allen & Unwin), p. 152.

8) W. J. Mommsen, Max Weber and German Politics 1890-1920 (Chicago: University of Chicago Press, 1984), p. 69.

일"을 흡수했다. 이제 역사 속에서의 프러시아-독일의 미래 역할은 다른 강대국들과 원기 왕성하게 경쟁하면서 세계로 계속 팽창하는 것이었다. 수많은 지도적인 독일 사상가들이 언명한 바와 같이, 이것은 세계가 구성된 방식이었다. 철학자 헤겔(G. W. F. Hegel, 1770-1831)은 일찍이 그러한 세계사의 관점을 위한 지성적인 구조를 제공해주었다. 지상에서의 각 민족의 목적이나 사명은 하나의 국가가 되는 것이며, 이것은 다소 정도의 차이는 있지만 모든 민족에 내재하는 팽창주의적 충동(expansionist drive)이 다른 방식으로는 표현될 수 없기 때문에 무력의 사용을 통해서만 성취될 수 있다. 세계사는 민족들 사이의 헤게모니 장악을 위한 끊임없는 투쟁의 과정을 보여주었다. 전쟁은 만물의 자연적인 질서였다. 그렇게 헤겔은 후대의 마키아벨리즘의 토대를 닦아놓았고, 마키아벨리즘은 프러시아 역사학파의 좌장이었던 역사학자 하인리히 폰 트라이취케(Heinrich von Treitschke 1825-96)가 가장 웅변적으로 채택했다. 트라이취케는 팽창하지 못하는 국가는 죽어가는 국가라고 강조했다.

빌헬름 시대의 다른 지도급 사회과학자들은 이러한 확신을 되풀이 했고, 어떤 학자들은 다른 학자들보다 이 점에 더 솔직했다. 이들 가운데 중요한 것은 레오폴트 폰 랑케(Leopold von Ranke, 1795-1886)의 이름을 따라 명명된 네오-랑케 학파(Neo-Rankeans)였다. 레오폴트 폰 랑케는 「위대한 강대국들」(The Great Powers)이라는 1833년의 감화력이 강한 논문에서, 나폴레옹 시대(the Napoleonic era)의 민족국가들의 태도가 생생하게 설명해주는 바와 같이, 민족들이 "도덕적인 에너지"로 그들의 헤게모니를 확립하고 팽창하는 데에 집중한다고 관찰했다. 세기의 전환기에 랑케의 찬양자들, 특히 에리히 마르크스(Erich Marcks)와 막스 렌츠(Max Lenz)는 랑케의 사상을 기존 세계 제국들에게 적용할 수 있다고 말했다. 그에 의하면 다른 세계 강대국들, 특히 영국이 소멸의 징조를 보이는 반면에, 프러시아-독일은 모든 국면에서, 즉 산업, 군사, 지성적 국면에서 끊임없이 창조적인 에너지를 가지고 있다고 말했다. 프러시아-독일은 문화적으로 우수한 민족이다. 그리고 프러시아-독일에게 하나님이 주신 사명은 소멸해가는 강대국들의 패망을 촉진시키고 세계정치에서 지도적 지위를 떠맡는 것이다.

요컨대 당시의 다른 강대국들이 취한 제국주의와는 대비적으로 빌헬름식의 제국주의가 강력하게 이데올로기적으로 추구되었으며, 사회민주당과 로마가톨릭중앙당 내에 있는 몇 가지 요소들을 제외한다면, 사실상 빌헬름식 제국주의에 대한 반대는 거의 없었다. 가장 믿음직한 옹호자들 중에는 독일 프로테스탄트 신학자들이 들어 있었다. 이들 가운데서 특히 유명한 신학자들은 본회퍼의 베를린의 스승인 아돌프 폰 하르낙(Adolf von Harnack, 1851-1930)과 라인홀트 제베르크(Reinhold Seeberg, 1859-1935)였다. 신학 훈련의 지도자들로서 이들은 민족의 팽창 필요성에 관한 네오-랑케 학파의 이론적 틀을 공유했을 뿐만 아니라 그들의 이론에 설득력 있는 신학적 정당성도 부여해주었다.

하르낙과 제베르크의 사상은 본질적으로 헤겔과 폰 랑케와 동일한 출발선 상에 있다. 즉, 민족이란 "신의 정신"의 구현이며, 그것은 본질상 지구의 지배를 위해서 서로 경쟁한다는 것이다. 무력은 민족들의 삶 속에 주어져 있는 것이다. 철학자 임마누엘 칸트(Immanuel Kant, 1724-1804)가 관찰한 바와 같이, 영구 평화는 확실히 이 세상에서 가능한 것이 아니다. 신학적으로 말하자면 빌헬름 시대의 대부분의 프로테스탄트 신학자들은 계시의 원천으로서의 성서보다는 전능한 하나님의 자기계시의 현장으로서의 기존세계에 더 많은 관심을 갖고 있었다. 이것은 그들의 신학적 성향이 세계사에 대한 이해에 의해 결정되었다는 의미이다. 한마디로 그들의 관심을 끈 것은 성서에 나타난 하나님의 활동이 아니라 오히려 1870년에서 1914년 사이 독일 민족과 더불어 그리고 독일 민족을 위한 하나님의 유형적이며 가시적인 성취였다. 헤겔은 하나님이 "역사 속으로 용해되었다"고 주장했다. 우주의 조물주는 하나님의 자기계시, 즉 지상에서의 하나님 나라와의 관계에서만 인식될 수 있다. 독일 신학자들에게 있어서 하나님 나라는 의심할 여지없이 프러시아-독일 제국(Prusso-German Empire)이었다.

이러한 사고 방식이 존재했다는 점을 고려해보면, 각 대학 신학 교수진뿐만 아니라 독일의 교육을 받은 엘리트들 사이에는 전쟁을 위한 일반적인 정신적 준비가 갖추어져 있었다. 그 결과 1914년 막상 전쟁이 발발하자, 독일 사람들은 별반 놀라지 않았으나, 서방 국가들은 전쟁발발에 대해 독일을 비난하며 분개를 표현했다. 비록 전쟁이 인간들만의 것이며 실로 구원사의 일부로 간주되었다 할지라도, 일반적으로 독일의 야만성과 전쟁을 일으킨 죄악에 대한 서방의 비난을 부인하려는 지대한 관심사가 있었다. 만일 바이마르 공화국과 이후 제3제국을 향한 개신교회의 태도가 조금이라도 납득되어야 한다면 이렇게 된 이유는 가장 교훈적인 것이며 또한 이해되어야 할 필요가 있는 것이다.

첫째, 만일 역사의 하나님이 인류를 향한 그분의 목적을 이루기 위해 전쟁을 사용하셨다면, "죄책"을 씌우는 문제는 있을 수 없는 것이다. 전쟁은 자연에서 광풍이 일어나는 것과 같은 것이다. 이러한 입장에 서서, 특히 독일의 엘리트 지식인들은 서방의 적대국들이 독일의 전쟁 비준과 벨기에에서의 독일군대의 처신에 대해 도덕적으로 비열하고 배교행위라고 비난하는 것을 보고서 분개했다. 독일의 학문 공동체는 외국에서 발표될 목적을 가진 일련의 성명서들에서 그렇게 했다. 독일의 전쟁 설교들은 전쟁을 독일의 우수한 산업적, 과학적 업적은 물론 문화적 업적에 대해서도 질투하는 미개한 적의 무리에 맞서 자기 방위를 위한 전적으로 정당한 것이라고 해석했다. 독일이 참되고 순수한 (프로테스탄트) 기독교의 땅으로서 "하나님의 망치"(the Hammer of God)로서의 역할을 떠맡아야 한다는 것은 전적으로 옳았다. 전쟁은 순종하지 않는 그릇된 민족들에 대한 심판이며, "세계의 법정"이었다. 전쟁은 "최후의 심판"의 한 형태였다. 이 전쟁에서 독일은 정의로운 주장을 위한 투사로서 부패하고 도덕적으로 열등한 강대국들을 징벌하며 승리를 거둔다.

독일인 학자 클라우스 폰둥(Klaus Vondung)은 독일의 지도적인 작가, 시인, 철학자, 역사가, 신학자들의 정신 상태를 연구한 후, 다른 어떤 호전적인 세기들에서보다 독일에서 훨씬 더 전쟁에 대한 이러한 묵시문학적 이해가 매우 널리 퍼져 있었다는 결론을 내렸다.[9] 황제를 포함하는 정치지도자들의 신뢰를 받고 있었던 아돌프 폰 하르낙과 같은 신학자들도 마찬가지로 하나님이 독일인 편에 계시며, 전쟁에 승리하리라는 것은 처음부터 뻔한 결론이라고 확신했다. 그렇지만 사건의 진행이 보여주는 바와 같이, 하나님은 독일인들을 버렸고, 그들을 경멸하는 원수에게 맡기었다.

물론 이러한 견해는 대부분 교육을 받은 프로테스탄트 계급

---

9) K. Vondung, *Die Apokalypse in Deutschland* (Munich: Deutscher Taschenbuch Verlag, 1988), p. 133.

(Bildungsbürger)의 견해였다. 반면 노동자 계급과 그들의 정치적 대표들은 전쟁에 대해선 늘 반대하거나 또는 방어를 위한 전쟁이라고 확신하는 한, 전쟁은 전쟁 전(前)의 현상(status quo ante bellum)을 보존하기 위해 치르는 것이라고 믿고 있었다. 외국 영토의 합병은 있어서는 안 된다. 따라서 실제로 전쟁이 모든 사람에게 이길 수 없는 것이라는 사실이 드러나자, 산업노동자들은 물론 군하사관과 사병들까지도 일련의 파업을 일으키기 시작했고, 이는 1918년 말의 이른바 11월 혁명(November Revolution)으로 발전했다. 1918년 11월 11일, 휴전이 조인된 이후에도 그들이 반대했던 것이 군대와 해군의 수뇌부의 조작과는 달리 무의미한 갈등으로 지속되자, 그들은 그들의 계급의 명예를 구하기 위해 투쟁하는 것이 필요하다고 믿었다.[10]

1918년이 끝나가는 마지막 몇 달 동안, 독일의 군사적 패배가 불러온 주변의 상황들은 전설적인 비열하게 뒤에서 찌르는 '뒤통수치기'(stab-in-the-back)를 야기했다. 우파 공직자들과 그 지지자들은 연합군의 우위에도 불구하고 독일군이 서부 전선을 장악할 수 있었지만 국내 전선에서 좌파들이 선동한 파업으로 인해 그렇게 할 수 없었다고 주장했다. 그들은 또 다른 이유로 사회민주당, 중앙당, 자유당이 제기한 헌정의 자유화에 대한 요구를 지목했다. 이것은 바이마르 공화국에게 숙명적인 유산으로 드러났다. 왜냐하면 보수주의자들과 급진적인 우파 인사들의 마음에는 새로운 민주적 독일이란 조국을 배반하고 적과 연합하는 것으로 보았기 때문이다.

제국은 사실상 매우 반민주적 성향의 엘리트, 귀족, 군대, 특히 국

---

10) G. Ritter, The Sword and the Sceptre: The Problem of Militarism in Germany (Florida: University of Miami Press, 1972), pp. 378-380.

가 관료제는 물론 상업적 자본가 집단에 의해서 지배되었다. 그들은 교회, 특히 개신교회와 대학의 도움과 선동을 받았다. 노동자 계급은 기껏해야 사회에 '부정적으로 통합'되었다. 사회의 주인들은 책임적인 정부를 허용하기 위하여 비스마르크의 헌법을 수정하는 데에 크게 반대하였다. 이것은 노조대표들을 권력의 회랑으로 받아들이는 것을 의미했다. 그러나 황제에 의해 "조국 없는 부랑자들"로 지칭된 사회주의자들은 실제로 민족의 주요한 일부로 간주된 적이 없었다. 1878-1891년 사이 비스마르크가 했던 것처럼 반사회주의 세력들은 사회주의자를 무법자로 선언하기를 즐겨했다. "부정적인 통합"이라는 말은 조직화된 노동자와 정당 및 노동조합이 정부가 대결하기에는 너무 큰 반면, 그들이 염원하는 개헌을 이룰 수 있기에 충분한 대규모 파업은 일으킬 수 없는 작은 규모라는 의미이다. 보수주의자와 노동자 간의 세력관계는 무장한 휴전에 비유되었다. 그 결과 제국독일에 노동자 계급이 부정적으로 통합되었다고 말하게 되었다.

처음부터 더욱 자유주의적인 성향의 사상가들은 제1차 세계대전을 노동자 계층이 군주제 국가로 긍정적으로 통합되어 들어가는 매우 좋은 기회로 여겼다. 그러나 정당 가입여부를 떠나 모든 독일인들에게 주입된 통일정신에 대한 "8월의 날들"과 "1914년의 이념"이 가져온 행복감은 환멸로 바뀌어버렸다. 독일인들이 무엇을 위해 투쟁하고 있었는지를 이해하는 것이 중요하다. "권력의 핵심에 있는 자들"과 전국에 있는 그들의 지지자들은 자신들이 두 가지 중요한 것을 수호하고 있다고 믿었다. 첫째, 그들은 노조의 민주개혁 요구로부터 독일의 군주 헌법을 수호하기를 특별히 원했다. 둘째, 그들은 유럽에서의 독일의 "합당한" 지위, 즉 유럽에서 독일의 미래의 기지를 위해 필요한 영토를 합병할 권리를 원했다. 이 모든 것은 독일이 어떻게 세계사의 미리 정해진 과정을 추구해야 하느냐는 확신에 따르는 것이었다. 따라서 전쟁이 발발하자, 정부는 "상상할 수 있는 시대"를 위한 "합법적인" 독일의 이익을 보호하기 위하여 전쟁 목표인 동양과 서양에서의 합병 프로그램을 채택했다.[11]

하지만 노조는 여러 가지 서로 다른 이유를 들어 전쟁 노력을 지지했다. 첫째, 그들은 전쟁을 민족 자위를 위한 것으로 이해했고, 둘째, 그들의 지지에 대한 대가로 노동자의 이익을 고려한 일련의 헌법 개정이 이루어질 것으로 생각했다. 그런데 독일의 전쟁 목적에는 두 가지 분명하고도 상호 배타적인 체계가 있었다. 이러한 사실을 파악하는 데 실패한다면 바이마르 공화국의 근원적인 문제를 이해하기가 어려울 것이다.


## 바이마르 독일

히틀러의 『나의 투쟁』(Mein Kampf)과 그 후대 연구서들을 함께 읽어보면, 반유대적 급진우파와 보수파가 본질적으로 온건한 사회민주당, 로마가톨릭중앙당 및 소수 집단인 자유주의자들과의 합작을 통해 11월 혁명 이후 수립된 민주공화국에 대해 과격한 반대 입장을 공유했다는 것이 확인된다. 이들은 모두 군주제가 아닌 의회주의제를 수립하려는 열망을 가지고 있었다. 개신교회들은 보수파 독

---

11) F. Fisher, *Griff nach der Weltmacht — die Kriegszielpolitik des kaiserlichen Deutschland 1914/18* (Düsseldorf: Droste Verlag, 1961), p. 110.

일인의 일원으로 여겨졌다. 그들은 전통적으로 "권좌와 제단"의 연합을 전능하신 하나님의 치하에 있는 국가를 위해 근본적인 필요조건으로 생각했다. 독일의 다양한 프로테스탄트 국가들의 군주들은 또한 그들의 직책상 영방(領邦) 교회들의 최고 감독을 겸하고 있었다. 예컨대 황제는 프러시아의 국가교회의 총대주교(summus epis-copus)였다. 그가 퇴위당하고 군주제가 폐지되자, 교회들은 새로운 국가 질서 내에서 그들의 지위를 다시 생각해야 했다. 교회 지위의 재조정은 기껏해야 잠정적인 것이었다. 모든 목사와 신학자들이 아돌프 폰 하르낙이나 프리드리히 마이네케(Friedrich Meinecke)와 같은 지도적인 역사학자들의 모범을 따라 심정적으로는 군주제주의자들(Herzensmonarchisten)이면서도 겉으론 공화당원(Vernunftrepublikaner)이 되어 공화국을 지원한 것은 아니었다. 공화국의 출현은 교인들로 하여금 그들의 세계관을 근본적으로 바꾸도록 요구했다.

그러나 연구조사를 통해 확인된 바와 같이 공화국은 생존을 위한 투쟁만 한 것이 아니라 그 이상의 무엇이 있었다. 공화국은 실패할 것이라고 처음부터 결론이 내려져 있지 않았다. 군주제로부터 공화국으로, 전시 경제로부터 평시 경제로의 과도기에 효과를 미치려고 노력한 이질적인 세력들은 서로가 기술적으로는 "계급의 적"(class enemies)이었지만 그들은 이성적인 사고를 가지고 행동했다. 그들이 처음 발휘했던 협력 기반이 살아 남을 힘이 있었다면, 공화국이 붕괴된다는 것을 믿을 이유가 없었다. 1918년 11월 처음 몇 주 동안 좌파가 주요 산업 도시들에서 부추긴 파업과 시위로 인해 소련식의 혁명이 초래될 수도 있다는 징후가 나타나자, 산업노동자와 기업지도자들은 전시 경제로부터 평시 경제로의 평화로운 전환을 위한 협정을 맺었다. 이는 "11월 협정"(November Pact) 혹은 기업지도자와 자유노동조합 의장의 이름을 따서 슈틴네스-레기엔 협정(Stinnes-Le-gien Agreement, 1918년 11월 15일)이라고 알려졌다.[12] 슈틴네스도 레기엔도 소련식 11월의 소요의 결과를 초래해 독일경제를 붕괴시켜 그로부터 양측이 볼 이득은 아무것도 없었다. 두 사람은 자본가의 결정적인 이익을 보존하면서 동시에 노동자의 이익, 즉 하루 8시간 작업과 같은 근로조건의 개선 범위 및 구속력 있는 임금 협상을 보장하는 타협을 원했다. 또한 경영자와 노동자대표들이 동수로 구성된 공장위원회들도 결성되었다.

자본가와 노동자 사이의 이러한 협정은 상황을 안정시킬 수 있는 중요한 초행정부적인 운동을 형성했다. 또 다른 협정, 결과적으로 더 견고한 안정을 추구하는 협정이 새 정부와 옛 군대 간에 이루어졌다. 바덴의 막스 공작(the Prince Max of Baden)이 이끌던 최후의 제국정부가 자진하여 물러나고 황제가 퇴위되자, 인민위원회 의장(the Commissars of the People)으로 선출되었던 사회민주당 지도자 프리츠 에버트(Fritz Ebert)는 당시 독일군을 지휘하던 빌헬름 그뢰너(Wilhelm Groener) 대장의 지지를 얻었다. 에버트는 온건한 반혁명적 민주인사로서 정평이 나있던 인물로, 마침내 1918년의 마지막 주간과 1919년 1월 사이에 반(反)소련 입장을 지닌 장교단의 신임을 얻었다. 당시 그뢰너는 새로운 정부에 대한 군대의 충성을 보장했고, 소련식의 혁명적 활동을 모두 진압하는 데에 군대를 동원했다. 이로써 슈틴네스-레기엔 협정과 에버트-그뢰너 협정은 1919년 1월 19일에 총선이 열릴 수 있는 조건을 조성했다.

---

12) J. A. Moses, Trade Unionism in Germany from Bismarck to Hitler (London: George Prior, 1982).

선거 결과는 다수당인 사회민주당, 중앙당 그리고 새로운 독일자유당의 연정이었다. 이 연정은 "바이마르 연정"(Weimar Coalition)이라고 일컬어졌다. 바이마르 헌법(Weimar Constitution)이 초안되고, 1919년 8월경에 그것이 공포된 것은 이러한 연정과 타협의 결과였다. 새로운 공화국의 운명은 사실상 두 중요한 요인에 달려있었다. 첫째, 1919/1920년 최대의 수적인 힘(8백만 명)에 도달한 노동조합들과 산업계 간 수립된 좋은 노사관계가 얼마나 지속하느냐. 둘째, 공화국 정부에 대한 군대의 충성이 얼마나 지속되느냐. 그러나 공화국의 안정과 지속적인 존속을 위한 두 필수조건은 그 어느 것도 보장될 수 없었다.

1920년 3월 13일, 군대의 충성 여부에 대한 첫 번째 검증이 이미 이루어졌다. 정부의 전복이 불만 세력인 군주제 지지 장교들과 충성을 거부한 군부대에 의해서 시도되었다. 그들은 베르사유조약이 요구하는 그들의 군대 해산에 항의하고자 했다. 전복 시도는 주모자 볼프강 카프(Wolfgang Kapp 1858-1922)의 이름을 따서 카프 쿠데타(Kapp Putsch)라고 알려졌다. 군대는 베를린을 점령하고 정부로 하여금 슈투트가르트로 피신하게 하는 데에 성공했다. 새로운 정부는 카프를 수상으로 선포했다. 그러나 이것은 노동조합 지도자 칼 레기엔(Carl Legien)에 의한 대규모의 총파업을 야기했다.

총파업은 최초로 화이트칼라 노조원들을 포함한 전체 노동조합이 연대한 파업으로 독일역사상 가장 성공적인 파업이었다. 그들의 유일한 목표는 헌정 회복과 노조가 산업계와 이전에 맺었던 협정에서 쟁취했던 비공식적 합의들을 보장할 수 있는 입법을 얻어내는데 있었다. 파업으로 인해 전혀 업무 수행을 할 수 없었던 카프 정권은 14일이 못되어 붕괴되고 말았다. 사실상 임금을 지불 받은 공무원은 아무도 없었다. 파업은 공화국을 구했고, 그렇게 함으로써 총파업 "비상 버튼"(Knopfdruck)이라는 전설이 생겨났다. 미래에 공화국이 어떠한 우파의 공격을 받을 경우 이 비상 버튼은 언제고 눌러질 수 있었다.

그렇지만 합법적 정부가 베를린을 점령한 반란군에 대처할 군대의 출동을 요청하자 총사령관인 한스 폰 제크트(Hans von Seeckt, 1866-1936)는 엄격한 중립을 유지한다는 구실로 모든 지원을 단호하게 거부했다. 민주적 제도에 대한 뿌리 깊은 적대감이 장교 집단 내에서 다시 드러나고 있었고, 공화국이 잇단 경제적인 위기를 방치하자 그 적대감은 더욱 거세졌다. 베르사유조약에 따라 독일에게 전쟁배상금을 강요하기 위한 프랑스와 벨기에 군대의 루르(Ruhr) 지역 점령은 독일 정치의 양극화를 점증시켰다. 이러한 정치의 양극화는 뒤이은 경제대공황으로 인해 더욱 악화되었고, 1923년 말에 이르러서는 인플레이션으로 통제 불능이 되어버렸다. 통제 불능의 인플레이션은 장기적인 재앙을 불러왔다. 이는 당시 저축을 모두 날려버리게 된 중산층이 국가 재정문제를 치유하기 위한 정부의 인플레정책을 매우 불신했기 때문이었다. 1929-1933년 일대 경제위기 기간 중, 정부가 온건한 형태의 인플레이션 정책을 취했더라면 아마 정치적 안정에 기여할 수 있었을 것이다. 그러나 당시 '중앙당'의 하인리히 브뤼닝(Heinrich Brüning) 수상은 실험을 해볼 모험을 하지 않았고 그 결과 정부의 모든 대민사업과 공공 부문 지출이 전면 붕괴되었다.

회고해 보면 공화국 초기에 발생한 카프 쿠데타와 경제대공황은 10년 후 공화국의 붕괴를 희미하게 예시한 사건이었다. 전자는 독일군대 문화가 새로운 헌법에 적응할 수 없다는 것을 보여주었다.

후자는 공화국의 안정이 독일 중산층의 경제적 요구에 대한 만족스러운 해결 여부, 더 정확하게 말하자면 그들의 요구에 어떻게 실질적으로 대처했는가의 여부에 달려있다는 것을 보여주었다. 인플레이션을 해결하고 동시에 시민들의 생활수준을 보호하는 길이 공화국의 정치, 경제의 첫 번째 임무가 되었다. 그렇지만 인플레이션은 1919년 공화국 설립 이전에 이미 독일경제에 나타나 있었다. 인플레이션의 발생은 전쟁 자금이 처음부터 적자 상태에서 조달되었기 때문이었다. 조약 의무 이행을 반대하는 자들이 주장하듯 그토록 만연했던 인플레이션은 베르사유조약에 의해 독일에게 의무 지워진 전쟁배상금 때문에 초래된 것은 아니었다. 하지만 일반 대중이 독일의 만성적인 대차대조표상의 적자 문제는 바로 전쟁배상금 때문이라고 쉽사리 비난한다는 사실은 공화국에 적대적인 입장을 취하는 우파 반대 세력의 손에 들린 좋은 노리개감이었다.

물론 경제대공황과 루르 지역 점령은 산업계와 노동계 간의 협력을 촉진하기 위한 협정의 전면적인 붕괴를 초래했다. 노동조합과 산업계는 처음 하루 8시간 노동과 임금 협정 같은 광범위한 문제들에 대한 협상에 동의했다. 그러나 1924년에 이르러서는 이 모든 것이 붕괴되었고, 노사관계는 전쟁 이전의 대치상태로 되돌아갔다. 하지만 당시 노동조합은 더 유리한 협상위치에 있었다. 이제 그들의 권리는 헌법에 의해 보장을 받았다. 그러므로 1925년 개최된 노동조합 총회에서 노동자들은 경제 민주주의(Wirtschaftsdemokratie)를 추구하기 위해 그들의 힘의 기반을 이용하기로 결정했다. 이는 그들이 노동자 대표들로서 더 나은 임금과 노동조건을 쟁취하기 위해 노력할 뿐만 아니라 국부의 더욱 평등한 분배를 위해서도 경영진과 협상을 시도한다는 것을 의미했다.

경제대공황이라는 혼돈이 지난 후, 미국에 의해 주도된 국제사회는 독일에 대규모의 차관을 제공했고(도스 플랜[the Dawes Plan]), 따라서 경제는 다시 한 번 크게 향상했으며, 수년만에 실질 임금은 1913년 수준에 도달했다. 이제 잠시 독일 내에서 노동계와 자본가들은 기존 법적 구조에 부당한 부담을 부과하지 않고서도 저마다의 목표를 추구할 수 있게 된 것처럼 보였다. 자본가들은 바이마르 "체제"가 평상 수준으로 사업이 돌아가게 허용하는 한 그 체제에 대해 관대한 입장이었다. 그러나 노조는 새로운 독일이 모든 시민에게 노동기본권과 인간다운 현존(menschenwürdiges Dasein), 즉 인간의 존엄성에 알맞은 삶의 수준을 보장하는 국가가 되어주기를 바랐다. 이것은 1926년 제국의회에서 통과된 국가적인 실직보험법안 배후에 깔려있는 사상이었다.

온건 좌파인 '중앙당'과 자유당은 새로운 공화국을 진보적인 복지국가로서 마음속에 그리고 사회정책(Sozialpolitik)의 확대, 즉 그 원칙이 헌법에 명시되는 복지법안을 선호했다. 이것은 특히 사회주의를 지향하는 노조원들에 의해 지지를 받는 사회민주당의 공약이었다. 노조는 1928년 함부르크에서 개최된 전당대회에서 지도적인 노동조합 이론가인 프리츠 나프탈리(Fritz Naphtali)가 작성한 성명서를 발표함으로써 그들의 경제 민주주의 목표를 재확인했다. 성명서는 사실상 산업 경영계가 법에 의해 노조대표들과 협상을 통해 경제를 운용하지 않으면 안 된다는 것을 요구했다. 실제로 경제 목표는 더 이상 잉여가치의 생산에서가 아니라 국민의 필요에 대한 충족에 두어졌다.

사업이 막 번창하기 시작한 1928년, 독일 산업지도자들의 귀에는 민주주의 경제 이데올로기는 은근히 마르크스주의와 같은 불길한 것으로 들렸다. 당연히 산업계는 민주주의 경제 이데올로기에 입각한 경영 형태를 만장일치로 거부했고, 시행 검증된 제도인 '자기 자신의 집에서의 주인'(Herr-im-eigenen-Hause)이라는 제도를 선호했다. 공동결정(Mitbestimmung)이라는 사상은 그들에게 매우 낯선 것이었다. 그러므로 바이마르 공화국이 의지했던 두 기둥, 즉 조직화된 노동과 조직화된 자본은 분명하고도 서로 배타적인 국가 개념을 대표했다. 노동자들에겐, 국가란 임금 노동자의 복지를 우선적으로 고려하여 어떤 문제가 발생하기 전 미리 간섭하여 대처하는 존재여야 한다. 국가는 자본가들에겐 사업하기에 최적의 조건을 창출해 주는 존재여야 한다. 이미 지적한 바와 같이, 이러한 두 개념은 "체제"가 과도한 부담을 떠맡지 않은 한도 내에서 공존할 수 있었다. 하지만 불행하게도 1929년 10월 세계 경제위기인 경제대공황(Great Depression)의 시작과 더불어 상상할 수 있는 최대의 부담이 촉발되었다.

독일은 도스 플랜에 의해 도입했던 해외 차관의 상환으로 가장 심각한 영향을 받았다. 외국 부채에 대한 이자지급, 정기적인 전쟁배상금 마련, 동시에 고심하여 만들어놓은 복지제도 유지라는 과제가 독일에 부과되고 있었다. 이같은 세계 경제위기는 독일정치인들로 하여금 복지제도를 포기하고 "경제"를 살리느냐 아니면 실직수당 지급과 같은 복지규정의 모양새만 유지하면서 경제를 희생하더라도 일자리 창출계획을 실험하느냐 하는 고민스런 선택에 직면하게 하였다.

이러한 것들이 노동자대표들과 대기업을 양극화했던 결정적으로 중요한 정치적 선택이었다. 1930년 9월 선거 이후, 실직 사태가 수습 불가능하게 되자, 이러한 양극화는 선거 결과에 반영되었다. 좌우파의 극단주의자들이 중요한 소득을 올렸다. 그때부터 확실한 의회의 다수에 의존할 수 있었던 연립정부의 형성이 불가능하게 되었고, 대통령이 자신에게 충성하는 수상을 임명하는 것을 허용하는 비상 지휘권(emergency powers)에 관한 헌법 규정이 선포되었다. 1930년 9월부터 1933년 1월까지, 아돌프 히틀러가 연정을 수립하라는 요구를 받았을 때, 세 수상(브뤼닝[Brüning, 1930-1932년], 폰 파펜[ von Papen, 1932년 6월부터 11월까지], 슐라이허[Schleicher, 1933년 1월까지]) 가운데 어느 누구도 비상 지휘권 규정에 호소하지 않고서는 통치할 수 없게 되었다. 어느 점으로 보아도 경제를 부양하는 방도에 대한 어떤 합의도 도출하지 못한 연유로 독일에서 의회정부는 1930년부터 중단되었다. 1933년 1월, 히틀러는 경제를 "건강한" 체제로 개선하려는 목적으로 특별 지시를 내렸다. 그는 처음으로 자신의 정당인 나치정당(NSDAP)을 제외한 모든 정당들을 해산하고, 제국의회에서 이른바 수권법(Enabling Bill)을 통과시킴으로써(1933년 3월 23일) 이 과제를 수행했다. 이로써 새 수상은 실질적인 도전을 전혀 받지 않고 어떠한 변화도 이끌어낼 무제한적인 권력을 쥐게 되었다. 히틀러는 좋아했다. 역사의 위대한 아이러니의 하나는 히틀러가 노조에 의해 고안되고 브뤼닝 행정부에 의해서 거부된 일자리 창출 원안을 이용하여 대량 실직문제를 극복하기 시작했다는 점이었다. 그 유명했던 제3제국이 출범했고 "나치 혁명"이 시작되었다.

## 제3제국

히틀러가 총선에서 놀라운 성공을 거두었다고 하지만, 그의 당은 절대적인 다수를 차지하진 못했다. 수백만의 독일인들이 나치와 나치법의 지배에 대한 노골적인 경멸을 표하지 못한 채 유보적인 태도를 취했다. 특히 히틀러가 군대와 독일의 주요 연방국가들의 경찰 그리고 준군사 조직인 나치의 돌격대(Sturm-Abteilung, SA)의 지지를 받자, 독일인들은 나치 테러리스트의 전략에 대한 정치적인 해답은 갖고 있지 않았다. 나치의 돌격대는 사실상 "갈색 군대"(brown army)였고 그 존재는 히틀러의 권력 장악을 이행하는 주요 요인이 되었다. 히틀러에게 완전히 예측하지 못했던 힘이 되었던 나치의 돌격대는 보수적이며 귀족적이었던 이전의 히틀러 지지자들을 위협하였다. 그런데 그 지지자들은 '자기들의 힘을 이용해 히틀러를 권좌에 앉혀놓고'(Alan Bullock) 자기들이 바라는 바를 이루기 위해 그를 통제할 수 있을 거라고 잘못된 생각을 하였다. 스스로를 "진정한" 독일의 대표자로 여겼던 이러한 사회구성원들은, 사회민주당원들을 공산주의자들로 잘못 알았던 것처럼, 히틀러가 어떤 사람인지 그리고 그의 운동이 무엇을 의도하는지에 대해서 거의 아는 바가 없었다. 히틀러의 스타일은 모든 사람을 놀라게 했다. 무솔리니(Mussolini)의 이탈리아나 프랑코(Franco)의 스페인과 같은 다른 일당 국가들의 지도자들과 비교해 볼 때, 히틀러는 독특한 정치적 현상이었다.

히틀러에 의해 착상된 이른바 수상국가(Führerstaat) 또는 지도자국가는 전혀 전례가 없는 것이었다. 수상국가는 과거의 절대 군주제와 비교될 수 없었다. 그 이유는 군주제 국가들은 보편적으로 인정될 수 있는 법적 원칙들을 인정하기 때문이었다. 독일에서 절대국가는 법치국가(Rechtsstaat)였다. 군주가 법보다 "위에" 있다고 하더라도 성문화된 법제도를 가진 국가였다. 나치 독일에서는 총통의 변덕스런 뜻이 곧 최종적인 법이었다. 그것은 또한 제국도시 비엔나에 있는 그의 고향 브라우나우(Braunau)와 제1차 세계대전 중 병사로서 전선에서 겪었던 그의 독특한 체험을 통해 형성된 히틀러의 개인적인 가치관의 산물이었다. 그의 정치사상은 1923년 뮌헨에서 쿠데타가 실패로 끝난 뒤 바이에른주 란트스베르크(Landsberg) 감옥에 투옥되어 있는 동안에 쓴 그의 자서전『나의 투쟁』(Mein Kampf)에서 자세히 설명되어있다.『나의 투쟁』에 나타난 그의 생각은 부분적으로 자기 경험에서 나온 묘한 표현들에 속한 것이 많은데도, 이상한 것은 수백만 다른 독일인과 오스트리아인들도 그의 생각을 공유하였다는 사실이다. 미국 역사학자 다비드 쉰바움(David Schoenbaum)은 다음과 같이 말했다.

> "히틀러가 파이 같은 빵과자, 양치기 개인 쉐퍼드, 민족적인 자기 미화 또는 대륙 팽창을 못 견디게 매우 좋아했다고 하더라도, 독일역사의 주류에 속하였다는 것은 아주 명백하다. 그의 해석, 동정과 반감이 아무리 괴팍스럽다고 해도 그것은 독일의 예술이나 혹은 정치에 영향을 끼치는 독일인의 삶의 요소이다. 1933년 이전의 수백만의 유권자와 그 이후의 미쳐 날뛰는 대중들 중에서 오직 극소수만이 그의 독창성을 시인했다." [13]

히틀러가 위대한 문화 민족과 산업 강대국의 도전 받지 않는 독재자로 부상하는 것을 피할 수 없었던 것은 아니었다. 세계 경제위기로 인해 독일에서 생긴 "스스로 재생산하는 시민사회"의 능력을

---

13) D. Schoenbaum, Hitler's Social Revolution: Class and Status in Nazi Germany 1933-1939 (London: Weidenfeld & Nicolson, 1967), p. xii.

잃어버린 상황(T. W. Mason)은 국민들로 하여금 독일의 경제적 생존력과 국제적 위신을 회복할 수 있는 "강력한 인물"을 받아들일 준비를 갖추게 했다. 공직에 임명된 히틀러가 절망 속에 있는 독일국민을 전례 없이 끌어들이는 힘을 발휘했다는 것은 의심할 여지가 없다. 그들은 조국이 겪고 있는 아픔이 엄격한 수단에 의해 치유될 수 있다는 것을 믿고 싶어 했다. 분명 서방 스타일의 의회 민주주의는 전달될 수 없었다. 그러므로 독일국민들은 히틀러가 비스마르크와 빌헬름 시대의 친숙한 권위주의와 게르만 민족의 가치관으로 복귀를 대표하는 인물이라고 확신하고 있었다. 실제로 제국의 대통령이었던 힌덴부르크(Hindenburg)가 새로 선출된 히틀러 내각을 공식 환영했던 포츠담의 날(Day of Potsdam, 1933년 3월 21일)은 나치를 대신한 선전선동의 쿠데타가 발생한 날이었다. 그것은 프러시아-독일역사 정신이 국가사회주의라고 합법으로 표현되었다는 것을 독일국민들이 사실상 확인하였다. 이는 나치즘에 대한 효과적인 저항이 왜 그렇게 미미했는지 설명해주는 이유이기도 했다. 이는 또한 야만적인 동양(공산주의)과 퇴폐적인 서양(자유주의)을 프러시아-독일과 구별하는 정치적 문화의 부활과 지속을 대표하는 것으로 나타났다. 이것은 물론 히틀러와 그의 각료가 유지하기를 바랐던 망상이었다. 그러나 히틀러는 비스마르크의 환생이 아니었다. 그는 완전히 새로운 현상이었다. 그 현상에 대해 역사가, 정치학자, 사회학자, 심리학자들이 만족스런 설명을 해야 했던 것이다. 예전에는 재정자본이 발전해나가다 그 마지막 단계에서 가장 기괴한 모습을 띤 것이 나치즘이라는 마르크스주의자들의 공식적 견해가 광범위한 지지를 얻었다. 그렇지만 메이슨(T. W. Mason)은 이러한 논제를 논파하고 다음을 지적했다. '히틀러는 대기업들로부터 막대한 도움을 받아 권좌에 오르고 나서는 대기업들의 이익에 근본적으로 반하는 정치적 목표들(유대인의 배제와 근절 그리고 웅대한 확장)을 추구하기 시작했다. 사실 그 목표들은 오로지 총통의 의지에 의한 정치적 목표들이었고, 그는 그 목표를 위해서 나치정당과 독일의 대중의 지지를 얻을 수 있었다. 히틀러는 독일의 사회-경제적 구조와는 무관한 "자율적인" 정치적 프로그램을 대표했다.'

히틀러가 어떻게 파괴적인 목표에 대한 지지를 획득하는데 성공했느냐 하는 것은 복합적인 문제이다. 위에서 인용한 데이비드 쉰바움의 말은 베르사유의 족쇄로부터 조국을 해방시키고 민족의 위대성을 회복시키겠다는 히틀러가 종종 언급했던 목표에 대한 독일인들의 감수성을 예증해준다. 히틀러에 대한 독일인들의 지지는 그의 다른 목적, 특히 "유대인 문제"의 해결을 위해 마음대로 행동하도록 권한을 부여해주는 첫 숙명적인 단계일 뿐이었다. "유대인 문제"는 얼마간 비밀의 베일에 덮여 있었고 또한 상당한 오도가 있었다.

제3제국은 히틀러의 영지였다. 그 주위에는 아첨꾼들이 몰려들었다. 그들 가운데는 건축기사인 알버트 슈페어(Albert Speer)와 같은 총명한 사람들도 있었고, 또한 악명 높은 친위대(SS =Schutzstaffel)의 하인리히 히믈러(Heinrich Himmler)와 같은 심리학적으로 정신 이상인 사람들도 있었다. 그들은 모두 히틀러라는 인물에 대해 충성 봉사했다. 그들이 없이는 히틀러의 정책들은 이행되지 못했을 것이다. 군의 충성이 없이는 히틀러가 권력을 장악할 수 없었다는 사실 또는 그후의 범죄적인 목표들을 수행할 수 없었다는 사실은 논쟁의 여지가 없다. 소수의 장교들만이 그가 무능한 군사 입안자이며 독일을 파멸로 이끌지도 모른다고 생각하여 히틀러를 퇴진시키려는 공모를 꾸몄다. 히틀러에 대한 암살공모는 1944년 7월 20일 실패로 끝나고 말았다. 디트리히 본회퍼는 암살공모에 가담했다.

히틀러에 대한 독일인의 저항과 7월 20일 암살 실패에 대해 많은 글이 기록되었다. 그 공모에서 본회퍼가 행한 역할에 대해 상당히 많은 이야기가 있다.[14] 그 문제에 대해 여기에서 상세하게 다룰 수 없다. 하지만 신학자인 본회퍼의 동기는 원칙적으로 독일민족의 명예를 구하고 유망한 평화로운 조건들을 얻고자 하는 데에 최우선 관심을 두었던 사람들과는 달랐다는 것을 지적해 두는 것이 중요하다. 본회퍼가 반(反)히틀러 음모에 가담했던 이유와 장교들이 그렇게 한 이유를 비교해 보면, "본회퍼의 독일"에 대해서 배울 수 있는 것이 많다. 그 정도로 그는 당대의 민족주의자들과 거리를 두었다.

빌헬름의 독일과 바이마르 독일의 신학자들이었던 본회퍼의 스승들을 되돌아 보면, 우리는 대부분의 사람들에게서 단순히 열렬한 애국자가 아니라 자신들을 민족적 문화유산의 수호자들로 인식한 지성인 계급을 발견하게 된다. 그들은 제국의 해외 정책과 지상에서의 하나님의 나라를 사실상 동일시할 정도로 국가의 역사를 그들의 신학 안에 통합시켰다. 하르낙, 제베르크, 다이스만(Deissmann)이 그런 계급을 대표할 만한 사람들이었다. 그들은 루터의 두 왕국론에 대한 해석을 교의학적인 지위로 격상시켰다. 이 교리에 의하면, 권력국가(Machtstaat)는 인류를 향한 하나님의 뜻을 현실화하기로 예정된 역사 속에 있는 하나님의 도구였다. 앞에서 암시한 바와 같이, 이러한 생각은 루터만이 아니라 헤겔(G. W. F. Hegel)의 가르침과 빌

---

14) E. Bethge, Dietrich Bonhoeffer: Theologian, Christian, Contemporary (London: Collins, 1970), pp. 626-692.

헬름 시대에 독일의 대학들에서 역사 훈련을 사실상 독점한 레오폴트 폰 랑케(Leopold von Ranke)와 이른바 신(新)랑케 학파가 지니고 있었다. 당시 역사가들과 신학자들은 동일한 세계관(Weltanschauung)을 공유했고 그리고 하나님의 은혜에 의한 공국들, 곧 군주국들의 연방으로 구성된 프러시아-독일제국의 진보에 관한 이해와 세상 안에서의 제국의 운명(제국주의)에 관한 이해는 상호 강화적(reinforcing)이었다.

그러므로 본회퍼도 구원의 역사 속에서의 국가의 기능에 높은 지위를 부여했다는 것은 결코 놀라운 일이 아니다.[15] 그렇지만 이러한 본회퍼의 입장은 다른 나라들(이탈리아, 스페인, 미국, 영국)에서 그가 겪었던 기독교에 대한 경험과 점차 왕성해진 에큐메니칼 운동 그리고 특히 스위스 친구이자 그의 신학스승인 칼 바르트와의 만남에 의해서 철저하게 수정되었다. 이 모든 경험으로 인해 본회퍼는 대다수의 동료 교인들이 할 수 없었던 방식으로 히틀러 정권을 비판하였다. 이러한 것들은 국가를, 국가가 지배한 사회와는 다른 자율적인 실체로서 계속 보게 해주었다. 사실상 국가는 전능하신 하나님에 의해서 규정된 실존의 법칙에 따라 그 의무 속에서 사람들보다 위의 영역에 있는 실체였다. 국가의 백성들은 어떤 점에서 국가를 비판하거나 심판할 우위의 권리를 가지지 않았다. 그들의 역할은 국가의 법과 결정이 아무리 부당하고 파괴적인 것으로 보인다고 하더라도 항상 순종하는 것이었다. 발생한 모든 것은 궁극적으로 전능하신 하나님의 불가해한 뜻에 부합되는 것이었다.

---

15) 예컨대, 1941년 발표한 "교회와 국가"(Church and State)에 관한 그의 논문을 보라. in D. Bonhoeffer, Ethics (New York: Macmillan, 1941), pp. 332-353.

그렇지만 루터의 두 왕국설에는 다른 측면이 있었다. 국가는 복음의 선포에 간섭해서는 안 된다. 그러므로 세례를 받았건 받지 않았건 유대인을 조상으로 둔 사람들을 공무에서 배제하는 나치의 인종차별주의적 법령이 제정되고 그 법이 교회에 적용되자 교회는 양심의 위기에 직면하게 되었고, 복음에 진실하게 머물러 있다는 입장을 선언한 신앙고백의 상황(status confessionis)이 벌어진 것이다. 나치의 유대인 정책이라는 것은 바로 그 당시에 두 왕국론의 국가가 침해하고 위반(violation)하는 행위를 말한다. 이러한 상황하에서 고백교회는 기독교 신앙의 참된 정체성을 대표하기 위해서는 신앙고백의 상황이라는 입장을 취하는 것 외에 다른 대안이 없다고 느꼈다.

1933년까지 본회퍼는 오직 세속 세계에 대해 책임을 지도록 하는 국가의 전통적인 권리를 기꺼이 부여하고자 했다. 그는 결국 오랜 전통을 가진 루터교회적 정치문화에 의해서 상당히 많은 영향을 받았고, 자유민주주의가 독일을 지배할 수 있는 능력이 있다는 데에는 매우 회의적이었다.[16] 그렇지만 본회퍼는 총통에게 충성맹세를 한 고백교회 대다수 신자들과는 달리, 국가가 교회의 문제에 간섭할 권리가 없다는 것을 국가 앞에서 선언하는 것만으로는 만족하지 않았다. 그는 공모라는 모습으로 저항의 두 번째 단계를 취하기로 결심하였다. 그가 1933년 국가의 유대인 박해와 관련하여 진술한 바와 같이, 우리는 "(국가의) 수레바퀴를 멈추게 하여야 할 것인지

---

16) J. de Gruchy, 'Dietrich Bonhoeffer and the Transition to Democracy in the German Democratic Republic and South Africa', Modern Theology, 12 (3) (July 1996).

아닌지" 숙고해야만 한다.[17]

본회퍼는 적극적인 반나치 체제 인사들 가운데서도 독특한 사람으로 저항 신학, 곧 책임적인 행동 윤리를 발전시킬 수 있었다.[18] 체포된 직후 본회퍼는 동료 공모자들과 함께 그들의 역할에 대한 가장 심오한 사상을 나누었다. 실패로 끝날 암살 기도가 아직 실행되기 전, 본회퍼의 통찰력은 혜안의 측면에서 보다 큰 의미심장함을 갖는다.

"시민적 용기는 사실상 자유로운 인간들의 자유로운 책임에서 생길 수 있다. 독일인들은 이제야 비로소 자유로운 책임의 의미를 발견하기 시작하고 있다. 자유로운 책임이란 신앙의 담대한 모험 속에서 책임적인 행동을 요구하시고 그러한 모험 속에서 죄인인 인간에게 용서와 위로를 약속하시는 하나님께 근거를 두는 것이다." [19]

---

17) D. Bonhoeffer, No Rusty Swords: Letters, Lectures and Notes, 1928-1936, Collected Works of Dietrich Bonhoeffer, vol. I (London: Collins, 1977), p. 221.

18) D. Bonhoeffer, *Ethics* (New York: Macmillan, 1965), p. 224.

19) 'After Ten Years', in D. Bonhoeffer, Letters and Papers from Prison: The Enlarged Edition (New York: Macmillan, 1972), p. 6.

# 2. 디트리히 본회퍼의 생애

버튼 넬슨 (F. Burton Nelson)

본회퍼 가문. 학창시절. 교사. 목사. 설교자. 에큐메니칼 운동. 핑켄발데:
공동체 생활. 공모자와 애인. 죄수와 순교자.


1945년 4월 9일 디트리히 본회퍼가 갑작스럽고 비극적인 죽음을
맞이한 직후, 그의 오랜 친구 가운데 한 사람인 라인홀드 니버(Rein-
hold Niebuhr)는 「순교자의 죽음」(The Death of a Martyr)이라는 글에서
본회퍼에게 최고의 찬사를 보냈다. 니버는 "본회퍼에 관한 이야기
는 기록할 만한 가치가 있다. 그것은 현대의 사도행전에 속한다"[1]
고 썼다. 니버는 계속해서 다음과 같이 예고했다.

---

1) R. Niebuhr, '*The Death of a Martyr*', *Christianity and Crisis*, 25 (June 1945), 6.

"마르틴 니묄러(Martin Niemöller)보다 덜 알려진 본회퍼는 앞으로는 훨씬 유명하게 될 것이다. 그의 순교만이 아니라, 그가 보여준 행동과 교훈은 독일 프로테스탄트 신앙에 새로운 활력을 불러올 희망을 내포하고 있다. 그것은 수많은 신앙 비평가들의 신앙보다 훨씬 더 종교적으로 심오한 신앙이 될 것이다. 그러나 그것은 독일 프로테스탄티즘의 숙명적인 오류인 신앙과 정치적 삶 사이의 완전한 이분법을 극복하는 방법을 가르쳐 줄 것이다." [2]

지난 반세기 동안 니버의 예고는 본회퍼의 고향인 독일에서 뿐만 아니라 멀리 외국에서도 진실로 드러났다.

본회퍼의 생애에 대한 이야기는 가족의 연대, 신앙과 신실함, 용기와 열정 그리고 참 애국심에 관한 것이다. 또한 그의 생애는 그의 신학을 이해하는데 필요한 열쇠이기도 하다. 그의 창조적인 펜끝에서 흘러나온 무수한 글들은 그의 생애와 당시 시대 상황이 펼쳐지는 흐름 안에서 가장 효과적으로 해석될 수 있다. 요약하자면 그의 전기는 불가피하게 그의 신학의 근본적인 주제들을 조명해주고, 그의 저작들이 지닌 깊은 의미에 도달하는 해석의 열쇠가 된다. [3]

수십 년 동안 본회퍼의 생애에 관한 대작(magnum opus)은 그의 절친한 친구인 에버하르트 베트게(Eberhard Bethge)가 지은 고전적 전기인 『디트리히 본회퍼: 신학자, 그리스도인, 동시대인』(Dietrich Bon-

---

2) ibid., p. 7.

3) 본회퍼의 신학과 자서전의 상관 관계에 대한 잘 주장된 관점을 위해서는, C. Green, *The Sociality of Christ and Humanity: Dietrich Bonhoeffer's Early Theology*, 1927-1933 (Missoula: Scholars Press, 1975)을 보라.

hoeffer: Theologian, Christian, Contemporary)이었다.[4] 본회퍼의 생애와 시대 상황에 대한 이야기는 금세기와 21세기의 독자들이 접하게 될 수많은 삶의 이야기들 가운데서 최고로 군림하게 될 것이다.[5]

## 본회퍼 가문

디트리히 본회퍼가 그같은 가문에 태어나지 않았더라면, 그의 생애가 어떤 삶이 되었을 것인지를 상상하기란 불가능하다. 교양과 특권을 지닌 이름난 가문에서 보낸 그의 어린 시절은 그의 가치관과 신념 체계를 형성해주었다. 베트게는 그것을 간명하게 표현한다.

"그는 학교에서 참교육을 받은 것이 아니라 위대한 역사적 유산과 지적 전통의 수호자라는 뿌리 깊은 감각으로부터 참교육을 시키는 가문에서 자라났다. 디트리히 본회퍼에게 이것은 앞선 세대들의 사상과 행동에 대한 이해와 존경을 배우는 것을 의미했다."[6]

양친의 가계도는 이 "위대한 역사적 유산"에 대해서 말해준다. 부친인 칼 본회퍼(Karl Bonhoeffer)의 족보는 16세기 초반(1513년)으로 거슬러 올라간다. 그의 조상들은 당시 네덜란드에서 독일 슈베비쉬 -

---

4) 몇 년만에 절판되었다. 그 제목의 책은 축약되지 않은 형태로 Fortress Press에서 재출판되었다. 독일어 원본, E. Bethge, *Dietrich Bonhoeffer: Theologe, Christ, Zeitgenosse* (Munich: Chr. Kaiser Verlag, 1967)에 나타난 가족 유산에 대한 상세한 내용은 최초의 영어판본에서 불행하게도 배제된 다른 부분들과 마찬가지로 회복되었다.

5) 디트리히 본회퍼에 관한 그 밖의 전기들을 위해서는 참고문헌(bibliography)를 보라.

6) E. Bethge, *Dietrich Bonhoeffer: Theologe, Christ, Zeitgenosse*, p. 4.

할(Schwäbisch-Hall) 시(市)로 이주해왔다. 금세공인, 의사, 성직자, 법률가, 시장(市長)으로 발전하는 가계행렬은 그 가문이 17-18세기에 굳건한 중산층이었다는 증거이다.[7] 디트리히의 부계의 조부인 프리드리히 폰 본회퍼(Friedrich von Bonhoeffer, 1828-1907)는 울름(Ulm) 시의회 의장이었다. 그의 조모 율리 타펠 본회퍼(Julie Tafel Bonhoeffer)는 남편보다 거의 30년(1842-1936)을 더 오래 살며 디트리히와 그의 모든 형제자매들에게 지울 수 없는 인상을 남겼다.

디트리히의 모친 가문의 유산 또한 유명하다. 그의 외증조부는 칼 아우구스트 폰 하제(Karl August von Hase, 1800-1890)로 그는 예나(Jena)대학에서 교회사가로서 큰 명성을 얻었다. 그의 외조부 칼-알프레트 폰 하제(Karl-Alfred von Hase, 1842-1914)는 여러 해 동안 호엔촐런(Hohenzollern) 가(家)의 마지막 독일 황제인 빌헬름 2세의 궁정목사였다. 그는 브레슬라우(Breslau)대학의 저명한 실천신학 교수이기도 했다. 그는 여백작 클라라 폰 칼크로이트(Clara von Kalckreuth, 1851-1903)와 결혼했다. 그들의 딸인 파울라 폰 하제(Paula von Hase)가 디트리히의 모친이다.[8]

디트리히 본회퍼는 1906년 2월 4일 브레슬라우에서 출생했고, 몇 분 후 그의 쌍둥이 여동생 자비네(Sabine)가 세상에 태어났다.[9] 그들이 출생하기 전, 세 형제들이 있었다. 칼-프리드리히(Karl-Fried-

---

7) 슈베비쉬-할(Schwäwisch-Hall)에 있는 성 미카엘 교회(St Michael)에서 우리는 요한 프리드리히 본회퍼(Johann Friedrich Bonhoeffer, 1783년 사망)가 그 교회의 목사였음을 가리키는 유명한 명판을 지금도 볼 수 있다.

8) 본회퍼의 조상의 유산에 관한 상세한 보고는 베트게(Bethge)의 독일어 원본 자서전에서 발견할 수 있다. *Dietrich Bonhoeffer: Theologe, Christ, Zeitgenosse.*

9) 자비네 라이프홀츠-본회퍼(Sabine Leibholz-Bonhoeffer)는 여덟 형제자매들 가운데서 아직까지 살아있는 유일한 한 사람이다. 90세 이상의 나이로 큰딸인 마리안네(Marimanne)와 함께 독일, 괴팅엔(Göttingen)에서 거주하고 있다.

rich, 1899년), 발터(Walter, 1899년) 그리고 클라우스(Klaus, 1901년). 이들 외에 또 두 자매가 있었다. 우르줄라(Ursula, 1902년)와 크리스텔(Christel, 1903년)이었다. 본회퍼의 출생 이후 주잔네(Susanne, 1909년)가 태어나 가족이 완성되었다.[10]

디트리히의 부친인 칼 본회퍼 박사는 저명한 대학교수이자 의사였다. 그는 1904년부터 1912년까지 브레슬라우대학의 정신 및 신경의학 교수였고, 신경질환을 위한 대학병원의 원장으로 봉사했다. 1912년 그는 베를린대학의 정신 및 신경의학 교수로 임명되었고, 샤리테 종합병원(Charité Hospital Complex)의 정신의학 및 신경의학 클리닉의 원장으로 임명되었다. 가정에서 그는 "경험주의, 합리성, 자유주의"의 특색이 강한 방식으로 아버지의 권위를 나타내고, 자녀들을 훈육했다.[11] 자비네 본회퍼(Sabine Bonhoeffer)는 그림을 보여주듯이 서술하고 있다:

"그분은 약간 거리감이 있었지만 존경을 받았고, 그분의 눈은 자기 앞에 있는 사람을 강렬한 이해심으로 응시했다. 그는 큰소리를 치는 대신 말을 정확하게 함으로써 요점을 강조하곤 했다. 그는 모범을 보임으로써, 그의 인생을 살았던 방식으로 우리를 교육했다. 그는 말수가 적었고, 우리는 그의 놀라는 표정에서, 짓궂게 괴롭히는 말투에서 그

---

10) 부모를 포함하여, 가족의 초기 구성원들에 대한 상세한 묘사는 S. Leibholz-Bonhoeffer, *The Bonhoeffers: Portrait of a Family* (Chicago: Covenant Publications, 1994)에서 발견된다. 그 책은 본래 Johannes Kiefel Verlag, Wuppertal-Barmen, Germany, 1968에서 발행되었다. 최초의 영어 판본은 1971년 Sidgwick & Jackson, London에서 발행되었다.

11) 이 표현은 디트리히 본회퍼의 질녀인 레나테 베트게(Renate Bethge)가 쓴 글, 'Bonhoeffer's Family and its Significance for his Theology', in L. Rasmussen, *Dietrich Bonhoeffer: His Significance for North Americans* (Minneapolis: Fortress Press, 1990) p. 16에 실려 있다. 베트게는 부모의 가정의 정신을 표현하기 위하여 "경험주의, 합리성, 자유주의"라는 용어들을 사용하는데, 특히 그 용어들을 부친과 관련시킨다.

리고 때론 조금은 아이러니컬한 미소에서, 그분이 어떤 판단을 하는
지 느꼈다. … 그의 놀라운 참을성은 우리의 삶에서 편협한 심성을 물
리쳤고 우리의 지평을 활짝 열어주었다."[12]

칼 본회퍼는 마치 그들에게 주어진 잠재력을 성취해야 한다는 타
고난 의무가 있는 것처럼 모든 아이들에게 높은 기대를 걸었다. 두
형제인 칼-프리드리히와 클라우스가 부친의 기질을 많이 닮았다는
것은 결코 놀라운 일이 아니다.

디트리히의 모친인 파울라 폰 하제 본회퍼는 대가족에게 완전히
헌신적이었다. 그녀는 교사였으며 1898년 결혼하자, 특히 가족 구
성원이 늘어나기 시작하자 가사에만 전념했다. 해가 지나면서, 그
녀는 분명 "그 집의 영혼이자 정신이 되었다."[13] 1912년 베를린-그
루네발트(Berlin-Grunewald)로 이사한 후, 그녀는 가정에서 봉사하는
7명의 일꾼들 - 교사, 여성 가정교사, 가정부, 손님을 접대하는 여자 일꾼, 요
리사, 손님을 맞이하는 남자 일꾼, 운전사 - 을 통솔했다. 그녀는 집에서 나
이든 자녀들을 가르쳤고 "시와 노래와 유희들로 짜여진 풍부한 레
퍼터리"(repertoire)를 가지고 있었다.[14]

본회퍼 가족들은 인근 교회의 주일예배에 참석하진 않았지만, 그
럼에도 불구하고 기독교 신앙의 기본원리를 접하지 않은 사람은 없
었다. 제한적이긴 해도 자녀들, 특히 가장 나이가 어린 세 자녀 - 디

---

12) Sabine Leibholz-Bonhoeffer, 'Childhood and Home', in *I Knew Dietrich Bonhoeffer: Re-
    miniscences by his Friends*, ed. W. Zimmermann and R. G. Smith (New York: Harper and
    Row, 1973). p. 21.

13) R. Bethge, 'Bonhoeffer and the Role of Woman', *Church and Society* (July/August 1995),
    35.

14) E. Bethge, *Dietrich Bonhoeffer: Theologe, Christ, Zeitgenosse*, p. 7.

트리히, 자비네, 주잔네 - 는 모라비아 형제들(Moravian Brethren) 소속 유모인 마리아(Maria)와 케테 호른(Käthe Horn)에 의해서 영향을 받았다. 파울라 본회퍼도 가족을 위해서 종교적인 분위기의 형성을 장려했다. 그녀 자신이 젊은 시절 모라비아 교회의 생활 중심지인 헤른후트(Herrnhut)에서 여러 달을 보낸 적이 있다. 그녀의 경건한 신앙심은 결코 닳아 없어지지 않고 남아 있었다. 그녀는 이후에도 자녀들이 성경 이야기들을 접하도록 부단히 애를 썼고, 전통적으로 위대한 찬송들을 배우게 했으며, 식사 전 감사기도를 드리고, 저녁기도회에 참여하며, 신앙으로 세례를 받고 견신례를 받게 했다. 조부 폰 하제가 가끔 가정 목사로서 초청되었고, 1914년 그의 사후에는 외가의 삼촌인 한스 폰 하제(Hans von Hase)가 가끔 영적 지도자의 역할을 맡았다. 1934년 고백교회가 결성된 이후, 디트리히의 모친은 교회 예배에 다시 참석하기 시작했고, 마르틴 니묄러(Martin Niemöller)의 베를린-달렘(Berlin-Dahlem) 교구가 "교회 가정"(church home)이 되었다.

가족들은 동부 하르츠(Harz) 산악지역 프리드리히스브룬(Fried-richsbrunn)에 있는 별장에서 휴가를 보내기도 하였다. 거기서 산과 숲이 주는 자연의 기쁨을 누리고, 수영, 하이킹, 버섯과 딸기 채집, 오후의 공놀이, 민요 부르기, 독서를 즐겼다. 이런 고요한 환경에서 디트리히는 처음으로 『피노키오』(Pinocchio), 『영웅전』(Heroes of Every-day), 『엉클 톰의 통나무집』(Uncle Tom's Cabin)과 같은 고전은 물론 많은 위대한 시인들의 작품들을 읽었다.[15] 이런 가족생활이 디트리히

---

15) 본회퍼의 누이동생인 자비네(Sabine)는 프리드리히스브룬에서 자녀들이 함께 나누었던 즐거운 시절에 대한 목가적인 서술을 제공해준다. 'Childhood and Home', in Zimmermann and Smith, *I Knew Dietrich Bonhoeffer*, pp. 25-27.)

의 삶에 지울 수 없는 인상을 남겼다. 그가 옥중서신들에서 여섯 번 이상 프리드리히스브룬을 회상했다는 사실이 입증한다.[16]

이런 평온함이 제1차 세계대전이 종전되는 몇 주간 흔들렸던 것이 명백하다. 디트리히의 형 발터(Walter)가 독일군에 복무 중 1918년 4월 23일 부상을 입고 5일 후에 사망했다. 그의 죽음이 부모에게 끼친 영향은 말할 수도 없이 컸다. 파울라 본회퍼는 여러 주간 가사일을 제대로 할 수 없었고, 칼 본회퍼는 새해의 공책에 날마다 기록하는 습관을 중단했다.[17] 당시 겨우 열두 살이었던 디트리히는 정신이 혼란했다:

> "형 발터의 죽음과 모친의 절망적인 비애는 어린 디트리히 본회퍼에게 지울 수 없는 흔적을 남겼다. 이때 받은 비애와 형의 죽음에 대한 생각이 수년 후 디트리히가 그의 학생들에게 국가적인 슬픔을 가져오는 존경받을 봉사 행위에 대해 말하면서 마음에 생생하게 다시 떠올랐다."[18]

부모는 발터가 견신례를 받을 때 받은 성경을 디트리히에게 주었고 본회퍼는 평생 그 성경을 간직했다.

2년 후인 14세 때, 부친과 다른 형제들의 실망에도 불구하고 본회퍼는 목사와 신학자가 되고자 결심을 했다. 그들은 심지어 교회는 그가 그렇게 헌신할 가치가 없는 곳이라고 주장하면서 그의 결

---

16) D. Bonhoeffer, *Letters and Papers from Prison*: *The Enlarged Edition* (New York: Macmillan, 1972), pp. 40, 73, 88, 117, 206, 211.

17) E. Bethge, *Dietrich Bonhoeffer*: *Theologe, Christ, Zeitgenosse*, p. 16.

18) ibid.

심을 단념시키려고 노력하였다. 그들은, 교회가 "가난하고 미약하며 지루하고 소시민적 부르주아(petty bourgeois) 제도"라고 주장했다. 이에 대해 본회퍼는 "교회가 그런 곳이라면 나는 교회를 개혁할 것이다!"고 대답했다.[19]

가족 모두는 1933년 1월 히틀러가 권력을 장악한 것을 불길한 징조로 여겼다. 조모인 율리 본회퍼(Julie Bonhoeffer)는 히틀러에 대한 단호한 반대 입장을 상징적인 행위로 표현했다. 레나테 베트게(Renate Bethge)는 그 장면을 다음과 같이 묘사했다:

> "처음부터 그녀는 다른 가족들처럼 나치의 노골적인 적이었다. 1933년 4월 1일, 히틀러는 유대인 상점에 대한 불매 명령을 하달하고, 나치 돌격대원들은 유대인 상점 앞에 지켜 서 있었다. 그녀는 이러한 감시원의 행렬을 통과해 걸어 들어가 쇼핑을 하고는 "나는 내가 늘 쇼핑하는 곳에서 쇼핑을 한 것뿐이다"고 하면서, 난처한 표정을 짓는 감시원들의 행렬을 빠져나왔다."[20]

율리 본회퍼는 3년 후 93세를 일기로 사망했다. 디트리히가 장례식 설교를 하였다. 우리는 독일에서 유대인들이 당한 곤경에 대한 디트리히의 발전된 소견에 그녀가 끼친 영향을 느낄 수 있을 것이다:

> "그녀는 인간의 권리가 침해당하는 것을 보고서 가만히 있을 수 없었

---

19) ibid., p. 22.
20) R. Bethge, 'Bonhoeffer and the Role of Women', 36.

다 … 그래서 그녀는 죽기 전 수년 동안, 우리나라에서 살아가는 유대인들의 운명을 목격하고 비애스러운 마음으로 음울한 나날을 보냈다. 그녀는 그들과 함께 고난을 당했다. 그녀는 다른 시대, 다른 정신 세계에서 나왔고, 이 세계는 그녀와 함께 무덤으로 뒷걸음질 치지 않을 것이다. 우리가 그녀에게 감사하는 이 유산은 우리에게 의무를 부과한다."[21]

이렇게 형성된 본회퍼에 대한 가문의 영향력은 심지어는 그가 수감되었던 테겔 감옥의 외로웠던 마지막 몇 달에 이르기까지 지속되었다. 그의 옥중서신들은 그의 희곡과 소설에서와 마찬가지로 20세기 성장기를 보냈던 베를린에서의 가족생활에 대한 언급으로 가득 차 있다. 루스 체르너(Zerner)의 관찰이 적절할 것 같다. "본회퍼는 그의 옥중 희곡과 소설에서 깊은 삶의 경험과 인간관계뿐만 아니라 가문의 배경도 재창조하였다. 그는 가문의 배경으로부터 힘과 확신을 이끌어냈다."[22] 한 평론가는 본회퍼의 가족경험과 교회에 대한 그의 후기의 견해 사이에 관념적인 연관이 있음을 지적한다. "박사학위논문에서 본회퍼가 그리고 있는 교회 구조에 대한 그림은 가족의 기능에 관한 묘사이다."[23]

최근 그의 삶과 신학에 대해 그의 가족이 미친 영향에 대한 새로운 소견들이 나타나서 우리의 이해와 통찰을 풍요롭게 해주고 있

---

21) ibid., p. 22.

22) D. Bonhoeffer, *Fiction from Prison: Gathering up the Past*, ed, E. Bethge and R. Bethge (Philadelphia: Fortress Press, 1981), p. 141.

23) T. I. Day, *Dietrich Bonhoeffer on Christian Community and Common Sense*, Toronto Studies in Theology, vol 11 (New York: Edwin Mellen Press, 1982), p. 2.

다. 그 중 하나는 에버하르트 베트게(Eberhard Bethge)의 「마리엔부르크 가(街) 43번지: 집, 가족, 손님들」(Marienburger Allee 43: The House, its Family and Guests)이다.[24] 다른 자료는 '베를린 본회퍼하우스 운영위원회'(the Board of Bonhoeffer House in Berlin)가 제작한 책 『디트리히 본회퍼, 목사』(Dietrich Bonhoeffer, Pfarrer)이다. "본회퍼의 가족의 특별한 의미와 그의 생애 형성에 미친 영향"을 강조하는 이 책은 마리엔부르거 가 43번지에 전시된 중심적 전시물이다.[25] 레나테 베트게가 쓴 「본회퍼의 가족과 본회퍼신학을 위한 가족의 중요성」이라는 논문도 지대한 도움이 되고 있다.[26] 가족 구성원 내에서의 삶과 본회퍼신학의 몇 가지 핵심적 모티프들 간의 연관이 드러난다. 위 논문, 특히 그의 형 칼 프리드리히[27] 및 다른 가족 구성원들과 인척들이 디트리히에게 미친 영향에 대한 논의는 레나테와 에버하르트 베트게의 다른 논문들과 더불어 우리에게 본회퍼 연구의 새로운 지평을 보여주고 있다.

---

24) E. Bethge, *Friendship and Resistance: Essays on Dietrich Bonhoeffer* (Geneva, WCC, 1995), pp. 72-79.

25) (Berlin: Board of the Bonhoeffer House, 1996); English translation by James Patrick Kelley.

26) In L. Rasmussen, *Dietrich Bonhoeffer: His Significance for North Americans*, (Minneapolis: Fortress Press, 1990), pp. 1-30.

27) Eberhard Bethge의 논문 'The Nonreligious Scientist and the Confessing Theologian: The Influence of Karl-Friedrich Bonhoeffer on his Younger Brother Dietrich', in *Bonhoeffer for a New Day: Theology in a Time of Transition, ed. J. de Gruchy* (Grand Rapids: Eerdmans, 1997)를 보라.

## 학창시절

본회퍼의 형들과 누이들은 처음엔 어머니에게서 공부를 배웠다. 하지만 가족이 베를린으로 이주한 후에는 쌍둥이 입주 가정교사였던 마리아 호른의 자매인 케테(Käthe)에게 가르침을 받았다. 7살 때 디트리히는 프리드리히 베르너 문법학교에서 공부를 계속했다. 그의 형들은 경험적 심성을 지닌 아버지를 따라 과학으로 방향을 잡은 반면, 디트리히의 성향은 그들과 달랐다. 청소년 시절 디트리히는 유리피데스, 슐라이어마허, 괴테, 쉴러, 퇴니스, 막스 베버와 같은 저명인사들의 철학과 종교 서적을 독파했다. 동시에 그는 자신의 음악적 재능을 발전시켰다. 열 살 때 그는 모차르트 소나타들을 연주했다. 베트게는 다음과 같이 쓰고 있다.

> "토요일 저녁이면 그는 어머니와 누이 우어줄라가 아름다운 목소리로 부르는 슈베르트, 슈만, 브람스, 후고 볼프의 「가곡」을 노련하게 반주하였다. 뒤이어 누가 아무리 음정이 틀리게 노래를 부르더라도 그는 당황하지 않았다. 어릴 때부터 그는 반주하는 것을 수줍어하거나 당황스러워 하지 않았다. 소년과 청년시절, 학교와 그의 동료학생들 사이에서 그에게 특별한 위치를 부여해 준 것은 바로 음악이었다."[28]

17세에 디트리히는 아버지와 형들이 다녔던 튀빙겐대학에 입학했다. 1920년대의 인플레이션은 대학생의 일상생활을 불안정하고 불확실하게 만들었다. 그는 1923년 6월 부모에게 편지를 보냈다.

---

28) E. Bethge, *Dietrich Bonhoeffer: Theologe, Christ, Zeitgenosse*, pp. 13-14.

"뮐러의 「교회사」 수강료는 이제 55,000마르크가 아니라 70,000마르크나 나갑니다." 10월에는 식사 비용이 10억 마르크가 든다고 보고했다. 그 당시 대학생들은 50회의 식사를 위해 25억 마르크를 미리 내야 했다.[29]

디트리히의 비공식적 교육은 형 클라우스와 함께 한 3개월간의 로마방문으로 계속되었다. 그의 일기는 로마 유적지들에 대한 만화경을 제공한다. - 성 베드로 대성당, 콜로세움, 판테온, 로마 광장, 핀치오, 트리니타 데이 몬티, 트레비 분수, 산타 마리아 마기오레, 카타콤, 바티칸 박물관, 성 라테란 대성당 - .[30] 그의 일기는 1924년 고난주간에 성 베드로 대성당에서 강한 충격이 그에게 임했음을 보여준다. "종려주일 … 처음으로 가톨릭의 현실적인 그 무엇이 내게 여명처럼 밝아 온 날이다. 낭만적이거나 그와 유사한 그런 것은 결코 아니었다. 나는 교회의 개념을 이해하기 시작했다고 생각한다."[31] 베트게의 표현을 빌리자면, "본회퍼에게 로마여행은 교회라는 주제에 대한 태도 형성에 중요한 역할을 했다. 구체성이라는 사상, 즉 형이상학적인 사변 속으로 길을 잃지 않는 사상은 이러한 접근방식의 실제적인 뿌리들 중 하나였다."[32] 로마여행에 이어 디트리히와 클라우스는 지중해를 건너 여행을 계속했고 시칠리아 섬, 트리폴리, 리비아 사막에서 여러 날을 보냈다.

1924년 후반 디트리히는 베를린대학에서의 공식적인 교육 생활

---

29) ibid., p. 30.
30) D. Bonhoeffer, *Jugend und Studium*. 1918-1927, *Dietrich Bonhoeffer Werke*, vol. ix (Munich: Chr. Kaiser Verlag, 1986), pp. 81-112.
31) E. Bethge, R. Bethge and C. Gremmels, *Dietrich Bonhoeffer: A Life in Pictures* (Philadelphia: Fortress Press, 1986), p. 55에서 인용.
32) ibid., p. 44.

로 돌아왔다. 이후 3년 동안 그곳에서 그는 신학 연구에 집중했다. 그곳에서 교회사가인 아돌프 하르낙, 루터 해석가인 칼 홀, 교회사가인 한스 리츠만, 조직신학자인 라인홀트 제베르크와 같은 저명한 학자들과의 만남은 그의 신학적 여정을 형성하는 데에 전략상 중요한 것이었다. 제베르크의 지도하에 그는 박사학위논문인 『성도의 교제』(Sanctorum Communio)를 썼고, 그것은 1927년 출판되었다. 「교회 공동체로서 존재하는 그리스도」(Christus als Gemeinde Existierend, Christ existing as community)에 대한 그의 서술은 이후 신학적 견지를 형성하였다. 1928년 디트리히는 스페인 바르셀로나에 있는 독일어를 사용하는 교회에서 예비목사(curate)로서 첫 목회를 했다. 1929년 베를린으로 돌아와서, 그는 교수자격논문을 쓰는 것으로 그의 공식적인 교육적 순례를 계속했다. 교수자격논문의 제목은 『행위와 존재』(Act and Being)로 이 논문은 대학강사로서의 임용을 위한 길을 마련하려는 것이었다.

1930년 가을 디트리히는 슬로언 재단(Sloane Fellow) 장학생 자격으로 1년간의 박사 후 연구를 위해 뉴욕의 유니온 신학대학(Union Theological Seminary)에 도착했다. 그것은 젊은 신학자에게 중추를 이루는 해가 되었다. 그는 이 맨하탄 소재 명문학교의 신학이 참을 수 없을 정도로 얄팍하고 실망스러울 만큼 얕다는 것을 발견했다. 본회퍼는 다음과 같이 쓰고 있다.

"유니온 신학교의 신학적 분위기는 미국에서의 기독교의 세속화 과정을 가속화시키고 있다 … 공개강연에서 죄와 용서에 관한 루터의 『노예의지에 대하여』(De Servo Arbitrio)에서 한 구절을 인용하는 것을 듣고, 그것이 자기들에게 코믹한 것으로 여겨진다 하여 대다수의

학생들이 폭소를 터트린 신학교는 기독교신학이 본질상 무엇을 지향
해야 하는지를 완전히 망각하고 있는 것이다."[33]

이러한 부정적인 기록에도 불구하고 디트리히는 유니온 시절 많
은 긍정적인 것을 발견했다. 라인홀드 니버(Reinhold Niebuhr)는 사회
의 고통과 아픔에 대한 교회의 관여에 대해 깊이 생각하도록 촉구
한 본회퍼의 멘토들(스승들 mentors) 중 한 사람이었다. 니버는 이후
10년 동안 꾸준하고 빈번하게 서신을 교환한 동반자가 되었다.[34]

교실을 뛰어넘어 디트리히의 절친한 친구들은 그에게 평생 지속
되는 영향을 미쳤다. 스위스 슬로언 재단 장학생 가운데 한 사람인
에어빈 주츠(Erwin Sutz)는 신학대학의 동아리에 동참하여 유럽 신학
에 대한 해설가 역할을 해주었다. 칼 바르트와 에밀 브룬너 밑에서
공부한 그는 이제 막 출현하고 있는 "위기의 신학"(Crisis Theology)에
대한 본회퍼 자신의 평가를 확장시켜 주었다. 더욱이 주츠는 1931
년 본회퍼가 바르트와 본(Bonn)에서 2주 동안 함께 지내도록 성사시
켜주는데 결정적인 역할을 했다.[35] 가까운 친구가 된 다른 유럽인
은 프랑스인 장 라세르(Jean Lasserre)였다. 두 친구는 상대방 나라의
말을 할 수 없었기 때문에 영어를 사용하여 시간이 날 때마다 신학
적인 대화를 나누었다. 독일에서 온 친구에게 산상설교를 새롭고도
깊이있게 만나도록 환기시키고, 특히 예수의 평화 명령의 요구들을

---

33) 'Report on a Period of Study at the Union Theological Seminary in New York, 1930-31',
in D. Bonhoeffer, *No Rusty Swords: Letters, Lectures and Notes*, 1928-1936, *Collected
Works of Dietrich Bonhoeffer, vol. I* (New York: Harper & Row, 1965), p. 91.

34) 불행하게도 니버는 1930년대에 본회퍼가 그에게 보낸 편지들 대부분을 남겨두지 않았다.
Personal Conversation, Ursula Niebuhr and F. Burton Nelson, in March 1983.

35) E. Bethge, *Dietrich Bonhoeffer: Theologe, Christ, Zeitgenosse*, p. 112.

붙잡게 한 것은 바로 라세르였다. 1931년 6월, 에어빈 주츠와 폴 레만(Paul Lehmann)과 함께한 멕시코행 여행에서 라세르와 본회퍼는 퀘이커 친구가 주선한 빅토리아(Victoria)에서의 대중 집회에서 평화에 대해 열정적인 의견을 나누었다. 본회퍼는 라세르와의 우정을 결코 잊지 못했다.[36]

두 명의 미국 대학생도 본회퍼가 참여한 동아리의 좋은 친구였다. 그 중 한 명은 폴 레만으로, 유니온에 위치한 그의 아파트는 대화를 위해 유용한 장소였다. "레만은 본회퍼로 하여금 시민권과 경제적 정의라는 운동에 참여하는 교회에 대한 인식을 심화시키는 데에 도움을 주었다."[37] 두 번째 친구는 앨러배머 출신 흑인인 프랭크 피셔(Frank Fisher)였다. 그는 현장 학습을 위해 할렘 가(街)에 위치한 아비시니언 침례교회(Abyssinian Baptist Church)에 배속되어 있었다. 본회퍼는 그와 함께 그 교회에 나갔고, 1931년 봄에는 주일학교를 맡아 가르치는 일을 도와주었다. 베트게는 피셔와의 우정을 통하여 디트리히가 "할렘 가(街) 현실 생활에 대한 상세하고도 깊은 지식을 얻게 되었다"는 결론을 내렸다.[38] 베를린으로 귀국한 후, 본회퍼는 할렘에서 체험했던 것들을 그의 신학생들과 흑인 영가 레코드를 틀면서 함께 나누었다. 그의 학생들 가운데 한 사람인 볼프-디터 침머만(Wolf-Dieter Zimmermann)은 저녁 모임을 마감하면서 본회퍼가 한 말을 다음과 같이 전하고 있다. "내가 흑인친구에게서 떠나올 때 그

---

36) 이 유일한 우정에 대한 상세한 내용을 위해서는 F. B. Nelson, 'The Relationship of Jean Lasserre to Dietrich Bonhoeffer's Peace Concerns in the Struggle of Church and Culture', *Union Seminary Quarterly Review*, 40(1-2) (1986), 71-84를 보라.

37) G. Kelly and F. B. Nelson, *A Testament to Freedom: The Essential Writings of Dietrich Bonhoeffer* (New York: Harper Collins, 1990), p. 11.

38) E. Bethge, *Dietrich Bonhoeffer: Theologe, Christ, Zeitgenosse*, p. 109.

는 나에게 이렇게 말했다. '우리가 당하는 고난을 독일에 알려주시오. 그들에게 우리에게 일어나는 일들을 말해주고, 우리의 실상을 보여주시오.' 나는 이 의무가 오늘밤에 성취되기를 원합니다." [39]

## 교사, 목사 그리고 설교자

그의 나이 24세, 본회퍼는 조직신학 강사로 베를린대학 교수진에 합류하라는 초청을 받았다. 이후 2년 동안에 그는 「20세기 조직신학의 역사」, 「프로테스탄트 신학에서의 철학 사상」, 「교회의 본질」, 「창조와 죄」, 「그리스도론」 등을 가르쳤다. 볼프-디터 침머만은 이러한 묘사를 우리에게 남겨주었다.

"내가 강의실에 들어갔을 때, 약 10-15명의 학생들이 있었다. 그것은 낙담스러운 광경이었다. 잠시 동안 나는 나갈까 머물까 생각하다가 호기심에서 남아 있었다. 한 젊은 강사, 살결이 희고 가는 머릿결, 넓은 얼굴에 금으로 된 이음새가 있는 테 없는 안경을 긴 남성이 가볍고 경쾌한 걸음으로 강단으로 걸어갔다. 몇 마디 환영인사를 하고, 그는 힘차고 묵직하게 강의의 의미와 구조를 설명했다." [40]

침머만은 이렇게 회상했다. "본회퍼는 강의에 매우 집중했고, 감정에 전혀 동요되지 않았으며, 냉정했고, 합리적인 냉담함을 가진

39) Zimmermann and Smith, *I Knew Dietrich Bonhoeffer*, pp. 64-65.
40) ibid., p. 60.

수정처럼 맑았다. 마치 리포터(reporter)처럼."[41]

본회퍼의 강의와 세미나들은 학생들의 관심을 끌기 시작했고, 관심을 넘어서 충성을 끌어냈다. 당시는 대학에서 수많은 신학생들이 국가사회주의(National Socialism)에 매력을 느끼기 시작하던 때였다. 베트게는 이 젊은 강사를 "작은 센세이션"(minor sensation), "회자된" 스승이라고 묘사한다. "그의 참 추종자들은 지적, 인격적 기준에 의해 스스로 선발된 사람들이었다. 그들 가운데는 아마도 자기들의 신학이 정치적 영향을 받지 않은 채, 나치정당에 결속될 수 있다고 믿었던 일부 학생들을 제외하고는, '독일 그리스도인들'(German Christians)에 속한 학생은 한 사람도 없었다."[42]

본회퍼는 효과적인 가르침이란 교실의 한계를 넘어서는 것이라고 생각하고 있었다. 그의 신학생들 가운데 많은 학생들이 저녁과 주말을 자주 그와 함께 보냈다. 베를린 외곽, 비젠탈에 있는 오두막 집은 모임을 위한 장소로 활용되었다. 결국 그들 가운데 여러 명이 히틀러와 나치즘에 대항한 핵심적인 저항 세력을 형성했다는 것은 결코 놀라운 일이 아니다. 그들의 이름은 후에 본회퍼의 유산에 의해서 영향을 받은 사람들에게 친밀한 이름이 되었다.[43] 본회퍼가 대학에서 행한 마지막 강의는 1933년 여름이었다. 히틀러의 독일 장악은 공식적으로 그해 1월 수상에 임명됨으로써 시작되었다. 바로 이런 상황에서 「그리스도론」이라는 주제가 설득력과 선명도를 얻게 되었다. 베트게는 이 강의들이 "본회퍼의 학문적 경력의 정

---

41) ibid., p. 62.
42) E. Bethge, *Dietrich Bonhoeffer: Theologe, Christ, Zeitgenosse*, p. 109.
43) ibid.

점"이라고 언급한다. 그의 그리스도론을 형성하면서 본회퍼는 "자기 자신뿐만 아니라 예수 그리스도에 대한 자신의 헌신에 대한 새로운 이해라는 서로 이질적인 가닥들을 종합하려고 최종 시도하였다. 이 강의에서 그의 생애와 그의 신학이 한점을 향해 모이는 것으로 보였다."[44] 선생(teacher)이 또한 제자(disciple)가 되고 있었다.

앞서 지적한 바와 같이 본회퍼는, 22살이 되던 1928년, 바르셀로나에 있는 독일어를 사용하는 루터교회에서 예비목사로서 목회를 시작했다. 이는 그의 평생 지속되는 목회의 시작이었다. 교인은 주로 고국을 떠나 외국으로 이주한 사업가들이었다. 본회퍼의 생동력은 교회의 활력의 근원이 되었다. 그 한 해 동안 그는 19편의 설교를 했고, 어린이들 예배를 시작하고, 소년반을 지도하고 강의하였으며 또한 사회문제들을 다루는 데에 관여했다. 그해 중간에 그는 좋은 친구였던 헬무트 뢰슬러(Helmut Rössler)에게 다음과 같이 편지를 보냈다.

"나는 날마다 새로운 사람들을 알고 지낸다. 여기에서 우리는 "기독교적 세계"의 가면무도회에서 멀리 떨어져 있는 사람들, 그들이 처해 있는 그 모습 그대로 만난다. 그들은 열정을 가진 사람들, 범죄 유형의 사람들, 작은 야망, 작은 소망, 적은 죄들을 가진 작은 사람들이다. 그들은 두 가지 의미로 집이 없다고 느끼는 사람들이다. 그들은 우리가 그들에게 친절하게 말을 걸면 터놓고 이야기하는 진솔한 사람들이다."[45]

---

44) Kelly and Nelson, *A Testament to Freedom*, p. 111.
45) ibid., p. 380.

그들에게 본회퍼는 배려와 관심을 나타낸 것이 분명하다. 베트게는 그것을 다음과 같이 표현한다.

> "본회퍼가 바르셀로나 교회 교인들에게 그렇게 열정적으로 행한 설교들은 상당 부분 그들이 이해할 수 없는 수준의 것들이었다. 그럼에도 불구하고 그는 주중에 그들을 방문하여 그들과 대화하고 따뜻한 마음과 목회적 관심으로 그들을 채워주었는데 그런 행동은 교인들에게 익숙하지 않은 것이었다." [46]

본회퍼의 세계는 지리적으로 새로운 이곳까지 확대되고 있었다. 그는 사회의 경계를 넘어서 가난한 자들, 소외된 자들의 어려운 상태를 증언했다. 황폐를 불러오는 경제대공황의 참상은 교회에까지 침투하여 본회퍼로 하여금 사람들의 양심과 관심을 불러일으키도록 자극하였다.

감독인 프리츠 올프리히트(Fritz Olbricht) 목사가 독일교회 당국에 보낸 보고서는 본회퍼가 목회를 위해 간직하였던 것으로 보이는 감수성들에 대해 언급하고 있다. "그는 모든 면에서 가장 유능한 사람으로 입증되었고, 나에게 큰 도움이 되었습니다. 그는 특히 어린이들을 이끄는 데에 유능합니다. 어린이들은 그를 매우 좋아합니다. 최근에 평균 40명의 어린이들이 그의 주일학교에 출석하고 있습니다. 그는 독일 이민 사회 전체의 인기를 끌게 되었습니다." [47] 본회

---

46) E. Bethge, *Dietrich Bonhoeffer: Theologe, Christ, Zeitgenosse*, p. 79.
47) E. Bethge, R. Bethge and C. Gremmels, *Dietrich Bonhoeffer: A Life in Pictures*, p. 69.

퍼는 두 번째 해에도 바르셀로나에 머물러 달라는 권유를 받았지만, 이듬해에 뉴욕 유니온 신학대학에서의 학업의 길을 택했다.

미국 최대의 대도시에서, 디트리히에게 중요했던 것은 번성하는 지역교회와의 생동적인 관계를 확립하는 것이었다. 그는 인접해 있는 리버사이드 교회(Riverside Church)의 설교와 목회에 만족하지 못하고, 할렘 가에 있는 아비시니언 침례교회에서 영적인 고향을 발견했다. 그는 자신의 경험을 이렇게 적고 있다. "나는 6개월 이상 주일 점심시간, 2시 40분경, 할렘 가에 있는 대형 흑인 침례교회들 가운데 하나인 교회에 참석했다. … 나는 흑인 교회들에서 전파되는 복음을 들었다."[48] 본회퍼는 이 교회에서 청소년 주일학교 반을 맡아 가르쳤고, 때때로 주간 종교학교를 도왔으며, 여성 성서연구 그룹을 지도했다.

1931년 베를린에 돌아온 후, 본회퍼의 목회는 다양해졌다. 막 안수를 받은 그는 샤로텐부르크(Charlottenburg)에 있는 공과대학의 교목으로 봉사했다. 그리고 베를린 프렌츠라우어 베르크(Prenzlauer Berg)의 누추하고 매우 가난한 시온 교구(Zion parish)에서 50명의 소년들의 견신례 반을 맡아 가르치는 교사가 되었다. 이러한 배경에서 그의 목회적 관계에 대한 통찰은 그의 친구인 에어빈 주츠(Erwin Sutz)에게 보낸 편지에서 드러난다.

"처음에는 청소년들이 미친 듯이 처신했다. 그로 인해 나는 처음으로 그들을 훈련시켜야 하는 실제적인 문제에 봉착했다. … 이제는 완전히 조용하다. 청년들은 자신을 돌아본다. 그러므로 나는 말 그대로 격

---

48) ibid., p. 76.

정이 되어 죽을 것 같았던 전임자의 운명을 더 이상 두려워할 필요가 없다. 최근 나는 이틀 동안 그들 몇몇과 다투었다. 다른 그룹은 내일 오기로 되어 있다. 우리 모두는 이렇게 함께 있는 것을 좋아했다. 내가 그들이 견신례를 받을 때까지 그들을 데리고 있으려면, 나는 그들 50명 전체의 부모를 일일이 방문해야 한다. 나는 이 일을 완수하기 위해서 두 달 동안은 이 인근지역에서 생활해야 할 것이다." [49]

설교는 본회퍼의 목회적 방향 설정을 위한 도관(導管 conduit) 역할을 했다. 많은 경우 그는 베를린에 있는 유명한 빌헬름 황제 기념교회(Kaiser Wilhelm Memorial Church)에서 설교를 했다. 그에게 있어서 설교 준비와 전달은 그 특권과 책임상 독특한 것이었다 "설교는 그의 삶에 있어서 위대한 사건이었다. 어려운 신학 작업과 그의 교회에 대한 비판적 사랑은 모두 그 자체를 위한 것이었다. 왜냐하면 그 안에서 평화롭게 하는 자인 그리스도의 메시지가 선포되기 때문이다. 본회퍼에게 있어서, 그의 소명을 완수하는 데에 설교보다도 더 중요한 것은 아무것도 없었다." [50]

본회퍼는 나치즘에 대한 교회의 저항의 초기 단계, 특히 베델 신앙고백문(Bethel Confession)의 초안 작성에 가담했다. [51] 그러나 그는 이들에게서조차 단호함이 결여되어 있는 것을 보고 불만스러워했고, 1933년 10월 독일을 떠나기로 결심했다. 그는 런던에서 독일어를 사용하는 두 작은 교회의 목사가 되었다. - 하나는 시든햄(Syden-

---

49) Kelly and Nelson, *A Testament to Freedom*, pp. 384-385.

50) E. Bethge, *Dietrich Bonhoeffer: Theologe, Christ, Zeitgenosse*, pp. 174-175.

51) E. Bethge, *Dietrich Bonhoeffer: Theologian, Christian, Contemporary* (London: Collins, 1970), pp. 231-234.

ham)에 있었고, 다른 하나는 이스트 엔드(East End)에 있었다. – [52] 이런 그의 결단에 대해 칼 바르트는 편지를 보내 호되게 꾸짖었다. "당신은 독일인이다 … 교회 건물이 화염에 휩싸였다. … 다시 배를 타고 당신의 자리로 되돌아가라. 지금 형편에서, 우리가 다음 배편을 말해야 하는가?"[53] 그러나 본회퍼는 그곳에 그대로 남아 있었고, 이후 18개월 동안 런던교회를 섬겼다. 이것은 무엇보다도 그가 1934년 바르멘(Barmen) 고백교회 총회의 창립에 불참하였다는 것을 의미했다. 그러나 그는 고백교회를 위하여 당시 영국에 도착한 독일 난민들을 돕는 일은 물론 나치즘에 반대하는 독일인 목사들을 규합하는 일을 도왔다. 후에 베트게는 이렇게 쓰고 있다. "영국에 있는 교회들만이 아니라 외국에 있는 모든 독일인 교회들이 본국의 교회투쟁에 참여하기 위한 진정한 시도 또는 효과적인 시도를 했다는 것은 의심할 여지없이 런던에 있는 본회퍼의 존재에 기인하는 것이었다."[54]

런던에서 행한 본회퍼의 목회에서 가장 중요한 결과는 치체스터(Chichester) 주교인 조지 벨(George K. A. Bell)과의 우정이었다. 두 사람은 1932년 제네바에서 개최된 에큐메니칼 회의에서 서로 만났다. 20년 이상의 나이 차이에도 불구하고, 그들은 독일에서 일어난 나쁜 징조의 사건들을 분별하는 데에 일치하였다. 본회퍼 생애의 모험담

---

52) 두 교회의 건물은 전쟁 중 런던에 가해진 독일공군(Luftwaffe)의 공습으로 파괴되었다. 새로운 교회건물, 디트리히 본회퍼 교회(Dietrich Bonhoeffer Church)가 같은 장소인 포레스트 힐(Forest Hill)에 재건되었다. 그 교회는 지금도 예배를 위해 모이고 있지만, 두 교회 출신인 몇몇 사람들만이 개인적으로 본회퍼의 목회를 아직도 기억하고 있다.

53) D. Bonhoeffer, *No Rusty Swords: Letters, Lectures and Notes, 1928-1936, Collected Works of Dietrich Bonhoeffer*, vol. I (London: Collins, 1977), p. 235.

54) E. Bethge, *Dietrich Bonhoeffer: Theologe, Christ, Zeitgenosse*, p. 262.

에 있어서 벨 주교가 담당한 역할은 1945년 4월 본회퍼가 순교하는 당일까지 지속되었다.

모국에서 신설된 '불법 신학교'의 교장으로 봉사하라는 고백교회로부터의 부름은 런던에서의 본회퍼의 목회에 막을 내리게 했다. 그러나 그것은 목사로서의 그의 지속적인 역할을 마무리한 것은 아니었다. 그는 끝까지 목사였다.[55]

## 에큐메니칼 운동

1930년대 중반, 본회퍼는 두 단체 - '교회를 통한 국제친선 촉진 세계연맹'(the World Alliance for Promoting International Friendship through the Churches)과 '생활과 실천을 위한 보편적 기독교협의회'(the Universal Christian Council for Life and Work) - 의 공동 청년위원회의 지역총무 자격으로 수많은 에큐메니칼 회의에 참석했다. 그의 압도적인 관심은 세계 교회들이 평화를 위한 전위대가 되라는 하나님이 주신 사명을 분별하는 데 있었다. 또한 교회일치운동과 독일 고백교회와의 상호 연대감을 발전시켜야 한다는 그의 갈망도 시급한 것이었다. 조지 벨에게 보내는 편지에서 그는 그의 고향 독일에서 교회들이 생사를 건 투쟁에 가담하고 있다는 자기 신념을 자세히 설명했다. 그는 벨에게 다음과 같이 썼다.

---

55) 이 주제에 대한 상세한 설명을 위해서는, F. B. Nelson, 'Pastor Bonhoeffer', *Christian History*, 4(1992), 38-39를 보라.

"독일교회의 현안은 이제 내부 문제가 아니라 유럽에서의 기독교의 실존이 걸린 문제입니다. 그러므로 에큐메니칼 운동이 명확하게 취해야 할 태도는 "중재"(intervention)가 아니라 교회와 기독교가 위태로운 상황에 처했다는 것을 전 세계를 향해 시위하는 것입니다." [56)]

따라서 본회퍼는 벨 주교를 도와 독일에서의 교회투쟁의 심각함을 전하는 승천절 목회서신(pastoral Ascensiontide letter)의 초안을 작성하였다.

"상황은 의심할 여지없이 불안으로 가득 차 있습니다. 상황을 올바르게 평가하기 위하여 우리는 독일국가에서 일종의 혁명이 일어났다는 사실 그리고 필연적인 결과로 독일 개신교회가 그 완전한 해결을 위해 시간을 요하는 많은 새로운 과제와 문제에 직면하게 되었다는 사실을 기억해야 합니다. … 불안의 주요 원인은 제국감독(Reichbishop)이 독재 권력의 이름으로 권력을 독점한 데에 있습니다. 그것은 교회의 역사에 있어서 전례가 없는 일입니다." [57)]

덴마크 서해안의 작은 섬 파뇌(Fanö)는 1934년 8월 세 개의 에큐메니칼 단체들 - '세계연맹 운영위원회'(The Management Committee of the World Alliance), '생활과 실천을 위한 보편적 기독교협의회'(The Universal Christian Council for Life and Work) 그리고 '국제 청년 컨퍼런스'(The International

---

56) D. Bonhoeffer, Ökumene: Briefe Aufsätze Dokumente 1928-1942, Gesammelte Schriften, vol. I (Munich: Chr. Kaiser Verlag, 1958), p. 184.
57) 벨주교의 호소의 완전한 텍스트는 덴마크 파뇌(Fanö) 집회의 공식 의사록(official minutes)에 나타난다. Universal Christian Council for Life and Work, Fanö, Denmark, 1934, pp. 65-66.

Youth Conference) - 의 모임을 위한 무대가 되었다. (이 모임은 '세계연맹과 보편적 기독교협의회의 공동 청년위원회'[Youth Commission]에 의해서 계획되고 시행되었다.) 파뇌에서의 공개 발제 및 회장직을 맡고 있던 벨 주교와의 개인적인 관계와 많은 대표단과 매일 대화를 통해 본회퍼는 갓 태동한 에큐메니칼 운동에 지울 수 없는 인상을 남겼다.[58] 특히 주목할 만한 것은 "교회와 세계의 사람들"(The Church and the Peoples of the World)이라는 그의 설교였는데, 그는 이 설교에서 교회들에게 평화를 위해 일하는 자로서의 책임을 받아들이라고 권고했다. 그는 이렇게 선언했다. "시간이 급박합니다. 세계는 무기로 가득 차 있습니다. 무서운 것은 모든 사람의 눈에서 내뿜는 불신입니다. 내일 전쟁의 나팔소리가 울릴 것입니다. 우리는 무엇을 기다리고 있습니까? 우리는 전에 없는 범죄에 가담하기를 원하는 것입니까?"[59] 한 목격자는 그 설교가 "아마도 그 회의의 가장 결정적이고 분명 가장 흥분된 순간이었다"고 묘사했다.[60] 다른 목격자는 본회퍼의 설교는 "파뇌에 떨어진 폭탄과 같은 효과"를 가져왔다고 보고했다.[61]

그러나 1930년대에 접어들어, 본회퍼는 고백교회와의 연대에 실패한 에큐메니칼 단체들에 대해 점차 실망하게 되었다. 그는 제국교회(Reich Church)와 고백교회에서 동시에 보낸 초청장의 어떤 모임에도 참석하기를 단호하게 거부했다. 1935년 신학잡지 「복음적(개

---

58) 파뇌 에큐메니칼 회의에서의 본회퍼의 역할에 대한 더욱 정확한 설명을 위해서는 F. B. Nelson. 'The Holocaust and the Oikoumene: An Episode for Remembrance', in *Faith and Freedom, ed. R. Libowitz* (Oxford: Pergamon Press, 1987), pp. 71-81을 보라.

59) Kelly and Nelson, *A Testament to Freedom*, p. 229.

60) Otto Dudzus in Zimmermann and Smith, *I Knew Dietrich Bonhoeffer*, p. 85.

61) 장 라세르(Jean Lasserre)로부터 버튼 넬슨(F. Burton Nelson)에게로 보내진 1976년 10월 4일자의 통신문.

신교) 신학」(Evangelische Theologie)에 발표한 「고백교회와 에큐메니칼 운동」이라는 논문에서 본회퍼는 다음과 같이 쓰고 있다. "교회투쟁은 에큐메니칼 운동 측에게는 파뇌의 정신을 준수할 것과 그렇게 함으로써 예수 그리스도의 교회가 되겠다는 약속을 준수해야 한다고 요구하고, 고백교회 측에는 그 투쟁을 기독교의 생명을 위한 것으로 보도록 요구한다".[62] 요약하자면 고백교회가 정의와 진리를 위해 펼치는 투쟁은 예수 그리스도의 전체 교회를 위한 대리적인 투쟁이었다. 1937년경 에큐메니칼 지도자들이 파뇌 회의의 분명한 권고를 따르지 않으려는 것을 알고 본회퍼는 지역 청년총무로서의 자신의 직무를 교체해 줄 것을 요구했다. 그러나 그의 사퇴는 20세기 전체를 통하여 계속되는 에큐메니칼 운동에 끼친 그의 영향력을 감소시키지 못했다.[63]

독일교회투쟁은 교회의 주님께 순종하고 신실하려고 하는 투쟁이었다. 그 중심에는 독일사회 내에서 유대인들이 당하는 곤경에 일체감을 갖도록 하는 그리스도인들을 향한 도전이 있었다. 1933년 4월 반유대인 입법이 통과된 직후, 본회퍼는 「교회와 유대인 문제」(The Church and the Jewish Question)에 대한 논쟁적인 강연을 했다. 그것은 본래 베를린 소재 게르하르트 야코비(Gerhard Jacobi) 목사의 집에 모이는 일단의 성직자들에게 한 강연이었으나, 곧 전문잡지에 게재되었다. 강연의 일차적인 취지는 유대인 조상을 가진 목사들은

---

62) G. Kelly and Nelson, *A Testament to Freedom*, p. 132.

63) 이러한 충격에 대한 평가를 위해서는 W. A. Visser't Hooft, 'Dietrich Bonhoeffer and the self-understanding of the Ecumenical Movement', *The Ecumenical Review*, 28(2), April (1976), 198-203을 보라. 또한 *Konrad Raiser, in de Gruchy, Bonhoeffer for a New Day*, pp. 319-339를 보라.

즉각 공직에서 물러나야 한다는 주장을 포함한 점점 심해지는 나치 정부의 반유대주의 정책들에 대한 기독교적 응답을 결정하도록 도우려는 것이었다. 본회퍼는 이러한 비도덕적인 규정에 대해 도전하고, 교회들에게 불의의 희생자들을 도우라고 촉구했으며, 더 나아가 "바퀴에 깔린 희생자들을 - 그들이 세례를 받았든지 받지 않았든지 - 붕대를 싸매어 줄 뿐만 아니라 바퀴 자체를 멈추게 해야 한다"고 촉구했다.[64] 다시 말해 교회가 정의의 선봉에 서서 국가에 대항하는 직접적인 행동을 하도록 호소하는 것이 필요한 때가 되었다는 것이었다. 하인츠 에두아르트 퇴트(Heinz Eduard Tödt)가 우리에게 상기시켜주는 바와 같이, 본회퍼는 "그런 주장을 편 거의 유일한 사람이었다. 그는 국가와의 엄청난 갈등 위험을 무릅쓰고 교회로 하여금 유대인들과의 연대, 특히 비기독교적 유대인들과의 연대를 중요한 문제로 생각한 유일한 사람이었다. - 이 모험은 교회의 실존까지도 위협할 수 있었던 모험이었다."[65]

본회퍼의 생애에 관한 이야기는 부단하게 전개된 나치의 유대인 박해의 비극과 교차되어 있다. 유대인들의 곤경에 진지한 관심을 기울여야 한다는 에큐메니칼 회의에서의 주장, 영국에서 베풀었던 유대인 난민들에 대한 지원, 악명 높은 누렘베르크 법령(Nuremberg Laws)의 선전 이후 1935년에 외친 그의 잊혀질 수 없는 절규("유대인들을 위해서 외치는 자만이 그레고리안 찬가[Gregorian chants]를 부를 자격이 있다!"), 1935-1937년 핑켄발데 신학대학 학생들에게 유대인들을 위

---

64) Kelly and Nelson, *A Testament to Freedom*, p. 132.

65) Eberhard Bethge, in *Ethical Responsibility: Bonhoeffer's Legacy to the Churches*, ed. J. D. Godsey and G. B. Kelly (New York: Edwin Mellen Press, 1981), p. 63에서 인용.

해 기도하라는 촉구, "독일 그리스도인들"이나 제국교회와 어떠한 타협도 있을 수 없다는 주장, 유대인들을 위한 구출 노력, 특히 "작전 7호"(Operation 7)에 참여한 일, 마지막으로 저항운동에 가입. 본회퍼 개인이 교회투쟁에 가담하여 보여주었던 이 모든 면모들은 기독교와 나치즘이 절대적으로 그리고 영구적으로 양립할 수 없다는 그의 확신을 예증해 준다.

## 핑켄발데 : 공동체 생활

고백교회는 교구 목사들을 훈련시키는 일을 돕기 위해 독일 내에 5개의 신학교를 설립했다. 신학교들은 가급적 주(州)정부로부터 독립을 유지하기 위해 자유의사에 의한 헌금으로 운영되었다. 앞서 밝힌 바와 같이 본회퍼는 1935년 봄 영국에서 독일로 돌아와 이 '불법 신학교'들 중 하나를 맡아 지도하라는 부름을 받았다. 영국을 떠나기 전 (이 새롭고도 도전적인 과제에 대한 자신의 마음과 정신을 준비하기 위하여) 그는 영국 국교회의 여러 수도원과 퀘이커 센터 한 곳을 방문하였다. "다가오는 과제는 과거 수년 동안 본회퍼를 사로잡았던 것들을 위한 촉매 역할을 했다. 산상설교 신학, 봉사와 영적 훈련 속에 있는 공동체, 수동적인 저항에 대한 증언과 에큐메니칼 개방성".[66] 이후 3년, 곧 1935-1937년 사이에 이 모든 것은 잊혀질 수 없을 정도로 충분히 발휘되었다.

1935년, 23명의 목사 후보생들이 발트 해의 아름다운 해안에 있

---

66) E. Bethge, Dietrich *Bonhoeffer: Theologe, Christ, Zeitgenosse* (Munich: Chr. 1981), p. 63.

는 칭스트(Zingst)로 소집되었다. 몇 주 후인 6월, 그들은 오데르강
(Oder River) 동쪽에 있는 한 작은 시골마을인 핑켄발데(Finkenwalde)
근처의 한 영주의 낡은 저택으로 이사했다. 그곳은 베를린에서 약
250킬로미터 떨어진 곳이었다. 신학교에 온 사람들은 대부분 이미
대학 교육을 마쳤고 성직자가 되는 것에 만족해 했다. 그들은 6개
월 동안 "형제 본회퍼"(Brother Bonhoeffer) - 그들은 대부분 그를 그렇게 불
렀다 - 의 지도하에 공동으로 생활하면서, 그들의 삶은 본회퍼에 의
해 지울 수 없는 영향을 받았다. 첫 번째 과정의 이수 후, "형제의
집"(Brother's House)은 옛 프러시아 연합의 형제 협의회에 의해서 승
인을 받았다. 첫 번째 과정의 이수 그룹에 속한 대부분의 사람들 -
에버하르트 베트게(Eberhard Bethge), 빈프리트 메힐러(Winfried Maechler), 알프
레히트 쇤헤어(Albrecht Schönherr) - 은 나중에 주요한 방식으로 본회퍼의
유산을 구현하게 된다.

본회퍼의 고전인 『신도의 공동생활』(Life Together)은 핑켄발데 공
동체의 정신과 상호 협동 분위기를 반영하고 있다. 괴팅겐(Göttingen)
에 있는 누이동생 자비네의 집에서 1938년 겨우 4주 만에 쓴 이 책
은 신학생들이 경험해야 할 기본적인 요소들 - 개인적이며 함께하는 공
동 명상, 기도, 홀로 있기, 성서연구, 친교, 노래 부르기, 레크리에이션, 선교, 예배,
성만찬, 신앙고백과 영적인 돌봄 - 을 한데 모아 놓고 있다.[67]

핑켄발데 시절은 본회퍼와 신학생들로 하여금 그들에게 물질을
지원해 주는 수많은 고백교회 교인들과 포메른 지역의 귀족 가족들

---

67) Volume V of *Dietrich Bonhoeffer Works*, *Life Together*; *The Prayerbook of the Bible* (Min-neapolis: Fortress Press, 1996). 켈리(Geffrey B. Kelly)가 쓴 '영어판에 붙이는 편집자 서문'은 가장 널리 읽힌 본회퍼의 두 권의 책, 『신도의 공동생활』(Life Together)과 『기도서』 (Prayerbook)에 대한 지각력이 있는 상황적 배경을 제공하고 있다.

과 함께 어울릴 수 있는 기회를 제공해 주었다. 그 가운데서 중요한 곳은 키에코프와 클라인 - 크뢰신에 있는 폰 클라이스트(von Kleist)의 저택이었다. 클라인 - 크뢰신(Kein- Krössin)지역의 루트 폰 클라이스트-레초프( Ruth von Kleist- Retzow)는 핑켄발데에서 열리는 주일예배에 취학 연령에 도달한 그녀의 손자 여럿을 데리고 참석하기 시작했다. 이 손녀들 가운데 한 사람이 마리아 폰 베데마이어(Maria von Wedemeyer)였다. 본회퍼보다 18세 연하인 마리아는 본회퍼의 투옥 직전 그의 약혼자가 되었다.

핑켄발데는 또한 본회퍼의 제자직(추종, Nachfolge)에 대한 강의의 배경이 되었다. 그것은 후에 『나를 따르라(제자직)』(Nachfolge. The Cost of Discipleship)라는 제목으로 출판되었다. 그 강의들에서 본회퍼는 "우리가 현대 세계에서 어떻게 기독교적 삶을 살아갈 수 있는가?"라는 질문을 제기했다.[68] 이것은 그리스도의 추종자들을 위한 일반적인 질문일 뿐만 아니라 본회퍼 자신에게 있어서도 매우 자서전적인 질문이었다. 본회퍼가 이 기초가 되는 책을 저술하는 동안, 매형인 한스 폰 도나니(Hans von Dohnanyi)는 나치의 정책과 행동에 대한 나날의 기록을 담은 「수치의 연대기」(Chronicle of Shame)를 만들고 있었다. 프란츠 귀르트너(Franz Guertner) 휘하의 법무부(Ministry of Justice) 직원으로서 폰 도나니는 나치정권에 의해 저질러진 불의와 박해에 대한 정보들에 은밀히 접근할 수 있었다.[69] 따라서 본회퍼는 보통

---

68) D. Bonhoeffer, *The Cost of Discipleship* (New York: Macmillan, 1960), p. 60.

69) 한스 폰 도나니에 의해서 5년 동안 간직되었던 이 "귀르트너의 일기"(Guertner Diary)는 워싱턴 국립 공문서보관소(Washington National Archives)에 마이크로필름으로 보관되어 있다. 그 문서들은 제2차 세계대전 이후 뉘른베르크 전범 재판에서 검찰에 의해서 사용되었다. E. Bethge, *Dietrich Bonhoeffer: Theologian, Christian, Contemporary*, p. 528을 보라.

독일인보다 나치의 범죄상에 대해 훨씬 많은 것을 알 수 있었다. 이러한 배경하에서 제자직이란 실제로 값비싼 것이었으며 심지어는 순교를 치러야 할 정도로 값비싼 것이었다.

1937년 9월, 신학교는 게슈타포의 명령에 의해 폐쇄되었다. 그해 말경 학생들 가운데 27명이 체포, 투옥되었다. 그럼에도 불구하고 비록 새로운 형태이기는 하지만 교육과 학습은 계속되었다. 이후 1938-1940년 3년 동안, 벽지 포메른은 "목사 후보생 집단"을 수용했다. 두 지역, 즉 슐라베(Schlawe)와 그로스 – 슐뢴비츠(Gross-Schlönwtz)의 총회회장들은 그 신학생들을 예비목사로 임명하며 협력했다. 1939년 슐라베 그룹은 비어 있는 농가를 인수하여 지구어즈호프로 옮겼다. 본회퍼는 시간을 쪼개어 두 지역을 오갔다.

> "노동과 명상, 기도, 설교훈련과 신약성서의 저변을 흐르는 사상들의 검토 – 이 모든 것이 목사 후보생 집단의 산만하지 않은 작은 서클에서 이루어졌는데 이는 큰 마을인 슈테틴(Stettin)에서 가까운 핑켄발데에 자리한 넓은 집에서보다 더욱 집중적으로 행해졌다." [70]

그러나 게슈타포는 불법 신학교와 그 참여자들에 대한 가차 없는 추적을 계속했다. 마침내 신학생들은 슐라베-지구어즈호프(Schlawe-Sigurdshof) 목사관 가까이로 옮겼다. 그들이 거기에 당도했을 때, 그들이 발견한 것은 텅 빈 농장뿐이었다. 1940년 3월 신학생들이 징집되었다. 교회의 종들을 위한 징집면제는 없었고, 양심적인 병

---

70) E. Bethge, *Dietrich Bonhoeffer: Theologe, Christ, Zeitgenosse*, p. 497.

100   본회퍼 신학개론

역 거부를 위한 규정도 없었다.[71]

그런 사이 본회퍼에겐 가족 문제도 걱정거리였다. 쌍둥이 여동생 자비네와 그녀의 남편 게르하르트 라이프홀츠(Gerhard Leibholz)와 그들의 두 딸 마리안네(Marianne)와 크리스티안네(Christianne)는 괴팅겐에 있는 집을 떠나지 않을 수 없게 되었다. 라이프홀츠 교수는 유대인 조상을 둔 이유로 그들의 실존이 위태로워 독일을 떠나는 고통스러운 결단을 내려야 했다. 1938년 9월, 에버하르트 베트게와 디트리히는 자동차로 그들을 스위스 국경까지 인도해 주었다. 그들은 바다를 건너는데 성공했고 결국 전쟁 종결 이후 1947년 독일로 돌아올 때까지 영국(주로 옥스퍼드)에서 집을 마련하고 생활했다.[72]

1930년대에 이르러, 본회퍼는 나치즘에 대한 투쟁에서 고백교회의 솔직함과 단호함이 결여된 것을 보고서 점차 실망하고 환멸을 느끼게 되었다. 베트게는 1938년이 "고백교회가 가장 낮은 지점에 도달한 해", "교회투쟁의 가장 어두운 순간"이라고 말한다.[73] 이 시기는 11월 9일에 벌어진 파렴치한 "수정의 밤"(Crystal Night)과 일치한다. 당시 나치는 7,000개 이상의 유대인 상점을 파괴하고, 회당을

71) 최근에 발행된 소책자는 쾨슬린(Köslin)과 슐라베(Schlawe) 동쪽 그리고 폰 클라이스트 (von Kleist)와 폰 베데마이어(von Wedemeyer)의 영지(領地) 남쪽에 있는, 핑켄발데로부터의 본회퍼의 삶의 이야기를 묘사하고 있다. J. Pejsa, *To Pomerania in Search of Dietrich Bonhoeffer* (Minneapolis: Kenwood Publishing, 1995)를 보라. 핑켄발데 공동체에 관한 최근의 다른 "단편"을 위해서는, E. Gordon, And I Will Walk at Liberty: An Eye-Witness Account of the Church Struggle in Germany (Suffolk: Morrow & Co., 1997)를 보라. 조상에 유대인이 있는 어네스트 고돈(Ernest Gordon)은 핑켄발데에 있는 본회퍼를 방문했고, 본회퍼는 그에게 영국에 있는 벨 주교의 배려를 약속해주었다. 그는 1991년 사망할 때까지 영국교회(the Church of England)에서 목사로 섬겼다.

72) 자유를 향한 라이프홀츠의 여행에 대한 정서적이며 극적인 설명은 S. Leibholz-Bonhoeffer, *The Bonhoeffers: Portrait of a Family*, (Chicago: Covenant Publications, 1994)에서 상세하게 말해지고 있다.

73) E. Bethge, Dietrich Bonhoeffer: *Theologe, Christ, Zeitgenosse*, p. 501.

불살랐으며, 율법 두루마리들을 더럽혔고, 90명 이상의 유대인들을 살해했으며, 20,000명 이상의 유대인들을 집단수용소로 보내는 악행을 저질렀다. 본회퍼의 성경에는 시편 74편 8절에 진한 줄이 그어졌다. "그들이 마음속으로 이르기를 우리가 그들을 진멸하자 하고 이 땅에 있는 하나님의 모든 회당을 불살랐나이다." 본회퍼는 성경의 여백에 1938년 11월 9일이라고 써놓았다. 교회지도자들 중 어떤 목사도 노골적인 반유대주의 행위에 반대하는 일에 입을 열지 않았다.

본회퍼의 환멸은 이듬해 히틀러의 50회 생일을 맞아 더욱 심화되었다. 교회부장관(Minister for Church Affairs)인 베르너(Herr Werner)는 제국의 모든 목사들에게 히틀러에 대한 충성맹세를 하도록 요구했다. "나는 독일제국과 민족의 지도자이신 아돌프 히틀러에게 충성하고 순종할 것을 맹세합니다." 고백교회의 지도층이나 독일에 있는 다른 어떤 교회도 중대한 저항을 하지 않았다. 유감스럽게도 대부분의 고백교회 목사들이 충성맹세 요구에 응했다. 본회퍼의 고뇌는 히틀러의 군대에 징집될 가능성 때문에 더욱 깊어졌다. 그는 자신의 양심과 마음의 평화를 위해서 행동을 취해야 할 필요가 있었다. 그는 두 번째로 미국으로 갈 수 있는 초청장을 받았다. 그는 영국에 들러 라이프홀츠 가족을 방문했다. 그리고 시카고대학으로부터 교수직을 제안 받은 형 칼-프리드리히와 함께 배를 타고 대서양을 건넜다. 디트리히는 유니온 신학대학 시절부터 그의 친구이자 스승이었던 라인홀드 니버(Reinhold Niebuhr)와 가장 가까운 친구 폴레만(Paul Lehmann)이 주선해 놓은 순회 강연을 할 예정이었다. 그는 유니온 신학대학에서 여름 과정을 가르치고 독일 난민들을 위한 목회를 할 계획도 있었다. 이러한 계획들 중 어느 것도 성사되지 못했다. 히틀러와 그 하수인들에 대한 투쟁을 지속하는 문제와 유럽에서 전쟁이 발발할 가능성에 대해서도 잘 알고 있었던 본회퍼는 잠을 이루지 못했다. 여러 날 동안 자신이 처한 상황에 대해 고심한 끝에, 그는 기념비적인 결단에 이르게 되었다. 그는 그의 과정을 돌리고 싸움을 재개해야 한다. 그는 라인홀드 니버에게 보내는 매우 감동적인 고별 편지에서 그의 생각을 선명하게 그려놓았다.

> "나는 미국에 온 것이 실수였다는 결론에 도달했습니다. 나는 우리 민족의 역사 중 이 어려운 시기에 독일의 기독교인들과 함께 살아야 합니다. 이 시련을 저들과 함께 나누지 못하면 전후(戰後) 독일의 기독교 삶의 재건에 참여할 권한이 없게 됩니다. … 독일에 있는 기독교인들은 기독교 문화가 살아남도록 하기 위해 조국을 망하게 하든지 조국이 살고 우리의 문화가 파괴되게 하든지 하는 지독한 양자택일을 직면하게 될 것입니다. 나는 내가 어떤 선택을 해야 할지 알고 있습니다. 그러나 그저 편안히 앉아 그 선택을 할 수는 없습니다."[74]

1939년 7월, 뉴욕을 떠난 본회퍼는 도중에 라이프홀츠 가족을 보기 위하여 런던에 들렀다. 그의 누이동생의 말은 확실히 정곡을 찌르는 것이었다. "(미국에서) 그는 잘 정착했을 것이다. 반면 그는 독일에서 필요로 하는 사람이었다. 그는 전쟁이 드러낼 이 어려운 양심의 위기 속에서 곤경에 빠진 젊은 신학자들, 그의 형제들을 떠날 수 없었다. 그는 돌아와야 한다."[75] 그녀가 한 다른 말들은 가족의

74) ibid., p. 559.
75) Leibholz-Bonhoeffer, *The Bonhoeffers*, p. 111.

이별에 의해 야기된 격정과 비통함을 보여준다. "우리 모두는 디트리히를 정거장까지 따라갔다. 그것은 근심스러운 이별이었다. 디트리히는 나름대로 예전처럼 낙천적이며 자제하는 모습을 보여주었다. 디트리히는 그러한 모습을 통해 우리를 도와주었다. 그러나 우리 모두는 광풍이 불어 닥칠 징조가 앞에 놓여 있는 것을 보았다. 우리는 곧 서로 다시 만날 수 있다는 희망을 크게 갖지 못했다. 이후 나는 디트리히를 다시 보지 못했다."[76)]

## 공모자와 애인

1930년대 말, 디트리히 본회퍼의 생애는 모퉁이 하나를 돌아 그의 전기를 뒤쫓아 온 모든 이들에게 흥미와 도전을 주었다. 그가 두 번째로 미국을 향해서 떠나기 직전, 고백교회를 포함한 독일교회에 대해 그는 더 깊은 환멸에 빠지게 되었다. 그가 사랑했던 조국은 분명 전 인류사를 통해 가장 전제적 정권에 의해 완전 포로가 되어 있었다. 히틀러 정권의 범죄상은 어디에 견줄 데가 없었다. 교회지도자들, 대학교수들, 언론, 의사 및 법률가들, 사업가들과 머리가 깨인 일반인들 모두가 권력과 권위의 폭주에 직면하여 무기력하게만 보였다. 하지만 필요하다면 암살을 통해서라도 히틀러를 넘어뜨리기 위한 모험적인 지하 저항운동에 착수한 사람들도 있었다.

본회퍼가 미국 방문을 중지하고 독일로 돌아왔을 때, 그에게도 저항에 참여할 수 있는 기회가 생겼다. 매형 한스 폰 도나니(Hans von

---

76) ibid., p. 112.

Dohnanyi)는 나치 독일군대의 방첩활동부대(counter intelligence)인 방위부대(Abwehr)의 지도급 멤버였다. 그로 인해 그는 본회퍼를 직접 저항운동에 가담시킬 열쇠를 지니고 있었다. 나치에 대한 저항운동의 일차적인 중심이 된 방위부대는 빌헬름 카나리스 제독의 휘하에 있었다. 그들은 참모장 한스 오스터 장군과 더불어 히틀러에 대한 다양한 암살기도를 포함하여 전시 저항 세력의 활동을 은폐하는 책임을 맡고 있었다. "참된 애국주의"[77]가 히틀러와 그의 측근들을 국가 지도직으로부터 제거하려는 합주된 시도를 요구한다고 확신한 본회퍼는 방위부대의 문관으로 들어가 1943년 4월 9일 체포당할 때까지 활동했다.

도나니와 오스터는 본회퍼의 노력이 첩보활동에 필수불가결하다고 주장하여 가까스로 그의 징집 면제를 얻어냈다. 의심 많은 게슈타포를 마침내 설득한 말은 본회퍼의 에큐메니칼 접촉들이 정보를 수집하는데 매우 유용하다는 것이었다. 그는 표면상으로 중립국은 물론 연합국의 정치 상황을 평가할 수 있는 배경 정보를 제공할 수 있었다. 요약하자면 본회퍼가 과거 수년 동안 확립했던 에큐메니칼 우정들이 이제 나치 독일의 전쟁 도모에 기여하는 것으로 조작될 수도 있었다. 물론 "이중정보원"으로 가장한 본회퍼는 그의 해외여행을 이용하여 독일의 저항 단체와 연합군 사이의 긴밀한 교신의 통로를 개발했다.

본회퍼는 "작전 7호"(Operation 7)로 알려진 유대인들을 몰래 독일

---

77) 『본회퍼 전집』 제3권의 제목은 The letters, lectures and notes of Bonhoeffer, 1939-1945 이다. Ed. Edwin H. Robertson (New York: Harper & Row, 1973). 부제는 본회퍼의 지속적인 딜레마를 묘사해 준다. "개인적 양심과 국가에 대한 충성 사이에서의 한 사람의 투쟁"(One man's struggle between individual conscience and loyalty to his country).

에서 외국으로 내보내는 일을 돕는 극비 계획을 이행하는데 도움을 주었다. 그는 스위스 국경을 세 번 넘어가서, 칼 바르트와 세계 교회 협의회의 총무 지명자인 비서트 후프트(W. A. Visser't Hooft)를 포함한 에큐메니칼 핵심 인물들과 접촉했다. 그는 헬무트 폰 몰트케(Helmut von Moltke) 백작과 함께 저항을 위한 접촉을 하기 위해 노르웨이로 여행하기도 했다. 그들의 격려는 노르웨이 루터교회 및 그 성직자들과 지도자들(예컨대 아이빈트 베르그라프 주교)에게 힘을 보태주어 그들로 하여금 자기 나라를 점령한 나치 점령자들에 대항해 투쟁하도록 만들었다.

본회퍼에게 가장 위험했던 여행은 1942년 봄 영국의 에큐메니칼 친구인 조지 벨 주교를 스웨덴 시그투나(Sigtuna)에서 만났을 때였다. 그 사명은 결정적으로 중요한 사명이었다. 비밀 접촉을 통해 본회퍼는 벨 주교에게 지하 핵심 인물들의 이름을 포함한 저항에 관한 정확한 정보를 건네주었다. 본회퍼는 영국 외상 앤토니 이든과 윈스턴 처칠(Winston Churchill)은 물론 프랭클린 루즈벨트에게까지 긴급 메시지를 전해달라고 벨에게 요청하며, 저항에 대한 지원을 요구하였다. 특히 히틀러 타도 이후를 위한 평화안에 대해 협상할 것을 요청했다. 그러나 연합국 지도자들의 응답은 없었다.[78]

바로 이 시기에 디트리히 본회퍼는 자신의 대작(magnum opus)이기를 희망한 『윤리학』(Ethics)의 원고를 집필 중이었다. 1933년 이후 저술한 본회퍼의 다른 글들처럼, 이 단편 선집 역시 특히 1939-1943년 사이의 그의 삶의 배경에 비추어 읽어야 할 필요가 있다. 그리스

---

78) 스웨덴에서 벨 주교를 만나는 본회퍼의 비밀 임무에 대한 상세한 설명을 위해서는 F. Burton Nelson, 'Bonhoeffer at Sigtuna, 1942: A Case Study in the Ecumenical Church Struggle', in Godsey and Kelly, *Ethical Responsibility*, pp. 131-142를 보라.

도와 현실, 구체성, 자연적인 것(the natural), 궁극이전의 것(the penulti-mate)과 궁극적인 것(the ultimate), 네 가지 위임, 대리, 책임, 국가와 교회, "진실을 말하는 것" - 이같은 주제들은 모두 "전쟁에 의해 제기된 커다란 도덕적 딜레마와 노골적으로 사악한 정부에 저항해야 할 필요성을 말하는" 본회퍼의 노력을 깊이 반영하고 있다.[79)]

이 어려운 시기에 디트리히 본회퍼는 위험과 모험으로 가득 찬 이중정보원 임무를 수행했을 뿐만 아니라 예기치도 않은 사랑에 빠지게 되었다. 본회퍼가 사랑에 빠졌던 여인은 베트게가 자서전에서 단순히 "한 여자친구"로 묘사한 여성이었다. 그녀는 나중에 엘리자베스 친(Elisabeth Zinn)으로 밝혀졌다. 몇 년 후 테겔 감옥에서 본회퍼는 이 사랑에 대해서 다음과 같이 썼다.

> "나는 전에 한 소녀와 사랑에 빠진 적이 있었다. 그녀는 신학자가 되었고, 우리의 길은 여러 해 동안 평행선을 달렸다. 그녀는 내 나이 또래였다. 사랑이 시작된 것은 내가 21살 때였다. 우리는 서로 사랑하는 줄도 몰랐다. 8년 이상이 흘렀다. … 당시 나는 내가 결혼한다면, 훨씬 더 어린 소녀와 결혼해야 한다는 느낌을 가졌다. 그러나 당시에 그리고 그후에도 그것은 불가능하다고 여겼다. 이후 나는 교회를 위한 일에 완전히 몰두했던 터라 결혼을 보류하는 것이 불가피했고 또한 합당하다고 생각했다."[80)]

79) Kelly and Nelson, *A Testament to Freedom*, p. 354.

80) D. Bonhoeffer and M. von Wedemeyer, *Love Letters from Cell 92: The Correspondence Between Dietrich Bonhoeffer and Maria von Wedemeyer*, ed. R. von Bismarck and U. Kabitz (Nashville: Abingdon Press, 1994), p. 246. 이 통신문의 출판은 디트리히와 마리아 사이의 사랑의 결속을 조명해 준다. 그러나 베트게는 그것을 이렇게 표현한다. "우리는 이제 테겔 감옥에서의 디트리히의 삶의 과정을 단계적으로 훨씬 더 완전하게 그리고 훨씬 더 깊이 추적할 수 있다."(p. 365)

디트리히와 엘리자베스가 사귄 덕에 1933-1935년 런던에서 목회하던 시절 그가 행한 설교 원고 여러 편이 아직 남아있다. 그는 그녀에게 설교 사본들을 보냈고, 그녀는 그 사본들을 간직하였던 것이다. 그러나 그가 보낸 수많은 편지들은 거의 모두 버려지고 없다. 하지만 그녀가 보관해 둔 핑켄발데발 1936년 1월 1일자 편지 한 통은 본회퍼의 삶에 관한 이야기에 있어서 중요한 이정표를 어렴풋이 감지하게 해준다.

> "나는 매우 비기독교적 방식으로 일에 파묻힌다 … 많은 사람들이 나에게서 알아차린 … 야망은 내 삶을 어렵게 만든다 … 그런데 오늘에 이르기까지 내 삶을 변화시키고 변형시킨 무엇인가가 사건으로 발생했다. 처음으로 나는 성서를 발견했다 … 나는 종종 설교를 했고, 교회에 대해 상당히 많은 것을 보았으며, 그것에 관하여 말하고 설교했다. ─ 그러나 나는 아직도 그리스도인이 되지 못했다 … 그 이후로 모든 것이 변했다." [81]

디트리히가 미래의 약혼녀가 된 마리아 폰 베데마이어, 즉 루스 폰 클라이스트-레초프의 손녀를 처음으로 만난 곳은 바로 핑켄발데에서였다. 루스는 고백교회와 신학교의 강력한 후원자인 동시에 디트리히의 대화상대자로 견문이 넓었으며 또한 "모반의 여성지도

---

81) 'Letter to a Woman to whom Bonhoeffer had been Engaged', in Kelly and Nelson, *A Testament to Freedom*, p. 424.

자"(matriarch of conspiracy)였다.[82] 1930년대 후반 주로 휴일에 디트리히는 폰 클라이스트 집을 수없이 방문했다. 1937년 그가 『나를 따르라』(The Cost of Discipleship)를 완성하고, 나중에 『윤리학』(Ethics)에 대한 작업을 한 것은 바로 그곳이었다. 특히 마리아의 부친이 스탈린그라드의 전쟁터에서 죽고, 몇 달 뒤 마리아의 오빠 막스 폰 베데마이어(Max von Wedemeyer)마저도 전사한 후에는 본회퍼는 그곳에서 목회적인 역할을 감당했다. 1942년 말까지 디트리히는 "본회퍼 목사님"이라고 불리어졌다.

같은 해에 마리아는 이제 갓 18살이었고, 디트리히는 30살이 넘었다. 마리아의 어머니가 그들의 결혼 문제에 대해 강경한 유보의 입장을 보였음에도 불구하고 두 사람 사이에는 사랑이 꽃피기 시작했다. 1943년 1월 13일, 그들은 약혼했다. 그때 마리아는 친절한 결혼 응낙의 편지를 보냈다. "나는 이제 행복한 마음으로 예라고 말할 수 있습니다."[83] 이 기념비적인 편지에 쓰인 인사말은 여전히 "친애하는 본회퍼 목사님"으로 되어 있었다.

몇 주 뒤인 4월 5일, 디트리히는 체포되어 테겔 감옥에 수감되었다. 마리아와 그는 결혼을 하진 못했지만, 그럼에도 불구하고 상호 서신교환과 여러 차례의 면회를 통해 그들의 사랑은 깊어지고 성숙되었다. 본회퍼의 옥중서신들을 보면 친절하고 친밀하며 배려 깊고 사랑이 많은 그의 인격이 이전보다 더욱 분명하게 드러난다. 테겔 감옥에서 보내온 본회퍼의 1944년 3월 11일자 편지가 좋은 예이다.

---

82) 이것은 Jane Pejsa가 지은 책의 제목이다. (Minneapolis: Kenwood Publishing, 1991). 그 책은 디트리히와 마리아의 관계의 상세한 내용을 포함하여, 루스 폰 클라이스트(Ruth von Kleist)에 대해서 얻을 수 있는 가장 포괄적인 보도이다.

83) Bonhoeffer and von Wedemeyer, *Love Letters from Cell 92*, p. 338.

"나의 사랑, 사랑하는 마리아. 나는 아무도 몰래 당신에게 편지를 쓰고 말하려 하지만 다 소용 없는 짓입니다. 아무도 - 그가 누구인들 관심 없지만 - 모르게 당신이 내 마음을 들여다보도록 해주고 싶습니다. 우리 둘 말고는 세상 그 누구에게도 속하지 않은 것, 다른 사람이 듣게 되면 성스러움이 떨어져 버리는 것을 당신에게 말하고 싶습니다. 나는 당신에게만 속한 것을 다른 누군가와 공유하기를 거부합니다. 당신의 관점에서 볼 때 그것은 허용할 수 없는 것, 불건전한 것, 억제되지 않은 것, 존엄성이 결여된 것이리라고 나는 생각합니다. 이토록 사랑하는 마리아, 내가 당신을 두 팔로 안을 수 있을 때까지는, 말로 표현하지 않은 나의 생각과 꿈속에서 나를 당신에게로 이끌어 당신에게 속박시키는 그것을 드러날 수 없습니다. 그때가 올 것입니다. 그리고 그것은 더 없이 행복한 것이며 진정한 것이 될 것입니다. 우리의 기대가 작을수록 우리는 더욱 신실하고 더욱 참되게 서로를 기다리게 될 것입니다."[84]

1944년 10월 디트리히는 베를린 프린츠-알프레히트 가(街 Prinz Albrecht Strasse)에 위치한 게슈타포 감옥으로 이송되었고, 1945년 2월 부헨발트(Buchenwald) 집단수용소로 다시 옮겨졌다. 그의 소재를 파악하려는 마리아의 절실하고도 결정적인 노력에도 불구하고, 그들은 더 이상 서로 만나지 못했다. 그녀는 여러 달이 지나도록 그의 순교에 대한 소식을 듣지 못하다가 1945년 여름이 되어서야 비로소 그가 순교한 것을 알게 되었다.

---

84) ibid., p. 200.

## 수인 (囚人)과 순교자 (prisoner and martyr)

본회퍼는 그의 인생의 마지막 2년 동안 제3제국(Third Reich)의 죄수였고, 그 중 처음 18개월은 베를린의 테겔 군형무소에 갇혀 있었다. 이 감금 기간 중 그의 "집"은 가장 단순하고 가장 보잘것없는 시설 - 딱딱하고 비좁은 침대, 선반, 변기, 물통, 채광창 - 을 갖춘 6x9피트 크기의 감방이었다. 이 감방이 20세기 가운데 가장 창조적인 신학사상이 태어날 수 있는 배경이 되기에는 좀처럼 충분하지 않았다. 하지만 그가 구금된 지 몇 달이 지나, 그곳은 충분한 배경이 되었다.

1943년 4월부터 1944년 8월까지, 92호 감방에서 나온 서신들은 마리아와 디트리히의 부모 그리고 에버하르트 베트게의 손에 간신히 도달하였다. 서신 대부분은 베트게에게 전해졌고, "본회퍼의 신학적 유산 중에서 가장 많은 영감을 주는 것들"에 속한다.[85] 미치광이 나치시대에 살아남은 옥중서신들, 특히 베트게에게 보낸 편지들이 어떤 방법으로 마침내 빛을 보게 되었는지에 대한 극적인 이야기가 최근 밝혀졌다. 다행히도 간수 중 한 사람인 크노블로호 병장이 테겔 감옥 밖으로 은밀히 편지를 전했다는 사실이 드러났다. 당시 독일군에 복무 중이던 베트게가 베를린으로 돌아온 기회를 이용, 그 편지들을 슐라이허(Schleicher)의 정원에 있는 방독면 용기들(gas-mask containers) 속에 묻어두었다. "우리는 사실상 전쟁 종결된 후에 그 편지들을 다시 찾았다. 그것은 당연한 일로만 여길 수 없는 일이었다. 왜냐하면 많은 유사한 은닉 장소들이 발견되지 않았거나

---

85) Kelly and Nelson, *A Testament to Freedom*, p. 40.

혹은 발견되었다 하더라도, 벌써 다른 사람들이 약탈해 갔기 때문이었다."[86]

본회퍼는 옥중에서도 자신이 읽고 싶은 책을 요구해 그의 부모가 가져다준 책을 읽으며 지식을 꾸준히 축적하였다. 몇 가지 본보기들은 그의 선택의 폭을 보여준다. 칼 아우구스트 폰 하제(Karl August von Hase)의 『이상과 오류』(Ideals and Errors), 마르틴 하이데거(Martin Heidegger)의 『시간의식의 현상학』(Phenomenology of Time-Consciousness), 아달베르트 슈티프터(Adalbert Stifter)의 『사상과 성찰들』(Thoughts and Reflections). 빌헬름 딜타이(W. Dilthey)의 『경험과 시』(Experience and Poetry), 니콜라이 하르트만(N. Hartmann)의 『조직적 철학』(Systematic Philosophy), 폴 드 크루이프(Paul De Kruif)의 『세균 사냥꾼들』(The Microbe Hunters), 델브뤽(Delbrück)의 『세계사』(World History), 벤츠(R. Benz)의 『독일 음악』(German Music), 볼프 디트리히 라쉬(Wolf Dietrich Rasch)의 『이야기하는 사람의 독본』(Lesebuch der Erzähler), 세르반테스(Miguel de Cervantes)의 『돈키호테』(Don Quixote), 고트헬프(Gotthelf)의 『베른의 정신』(Berner Geist). 릴(W. H. Riehl)의 『옛 시절의 이야기들』(Stories from Olden Times), 칼 바르트(Karl Barth)의 『신론』(神論, The Doctrine of God). 낮에는 다양한 독서뿐만 아니라 지속적인 성서 읽기, 시, 소설, 희곡 저작 그리고 심오한 자기 탐색, 깊은 성찰과 생산적인 신학 작업을 하였다.

18개월간 테겔 감옥에서 지낸 뒤, 디트리히는 1944년 10월 프린츠-알프레히트 가에 있는 게슈타포 감옥으로 이감되었다. 게슈타포는 가차 없는 추적 끝에 초센(Zossen)에서 방첩부대(Abwehr)의 비

---

86) 'How the Prison Letters Survived', in E. Bethge, *Friendship and Resistance*, pp. 38-57.

밀 서류뭉치를 찾아냈다. 본회퍼와 한스 폰 도나니를 포함한 저항
과 공모의 핵심 인물의 유죄를 증명하기에 충분한 증거가 발견되었
다. 본회퍼의 다른 가족들, 즉 클라우스 본회퍼(Klaus Bonhoeffer), 뤼
디거 슐라이허(Rüdiger Schleicher) 그리고 에버하르트 베트게(Eberhard
Bethge)까지 체포 투옥되었다.

1945년 2월부터 4월까지 본회퍼는 부헨발트(Buchenwald) 집단
수용소에 수용되었다. 잔악하기로 악명 높은 나치 감옥에 갇힌 본
회퍼에 관한 주요 보고자료는 1939년 게슈타포에 의해 체포된 영
국 비밀정보장교 페인 베스트(Payne Best) 대위가 쓴 『벤로 사건』(The
Venlo Incident)이다. 죄수 본회퍼에 대한 그의 아주 간결한 스케치는
칭찬할 만한 것이다.

> 그는 "항상 아주 사소한 사건들을 통해서도 행복과 기쁨을 발산하려
> 는 것처럼 보였고, 그가 살아있다는 단순한 사실에 대해서도 깊은 감
> 사를 드리는 것처럼 보였다 … 그는 내가 만난 사람들 중에서 하나님
> 이 실존하시며 그에게 가까이 임재하신다는 것을 보여주는 극소수의
> 사람들 가운데 한 사람이었다."[87]

"특별 죄수"인 페인 베스트와 디트리히 본회퍼는 1945년 4월 3일
다른 목적지, 즉 플로센뷔르크(Flossenbürg) 처형수용소로 향하는 죄
수 호송차량에 실려 있었다. 레겐스부르크(Regensburg) 시(市) 외곽에
서 호송차량이 고장이 나자 죄수들은 버스로 옮겨 타고 바이에른의
작은 마을인 쇤베르크(Schönberg)로 이송되었다. 작은 무리의 죄수들

---

87) P. S. Best, *The Venlo Incident* (London: Hutchinson, 1950), p. 200.

이 교실에 억류되었고, 본회퍼는 그들을 위해 예배를 인도해 달라는 요청을 받았다. 때는 교회력으로 부활절 이후 첫 번째 주일(Low Sunday)인 1945년 4월 8일이었다. 본회퍼 목사는 그날을 위한 두 개의 성구에 대해 간략하게 명상했다. 그 성구는 이사야 53장 5절("그가 채찍에 맞음으로 우리는 나음을 얻었도다")과 베드로전서 1장 3절 이하("우리 주 예수 그리스도의 아버지 하나님을 찬송하리로다 그의 많으신 긍휼대로 예수 그리스도를 죽은 자 가운데서 부활하게 하심으로 말미암아 우리를 거듭나게 하사 산 소망이 있게 하시며")였다. 본회퍼는 감옥 동료인 페인 베스트에게 에큐메니칼 친구인 치체스터의 벨 주교에게 전해달라는 말과 함께 그의 마지막 말을 남겼다.

> "그에게 전해주시오. … 모든 국가적 이해를 넘어서는 우리의 보편적 기독교 형제애의 원리와 우리의 승리가 확실함을 내가 믿는다고 전해주시오 – 그리고 그와 내가 마지막으로 만났을 때 그가 한 말들을 내가 결코 잊지 않았다고 그에게 전해주시오."[88]

순교 직전 최종 수감된 곳은 나치의 또 다른 악명 높은 집단수용소 플로센뷔르크(Flossenbürg)였다. 그날 밤 수용소 내의 세탁소건물에서 친위대에 의한 약식 군사재판이 열렸다. 출석한 저항 세력의 협력자들에게 대역죄의 유죄 판결이 내려졌다. 빌헬름 카나리스, 한스 오스터, 칼 자크(Karl Sack), 루트비히 게레(Ludwig Gehre), 테오도르 슈트룬크(Theodor Strunck), 프리드리히 폰 라베나우(Friedrich von Rabenau) 그리고 디트리히 본회퍼. 베트게는 그의 고전적이며 진정한

---

[88] Kelly and Nelson, *A Testament to Freedom*, p. 40.

본회퍼 전기에서 적나라한 말로 순교자의 지상 순례의 마지막 순간을 이렇게 요약하고 있다. "월요일 미명에 플로센뷔르크에서 처형이 이루어졌다(1945년 4월 9일)."[89]

이렇게 굴욕적으로 생을 마감하기 13여 년 전인 1932년 6월 19일, 본회퍼는 베를린 소재 빌헬름 황제 기념교회에서 행한 설교에서 다음과 같이 말했다.

"우리는 다시 한 번 순교자들의 피가 요구되는 때가 오더라도 결코 놀라지 말아야 합니다. 그러나 우리가 순교자의 피를 흘릴 만한 용기와 신앙을 지니고 있다 하더라도, 그 피는 맨 처음 순교자들이 흘린 피처럼 그렇게 깨끗하거나 맑지는 못할 것입니다. 우리들 자신의 죄의 대부분은 우리의 핏속에 있습니다. 그것은 어둠에 던짐을 당하는 무익한 종의 죄이다." [90]

디트리히 본회퍼가 사도시대 이래 수많은 그리스도인 순교자 대열에 드느냐 아니냐 혹은 폭정에 대항한 정치적 공모자들 중에서 우선적으로 평가되어야 하느냐 하는 문제에 대한 논쟁은 아마도 다음 세기까지도 지속될 것이다. 이 문제와 관련 본회퍼의 매부 게르하르트 라이프홀츠(Gerhard-Leibholz)의 말은 적절한 고찰의 근거를 제공한다. 쌍둥이 형제에 대한 그의 영향은 계속 연구되고 있다.

"본회퍼의 삶과 죽음은 기독교의 순교 연대기에 속한다. … 그의 삶과

---

89) E. Bethge, *Dietrich Bonhoeffer: Theologe, Christ, Zeitgenosse*, p. 830.

90) E. Bethge, *Bonhoeffer: Exile and Martyr*, ed. *John de Gruchy* (London: Collins, 1975), p. 155.

죽음은 미래에 대한 큰 소망을 우리에게 주었다. 그는 복음에 의해서 영감을 받고, 날마다 순교와 죽음을 준비하며, 기독교적 휴머니즘과 창조적인 시민적 의무감으로 고취된 진정한 지도력의 새로운 모델을 남겨 주었다. 그가 쟁취한 승리는 우리 모두를 위한 승리였고, 결코 취소할 수 없는 사랑과 빛과 자유의 정복이었다." [91]

---

91) 'Memoir', in Bonhoeffer, *Cost of Discipleship*, p. 35.

# 3. 본회퍼의 신학의 형성

마르틴 럼샤이트(Martin Rumscheidt)

본회퍼의 신학적 스승들. 마르틴 루터의 유산. 칼 바르트의 영향 세속
적인 사상에 대한 참여.

독일의 귀족문화에 묻혀 있던 본회퍼 가문에 디트리히의 모친
파울라 폰 하제(Paula von Hase)를 통하여 신학이 들어왔다. 외할머
니는 여백작으로서 프란츠 리스트(Franz Liszt)와 클라라 슈만(Klara
Schumann)의 제자였다. 이는 의심할 여지없이 디트리히 본회퍼가 피
아노 연주에서 보여주었던 그의 예술적 재능에서 발견된다. 파울
라 폰 하제의 외조부인 폰 칼크로이스(von Kalckreuth) 백작은 화가로
서 바이마르에서 예술대학(the Academy of Fine Art)을 설립, 지도했다.
외할아버지는 교회사 및 역사신학 교수의 아들로서 실천신학 교수

였다. 파울라 폰 하제와 칼 본회퍼(Karl Bonhoeffer)의 결혼은 분명 정치적이며 어느 정도 "반(反)귀족적" 정신이 이 전통에 들어온 계기가 되었다. 1815년 창립된 독일 학생협회(German Student Association)의 민주공화당주의, 사회주의, 애국주의가 디트리히의 부친의 조상들에 의해 촉진되었다. 그들은 통치자의 분노를 사게되어 디트리히의 조상들 중 여러 명이 개인적으로 고난의 대가를 치렀다. 에버하르트 베트게(Eberhard Bethge)는 젊은 본회퍼에게 있어서 이러한 유산과 그 중요성을 다음과 같은 말로 요약한다.

> "디트리히 본회퍼의 조상들이 살았던 부유한 세계는 본회퍼에게 삶
> 의 기준이 되었다. 그 덕택으로 그는 단지 한 세대 동안 습득될 수 없
> 는 판단과 행동거지에 대한 확신을 갖게 되었다. 그는 학교에서 참교
> 육을 찾으려 하지 않고 대신 위대한 역사적 유산과 지성적 전통의 수
> 호자가 되어야 한다는 뿌리 깊은 의무감을 지닌 가정에서 자라났다.
> 디트리히 본회퍼에게 이것은 학습이 자신보다 앞서 살았던 사람들이
> 생각하고 행했던 것을 이해하고 존중하는 것을 배우는 것을 의미했
> 다. 그러나 그것은 그의 행동을 결정하는데, 그 행동이 본질적으로 그
> 의 조상들과 갈등을 일으킬 때 바로 그 모순 속에서 조상에게 존경을
> 표해야 했기에 그에게 압박이 될 수도 있었다." [1]

본회퍼는 그의 "형성기"의 대부분을 그가 진정 사랑했던 도시인 베를린(Berlin)에서 보냈다. 그가 여섯 살 때, 그의 가족은 고향 브로

---

1) E. Bethge, *Dietrich Bonhoeffer: Theologian, Christian, Contemporary* (London: Collins, 1970), p. 4.

클라프, 브레슬라우(Wroclaw, Breslau)에서 베를린으로 이주했다. 4년 후 그들은 학계의 여러 저명인사들의 집이 있었던 지역에 정착했다. 그의 이웃 가운데는 물리학자 막스 플랑크(Max Planck), 역사가 아돌프 폰 하르낙(Adolf von Harnack)과 한스 델브뤽(Hans Dellbrück)의 가족이 포함되어 있었다. 여러 해 동안 수많은 지성인들이 토론을 위해 델브뤽의 집에 모였다. "본회퍼 집안의 자녀들은 그 수요모임에 참석하진 않았지만, 그 분위기와 광경은 그들에게 분명한 흔적을 남겨주었다."[2]

그러나 베를린은 본회퍼에게 지성적인 충격 이상의 것을 주었다. 특히 제1차 세계대전 중 베를린에서는 신속한 산업성장이 이루어지면서 성장과 관련되어 여러 사회문제들을 수반되었다. 15년이 채 못되어 제국에서 공화당으로 그리고 국가사회주의로 변화한 것은 바로 베를린에서였다. 혁명과 시가전을 경험한 것은 바로 베를린에서였다. 이 베를린에서 본회퍼는 제1차 세계대전을 경험했고, 전선에 나간 형과 사촌들이 전사하는 경험을 했다.

본회퍼를 둘러싼 베를린에서의 예술적 삶, 음악, 극장과 회화는 간과할 수 없다. 19세기의 문학도 그의 상상력에 특별한 위치를 차지했다. 국가사회주의 독일에 의해서 공격을 받을 때까지 그가 접촉하지 않았던 것으로 보이는 것은 베를린의 활기에 넘치는 유대인 생활과 그들의 빛나는 전통이었다. "그는 동료 학생인 헬무트 뢰슬러(Helmut Rössler)가 프란츠 베르펠(Franz Werfel)이 지은 시들을 그에게 암송해 주었을 때 놀라움을 가지고 경청했다. 그는 예전에 그와 같은 시를 들어본 적이 없었다. 당시의 다른 신학자들과 같이 본회

---

2) ibid., p. 52.

퍼는 로젠츠바이크(Rosenzweig), 부버(Buber), 바예크(Baeck)와 같은 위대한 유대인 사상가들과 접촉이 없었다."[3]

본회퍼의 신학은 상아탑의 좁은 울타리 너머에 있는 것들로부터 크게 영향을 받고 발전했다. 이는 앞장에서 이미 다루었으므로 여기에서 반복할 필요는 없다. 이 장에서는 학풍, 더 광범위하게 말하자면 본회퍼의 신학적 발전을 형성한 지적 환경에 특별히 초점을 맞추기로 한다. 본회퍼의 사상과 경력에 있어 중요한 전환점(Wende)은 모두 베를린이라는 환경에서 생겨났지만, 그의 공식적인 신학 교육이 시작된 곳은 베를린이 아니었다. 그러므로 베를린으로 와서 연구를 마치고 박사학위를 취득하기 이전, 튀빙겐대학에서 신학 연구를 한 그의 첫 해(1923/1924년)로 관심을 돌려보자.


## 본회퍼의 신학적 스승들

본회퍼는 교회에 초점을 둔 기독교 신앙의 실천적 경험 없이 신학 연구를 시작했다. 그는 독일 상류 계층의 문화, 음악, 시, 문학, 찬송가의 기독교를 알고 있었다. 축제절기에 따라 특별한 성경구절을 읽어주는 아버지와 아이들과 찬송을 부르고 그들에게 성경 이야기들을 들려주는 어머니에게는 그들만의 강한 인격적인 특징이 있었다. 본회퍼가 신학을 공부하기 시작했을 때, 신앙은 역사적 유산과 지성적 전통을 구성하는 요소로 수호해야 할 것이었다. 신앙이 제 자직의 문제가 된 것은 나중의 일이었다. 그가 신학을 연구하게 하

---

3) E. Bethge, *Bonhoeffer: An Illustrated Instruction* (London: Collins, 1979), p. 36.

게 된 동기는 "기독교에 대한 개화된 경멸자들"의 회의주의에 대처하기 위한 실존적인 관심 때문이었다. 인식론의 문제가 그의 에너지를 흡수했다. 신학은 과학으로 연구되어야 한다. 왜냐하면 1924년 젊은 대학생에게 있어서 그 의미가 거기에 놓여있었기 때문이다.

튀빙겐(Tübingen)대학에 등록한 본회퍼는 스위스 개혁교회 출신인 71세의 신약성서학 교수 아돌프 슐라터(Adolf Schlatter, 1852-1938)에게 마음이 끌렸다. 슐라터는 책을 낼 생각으로 강의록을 쓴 것이 아니라 단순히 강의를 위한 글을 썼다. 그의 일차적 대화 상대자는 동료 성서학 교수들이 아니라 그의 강의를 듣는 학생들이었다. 그는 성서본문들에 대해 학문적 방법들을 엄격하게 적용하면서, 당시에 "자연적인 것"(the natural)이라고 언급되었던 것과 신약성서가 "선"(the good)이라고 말하는 것을 통합하려는 목표를 가지고 있었다. 슐라터는 후에 본회퍼의 세상의 신학을 지탱해 준 "세상"(world)에 대한 관점을 제공해 주었다.[4] 또한 슐라터는 본문 안에서(in)가 아니라 본문 배후(behind)에서 발견되는 "종교적 사상을 위한 자료집"으로 성서를 바라보는 자유주의-프로테스탄트의 견해로부터 벗어나 성서의 "권위"(authority)를 전해 주었다.

사람들은 신앙과 교회 문제와 관련, 오직 성서로만 설명하는 슐라터의 굳은 입장을 "소박한 성서주의"(naive biblicism)라고 헐뜯었다. 설령 그것이 소박한 것이긴 하더라도, 우리는 예수의 말씀에 사로잡히고 말씀으로 확신을 얻었던 신앙의 중심에 나타나는 것으로, 본회퍼의 후기 생애 중에서도 성서주의가 나타나고 있음을 알아야

---

4) E. Bethge, *Dietrich Bonhoeffer: Theologian, Christian, Contemporary*, p. 34.

한다. 비록 본회퍼가 마르틴 루터(Martin Luther)로부터 이러한 신앙에 대한 이해를 배웠다고 하더라도, 본회퍼의 인식론과 그의 전체 신학적 실존의 핵심이 될 만큼 이 젊은 학생에게 성서주의를 심어 준 사람은 바로 이 개혁교회의 신약성서학 교수였다. 사실 자유주의 신학 내에서 수많은 바르트 비판자들보다 더 쉽게 바르트를 이해하도록 도와주고, 결국 그의 옥중서신들에서 불트만의 "비신화화"(demythologisation)[5] 프로그램에 대한 본회퍼의 비판을 형성해 준 것은 바로 성서에 대한 슐라터의 접근 방식이었다.

칼 하임(Karl Heim, 1874-1958)은 조직신학을 가르쳤고, 본회퍼는 그 과목을 좋아했다. 하임은 기독교에 대한 진지한 질문자로서 막스 플랑크(Max Planck)의 양자 물리학만이 아니라 자연과학에 참여하면서 점차 명성을 얻었다. 그 의도는 변증적이었다. 즉, 소심한 사람들을 회의와 낙담으로 몰아넣는 도전들에 대처할 수 있는 기독교적 인식론이 필요했다. 하임은 이러한 그의 노력에서 19세기 자유주의 프로테스탄트 신학과 세 명의 저명한 자유주의 신학 주창자들인 프리드리히 슐라이어마허(Friedrich Schleiermacher), 알프레히트 리츨(Albrecht Ritschl), 아돌프 폰 하르낙(Adolf von Harnack)에 대한 작업을 계속했다.

하임은 신앙의 확실성에 관한 중요한 책을 이제 막 출간했다. 그러므로 본회퍼가 그의 강의들에 이르는 길을 찾았다는 것은 놀라운 일이 아니다. 슈바벤 지방의 경건주의(Pietism)의 후예이자 예전에 독일 기독학생운동의 총무였던 하임은 모든 현실의 주님으로서의

---

5) D. Bonhoeffer, *Letters and Papers from Prison: The Enlarged Edition* (New York: Macmillan, 1972), p. 285.

예수 그리스도의 선포와 하나님의 은총의 경험으로 현대 사상에 대처해야 할 필요성을 결합시키는 것을 그의 목표로 삼았다. 그가 그 위에 세워놓은 해석학적 토대는 현실과 의식, 물질과 정신 사이의 현대적 구별을 넘어서는 신앙과 사유의 본래적인 하나됨의 비전이었다.

2개월에 걸친 로마여행과 인식론에 몰두한 후 본회퍼는 1924년 6월 베를린대학에 등록했다. 그는 1927년 7월 박사학위논문을 완성할 때까지 베를린대학에서 학업을 계속하였다. 베트게는 당시의 학창시절을 다음과 같이 요약한다.

"실제로 그에게 매력이 있었던 것은 신학적인 베를린이었다. … 그가 베를린대학으로 갔을 때, 그의 지식을 향한 격한 목마름은 여전히 방향을 잃고 있었다. 그 위대한 스승들에게서 구체화된, 베를린의 자유주의적이며 "실증주의적인" 신학 학파의 폭넓은 전선은 그의 앞에 활짝 열려졌다."

베트게가 계속해서 말하는 바와 같이, "문학적인 우회로에서 변증법적 신학이 그를 사로잡았을 때 … 그의 미래의 방향을 위한 결정적인 전환점이 온 것"은 바로 베를린에서였다.[6] 물론 이 논평은 칼 바르트(Karl Barth)의 신학적 혁명이 본회퍼의 신학적 발전에 미친 결정적인 충격에 대해서 언급하는 것이다. 그러나 우리는 청년, 본회퍼에 대한 바르트의 영향을 생각하기 전에 먼저 그의 베를린의 스승들에게 관심을 기울여야 한다.

---

6) E. Bethge, *Dietrich Bonhoeffer: Theologian, Christian, Contemporary*, p. 44.

베를린대학 교수진 가운데서 가장 저명한 교수는 의심할 여지없이 아돌프 폰 하르낙(Adolf von Harnack, 1851-1930)이었다. 그의 해설자들 가운데 한 사람의 판단에 따르자면, 본회퍼는 아돌프 폰 하르낙의 "가장 진정한 문하생"이었다.[7] 이는 두 사람 사이의 독특한 인격적인 인연으로 보아 매우 합당한 평가이다. 칼 위르겐 칼텐보른(Carl Jürgen Kaltenborn)은 본회퍼의 부모가 그들의 아들이 베를린대학에 입학하기 직전에 폰 하르낙의 "이웃 모임"의 회원들이었다는 것을 암시하는 기록을 하르낙의 일기로부터 인용한다.[8] 하르낙은 동네 아이들에게 이야기를 읽어주었는데 그 중 본회퍼 가(家)의 아이들이 가장 어린 그룹에 속해 있었다.[9] 하르낙은 1923년 대학에서 은퇴한 후에 개최할 교회사 세미나를 위해 함께 연구할 학생들을 선별해 두었는데 그 중에 본회퍼도 끼어있었다. 두 사람은 종종 등굣길에 기차를 타기 위해 기차역으로 함께 걸어가곤 했다. 확실히 본회퍼는 그의 스승을 매우 존경했다. 그들이 함께 한 세 번째 학기가 끝날 무렵, 본회퍼는 하르낙에게 이렇게 편지를 썼다. "제가 선생님에게서 배운 것은 저에게 너무나도 밀접한 관계가 있는 것이어서 저는 그것을 결코 잊을 수가 없을 것입니다."[10]

아돌프 폰 하르낙의 저작은 "자유주의 신학의 정점"이라는 특색

7) *A Bonhoeffer Legacy: Essays in Understanding*, ed. A. J. Klassen (Grand Rapids: Eerdmans, 1981), p. 48.

8) C. J. Kaltenborn, *Adolf von Harnack als Lehrer Dietrich Bonhoeffers* (Berlin: Evangelische Verlagsanstalt, 1973), p. 106.

9) 기고자와 아돌프 폰 하르낙의 손녀인 마가레테 폰 찬(Margarete von Zahn) 사이의 사적인 대화.

10) E. Bethge, *Dietrich Bonhoeffer: Theologian, Christian, Contemporary*, p. 46.

을 지니고 있다.[11] "자유주의"라는 용어는 비평가들이 사용하는 논쟁적인 의미가 아닌 그 옹호자들이 사용하는 의미로 이해해야 한다. 그것은 자유의 명령하에 있는 신학이었다. 사상의 자유와 사상이 취하는 모든 길에서의 진리 추구의 자유, 권위를 부여받은 사람들에 의한 간섭으로부터의 자유. 그것은 양심이 완전한 책임에 도달하고 완전한 책임을 유지하면서 가능한 한 최고로 자유롭고 충분하게 양심 그 자체를 발전시켜야 한다는 명령이었다. "자유주의적" 입장은 인간 정신에 대한 확신, 인간의 존엄성에 대한 경의, 인간의 사고력의 능력과 권위 그리고 참된 객관성에 도달하기 위한 노력에서 그들의 주관성을 초월하기 위한 인류의 능력에 대한 신뢰를 보여주었다.

학문적인 훈련으로서의 자유주의 신학과 아는 신앙으로서의 자유주의 신앙은 인류의 존엄성이 현실을 이해할 수 있는 그들의 능력에 있다는 계몽주의의 신조를 긍정한다는 점에서 근대적인 것이다. 그러한 "이해력"은 방법론적인 것이므로, 아는 신앙은 하나님과 하나님이 창조한 현실을 알 뿐만 아니라 하나님과 하나님이 창조하신 현실을 어떻게 인식하는지도 안다. 계몽주의는 "방법론의 시대"(the age of methodology)라고 일컬어질 수 있을 것이다. 마음의 이해력의 '이성의 합리'(noetic ratio)는 이해되는 것의 '존재적 합리'(ontic ratio)와 같은 표현이라는 것은 자유주의 프로테스탄티즘의 데카르트적 유산(Cartesian heritage)이다.

신학적인 전문용어에서, 자유주의 신학은 신앙과 신앙이 주체 또

---

11) *Adolf von Harnack: Liberal Theology at its Height*, ed. M. Rumscheidt (London: Collins, 1989).

는 객체라고 주장하는 것 사이에 완전히 대칭적인 관계(symmetrical relation)가 존재한다고 간주한다. 자유주의 신학 방법론에서는, 아는 자(knower)와 알려진 것(known) – 신앙이 지식의 문제라는 것은 자명한 것이었다 – 의 거리는 알려진 것은 아는 자에게 한계가 될 수 없다는 정도로까지 좁혀졌다. 이와 같이 아는 자 혹은 신자는 철저하게 현실로부터(from) 그리고 현실을 위하여(for) 자유롭다. 자유의 명령은 그 나름의 계명을 확립하며, 아는 자를 방법론적인 객관성과 윤리적인 책임에 속박하고 또한 최종적인 권위자인 이성의 판단 앞에 모든 것을 놓도록 속박한다.

하르낙은 이러한 자유주의의 칭찬할 만하고도 비판적인 측면, 즉 그의 방법론적인 접근방식의 엄격성에 있어서의 불후의 합리성, 사상의 권위와 능력에 대한 지칠 줄 모르는 확신을 대표했다. 또한 그는 흔들리지 않는 종교적 신앙을 보여주었다. 하지만 그의 저작의 초점은 신앙으로서의 기독교 신앙이 아니라 계몽주의 이래로 기본적인 인간의 "능력"으로 찬양되어 온 것의 표현, 즉 종교로서의 기독교 신앙이었다. 신학자는 신앙표현들의 의미에 초점을 맞추고, 역사가는 이 의미가 어떻게 발생하고 발전하는가에 초점을 맞춘다. 역사신학자인 그는 기독교 종교의 "본질"과의 관계에서의 다양한 신앙표현들의 적합성을 연구했다. 이러한 결합은 19세기 후반과 20세기 초반의 학풍의 성격을 나타냈다. 종교와 문화 사이, 기독교와 교양,(Bildung) 즉 인간 성격의 형성 사이의 밀접한 관련을 표현했다. 인간 존재의 근대성과 그녀의/그의 세계의 관계는 신앙 자체보다 우세하다. 그것은 최종적으로 그 주체보다 신학적 노력을 합법화해 주는 방법이다. 자유주의 신학은 교회의 신학이기를 원했다. 그러나 그 교회는 근대성과의 관계에서 교회이기를 선택한 교회이다. 일차적인 수취인은 온갖 구속으로부터의 자유에서 제도적인 교회와 관계하면서 종교적이며 개화된, 이성과 신앙의 인간을 추구하는 근대의 개화된 개인이었다.[12]

하르낙은 사실상 종교와 문화적/지성적/정신적 형성의 종합이라는 자유주의 프로테스탄트 비전에 봉사하는 방법의 설계자였다. 그는 이미 1888년 다음과 같이 진술했다.

> "나는 우리가 건강한 진보와 주석학과 교의학에서만 본래적이며 가치가 있는 것에 대한 순수한 지식으로 인도함을 받지 말아야 하고, 오히려 보다 더 좋은 역사 이해에 의해서 인도되어야 한다고 확신한다. 주석학과 교의학이 아니라 교회사적 탐구의 결과와 그 수용이 일반적으로 어렵고도 혼란시키는 전통들의 속박을 부숴 버릴 것이다. … 우리는 이 방법으로 파괴하는 것이 아니라 건설하게 된다는 것을 확신한다." [13]

주석학과 교의학으로부터 역사의 연구로의 전환은 "본질에 있어서의 변화를 의미하지 않고 접근하는 방식에" 있다.[14] 그렇지만 본회퍼는 그에게 지속적인 흔적으로 남아 있었던 하르낙 작품의 인식론적 관심을 그의 스승이 세계에 할당한 긍정적인 성격이라고 보았다. 이 점에 있어서는 물론 학문의 엄격함에 있어서도, 본회퍼가 방

---

12) 이 요점에 대한 충분한 토론을 위해서는 ibid., pp. 33-41을 보라.

13) M. Rumscheidt, *Revelation and Theology: An Analysis of the Barth-Harnack Correspondence of 1923* (Cambridge: Cambridge University Press, 1972), p. 71.

14) T. Rendtorff, 'Adolf Harnack', in *Tendenzen der Theologie im 20. Jahrhundert: Eine Geschichte in Porträts*, ed. H. J. Schultz (Stuttgart: Kreuz Verlag, 1966), p. 47.

법과 해석에서 모두 그 자신의 길을 걸어갔다고 하더라도, 하르낙은 본회퍼의 저명한 스승이었다.

1917년은 여러 해 동안 교회와 학문을 매료시킨 현상인 "루터 르네상스"(Luther Renaissance)의 시작이었다. 그해는 마르틴 루터가 프로테스탄트 종교개혁을 상징적으로 불러일으킨 사건인 비텐베르크(Wittenberg) 성(城) 교회문에 95개 조항을 붙인 것을 기념하는, 400주년을 맞이하는 해였다. 그러나 관심을 끈 것은 기념행사 자체가 아니라, 베를린의 교회사가인 칼 홀(Karl Holl, 1866-1926)이 행한 「루터는 종교라는 말로 무엇을 이해했는가?」(What Did Luther Understand by Religion?)라는 기념 강연이었다.[15] 몇 년 후인 1921년, 홀은 독일의 종교개혁가에 관한 그의 논문 모음집을 펴냈다. 이것은 그를 당대 최고의 루터 해석가로서 자리 잡게 해주었다. 그의 작품은 루터의 민족주의적-자유주의적이며, 부르주아적 이미지를 바꾸어 놓는 데 도움을 주었고, 종교개혁자에 대한 참된 이해를 준비해 주었다. 이와 동시에 그것은 중요한 문화적-정치적 영향력을 가졌다. 그것이 루터 해석에 다른 근거를 제공했기 때문에, 종교개혁 자체는 그것이 더욱 상황적인 것이었기 때문에 독일의 여러 측면들을 조명해 주는 관점에서 이해될 수 있게 되었다. 루터의 신학은 반드시 서양의 지성적이며 정신적인 발전에서 유래되지 않은 차원을 다시 얻게 되었다. 홀은 그러한 발전의 측면으로서의 루터의 작품에 주목하는 것이 청년 루터가 안고 씨름하고 그의 저작을 특징지어 주는 놀라운 신앙의 통찰을 일으킨 신앙의 패러독스에 대한 참여를 예방해 준다고 주장한다.

---

15) K. Holl, *What Did Luther Understand by Religion?* (Philadelphia: Fortress Press, 1977).

홀은 1906년 베를린대학 교수진에 들어왔고, 하르낙의 동료가되었다. 그는 제1차 세계대전 중에 발트 지역으로까지 독일 영토가최대한 확장되는 것을 강력하게 지지했던 반면에, 하르낙은 그것이 일종의 도발이자 평화에 대한 엄청난 위협이라고 반대했다. 홀은 고대 교회사 다음으로, 영국 및 러시아 교회사 그리고 그 당시 독일교회의 삶이 직면한 문제들과 종교개혁에 심취했다. 그의 신학적성찰의 중심에는 관념론적-자유주의적 이해와 철저한 거리를 두고칭의의 교리에서 접근한 하나님 이해가 있었다. 인간은 의인인 동시에 죄인(simul iustus et peccator)이라는 루터의 가르침은 홀에 의해서하나님의 정의와 사랑의 역설적인 통합으로서 해석되었다. 이것은율법의 요구를 진지하게 받아들이지만 율법을 위반하고 하나님의용서의 약속을 통해서 내적인 변화를 발견하는 사람들에 의해서 양심 속에서만 경험된다.

홀은 종교개혁 신학의 자료로서 주로 루터의 초기 문서들에 의지하는 최초의 학자들 가운데 속해 있었다. 루터의 칭의론(doctrine of justification)이 이미 1515/1516년의 「로마서 강의」[16]에서 완전히 발전되었다는 그의 주장은 수십 년 동안 청년 루터에 대한 학문적 세계의 관심을 끌었다. 홀은 로마 가톨릭시즘에서의 (예컨대 데니플레[Denifle]와 그리사르[Grisar]에 의한) 심리학적인 모양을 갖춘 루터의 이미지에 대해 설득력 있게 반대했고, 후기 중세기의 현상으로서의그에 대한 트뢸취의 해석에도 반대했다. 홀은 오늘날을 위해서도적합한 인물로서의 루터를 제시했다. 루터의 유명한 슬로건인 "오

---

16) *Luther: Lectures on Romans*, ed. W. Pauck (Philadelphia: Westminster Press, 1961). 홀의강의들은 1908년 최초로 발행되었다.

직 은혜, 오직 믿음"(sola gratia, sola fide)은 16세기에 그러했던 바와 같이 오늘날에도 존속 가능한 그리스도인의 실존에 이르는 길로서 제시된다. 홀은 이러한 확신을 칭의가 교회, 즉 여기에서 지금 그 성취를 기다리며 기도하는 가시적이고 불완전하며 파괴된 공동체를 통한 하나님의 약속이며 은사라는 루터의 주장과 결합시켰다. 그것에 의하여 홀은 교회의 기능으로서의 신학의 점진적인 인식에 공헌했다.

홀은 현대의 개인주의에 저항하면서 교의학과 윤리학 모두에서의 사회성의 차원을 강조했다. 홀은 루터가 가르친 것이 예수의 독특성에 근거를 둔 "양심의 종교"(religion of conscience)였다는 것을 강조하면서, 모든 인간의 존엄성을 수호하면서 패배를 안고 살아가야 하는 세대에 위로를 제공한 언어를 발견했다. 사실상 홀의 루터 논문은 어조에 있어서나 내용에 있어서도 모두 제1차 세계대전의 파괴의 맹위에 의해서 흔들린 세대에 대해 강하게 말했다. 그리고 그가 종교와 "도덕" 또는 "양심"의 연결을 굳건하게 주장했기 때문에, 홀은 19세기와의 연속성을 대표하는 것으로서도 보여졌다.

디트리히 본회퍼를 포함하여 많은 학자들은 홀의 입장에 대해서 공격을 가했다. 사실상 루터의 그리스도론과 신앙의 확증이 오로지 독립되어 있지만 우리를 위한(extra nos sed pro nobis) 하나님의 은혜로 우신 행동에 의지한다는 그의 주장은 본회퍼에게 "양심의 종교"라는 개념을 거부할 수 있는 근거를 제공해 주었다. 홀은 본회퍼에게 신앙의 확증을 양심 자체의 어떤 측면으로부터 이끌어낸 것처럼 보였다. 이러한 비판에도 불구하고 홀은 가장 도전적인 질문을 제기했다. 즉, 그 질문은 "오늘날 존재하는 교회의 질문이 어떻게 종교개혁에 의해서 가르쳐진 진리에 근거하여 제기될 수 있는가?"라는 질문이다. 과거의 언어로부터 그 힘을 이끌어낸 신학적 발전은 16

세기에서보다는 여기에서 그리고 지금(here and now) 더 이상 도움이 될 수 없다. 루터는 고의적으로 하나님의 계시로 방향을 돌리지 않았다. 그리고 우리는 오늘날 교회의 문제를 말하기 위하여 다시 그렇게 해야 할 필요성을 느끼곤 한다. 본회퍼의 유보가 무엇이든 간에 그의 신학에 대한 홀의 영향은 분명하다. 이에 베트게의 말로 표현한다.

"홀이 교회가 일어서고 넘어지는 자리(articulus stantis et cadentis ecclesiae)로서 오직 은혜(sola gratia)의 교리를 그렇게 확고하게 주입했기 때문에, [본회퍼]는 그것을 결코 잃어버리지 않았다. 그는 경건한 사람들이라도 실제로 하나님을 사랑할 수 없다고 확신했다. 이제부터는 자기 안으로 굽은 마음(cor curvum in se)이라는 루터의 격언이 그에게 핵심 단어가 되었다. 그는 그것을 다시금 개인의 의식에 있어서의 관념론의 지성에 입각한 낙관주의와 하나님의 한정을 논박하기 위하여 인식론의 지배에 대해 적용했다." [17]

베를린에서 조직신학은 청년 루터의 "재발견"과 관련이 있는 신학자인 라인홀트 제베르크(Reinhold Seeberg, 1859-1935)가 본회퍼에게 조직신학을 가르쳤다. 본회퍼는 1925년과 1927년 사이에 제베르크가 제공하는 모든 세미나에 참석했다. 제베르크로부터 그는 튀빙겐 대학에서 얻었던 것보다 19세기 프로테스탄트 신학에 대해 훨씬 더 깊은 통찰을 얻었다. 그는 제베르크의 세 번째 "위대한 모델"[18], 즉 헤겔(Hegel)을 알게 되었다.

---

17) E. Bethge, *Dietrich Bonhoeffer: Theologian, Christian, Contemporary*, p. 46.
18) ibid., p. 48.

헤겔은 루터의 종교개혁과 세상과의 하나님의 화해의 성격을 더욱 분명하게 보여준 모든 것을 변화시키는 빛에 대한 접근에 대해서 말했다. 세계사는 하나님의 역사이며, 하나님의 화해의 역사이다. 절대 정신, 영원한 이성은 하나님의 뜻으로서 세상에서 전개된다. 종교는 궁극적인 지식의 궁극이전의 단계이며, 하나님을 완전히 알게 될 수 있는 가능성이다. 그러므로 헤겔은 점진적이며 상승하는 신적인 계시의 연속으로서의 종교적 의식 발전의 역사에 대해서 말했다. 그 가장 높고 가장 궁극적인 것은 기독교이며 종교개혁에서 찬란하게 표명되었다. 헤겔과 그의 추종자들은 구체적으로 세상에서의 하나님의 계시를 확인할 수 있었다. 우리는 더 이상 의식의 영역에서 신적인 계시의 실재를 식별할 필요가 없다.[19]

본회퍼가 헤겔의 어휘로부터 취한 것은 특별히 한 가지 개념이었다. 그것은 "공동체 안에서 존재하는 그리스도"(Christ existing in community)였다. 이 용어에서 그는 루터의 독립되어 있는 것(extra nos), 본회퍼가 하르낙과 제베르크에게서 발견한 세계에 대한 긍정적인 평가, 그가 로마방문 중에 가진 "교회의 발견"의 충격을 결합시켰다. 그가 "이해하기 시작한" 교회의 개념은 공동체(Gemeinde) 또는 회중(congregation)으로서의 교회의 개념이었다. 그는 여전히 인식론적 관심에 의해서 움직였지만, 이제부터는 교회가 어떻게 신학적으로 하나님과 자아의 인식에 대한 탐구에 기초해 있는가를 질문했다.

본회퍼는 헤겔의 『철학사 개론』(Introduction to the History of Philosophy)을 공부하면서, 그의 공동체에서 참되고도 진정한 방식으로 그

---

19) G. W. F. Hegel: Theologian of the Spirit, ed. Peter C. Hodgson (Minneapolis: Fortress Press, 1997), pp. 92 ff.

리스도의 현존을 거부하는 것이 성령을 거역하는 죄라는 것을 읽는다. 제베르크는 1924년 그의 『교의학』(Dogmatics)에서 그러한 주장에 대해서 논평했다. 로고스가 예수 안에서 육신이 되신 것 같이, 성령도 예수 그리스도 안에서 육신이 되신다.[20] 제베르크는 새로운 인간성의 창시자로서의 예수, 예수와 교회 공동체의 동일시에 대해서 말했다. 여기에 세상에서의 로고스, 성령의 전개라는 헤겔의 변증법이 있다. 성육신한 로고스인 그리스도는 진정으로 그의 공동체 안에서, 그러므로 세계 안에서 실제적인 방식으로 현존하신다. 그러므로 그는 "공동체로서 존재하는 그리스도"(Christ existing as community)이다. 이러한 통찰은 본회퍼로 하여금 사회성을 인식론 범주로 통합시키고, 마침내 본회퍼를 위한 중심적인 신학적 범주로 발전시키도록 허용해 주었다.

본회퍼는 제베르크의 세미나에서 루터의 오직 신앙만으로의 칭의론과 가장 경건한 사람들이라도 하나님을 발견할 수 없다는 확신을 가지고 시작했지만, 자신의 정체성을 확립하려고 시도하는 것이 불가피하게 자아에 대한 과장으로 인도하며 그에 부수적으로 발생하는 유사 인격적 고독으로 발전한다는 것을 인식했다. 이것은 본회퍼로 하여금 그리스도론으로 나아가게 했다. 결정적으로 중요한 차원인 독립되어 있지만 우리를 위한 분(extra nos et pro nobis)에 대한 루터의 강조는 화해가 그리스도의 인격과 업적 안에서 우리를 위한 것이지만, 우리 밖에 또는 우리를 초월하여 있다는 것을 의미했다. 본회퍼는 화해가 자아의 의식에 초점을 맞춤을 통해서 정체성

---

20) C. Gremmels and H. Pfeiffer, *Theologie und Biographie: Zum Beispiel Dietrich Bonhoeffers* (Munich: Chr. Kaiser Verlag, 1938), p. 32.

을 이끌어내려는 시도에서 기인한, 과장된 자아의 유아론적 고독으로부터 우리를 해방시켜 준다고 주장했다. 루터와 더불어 본회퍼는 여기에서 제베르크의 세미나에서 발견되는 자기 안으로 굽은 마음 (cor curvum in se)에 대해서 말했다. 독립되어 있지만 우리를 위한 분은 "타자"의 변증법 안에서 사회성의 개념으로 통합되었다.[21]

분명히 본회퍼의 신학적 발전은 그의 베를린 시절에 그가 만난 루터에 의해서 결정적으로 형성되었다. 이것은 그의 생애의 마지막까지 계속 유지되었다. 실제로 자율적인 문화, 과학, 예술, 철학의 현대적 발전에 대한 본회퍼의 스승들의 공헌은 정확하게 나중에 본회퍼가 "성인된 세상"(the world come of age)이라고 언급한 것이다. 그러므로 이제 그가 어떻게 그의 스승들로부터 받은 이러한 유산을 그 시대의 논쟁과 칼 바르트와 변증법적 신학에 의한 도전과의 관계에서 적용했는가를 탐구해 보자.


## 마르틴 루터의 유산

루터의 유산을 전유한다는 것은 루터와 같은 의식을 가지고 미완성 활동을 떠맡는다는 것을 의미한다. 그것은 또한 루터가 부분적인 해결책으로 그의 추종자들에게 제시했던 것을 말하는 것을 의미한다. 다양한 관점이 있음에도 불구하고, 베를린대학에서 그의 스승들은 루터의 활동을 환호하며 맞이했다. 루터의 이름과 관련되

---

21) W. W. Floyd, Jr., *Theology and the Dialectics of Otherness: On Reading Bonhoeffer and Adorno* (Baltimore: University Press of America, 1988), pp. 1-90.

어 있는 유산이 어떻게 적절하게 받아들여졌느냐는 결정적인 문제는 특히 "독일인들의 형이상학적인 본질이 자의식에 도달하도록" 도와준 "본질적인 독일인"으로서의 루터 인식을 널리 주장하는 것과 관련하여 매우 막연하게 되어 있었다. 이것은 루터를 더욱더 역사의 인물로 만들었다. 역사가인 게르하르트 리터(Gerhard Ritter)가 1925년 지은 루터에 관한 책에서 인용하자면, 루터는 "하나의 상징"이 되었다.[22]

변화하고 있는 교회-실천의 역사적 형태와 시민적 생활에서의 정치 형태와 그 결과들에 있어서의 객관화보다는, 루터의 신학에 집중하는 경향의 하나는 그것이 다른 사상 체계와 그 인식론과 결부되었다는 것이다. 결과적으로 루터의 신학은 좌파와 우파의 아류들의 수중으로 들어가게 되었다. 정통 스콜라주의자들과 인문주의자들, 이 둘은 근대성이 "종교"라고 일컫게 된 인간중심주의를 발전시켰다. 우리가 경건주의를 보든지, 계몽주의를 보든지, 아니면 관념론을 보든지 간에, 사상 체계는 유산을 능가했다. 초기 루터와 그의 신학에 대한 연구를 통하여, "루터 르네상스"(Luther Renaissance)는 무의미하게 된 루터 정통주의(Luther Orthodoxy)와 신앙을 경건한 개인적인 양심의 문제로 바꾸어 버린 루터 경건주의(Luther Pietism)를 극복하려고 시도했다.

계몽주의와 "참된" 종교개혁을 대표한다고 말해지는 루터, 즉 새롭게 발견된 루터의 종합은 독일의 관념론의 전통에서 발전된 칭의 경험의 윤리학에서 가장 명백하게 나타나게 된다. 홀과 제베르크는 하르낙보다 초기 루터에 훨씬 더 광범위하게 집중하면서 프로테스

---

22) G. Ritter, *Luther, Gestalt und Symbol* (Munich: F. Buckmann Verlag, 1925).

탄트 종교개혁이 1517년의 면죄부 논쟁에서 시작했던 상투적인 사상과 관계를 끊었다. 그들은 루터의 신학적 발전의 핵심으로부터 종교개혁을 해석하기 시작했다. 중요한 문제는 교황이나 황제와의 논쟁이 아니라 모든 종교의 판단으로서의 복음 이해와 참된 교회에 대한 탐구였다. 루터의 관점에서 보면, 종교는 인류의 정신적 업적의 정점이었고 인류가 파생시킨 영예였다. 종교는 업적을 통한 의 (works-righteousness)였다.

라인홀트 제베르크의 신학적 루터 상(像)은 종교개혁자의 활동과 전혀 다른 측면에 강조점을 둔 그의 선배들 것보다 구체적인 내용에서 더욱 풍부했다. 본회퍼의 말로 표현하자면, "하르낙은 정신사의 상황에 관심을 가졌던 반면에, 제베르크는 신학에 중심이 되는 문제들에 초점을 맞추었다."[23] 그렇지만 제베르크의 선험론에 의한 루터의 신앙의 개념에 대한 해석은 본회퍼로부터의 비판을 불러일으켰다. 본회퍼에게 있어서 그것은 제베르크의 1924년의 『교의학』 (Dogmatics)에서 "종교적 선험"(religious a priori)과 헤겔의 영향에 대하여 말하는 다음과 같은 구절과 같이 사변적인 구조였다.

"종교에 있어서 "선험"(a priori)은 창조된 정신이나 자아의 완전히 형식적인 성향이다. 그것은 정신이나 자아로 하여금 절대 정신(Absolute Spirit)을 직접 인식하도록 속박하며 인식하게 한다. 이것은 두 가지를 의미하는데, 첫째로는 창조된 의지가 그렇게 결정되어 있으므로 일차적인 것의 의지력의 행위에 의해서 알게 된다는 것을 의미하며, 둘째로는 동시에 이성이 그 직관을 받아들이는 능력을 부여받는다는

---

23) ibid., p. 171.

것을 의미한다." [24)]

　루터의 신앙에 의한 칭의의 교리는 본회퍼와 변증법적 신학이 루
터와 관념론 체계의 어떠한 종합도 반대한 계기가 된 결정적인 요
소였다. 그러한 종합은 루터가 종종 직면하고 말했던 영혼에 대한
공격, 유혹을 결여하는 거짓된 확증을 대표했다. 그들이 제공한 확
증은 크게 교란시키는 성서의 메시지를 기독교적 세계관과 도덕으
로 변형시켜 놓았다. 루터가 화해라는 말로 의도했던 것이 인간적
이상이 실현, - 가장 좋은 의미에서 "합리적인" 삶, 업적과 미덕의
규정들에 대한 의무를 반영하는 삶, 거기에서 그리스도의 모범을
성취하는 삶으로 변했다. 칭의는 이러한 이상(理想)의 성취를 가능
하게 해주었다.

　본회퍼의 루터 수용과 해석은 변증법적 신학이 종교개혁자를 어
떻게 전유하느냐에 의해서 분명하게 영향을 받았다. 루터와 독일
관념론의 체계의 종합으로부터 본회퍼가 구해낸 것은 칼 바르트
의 사상이었다고 말할 수 있을 것이다. 이와 같이 홀과 제베르크가
루터의 신학, 특히 루터의 신학의 초기의 표현들에 대한 탐구에 빠
지게 한 반면에, 본회퍼는 그들의 해석과 비판적인 거리를 유지했
다.[25)] 본회퍼의 관점으로부터, 홀이 루터의 신앙을 "양심의 종교"로
바꾸고 인간의 수용이 되는 양심을 의무로 바꾸었을 때, 신앙 자체
는 다시금 인간을 위해서 가능한 것이 된다. 그러므로 역시 제베르

---

24) E. Bethge, *Dietrich Bonhoeffer*: *Theologian, Christian, Contemporary*, p. 48.

25) D. Bonhoeffer, Ökumene, Universität, Pfarramt: 1931-1932. *Dietrich Bonhoeffer Werke*,
　　vol. xi (Gütersloh: Chr. Kaiser/Gütersloher Verlagshaus, 1994), pp. 184-185.

크의 종교적 "선험"은 하나님의 계시를 위해 인간 정신 안에 특정한 사전 조건들을 설정해 두고 인간의 수용성과 활동 안에 있는 "접촉점"에 대해서 말했다. 전자가 "신앙"으로, 후자가 "사랑"으로 한정된다고 하더라도 그렇다. 이와 같이 신앙은 인간 정신의 필요에 상응하는 것으로서 묘사되었다.[26] 이러한 방식으로 제베르크는 모든 종교의 심판으로서의 복음에 대한 루터의 관점을 정당하게 평가하는 데에 실패했다.

루터에 의하면 신앙은 하나님의 계시의 창조적 말씀으로부터 나오는 전적으로 새로운 피조물이다. 루터의 유산을 "재발견"하고 그것을 전유하기를 원하는 교회는 종교개혁의 통찰의 빛에서 필수적인 문제들을 어떻게 형성할 수 있느냐를 질문해야 한다. 많은 신학자들에게, 특히 본회퍼에게 그것은 완전히 새로운 방식으로 신학 작업하는 것, 즉 예수 그리스도의 말씀을 향해서 방향을 전환하는 신학을 의미했다. 이미 지적한 바와 같이 바르트의 변증법적 신학은 디트리히 본회퍼에게 필요한 관점을 제공해 주었다.


## 칼 바르트의 영향

에버하르트 베트게는 변증법적 신학에 대한 본회퍼의 몰두와 칼 바르트(Karl Barth, 1886-1968)와의 개인적인 만남에 대해서 상세하게 서술했다.[27] 매우 중요한 신학적 문제들이 관련된 것 이외에도, 거

---

26) ibid., pp. 171-172.
27) E. Bethge, *Dietrich Bonhoeffer*: *Theologian*, *Christian*, *Contemporary*, pp. 50-55, 131-

기에는 인격적인 차원이 있었다. 1923년 하르낙과 바르트는 정평이 있고 인기 있는 잡지에서 개최하는 공개토론에 참여했다. 그것은 근본적으로 서로 다른 두 세계의 만남을 보여주었는데, 그것은 다른 신학적 세계만은 아니었다.[28] 바르트는 본회퍼의 베를린 스승들 모두에게 과격하게 도전했다. 그러나 베트게가 보고하는 바와 같이, "그것은 이제 그가 신학에 있어서의 진정한 기쁨을 발견한 것뿐이었다. 그것은 참된 해방과도 같은 것이었다. 새로운 신학이 설교와 같은 명백한 과제로부터 출발한다는 단순한 사실은 … 그로 하여금 사변의 유희를 벗어 던지게 했다."[29] 베트게는 계속해서 이렇게 보고한다.

"본회퍼는 그 세대에게 그렇게 비참하게 드러나 있던 인간성의 사실로부터 관심을 끌었다는 사실에 매료되었다. 바르트는 본회퍼가 청년의 진지함으로 그렇게 오랫동안 모색해 왔고 그에게 아무런 난처함도 일으키지 않았던 종교적 경험을 거의 아무런 문제가 되지 않는 것으로 제쳐놓았다. 토론의 주제였던 확실성은 인간에게 닻을 내리는 것이 아니라 하나님의 위엄에 닻을 내린다. 그러므로 그것은 더 이상 하나님과 분리된 관심사가 될 수 없었다. 바르트가 전보다 더 음울하게 되었다고 생각한 많은 사람들과는 달리, 본회퍼는 그에게 진정한 즐거움(hilaritas)을 돌렸다." [30]

---

142.

28) 이것은 상기 주(註) 8에 인용된 작품에서 상세하게 검토된다.

29) E. Bethge, *Dietrich Bonhoeffer: Theologian, Christian, Contemporary*, p. 52.

30) ibid.

우리가 주목한 바와 같이 그 당시의 독일에서의 프로테스탄트 신학적 사상은 자연과 역사 속에서 전개되고 기독교 안에서의 그 성취에 도달하는 보편적 이성(Universal Reason)이라는 헤겔의 사상에 흠뻑 젖어 있었다. 그러나 바르트에 의하면 바로 이것이 기독교신학의 근본 토대를 침식시켰다.

> "교회사는 기독교 종교의 역사가 되었다. 교리사는 종교적 사상들의 형성의 역사가 되었다. 성서연구는 문학사에 대한 연구가 되었고, 성서신학은 이스라엘-유대 또는 기독교 종교의 역사에 대한 연구가 되었다. 그것은 아무런 절대적인 가치도 없이 끝없이 상대화시키는 생성과 종말의 흐름에 종속되는 문화와 정신의 일반 역사와 뒤섞이는 거대한 운동이었다."[31]

외부인들이 그렇게 명명하는 바와 같이, "변증법적 신학" 또는 "위기의 신학"의 목표는 현대의 역사적-상대주의적, 보수적-정통적, 경건주의-낭만주의적 성서 이해와는 달리, 예수 그리스도 안에서 계시된 거룩한 하나님의 메시지를 기독교적 선포의 유일한 핵심으로 만드는 것이다.

칼 바르트는 『로마서 강해』(The Epistle to the Romans) 초판[32]에서 그리고 완전히 개정된 1922년의 재판에서 성서가 전통에 의해서 풍요롭게 되는 종교적 실존의 개화를 위한 것이 아니라 유일하게 하

---

31) K. Kupisch, *Zwischen Idealismus und Massendemokratie* (Berlin: Lettner Verlag, 1959), p. 47.

32) K. Barth, *Der Römerbrief* (Bern: G. A. Bäschlin, 1919).

나님의 음성을 듣게 하기 위한 것이라고 진술했다. 바르트의 움직임은 인간적인 문제들을 - 성서에 그러한 대답들이 있다고 생각하면서 - 성서적 대답들과 관련시키는 것이 아니라 성서가 제기하는 질문들이 그 대답 속에서 어떠한 것인지를 듣는 것이다. 진지하게 대해야 하는 것은 하나님이 하나님이라는 것, 그리스도의 실재라는 것이다. 이것은 경험적인 기독교와 그 문화와 경험의 신학적 쾌락주의에서 부식시키는 독처럼 퍼져 있는 모든 형태의 세속적인 것들 또는 창조된 것의 성스러운 신격화에 대한 결정적인 아니오(no!)를 의미했다.

바르트와 본회퍼 사이의 인격적인 관계는 칼 바르트의 인격에 대한 새로운 논평을 요구한다. 이점에 있어서 클리포드 그린(Clifford Green)이 서로 다른 두 사람, 즉 디트리히 본회퍼와 소설가 존 업다이크(John Updike)에 의한 관찰을 나란히 세워둔 것은 도움이 된다. 첫째로 본회퍼에게 있어서,

"바르트는 그의 책들보다 더 좋은 사람이다. 거기에는 개방성이 있고 적절한 논평에 대해 기꺼이 경청하려는 자세가 있다. 그리고 이와 동시에 논의될 수 있는 주제에 대한 집중의 강도와 거기에 가하는 맹렬함은 자만하게 또는 온건하게, 교의학적인 것으로 또는 잠정적인 것으로 보일 수 있다. 그런데 그것은 확실히 그 자신의 신학에 도움이 되게 하려고 의도한 것은 아니다." [33]

---

33) *Karl Barth*: *Theologian of Freedom*, ed. Clifford Green (London: Collins, 1989), pp. 12-13.

그린의 말을 인용하자면, 개인적으로 바르트에게 은덕을 입은 존 업다이크는 '많은 사람들 가운데서 신학자가 세상 안에서 살아가면서 그렇게 분명하게 즐거워할 수 있었다는 것을 보고서 어느 정도 놀랐다.'

> "하나님의 타자성에 대한 칼 바르트의 주장은 그를 예외적으로 자유롭게 하여 … 이 세상, 가까이 온 세상에 대해 감상적이게 하고 관대하게 대하게 만드는 것처럼 보였다. 그의 유머와 논쟁에 대한 사랑, 이념적인 적대자들까지도 받아들이는 우정을 위한 그의 수용력, 담배와 다른 육체적 위로에 대한 애호, 예술과 유흥에 대한 그의 취향은 진심으로 세속적이다. 통과역과 시험 장소로서 이생을 받아들이는 사람들의 방식으로가 아니라, 창조의 일부로서 그것을 받아들이는 자들의 방식으로 세속적이다." 34)

본회퍼는 대학생이었을 당시에, 인문과학의 다른 학과목들은 신학처럼 그렇게 그 실존의 근원을 탐구하지 않았다. 정신의 결정적인 참여가 발생한 곳은 바로 그곳에서였다. 독일의 관념론과 자유주의 프로테스탄티즘이 그들의 목표로 삼은 기독교의 토대 위에 세워진 종교와 문화의 통일은 그 시대의 역사적 절규의 무게 아래에서 결정적인 지점에서 해체되었다. 그럼에도 불구하고 하르낙은 "'복음을 가르치는' 바르트의 방식이 우세하게 된다면, 그것은 더 이상 가르쳐지지 못할 것이며, 오히려 성서를 그들 나름대로 자유롭게 이해하는 경건한 설교자들의 손으로 넘어가서 그들 자신의 영역

---

34) ibid.

을 구축하게 될 것"이라고 확신 있게 예고했다.[35] 하르낙의 예고는 실현되지 못했다. 그 대신에 부분적으로 바르트, 루터와 칼빈의 영향하에 다시 또는 새롭게 읽혀진다. 그것이 아돌프 폰 하르낙의 부친 테오도시우스 하르낙(Theodosius Harnack)에 의한 마르틴 루터의 신학의 재출판으로 이끈 새로운 신학적 운동이었다는 것은 주목할 만한 가치가 있고 또한 아이러니컬하다.[36]

칼 바르트는 그의 신학에 있어서의 새로운 출발점을 다음과 같은 말로 묘사했다.

"그 [당시]에 나는 기독교 교리의 인간학적(미국에서는 "인문주의적" 이라고 칭한다. … ) 기초와 해석의 마지막 잔재를 제거하려고 노력했다 … 나는 기독교 교리를 배워야 했다. 그러나 만일 그것이 그 이름에 합당하려면, 그리고 그것이 마땅히 건설되어야 하는 바 세계 안에서 기독교 교회를 건설하는 것이라면, 오로지 그리고 결정적으로 예수 그리스도의 교리가 되어야 한다. - 우리[인류]에게 말씀하신, 살아계신 하나님의 말씀이신 예수 그리스도의 교리가 되어야 한다. … 나의 새로운 과제는 앞에서 말한 모든 것을 다루고, 그것을 한 번 더 참신하게 숙고하며, 그것을 예수 그리스도 안에 있는 하나님의 은총의

---

35) Rumscheidt, *Adolf von Harnack*, p. 94, n. 6.

36) 테오도시우스 하르낙(Theodosius Harnack)은 그의 영향력 있는 책 『화해론과 구원론과의 특별한 관계에서 본 루터의 신학』(*Luthers Theologie mit besonderer Beziehung auf seine Versoehnung- und Erloesungslehre*)을 1862년 펴냈다(Erlangen: T. Blaesing Verlag). 이 작품은 칼 홀과 다른 사람들과 결부된 루터 르네상스의 도래와 더불어 그 지위를 상실했다. 외부인들이 "변증법적 신학"이라고 일컫는 사람들로 구성된 신학자들의 서클은 1927년 그 작품을 다시 발행했다. 아돌프 폰 하르낙에게 있어서, 이 책의 재(再)출판은 그 자신의 작품이 다시금 그의 선배들의 것과 근본적으로 일치하지 않는다는 것을 알려주었고, 새로운 세대에 의해서 멸시되었다(상기 주 8을 보라).

신학으로서 새롭게 명료하게 표현하는 것이다." [37]

바르트가 배우지 않았고, 다시 배웠으며, 새롭게 배웠던 것과 같이, 그는 - 그의 배움에 절대적으로 필요한 - 중요한 것들을 말했다. 이것은 베트게에 의하면 본회퍼에게 결정적으로 중요했던 것들이다.

"그것들은 사실상 놀랍게도 「옥중서신」(Letters and Papers from Prison)에서 [주장한] 언어와 매우 가깝다. "하나님에 관한 문제의 전체적 중요성과 진지성을 느낀 사람들은 종종 결정적으로 비종교적인 사람들이었다(73; 56) - 성서적인 경건은 실제로 경건한 것이 아니다. 우리는 오히려 그것을 잘 사유된, 자격 있는 세속성으로 분류해야 한다.(80; 66) - 그 사상과 언설은 전체로부터 나오고 전체를 향하여 움직이는 본래적인 것으로부터 나온다 … 이것이 내가 성서의 내세성(other-worldliness)이라고 부르는 것이다(84; 73) - [하나님은] 여기와 지금과는 다른 저 위에 존재하거나 초월해서 존재하기를 원하시지 않는다 … [하나님은] 종교의 역사를 형성하기를 원하시지 않고, 오히려 우리의 삶의 주님이 되기를 원하신다.(85; 74). 성서적 역사는 … 맨 첫째로 인류의 역사이다." [38] (97; 94)

베트게는 다음과 같이 결론을 내린다. "이러한 것들은 본회퍼의

---

37) K. Barth, *How I Changed my Mind*, ed. J. D. Godsey (Richmond, Va.: John Knox Press, 1966), pp. 42-43.

38) 괄호 안에 인용된 쪽수들은 첫 번째 것은 K. Barth, *Das Wort Gottes und die Theologie* (Munich: Chr. Kaiser Verlag, 1924)를 언급하는 것이며, 두 번째 것은 K. Barth, *The World of God and the Word of Man* (New York: Harper & Row, 1957)을 언급하는 것이다.

귀에는 아마도 바르트가 실제로 '시작'하기는 했지만 '완성하지는 못했다'는 것으로 들렸을 것이다."[39]

종교의 개념에 대한 바르트의 급진적인 비판과 신학적 해석학에서의 주장되는 그 위치는 분명히 본회퍼의 상상력을 사로잡았다. 그것은 그로 하여금 루터가 "신앙"이라고 일컬은 것을 종교로부터 자유롭게 설정하게 하고, 인간의 자기 초월의 차원을 가져와야 한다는 그 요구가 사실상 자기 정당화의 수단이 된다는 것을 인식하게 해주었다. 종교는 자기 안으로 굽은 마음(cor curcum in se)이었다. 본회퍼의 바르트 비판은 하나님의 계시가 말해지는 공동체, 즉 교회라기보다는 하나님의 계시를 그의 출발점으로 삼는 것으로 보였다는 것이다. 본회퍼는 그 당시에, 박사학위논문, 『성도의 교제』(Sanctorum Communio)에서, 만일 계시가 그리스도론적으로(Christologically) 말해질 수 있다면, 공동체로서 존재하는 그리스도의 측면이 출발점이 되어야 하고 그 요소의 구체성을 착수해야 할 필요성이 있다고 쓰고 있었다.[40] 그러나 본회퍼의 비판은 바르트의 신학과 같은 신학의 중요성이나 필요성을 소멸시키지 않았다. 베를린에서 1931/1932년 행한 20세기 조직신학에 대한 그의 강의에서, 그는 "우리는 이 시작 배후로 돌아갈 수 없다"고 선언했다.[41] 그럼에도 불구하고 본회퍼의 신학은 그 자신의 세속적인 사상과의 만남을

---

39) E. Bethge, *Dietrich Bonhoeffer: Theologian, Christian, Contemporary*, pp. 54-55.

40) P. Lehmann, 'The Concreteness of Theology: Reflections on the Conversation between Barth and Bonhoeffer', in *Footnotes to a Theology: The Karl Barth Colloquium of 1972*, ed. M. Rumscheidt (Waterloo: Canadian Corporation for Studies on Religion, 1974), pp. 53-76.

41) A. Pangritz, *Karl Barth in der Theologie Dietrich Bonhoeffers* (Berlin: Alektor Verlag, 1989), p. 44.

통하여 다른 방향으로 발전했다.


## 세속적인 사상에 대한 참여

본회퍼가 그의 교수자격논문을 쓰기로 했을 때, 그의 지도자인 빌헬름 뤼트거트(Wilhelm Lütgert)는 그를 하이데거 추종자라고 간주했다.[42] 하이데거의 생산적인 작품인『존재와 시간』(Sein und Zeit)은 본회퍼가『행위와 존재』(Act and Being)[43]를 쓰기 2년 전에 나타났다. 거기에서 그는 하이데거에 대한 광범위한 언급을 하고 간주관성 (intersubjectivity)에 대한 그의 이해를 사용한다. 당대의 신학적 토론의 상황 안에서 하나님의 계시의 구체성에 대하여 말하려고 노력하면서, 본회퍼는 하이데거의 근본적인 존재론과 독일의 관념론에 대해서 말해야 했다. 독립되어 있는 우리들 밖에서(extra nos) 하나님의 계시에 대한 본회퍼의 주장에서 유용한 것은 관념론이 주장하는 바와 같이 실재(reality)가 오직 개념(concept)을 통해서만 구성된다는 관점에 대한 하이데거의 부인(否認)이었다. 본회퍼가 1931/1932년의 「철학 사상과 프로테스탄트 신학」(The Idea of Philosophy and Protestant Theology) 세미나에서 표현한 바와 같이, 실재는 미리 주어진 것(vor-gegeben)이다.[44] 그러나 하나님의 계시가 문제가 될 때, 이렇게 미리

---

42) E. Bethge, *Dietrich Bonhoeffer: Theologian, Christian, Contemporary*, p. 94.

43) D. Bonhoeffer, *Act and Being: Transcendental Philosophy and Ontology in Systematic Theology, Dietrich Bonhoeffer Works*, vol. II. trans. M. Rumscheidt (Minneapolis: Fortress Press, 1996).

44) D. Bonhoeffer, *Theologie Gemeinde: Vorlesungen Briefe Gespräche 1927-1944, Gesammelte Schriften, vol. iii* (Munich: Chr. Kaiser Verlag, 1960), pp. 160-161.

주어진 실재는 어떻게 해석되어야 하는가? 본회퍼는, 인간 실존의 존재론이 현존(Dasein, 『존재와 시간』에서 인간의 실존을 나타내는 하이데거의 용어)에 대한 이해에서 그 우선적인 소여(所與)를 보류시키기 때문에, 즉 그 우위성(priority)을 박탈하고, 신학적인 용어로 표현하자면 그 독립되어 있는 우리들 밖에서 성격(extra nos character)을 박탈하기 때문에 하이데거를 비판했다. 그러나 관념론의 존재론에 대한 하이데거의 비판은 자기 안으로 굽은 마음(cor curvum in se)에 대한 본회퍼의 신학적 비판을 위한 도구를 제공해 주었다. 그것은 "스스로 내면으로 향하는 마음, 타락한 자리(cor curvum in se, corruptio mentis)에 의해서 그들이 표현한 종교개혁자들의 통찰에 대한 … 철학적 긍정이었다. 타락한 상태에서(in statu corruptionis) 인간은 실제로 혼자이다."[45] 그 고독은 복음이 그리스도 안에서 하나님의 계시와 화해에 의해서 말하는 고독이다.

타락한 상태에서의 인간 존재의 "고독"의 문제는 본회퍼의 사상에서 하나님의 계시와의 관계에서만이 아니라 이웃과의 관계에서도 등장한다. "사회성"은 그의 가족 전통의 일부이며, 따라서 베를린의 산업 지역에서의 그의 목회 활동의 일부였다. 프리드리히 나우만(Friedrich Naumann)과 에른스트 트룈취(Ernst Troeltsch)의 사회적 열정과 칼 마르크스(Karl Marx)가 그들에게 영향을 미친 방식은 본회퍼에게 강한 충격을 주었다. 실제로 그 사람들은 "[그의] 바르트 시기 이전의 두 명의 위대한 사람들"이었다.[46] 본회퍼 가문의 사람들

---

45) D. Bonhoeffer, *Act and Being*, p. 16.

46) E. Bethge, *Dietrich Bonhoeffer: Theologe, Christ, Zeitgenosse* (Munich: Chr. Kaiser Verlag, 197), p. 257.

은 사회주의에 대한 견문을 통해서 칼 마르크스의 사상을 알게 되었고, 그 반대의 경로를 통해서 알게 된 것은 아니다.

히틀러에 대한 공모에 가담한 죄로 나치에 의해서 디트리히보다 2주 후에 처형된 디트리히의 형, 클라우스(Klaus)는 디트리히가 1918년 패배에 뒤이은 베를린에서의 정치적 사건들에 대해 관심을 표명하기 시작했을 당시에 관심을 가지고, 『자본론』(Das Kapital)을 공부했다.[47] 본회퍼는 그의 1933년의 「그리스도론」(Christology) 강의에서 그 유산을 아주 재미있는 말로 다음과 같이 묘사한다.

> "프롤레타리아들이 불신의 세계에서 "예수는 선한 사람이었다"고 말할 때, 그것은 무엇을 의미하는가? 그것은 아무도 그를 불신할 필요가 없다는 것을 의미한다. 프롤레타리아들은 "예수는 하나님이다"고 말하지 않는다. 그러나 그들은 "예수는 선한 사람이었다"고 말함으로써 부르주아들이 "예수는 하나님이다"라고 암송할 때보다 확실히 더 많은 것을 말한다. 프롤레타리아들에게 있어서 하나님은 교회에 속해 있는 어떤 분이다. 그러나 예수는 공장의 밑바닥에서 사회주의자(a socialist)로서 나타날 수 있다. 예수는 정치적 참여에서 이상주의자(an idealist)로 나타날 수 있다. 프롤레타리아들의 세계에서 예수는 선한 사람(a good man)으로 나타날 수 있다. 그는 적대자인 자본주의에 반대하여 그들의 반열에서 그들과 더불어 싸운다." [48]

---

47) ibid., p. 54.

48) Bonhoeffer, *Theologie Gemeinde*, p. 174; *D. Bonhoeffer, Christ the Center, trans. E. H. Robertson* (New York: Harper & Row, 1978), p. 35. 번역은 바뀌었다.

『성도의 교제』(Sanctorum Communio)에서 교회와 프롤레타리아에 관한 부기(附記 excursus)는 본회퍼가 자본주의 경제의 문제에 대한 마르크스주의-사회주의 성찰에 얼마나 몰두했는지를 보여준다.[49]

본회퍼가 자라난 지성적 환경에는 크게 영향을 미쳤지만 그의 사상에는 별로 영향을 미치지 못한 다른 두 명의 유명한 학자들이 있다. 그들은 바로 지그문트 프로이트(Sigmund Freud, 1856-1939)와 막스 베버(Max Weber, 1864-1920)이다. 그들의 작품은 여기에서 설명할 수 없다. 그들이 그에게 아무런 인상도 남기지 못한 이유를 간략하게 논평하는 것으로 충분할 것이다

본회퍼는 그의 성찰에 심층심리학이 들어오는 것을 허용하지 않았다. 그는 사실상 그것을 경멸로 대했다. 이것은 주로 저명한 정신의학자이자 신경의학자인 그의 부친으로 인한 것이었다. 그의 부친은 경험적으로 남기 위하여 심층심리학이 실패라고 간주하고 그것을 거부했다. 이러한 관점은 디트리히 본회퍼로 하여금 프로이트의 작품을 연구하지 못하게 했고 그 자신의 목회에서 있을지도 모르는 그 가치를 인정하지 못하게 했다.[50]

베버의 종교사회학 및 교회와 종파의 문제에 대한 그의 연구는 본회퍼가 공동체로서의 교회에 대한 그의 신학적 해석을 발전시킨 것과는 달리 하나의 발자취에 지나지 않는 것처럼 보인다. 『성도의 교제』(Sanctorum Communio)의 부제는 「교회의 사회학에 대한 교의학적 연구」(A Dogmatic Study on the Sociology of the Church)이다. 본회퍼는

---

49) D. Bonhoeffer, *Sanctorum Communio: Eine dogmatische Untersuchung zur Soziologie der Kirche* (Munich: Chr. Kaiser Verlag, 1986), pp. 290-293.

50) E. Bethge, *Dietrich Bonhoeffer: Theologian, Christian, Contemporary*, pp. 11-12.

베버의 (그리고 트뢸취의) "종파" 이해에 대한 비판을 표현하고, 교회에 대한 신학적 이해를 제공하려는 노력에서 퇴니스(Tönnis)의 게마인샤프트(Gemeinschaft)와 게젤샤프트(Gesellschaft) 사이의 구별이 훨씬 더 유용하다는 것을 발견한다. 본회퍼는 20세기의 신학에 대한 그의 강의에서, 그가 베버에 대해서 많이 다룰 수 없었던 이유를 넌지시 말한다. 우리는 그의 사회학에서 - 근대성에 의해서 이해된 것으로서의 - 종교에 관해서 말하지만, 자기계시 속에서 그리스도의 이름을 지니고 있는 공동체를 세우는 자로서의 하나님에 대해서는 말하지 않는다.[51]

아직 언급해야 할 두 철학자가 더 남아있는데, 그들은 바로 미국인 윌리엄 제임스(William James, 1842-1910)와 독일인 빌헬름 딜타이(Wilhelm Dilthey, 1813-1911)이다. 뉴욕에 있는 유니온 신학대학에 있는 동안에 칼-프리드리히(Karl-Friedrich)와 그레테 본회퍼(Grete Bonhoeffer)에게 보내는 1931년 4월 12일자의 본회퍼의 편지에서, 특별히 제임스가 언급된다. "나는 미국의 철학을 아주 철저하게 알기 위하여 이곳에 왔습니다. … 내가 미국의 철학에 전보다 훨씬 더 많은 것이 있다고 믿지는 않는다고 하더라도, 나는 그로부터 많은 것을 배웠습니다. 제임스는 특히 읽기에 흥미가 있습니다."[52] 그해가 지난 후에 본회퍼는 신학의 역사를 강의하면서 딜타이는 물론 제임스도 다뤘다. "종교"로서의 기독교 해석에 대한 바르트의 비판과 더불

---

51) E. Bethge, *Dietrich Bonhoeffer: Theologe, Christ, Zeitgenosse*, pp. 1052-1053.

52) D. Bonhoeffer, *Barcelona, Berlin, Amerika: 1928-1931, Dietrich Bonhoeffer Werke*, vol. x (Munich: Chr. Kaiser Verlag, 1992), p. 250. 또한 Eberhard Bethge, 'The Non-religious Scientist and the Confessing Theologian: The Influence of Karl-Friedrich on his Younger Brother Dietrich', in *Bonhoeffer for a New Day: Theology in a Time of Transition*, ed. J. Gruchy (Grand Rapids: Eerdmans, 1997), p. 45도 보라.

어 제임스의 "종교" 이해는 마침내 테겔 편지들(=옥중서신)에서 발견되는 "성서적 개념들에 대한 비종교적 해석"을 초래하는 사상의 과정을 일으켰다.[53] 제임스는 종교의 긍정적인 차원으로서 개인성과 프라이버시 또는 내면성을 강조했다. "감정"의 요소도 역시 진리의 "유용성" 또는 "효율성"으로서 조명된다. 이 모든 것은 제임스의 실용주의를 반영한다. 1931년 유니온 신학대학에서 가진 한 세미나에서, 본회퍼는 바르트의 비판을 인용하면서, 하나님의 "효율성"이 하나님의 "실재"에 대한 신자의 마음보다 우선한다는 개념을 거부했다.[54] (제임스의 전문용어로) "유용성"을 통해서 하나님의 실재를 논증하면서 하나님에 대해서 말하는 것 또는 하나님이 (하르낙이 표현하는 바와 같이) 우리로 하여금 단순하게 자연적인 것을 초월하게 하며 정신과 문화에 도달할 수 있게 하신다는 점에서 하나님이 인류의 최고선라고 말하는 것은 하나님의 실재를 놓치는 것이다. 종교에 대한 이러한 비판을 발전시키면서 본회퍼는 딜타이를 만났다. 본회퍼는 베를린대학에서 조직신학에 역사를 다루는 과정에서 이 둘에 대해서 강의했다.

딜타이의 "생의 철학"의 주요 부분인 그의 철학적 역사주의는 옥중서신에 친숙한 독자가, 본회퍼가 그 당시에 발전시킨 신학에 있어서 가장 중요한 것으로서 즉각 알아차릴 수 있는 용어를 본회퍼에게 제공해 준다. 특히 "성인된 세상", "자율", "세속성", "형이상

---

53) 이 관점은 베를린 홈볼트 대학에 1994년 랄프 뷔스텐베르크(Ralf K. Wüstenberg)에 의해 제출된 박사학위논문에 기록되고 제시되었다. 그리고 이제는 그 논문이 영어로 번역되어 출판되었다. R. K. Wüstenberg, *To Live as to Believe: Dietrich Bonhoeffer and the Non-Religious Interpretation of the Biblical Message* (Grand Rapids: Eerdmans, 1998).

54) D. Bonhoeffer, *Barcelona, Berlin, Amerika*: 1928-1931, p. 410.

학", "내면성"과 같은 용어들은 본회퍼의 사상에 딜타이의 흔적이 있다는 암시이다. 그러나 본회퍼는 딜타이의 빛에서 새로운 종교 이해에 대한 작업을 하지 않고, 제임스에게 그러했던 것과 같이, 딜타이의 종교개념에 대해 등을 돌리고, "비종교적"이라는 개념을 발전시켰다. 그는 두 사상가의 제도화된 종교와 사적인 종교의 구분에 동참하지 않고, 제도화된 종교의 시대가 지나간 반면에 사적인 종교가 장려되어야 할 필요가 있다는 관점을 따르지 않았다. 그러나 본회퍼는 "비종교적"이라는 사상에서 "종교"의 자유주의적 구조는 물론 그 구별도 극복하면서, 그의 종교의 개념에 대한 비판에 그 구별을 적용했다. 그러므로 본회퍼가 긍정적인 종교관에서 비판적인 종교관으로, 결국에는 비종교의 입장으로 옮겼다고 말할 수 있다.[55]

본회퍼가 20세기 프로테스탄트 신학의 역사에 대해 강의했을 때, 그는 중요한 부분에 '전환점'(Die Wende)이라는 제목을 붙였다.[56] 그것은 1989년 11월 베를린에서 장벽이 무너지는 역사의 새 시대를 알리는 사건이 벌어졌을 때, 그것을 묘사했던 말과 같은 말이다. 본회퍼의 신학은 변경할 수 없을 정도로 다른 신앙과 사상의 세계를 지향하는 그 발단에서부터 움직인 것이다. 그의 신학은 항상 신앙과 역사적 상황을 관련시키는 과정 속에 있다. 만일 그가 그의 여행에서 각각의 결정적인 "전환점" 앞에서 과거의 신학적 공식에 얽매여 있었더라면, 아마도 그것은 신앙의 배반을 의미했을 것이다.

---

55) Ralf K. Wüstenberg, 'Religionless Christianity: Dietrich Bonhoeffer's Tegel Theology', in de Gruchy *Bonhoeffer for a New Day*, p. 59.

56) E. Bethge, *Dietrich Bonhoeffer: Theologe, Christ, Zeitgenosse*, p. 1052.

# 4. 본회퍼의 저작 유산

웨인 윗슨 플로이드(Wayne Whitson Floyd, Jr)

신학자의 형성. 성도의 교제: 그리스도와 인간의 사회성. 첫 번째 막간: 바르셀로나. 행위와 존재: 계시의 철학적 신학. 두 번째 막간: 유니온 신학대학, 뉴욕. 베를린 - 에큐메니스트, 학자, 목사. 세 번째 막간: 런던. 저항을 위한 형성: 핑켄발데와 그 밖의 곳. 성취되지 않은 꿈: 신학적 윤리학. 공모와 투옥. 디트리히 본회퍼 전집 원문 비평판.

본회퍼의 저작들은 그 해석의 열쇠를 스스로 제공해 주지 않고 있다. 따라서 후기 현대 신학에 있어 그의 저작들은 "로르샤흐 테스트"(Rorschach test)와 같다고 말하는 것은 아주 적합한 비유인 것 같다.[1] 그의 저작들은 체계적인 신학을 구성하지 못한다. 그리고 그의 긴 저작들도 어떤 포괄적인 계획에 따라 생겨난 것이 아니다. 어떤

---

1) H. G. Cox 'Using and Misusing Bonhoeffer', *Christianity and Crisis*, 24 (October 1964), 199.

사람은 본회퍼의 유산에 일관성과 완전성을 제공해 주는 것은 그의 주목할 만한 삶이지 그의 사상과 저작의 본질이 아니라고 결론을 내릴지도 모른다. 그러나 본회퍼에 관한 작금의 허다한 저작에도 불구하고,[2] 그가 기록으로 남겨놓은 유산의 일체가 우리에게 없는 마당에 지금까지 어느 누구도 그의 생애와 작품 간의 상대적 중요성을 판단할 수 없었다.

그러다 마침내 『디트리히 본회퍼 전집』(Dietrich Bonhoeffer Werke, DBW)의 출현과 그것의 영역본(DBWE) 간행의 진척과 더불어, 우리는 사그라들지 않는 본회퍼의 중요성을 그의 주목할 만한 전기로 축소시키려는 모든 유혹을 뿌리치고, 기록된 전체 유산을 볼 수 있게 되었다.[3] 이제 그의 저작 자산이 사실상 완전한 모습으로 우리 앞에 제시된다. 이 저작 자산은 학생들로 하여금 적어도 그의 저작들에 대해 증언을 제공하는 그의 생애에 보여주었던 관심과 동일한 관심을 가질 것을 요구한다. 본회퍼의 저작들은 전쟁 이후의 독일 문화의 재건을 위한 지적 신학적 준비의 모범을 보여줄 뿐만 아니라 과거의 사회 및 학계의 엘리트층이 소멸되어 가는 세계에 대해 보여주었던 보기 드문 통찰을 제공해 준다. 그의 사상 속에서 울려 퍼지는 혜안과 날카로움과 성숙함은 이 사상가의 연소함을 감쪽같이 속이고 있다.

---

2) W. W. Floyd, Jr. 'Recent Bonhoeffer Scholarship in Europe and America', *Religious Studies Review*, 23/3 (July 1997), 219-30. 또한 W. W. Floyd, Jr and C. Green, *Bonhoeffer Bibliography: Primary Sources and Secondary Literature in English* (Evanston: ATLA, 1992)도 보라.

3) 영문판 『본회퍼 전집』(*DBWE*)을 위한 번역 프로젝트는 에버하르트 베트게(Eberhard Bethge)의 고전적 자서전인 *Dietrich Bonhoeffer: Theologian, Christian, Man for his Time*, ed. Victoria Barnett (Minneapolis: Fortress Press, 근간)의 영문판을 공급하는 데에 도움을 주었다.

실제로 본회퍼의 전집(Werke)을 파고들면 들수록 우리는 어쩌면 미완으로 끝났을 그의 생애를 조리 있게 표현하는 데에 집필 과정 자체가 중요한 요소라는 낌새를 갖기 시작한다.[4] 그의 저작들은 역사가 말해주지 못하는 부분의 뜻을 통하게 하면서 서로 연결시킬 뿐만 아니라 그의 인생 여정 중 덧없이 지나가는 사소한 것들을 놓치지 않고 신성하게 만든다. 단편적인 글들이 그의 삶을 잘 기록하고 찬미하고 있다. - 편지, 시(詩), 논문, 설교들 - 이들 각각은 "옥중서신과 같은 인간의 다른 멜로디가 대위선율을 제공해 주는 일종의 정선율(定旋律, cantus firmus)"에 맞추어 연주되는 음표라 할 수 있다. (『옥중서신』[LPP] 303) 그것은 전체를 하나의 의미 있는 통일성으로 부양하고 떠받치고 세우는 움직임이지만 지속하는 기반이다.

영문판 『디트리히 본회퍼 전집』(DBWE)의 영역을 위해 사용된 기초 텍스트인 『디트리히 본회퍼 전집』(DBW) 16권은 두 부문으로 되어있다. 처음 여덟 권은 본회퍼 생전에 나온 독립적인 책들을 출판한 것이거나(DBW I-V) 제2차 세계대전 이후 사후 출판된 작품들(DBW VI-VIII)을 포함하고 있다. 『성도의 교제』(Sanctorum Communio, DBW I, 영문판은 이 제목을 다르게 번역하지 않고 그대로 사용했다)와 『행위와 존재』(Akt und Sein, DBW II, Act and Being, DBWE II)는 베를린대학에 제출한 본회퍼의 두 편의 학술적인 논문들이다. 『창조와 타락』(Schöpfung und Fall, DBW III, Creation and Fall, DBWE III)은 본래 1932-1933년 행한 강의 시리즈였다. 『나를 따르라』(Nachfolge, DBW IV, 전에는 The Cost of Discipleship이라고 번역되었지만 새로운 영어판[DBWE IV]에서는

---

4) W. W. Floyd, Jr, 'Style and the Critique of Metaphysics: The Letter as Form in Bonhoeffer and Adorno', in *Theology and the Practice of Responsibility*, ed. W. W. Floyd, Jr and C. Marsh (Valley Forge: Trinity Press International, 1994).

Discipleship이라고 번역되었다)와『신도의 공동생활』(Gemeinsames Leben, DBW V,『성서의 기도서』[Das Gebetbuch der Bibel, The Prayerbook of the Bible]과 함께 Life Together로 출판되었다[DBWE V])는 핑켄발데에 있던 고백교회의 신학교를 지도한 열매로 나온 것이다.『윤리학』(Ethik, DBW VI, Ethics, DBWE VI),『테겔로부터의 단편들』(Fragmente aus Tegel, DBW VII, Fiction from Tegel Prison, DBWE VII) 그리고『저항과 순종』(Widerstand und Ergebung, DBW VIII, Letters and Papers from Prison, DBWE VIII)은 모두 본회퍼가 죽은 당시 단편으로 남아 출판되지 않은 상태로 있던 글들을 에버하르트 베트게(Eberhard Bethge)가 재구성한 것들이다.

제9권에서 제16권까지는 연대기 순으로 배열되었다.『청년과 연구: 1918-1927』(Jugend und Studium: 1918-1927, DBW IX, The Young Bonhoeffer: 1918-1927, DBWE IX),『바르셀로나, 베를린, 미국: 1928-1931』(Barcelona, Berlin, Amerika: 1928-1931, DBW X, Barcelona, Berlin, New York: 1928-1931, DBWE X),『외쿠메네, 대학, 목회: 1931-1932』(Ökumene, Universität, Pfarramt: 1931-1932, DBW XI, Ecumenical, Academic and Pastoral Works: 1931-1932, DBWE XI),『베를린: 1933』(Berlin: 1933, DBW XII, 영어로도 같은 제목, DBWE XII),『런던: 1933-1935』(London: 1933-1935, DBW XIII, 영어로도 같은 제목, DBWE XIII)은 학창시절로부터 시작하여 베를린대학에서의 짧은 교수기간을 거쳐 런던에 있는 독일어를 사용하는 두 교구에서의 목회에 이르기까지를 다룬다. 그 다음『불법적인 신학교육: 1935-1937』(Illegale Theologenbildung: 1935-1937, DBW XIV, Theological Education at Finkenwalde: 1935-1937, DBWE XIV)『불법적인 신학교육: 1937-1940』(Illegale Theologenbildung: 1937-1940, DBW XV, Theological Education Underground: 1937-1940, DBWE XV)은 런던으로부터 칭스트(Zingst)를 거쳐 핑켄발데(Finkelwalde)로 옮겨 게슈타포에 의해서

신학교가 폐쇄되는 시기에 이르기까지 집단적인 목회를 통한 본회퍼의 신학교육에의 지속적인 참여의 길을 따라간다. 『공모와 투옥: 1940-1945』(Konspiration und Haft: 1940-1945, DBW XVI, Conspiracy and Imprisonment: 1940-1945, DBWE XVI)은 플로센뷔르크에서 죽음에 이르기까지 본회퍼가 가담한 정치적 공모에 관한 이야기이다. 마지막 권은 『색인』(DBW XVII)을 담은 것이다.

## 신학자의 형성

남아 있는 본회퍼의 초기와 말기의 글들은 가족과 친구들에게 보낸 편지들이다. 『청년과 연구: 1918-1927』[5] (Jugend und Studium: 1918-1927, DBW IX)는 수백 편 이상의 글을 포함하고 있다. 이를 통하여 우리는 본회퍼의 형성기를 관찰할 수 있다. - 1923~1924년 튀빙겐(Tübingen)대학의 학생기간(DBW IX: 49-81), 1924년의 이탈리아 연구 여행기간(DBW IX: 81-136) 그리고 1924년부터 1927년까지 베를린대학의 학생기간(DBW IX: 137-189).

본회퍼 생애에 있어서 베를린은 중심적인 역할을 하고 있다. 그는 그곳에서 살았고, 대학을 다녔으며, 그의 학자의 삶을 시작했다. 남아 있는 그의 최초의 논문은 하르낙(Harnack)의 제자로 19살 대학생 때 쓴 「제1클레멘스 서(書)에 나타난 유대교적 요소」(Das jüdische Element in ersten Clemensbrief, DBW IX: 220-271)이다. 그는 칼 홀(Karl Holl)

---

5) Ed. Hans Pfeifer, with Clifford Green and Carl-Jürgen Kaltenborn (Munich: Chr. Kaiser Verlag, 1986). *DBWE* IX: *The Young Bonhoeffer*: 1918-1927, ed. Paul Matheny, trans. Mary Nebelsick (Minneapolis: Fortress Press, 근간 2000).

의 세미나를 수강하며「인생의 말년 자신의 활동에 대한 루터의 감정」(Luthers Stimmungen gegenüber seinem Werk in seinen letzten Lebensjahr, DBW IX: 271-305)에 대한 논문을 썼다. 라인홀트 제베르크(Reinhold Seeberg)의 조직신학 세미나에서 본회퍼는「성서의 역사적 해석과 영적인 해석을 구분할 수 있는가?」(Läßt sich eine historische und pnuematische Auslegung der Schrift unterscheiden … ?, DBW IX: 305-323)라는 글을 남긴다. 이 글을 쓰면서 본회퍼는 신학자로서 성서 본문에 접근하는 방식을 놓고 매우 고심하고 있는 것을 볼 수 있다. 마치 그가 베를린 대학에 등록하기 직전에 알게 된 칼 바르트가 그랬던 것처럼. 그리고『행위와 존재』(Act and Being, DBWE II)의 주제를 예언하는 듯이, 본회퍼는「옛 루터교회 교의학에 있어서의 이성과 계시」(Vernunft und Offenbarung in der altlutherischen Dogmatik, DBW IX: 325-335)를 쓴다.

본회퍼는 그의 박사학위논문인『성도의 교제』의 길을 여는 논문으로, 1926년 제베르크의 세미나에서「교회와 종말론 또는 교회와 하나님의 나라」(Kirche und Eschatologie [oder: Kirche und Reich Gottes], DBW IX: 336-354)와「죽음 이후의 삶과 마지막 것들에 관한 옛 프로테스탄트 교의학의 가르침」(Die Lehre der altprotestantischen Dogmatik vom Leben nach dem Tode und den letzten Dingen, DBW IX: 430-440)을 쓴다. 본회퍼는 칼 홀의 세미나에서「성령에 대한 루터의 관점」(Luthers Anschauungen vom Heiligen Geist, DBW IX: 355-410)을 쓴다. 그리고 1926년 5월 7일 하르낙의 75회 생일 축하를 위해「원시기독교에서[요한에게서]의 "기쁨"」("Freude" im Urchristentum [bei Johannes], DBW IX: 412-430)에 관한 논문을 쓴다. 성서학에 대한 본회퍼의 관심은 성서 해석 문제를 놓고 바르트와 대화를 계속하게 된「요한복음 15장과 바울」(Das 15. Kapitel des Johannesevangeliums und Paulus, DBW IX: 441-452)에서 뿐만 아

니라 유대인 성서와 기독교의 신약성서 사이의 관계에 대한 본회퍼의 발전된 이해를 보여주는 「욥기에 나타난 고난의 문제에 대한 다양한 해결책」(Die verschiedenen Lösungen des Leidensproblems bei Hiob, DBW IX: 452-473)이라는 논문에서도 분명하게 나타난다.

신학자 본회퍼는 또한 교회에서 설교하는 법과 가르치는 법을 배워가는 형성 중인 목회자(pastor-in-formation)였다. 그 증거로 실천신학 세미나에서 1925/1926년 겨울학기에 쓴 설교와 연설문들(DBW IX: 485-516)과 1926년 여름학기에 설교학과 교리문답 세미나에서 쓴 글들(DBW IX: 517-549)을 들 수 있다. 그는 1926년과 1927년 누가복음과 시편, 예레미야와 요한복음을 기초로 하여 어린이 예배를 위한 글(DBW IX: 550-577)을 쓰고 있었다. 하지만 이러한 실천 분야에 대한 관심은 조직신학 연구에 대한 본회퍼의 첫 지속적 시도에 곧 자리를 내어 주게 된다. – 더 적절히 표현하자면 그 시도가 보태졌다고 해야할까. …


## 성도의 교제 : 그리스도와 인간의 사회성

본회퍼는 신학교수 자격을 위한 박사학위논문으로 "절반은 역사적이며, 절반은 조직적인 … 종교적 공동체라는 주제"를 선택했다(DBW IX: 156). 『성도의 교제: 교회의 사회학에 대한 교의학적 연구』(Sanctorum Communio: Eine dogmatische Untersuchung zur Soziologie der Kirche,[6] DBW I)는 1927년 완성되었지만, 1930년 9월에 가서야 출판되

---

6) Ed. Joachim von Soosten (Munich: Chr. Kaiser Verlag, 1986); *DBWE* I: *Sanctorum Com-*

었다. 이 논문에서 본회퍼는 하르낙과 같은 자유주의적 스승들과는 거리를 두면서 조직신학자인 제베르크와 루터 학자인 홀에게 더욱 가까이 갔다. 여기에서 우리는 처음으로 본회퍼신학 전체의 주요 모티프를 발견하는데, 그것은 "그리스도와 인간의 사회성"이다.[7] 본회퍼에게 있어서 인간 자신들 – 특히 교회에서 – 과 신인(神人)이신 그리스도 예수는 그들의 본질적인 관계성, 즉 그들의 "사회성"의 모형에서만 이해될 수 있는 사회적인 존재로서 이해된다.

본회퍼의 박사학위논문은 플라톤, 아리스토텔레스, 토마스 홉스, 헤겔과 막스 쉘러의 사회철학만을 다룰 뿐만 아니라, 특히 막스 베버, 에밀 뒤르켐, 테오도르 리트, 게오르크 짐멜, 알프레트 피어칸트, 페르디난트 퇴니스의 사회 이론적인 저작들을 다룬다. 본회퍼는 분명 자아(self)와 타자(other)의 인격주의 철학의 사회적 모델의 영향을 받았지만, 모든 이분법을 극복하기 위해 이성의 힘을 자유롭게 풀어 놓았다는 독일 관념론의 무언의 주장의 숨김없는 거부에 매력을 느꼈다.

그렇지만 『성도의 교제』는 심오한 신학적 작품으로 남게 된다. 왜냐하면 교회의 사회성이란 본회퍼가 성육신하고 십자가에 달리신 그리스도의 대리(代理, Stellvertretung) 또는 "희생적인 대리 행동"이라고 일컫는 것에 의해 정의되기 때문이다.(DBW I: 75, 91ff., 121ff., 125, 166, 260, 262)[8] 많은 독자들은 그의 『윤리학』(Ethik, DBW VI: 234, 256–

---

*munio: A Theological Study of the Sociology of the Church*, ed. Clifford J. Green, trans. Reinhard Krauss and Nancy Lukens (Minneapolis: Fortress, 근간, 1998)

7) C. Green, *The Sociality of Christ and Humanity: Dietrich Bonhoeffer's Early Theology*, 1927-1933 (Missoula: Scholars Press, 1975)을 보라.

8) 또한 'Das Wesen der Kirche' (*DBW* XI: 239-303) ('The Essence of the Church')도 보라.

258, 289, 392-393, 408)에서 처음으로 대리라는 말을 마주치고, 이것이 그의 초기 신학의 표현이라기보다는 후기 신학의 표현이라고 생각한다. 그러나 본회퍼가 교회는 그 사회성"이며"(is), - 그 공동체는 그가 나중에 감옥에서 표현한 바와 같이 "타자를 위해서 존재하는" 교회 공동체(LPP 382)라는 그의 확신에 평생 동안 몰두하기 시작한 때는 바로『성도의 교제』를 쓸 때부터이다. 구속받은 인간의 집단적 인격인 그리스도(DBW I: 48, 65ff., 71, 74ff., 91, 93, 128, 146, 179, 194ff., 210, 229, 244, 260, 298)는 본질상 교회에 근거를 부여하는 실재이다. 이러한 의미에서, 본회퍼는 헤겔의 말을 모방하여 교회는 "교회 공동체로서 존재하는 그리스도"라고 말할 수 있었다.(DBW I: 76, 87, 126ff., 133f., 139, 142, 144f., 159, 180, 198, 258f., 295; 참조 DBW XI: 269, 271f.)

## 첫 번째 막간 : 바르셀로나

본회퍼는 1928년 2월부터 1929년 2월까지 바르셀로나에서 독일어를 사용하는 개신교회의 목사후보생, 곧 비카(vicar)로서 보냈다.『바르셀로나, 베를린, 미국: 1928-1931』(Barcelona, Berlin, Amerika: 1928-1931,[9] DBW X)의 첫 장은 이러한 형성기를 연대기 순으로 기록하고 있는데, 그는 여기에서 『성도의 교제』의 원대한 비전과 바르셀로나에서의 경험적인 부르주아 프로테스탄트 공동체 사이의 넘을 수 없는 깊은 골에 직면했음에 의심할 여지가 없다.

---

9) Ed. Reinhart Staats and Hans Christoph von Hase, together with Holger Roggelin and Matthias Wünsche (Munich: Chr. Kaiser Verlag, 1991). *DBWE* X: *Barcelona, Berlin, New York*: 1928-1931 (Minneapolis: Fortress Press, 근간).

바르셀로나에서 그는 부모님, 하르낙, 제베르크에게 보내는 편지를 쓴다. 그가 바르셀로나에 체류하면서 남긴 것은 세 편의 연설과 강의이다. 「예언자 운동의 비극과 그 지속적인 의미」(Die Tragödie des Prophetentums und ihr bleibender Sinn), 「예수 그리스도와 기독교의 본질에 관하여」(Jesus Christus und vom Wesen des Christentums), 「기독교 윤리학의 근본 문제」(Grundfragen einer christlichen Ethik, DBW X: 285-302, 302-322, 323-345). 그는 1920년 후반기의 국제 경제위기와 그로 인한 유럽에서의 사회적 혼돈에 대해 점차 의식하면서 이렇게 논평했다.

"순식간에 그리고 아무런 경고도 없이, 우리 발아래의 땅, 아니 우리 발아래 부르주아의 융단이 당겨나가기 시작했다. 이제는 우리가 서야 할 굳건한 땅을 찾는 것이 문제이다."(DBW X: 285-286)[10]

본회퍼는 바르셀로나에서 무엇보다도 목사가 되가는 것을 배우고 있었다. 거의 스무 가지에 이르는 사례가 우리에게 설교자 본회퍼의 모습을 보여준다.(DBW X: 453-548) 성육신에 관한 성구들이 강력하게 『성도의 교제』에 다시 귀를 기울이고, 『나를 따르라』의 부르심과 응답이라는 주제는 물론 「그리스도론」 강의를 향해 나아갈 방향을 지목한다. 본회퍼는 설교한다. "하나님은 인간의 형체를 입고 우리 가운데서 배회하신다. 그리고 우리의 길을 방해하는 사람들(그들은 낯선 자, 거지, 병자, 일상생활에서 우리에게 가장 가까이 있는 자일지도 모른

---

10) 그는 "기독교윤리학의 근본문제"에서 "땅," "지반이 없음"이라는 은유를 사용한다 (*DBW X*: 344-5). 그리고 15년 후에 『저항과 순종』(*Widerstand und Ergebung*), 즉 『옥중서신』(*Letters and Papers from Prison*)에 실린 "10년 이후"(After Ten Years)라는 글에서 그 은유를 다시 사용한다.

다)의 모습으로 우리에게 말씀해 오신다"(DBW X: 472-473).[11] 이듬해 본회퍼가 베를린으로 돌아왔을 때 그의 관심을 사로잡은 것은 바로 계시의 신학적 범주인 하나님과의 만남이라는 주제였다.

## 행위와 존재 : 계시의 철학적 신학

1929년 바르셀로나에서 베를린으로 돌아온 본회퍼는 그의 교수 자격논문인 『행위와 존재: 조직신학에 있어서의 초월철학과 존재론』(Akt und Sein: Transzendentalphilosophie und Ontologie in der systematischen Theologie)[12] (DBW II)에 대한 저술을 시작한다. 그의 저술 과정은 "바르셀로나, 베를린, 아메리카"(DBW X: 346-349)에 연대기로 기록되어 있다. 여기에 포함된 내용으로는 하르낙으로부터 받은 마지막 편지, 미국에서 박사 이후 과정의 준비를 위한 논의 그리고 그의 두 번째 신학적 연구와 관련된 서신과 기록들이 있다. 또한 1930년 6월 하르낙의 추도식에서 그가 낭독한 추도문도 포함되어 있다.

그러나 『행위와 존재』의 저술은 바르셀로나와 뉴욕에서 지낸 18개월의 대부분의 시간을 차지했다. 이 작품은 "자기 안에 굽은 마음(cor cursum in se) 안에 들어 앉아 하나님의 계시와 이웃과의 만남에 마음을 열지 않는 인간의 죄성의 기원에 관한 종교개혁 전통

---

11) Translation from G. B. Kelly and F. B. Nelson, *A Testament to Freedom*: *The Essential Writings of Dietrich Bonhoeffer*, revised edition (San Francisco: Harper-Collins, 1990), p. 8.

12) Ed. Hans-Richard Reuter (Munich: Chr. Kaiser Verlag, 1988); *DBWE* II: ed. Wayne Whitson Floyd, Jr, trans. H. Martin Rumscheidt, *Act and Being*: *Transcendental Philosophy and Ontology in Systematic Theology* (Minneapolis: Fortress Press, 1996).

의 통찰에서 나온 일종의 의식의 신학"(theology of consciousness)이
다.[13](DBWE II: 7) 본회퍼는 루터의 『갈라디아서 주석』과 하이데거
의 『존재와 시간』과 같은 다양한 자료들을 원용하면서, 지식 과정의
도덕적 성격, 진정한 타자성의 가능성에 대한 통제와 능력의 문제
를 탐구했다. 이러한 이유로 본회퍼는 『행위와 존재』에서 이렇게 쓰
고 있다. "계시 개념은 인식론에 … 양보해야 한다."(DBWE II: 31) 이
과정에서 『성도의 교제』에 나오는 대리(Stellvertretung)와 같은 개념
들은 더욱 굳건한 철학적이며 신학적 기초를 갖추게 된다.(DBWE II:
87, 120) 그리고 "공동체로서 존재하는 그리스도"와 같은 말은 그의
계시신학에서 사회성에 대한 본회퍼의 헌신과 비판적 합리성에 대
한 그의 헌신 사이의 내적 연관을 보여주기 위하여 사용된다.(DBWE
II: 111, 112, 115)

본회퍼는 다양한 청중을 위해 『행위와 존재』를 해석하면서 그 해
석을 지켜볼 세 번의 기회를 우리에게 남겨주었다. 그 첫 번째는
1930년 7월 31일 베를린대학에서의 첫 강의, 「현대의 철학과 신학
에서의 인간에 대한 문제」(Die Frage nach dem Menschen in der gegenwär-
tigen Philosophie und Theologie, DBW X: 357-378)이다. 두 번째는 1931년
유니온 신학대학에서 영어로 준비한 강의, 「위기신학 및 철학과 학
문에 대한 위기신학의 태도」(The Theology of Crisis and its Attitude toward
Philosophy and Science, DBW X: 434-449)이다. 이 강의에서 본회퍼는 칼
바르트의 변증법적 신학과의 긴밀한 협연 아래 그의 사상을 제시한

---

13) *DBWE* II, 'Editor's Introduction to the English Edition' (pp. 1-24)과 'Editor's Afterword to
the German Edition' (pp. 162-183)을 보라. 또한 W. W. Floyd, Jr, *Theology and the Dia-
lectics of Otherness: On Reading Bonhoeffer and Adorno* (Baltimore: University Press of
America, 1988)도 보라.

다. 세 번째는 역시 1931년 영어로 쓰인 것으로 「하나님에 대한 기독교적 사상에 관하여」(Concerning the Christian Idea of God, DBW X: 423-433)이다.

## 두 번째 막간 : 유니온 신학대학, 뉴욕

경제대공황 기간 중 1년 동안, 본회퍼는 슬로언 장학생으로 1930년 뉴욕 유니온 신학대학로 유학을 떠났다. 『바르셀로나, 베를린, 미국: 1928-1931』(Barcelona, Berlin, Amerika: 1928-1931, DBW X)은 제1차 세계대전에서 독일이 패전한 직후 독일인이 미국에서 공부하면서 겪는 거북함을 잘 보여주지만(DBW X: 381-388) 또한 미래의 갈등을 피하도록 도움을 주려는 그의 결단도 잘 보여준다.(DBW X: 389-390) 하지만 그는 항상 그렇게 외교적이지는 못했다. 그는 미국 자유주의 프로테스탄티즘과 처음 조우하면서 1930년 12월 보낸 편지에서 다음과 같은 결론을 내리고 있다. "여기에는 신학이 없다."(DBW X: 220) 그러나 그가 유니온 신학대학에 머무는 동안에 쓴 다른 편지들(DBW X: 197-262)은 물론, 그가 독일로 돌아와서 발표한 두 보고서(DBW X: 262-282)에서 본회퍼는 유니온 신학대학에 대한 부정적 평가에도 불구하고, 뉴욕 시(市)에서의 신학연구가 좋은 공부가 되었음을 분명히 말하고 있다.

엘리트이며 학자였던 그는 전쟁 문학, "흑인 문학", 입센(Ibsen), 버나드 쇼(Bernard Shaw), 싱클레어 루이스(Sinclair Lewis), 데오도어 드라이저(Theodor Dreiser), 루드비히 루이슨(Ludwig Lewisohn) 등의 작품에 대해서도 글을 썼다(DBW X: 390-398). 해리 워드(Harry Ward)는 그의 윤리학 수업에서 본회퍼에게 "위커샴의 금주법에 관한 보고서"(The

Wickersham Report on Prohibition), "불길한 금요일", 미국에서의 은행 상황, 머슬 숄즈 강(* the Muscle Shoals, 앨러배머 주 서남부 테네시 강의 급류)에서의 수력발전 프로젝트에 관한 독서 보고를 하게 했다.(DBW X:390-403) 여기에는 윌리엄 제임스(William James)에 관한 짧은 논문인 「종교적 경험의 다양성」(Variety of Religious Experience)과 라인홀드 니버(Reinhold Niebuhr)를 위한 두 편의 논문, 「종교적 결정론의 성격과 윤리적 귀결」(Character and Ethical Consequences of Religious Determinism)과 「은총의 종교적 경험과 윤리적 삶」(The Religious Experience of Grace and the Ethical Life)이 포함되어 있다 (DBW X: 408-423).

1931년 7월 독일로 돌아온 본회퍼는 적극적인 윤리적 책임에 대한 교회의 요구뿐만 아니라 매우 다른 학문적 - 급격하게 변화된 정치, 사회, 경제적 - 환경에 직면하게 되었다. 아마도 이러한 것들은 본회퍼가 나중에 1944년 4월 22일자의 편지에서 베트게에게 언급한 "외국에서 느낀 첫 번째 인상들"이었을 것이다. - 본회퍼는 이에 대해 간단명료하게 말했다. "나는 말장난에서 현실로 눈을 돌렸다."(LPP 275)

## 베를린 — 에큐메니스트, 학자, 목사

『외쿠메네, 대학, 목회: 1931-1932』(Ökumene, Universität, Pfarramt: 1931-1932)[14] (DBW XI)는 독일에서의 절박한 사회적, 문화적 위기

---

14) Ed. Eberhard Amelung and Christoph Strohm (Gütersloh: Chr. Kaiser/Gütersloher Verlagshaus, 1994). *DBWE XI: Ecumenical, Academic and Pastoral Works: 1931-1932,* ed. Michael Lukens, trans. Nicolas Humphrey (Minneapolis: Fortress Press, 근간, 2003)

의 시대에 쓴 글이다. 14편의 설교와 예배에 관한 글들(DBW XI: 377-466)이 거의 백여 통에 달하는 편지들(DBW XI: 13-122)과 함께 수록되어 있다.

1931년 7월 본회퍼는 본(Bonn)에서 칼 바르트와 처음으로 감격스런 만남을 가진 후, 다음 달 베를린신학대학 교수진에 합류했고, 두 달 후에는 『행위와 존재』의 출판을 보게 되었다. 그는 또한 에큐메니칼 운동에 공식적으로 참가를 시작했다. 그로 인해 그는 반(反)히틀러 공모에 가담할 인사들과 접촉할 기회를 갖게 되었다. 본회퍼는 '교회를 통한 국제친선 도모를 위한 세계연맹'(World Alliance) 회의에 참석하기 위해 영국으로 갔다. - 그는 후에 영향력 있는 몇몇 회원들의 민족주의로 인해 국제친선 도모가 비효율화하는 것을 보게 되었다 - 이어 베를린-샤로텐부르크(Berlin-Charottenburg)에서 에큐메니칼 청년활동을 위한 중간지점 회의가 열렸다.(참조. DBW XI: 125-138)

1931/1932년 겨울학기에 본회퍼는 일련의 강좌를 시작했다. 첫 번째 강의는 「20세기 조직신학의 역사」(Die Geschichte der systematischen Theologie des 20. Jahrhunderts, DBW XI: 139-214)였다. 1931년 11월 15일, 목사 안수를 받은 그는 샤로텐부르크(Berlin-Charottenburg) 소재 공과대학에서 시무하기 시작하여 1933년까지 봉사했다.(DBW XI: 215-228). 그리고 그곳에서 친구 프란츠 힐데브란트(Franz Hildebrandt)와 공동으로 「루터교회 교리문답의 시도」(Versuch eines lutherischen Kathechismus, DBW XI: 228-237)를 작성하였다. 힐데브란트는 후에 모친이 유대인 혈통이라는 이유로 이민을 가지 않을 수 없었다.

1932년 여름 본회퍼는 「기독교 윤리학이 존재하는가?」(Gibt es eine christliche Ethik?, DBW XI: 303-13)와 「교회의 본질」(Das Wesen der Kirche, DBW XI: 239-303)이라는 두 세미나를 개설하여 『성도의 교제』와 『행

위와 존재』의 주제인 "계시의 자리로서의 교회 공동체"에 대해 가르쳤다. 그러나 이제는 세상 "안에서" 또는 교회 "안에서" 그리스도에 관하여 말하는 것만으로는 충분하지가 않다. 우리는 세상의 변경(periphery)이 아니라 세상 현실의 중심에 존재하는 교회 자체에 대해서도 말할 수 있어야 한다.(DBW XI: 250) "중심"이라는 은유는 이듬해 그가 행한 「창조와 죄」(Schöpfung und Sünde) 및 「그리스도론」(Christologie) 강의에서 시작하여 "경계가 아닌 중심에서 … 변경이 아닌 … 마을의 한복판에서 하나님에 관하여 말해야 하는" 교회의 필요성에 대한 감옥에서의 인식에 이르기까지 본회퍼에게 끝까지 남게 되는 개념이다.(LPP 282; 참조. 312, 318, 337) 왜냐하면 교회는 "교회-공동체로서 존재하는 그리스도"(DBW XI: 271), "인류의 대리자"(Stellvertreter)이신 그리스도의 공동체(DBW XI: 266)라고 일컬어지기 때문이다. "교회가 세상 앞에서 해야 할 신앙고백의 첫 번째 형태는 … 그 행위이다."(DBW XI: 285; 참조. LPP 300)

1932년의 수많은 보고서들이 '교회를 통한 국제친선도모를 위한 세계연맹'과 에큐메니칼 청년활동을 위한 중간지점에서의 본회퍼의 활동에 대해 상술하고 있다.(DBW XI: 314-327, 344-366) 4월 회의에 관한 보고서에서 본회퍼는 역사적으로 변할 수 있는 현실적인 것들의 우상들을 만드는 것을 거부하면서 "창조의 질서"(orders of creation) 대신 "보존의 질서"(orders of preservation)만을 말할 것을 제안한다.[15](DBW XI: 327-344) 본회퍼는 「세계연맹활동의 신학적 근거에 대하여」(Zur Begründung der Weltbundarbeit, DBW XI: 317-327)라는 논문에

---

15) W. W. Floyd, Jr, 'The Search for an Ethical Sacramental: From Bonhoeffer to Critical Social Theory', *Modern Theology*, 7, 2 (January 1991), 175-193.

서 "질서"에 관한 어떤 이야기도 하나님의 "보존의 질서"에 대해서 말해야 한다고 간결하게 주장한다. 왜냐하면 그들 가운데 어떤 것도 - 민족이나 혈통이나 토양이나 심지어는 평화까지도 - 모든 시대를 위해 고정된 것으로서 이해될 수 없기 때문이다. 왜냐하면 이 각각의 것들이 하나님의 보존 활동을 세상에 드러내는 수단이 되지 못하고 장애물이 된다면 그것은 해체될 수 있고, 또 해체되어야 하기 때문이다.(DBW XI: 337)

『베를린: 1933』(Berlin: 1933)[16](DBW XII)은 1932년 말에 쓴 본회퍼의 편지들로부터 시작하는데, 대부분은 에큐메니칼 활동과 관련된 것들이다. 그러나 거기에는 안네리제 슈누어만(Anneliese Schnurmann)과 같은 친구들의 편지들도 있다. 그녀는 1933년 초 유대교 배경 때문에 독일을 떠나야 했다. 그리고 거기에는 1932년 크리스마스 이브에 칼 바르트에게 보낸 본회퍼의 (잔존하는 최초의) 편지와 히틀러가 독일의 수상이 된 다음 주에 라인홀드 니버(Reinhold Niebuhr)에게 보낸 편지가 있다.

1932/1933년 겨울학기 중에 그는 「새로운 조직신학 작품들에 대한 언급과 만남」(Besprechung und Diskussion systematisch-theologischer Neu-erscheinungen)과 「"신학적 심리학"에 대한 교의학적 연습」(Dogmatische Übungen "Theologische Psychologie")을 진행하고 있었다. 그는 로베르트 엘케(Robert Jelke)의 『이성과 계시』(Vernunft und Offenbarung)에 대한 서평과 칼 하임(Karl Heim)의 『신앙과 사고』(Glauben und Denken)에 관한

16) Ed. Carsten Nicolaisen and Ernst-Albert Scharffenorth (Gütersloh: Chr. Kaiser/ Gütersloher Verlagshaus, 1997). *DBWE* X: *Berlin: 1933*, ed. Philip D. W. Krey, trans. Peter D. S. Krey (Minneapolis: Fortress Press, 근간, 2002). *Berlin: 1933 (DBW X)*은 아직 출판되지 않았다. 출판되지 않은 초고는 이 장을 위해서 한스 파이퍼(Hans Pfeifer) 박사가 제공해 주었다.

짧은 논문을 썼다. 그는 「주의 나라가 임하옵소서! 지상의 하나님의 나라를 위한 공동체의 기도」(Dein Reich komme!: Das Gebet der Gemeinde um Gottes Reich auf Erden)와 같은 강력한 설교를 전했으며, 1932년 11월과 1933년 7월 사이에 6편의 다른 설교를 했다.

그러나 그의 관심의 중심은 분명히 「창조와 죄: 창세기 1-3장에 대한 신학적 해석」(Schöpfung und Sünde: Theologische Auslegung von Genesis 1-3)이라는 강좌에 있었다. 그 강좌로부터 그의 책 『창조와 타락』(Schöpfung und Fall,[17] DBW III)이 나왔다. 「창조와 죄: 창세기 1-3장에 대한 신학적 해석」이라는 제목을 사용한 이유는 엠마누엘 히르쉬(Emmanuel Hirsch)의 1931년의 책 『창조와 죄』(Schöpfung und Sünde)와 혼동을 피하기 위해서였다. 『창조와 타락』은 본회퍼가 베를린에서 강의한 내용의 전체가 보존된 유일한 강좌이다.[18] 이 책이 갖는 함축적인 의미는 심오하다. 독일 그리스도인들이 점차 구약성서에 대한 마르키온적 배격을 촉구하던 당시에, 본회퍼는 『창조와 타락』에서 기독교가 유대교적 근원으로 돌아가는 길을 보여주고 있다.

경계와 중심이라는 개념은 그의 해석을 위한 주도적인 은유이다. 하나님은 피조물 서로와 하나님과의 관계 속에서의 자유(freedom-in-relation) 안에서,(DBW III: 64) 피조물의 자유 안에서 인간을 창조하시면서,(DBW III: 62ff.) 인간과 세상의 중심으로 오신다.(DBW III: 31) 하나님의 형상(imago dei)이란 이러한 관계성 "이며"(is) - 피조성(creatureliness)의 사회성(sociality)이다. 그것은 일종의 관계 유비

---

17) Ed. Martin Rüter and Ilse Tödt (Munich: Chr. Kaiser Verlag, 1989); *DBWE* III: Creation and Fall, ed. John de Gruchy, trans. *Douglas Bax* (Minneapolis: Fortress Press, 1997).
18) *DBWE* III, "영어판에 붙이는 편집자의 서문"(pp. 1-17)과 "독일어 판에 붙이는 편집자 후기"(pp. 147-173)를 보라.

(analogia relationis)이다.(DBW III: 65f.) 하나님이 자신의 피조물과의 관계에서 자유로우시듯이, 피조물도 타자를 위해 자유롭게 창조되었다.(DBW III: 66) 이것은 모든 진정한 공동체의 근거이며 교회 자체의 근거이다.(DBW III: 99) 관계를 중심으로 하여 머무는 것은 삶을 나누는 것이다.(DBW III: 83) 관계의 경계를 범하는 것 - 자기 자신의 권력에 대한 주장으로 한계나 경계로서의 타자를 범하는 것 - 은 피조물이 되고자 하는 것이 아니라 하나님이 되고자 하는 갈망이다.(BW III: 112) 이러한 관계의 분열, 창조된 사회성의 상실을 정돈하는 하나님의 방식은 "보존의 질서"를 통해서 파괴된 세상을 보호하시는 것이다.(DBW III: 139-40)

『베를린: 1933』(Berlin: 1933, DBW XII)은 히틀러가 수상이 된 지 이틀만에 본회퍼가 「젊은 세대에 있어서의 지도자(총동)과 개인」(Der Führer und der Einzelne in der jungen Generation)이라는 라디오 연설을 행하는 것을 우리에게 보여준다. 그는 「유대인 문제 앞의 교회」(Die Kirche vor der Judenfrage)[19]에서 교회가 직접적인 정치적 행동을 취하도록 부르심을 받을 수 있다고 최초로 제안한다. 「교회에서의 아리안 조항」(Der Arier-Paragraph in der Kirche)에서 그는 유대인 출신의 구성원들에 대한 히틀러의 거절에 대해 교회가 어떻게 해야 하느냐를 고심하고 있다. 그는 마르틴 니묄러(Martin Niemöller)와 함께 목사 긴급동맹(Pfarrernotbund)을 결성하고, 「베델 신앙고백문」(DBW XII, Betheler Bekenntnis [Entwurf und Augustfassung]을 보라)을 작성한다. 그는 "교회란 무엇인가?"(Was ist Kirche?)와 "오늘날 신학생은 무엇을 해야 하는가?"(Was soll der Student der Theologie heute tun?')와 같은 문제들로 고심

---

19) Eberhard Bethge, 'Dietrich Bonhoeffer and the Jews', in *Ethical Responsibility: Bonhoeffer's Legacy to the Churches*, ed. John Godsey and Geffrey B. Kelly (New York: Edwin Mellen Press, 1981), pp. 46-96을 보라.

하고 있다.

그러나 이 사상가의 착잡한 마음은 다음과 같은 사실에서 가장 잘 엿볼 수 있다. 1933년 여름 독일 그리스도인들이 충격적으로 침해해 들어오자, 본회퍼는 어쩔 수 없이 교회가 프로테스탄트 종교개혁 이래로 최초의 신앙고백의 상황(status confessionis)에 도달했다고 생각하지 않을 수 없었다. 그때는 베를린대학에서의 마지막 학기로 본회퍼는 두 과정을 가르치고 있었다. 하나는「그리스도론」(Christologie) 강의 시리즈였고, 다른 하나는「헤겔」(G. W. F. Hegel)에 관한 세미나였다.[20]「그리스도론」강의 노트 중 2/3만이 남아있다.[21]『베를린: 1933』(DBW XII)에는 위 강의들과 유대인 문제와 아리안 조항에 관한 본회퍼의 글들이 함께 실렸다. 본회퍼의 성육신의「그리스도론」은 다시금 한계(limit)와 그리스도이신 중심(centre-who-is-Christ)이라는 은유에 호소한다. 여기에서 대리(Stellvertretung) 사상 - 희생적인 대리적 고난 또는 "낮아지심" - 은 제단 위에 십자가 대신 나치 독일의 만(卍)자 십자기장(swastikas)을 게시한 독일 그리스도인들의 승리주의에 도전한다. 10년 후 그는 같은 결론을 내린다. "오직 고난을 당하시는 하나님만이 도우실 수 있다."(Only the suffering God can help)(LPP 361)

---

20) *Dietrich Bonhoeffers Hegel-Seminar* 1933: *Nach den Aufzeichnungen von Ferenc Lehel*. *International Bonhoeffer Forum* 8, ed. Ilse Tödt (Munich: Chr. Kaiser Verlag, 1988).

21) 처음에는『그리스도론』(*Christology*)이라는 제목으로 출판되었다(London: Collins, 1966). 이 강의들은 미국에서『중심이신 그리스도』(*Christ the Centre*)라는 제목으로 출판되었다(New York: Harper & Row, 1966); Edwin H. Robertson에 의한 개정 번역판(London: Collins, 1978)이『중심이신 그리스도』로 등장했다(San Francisco: Harper & Row, 1978)

## 세 번째 막간 : 런던

1933년 10월 17일, 런던에 도착한 사람은 의심할 여지없이 지칠 대로 지치고 낙심해 보이는 27세의 청년이었다. 그는 두 독일인 교회의 목사로 부임한 것이다. 『런던: 1933-1935』(London: 1933-1935,[22]) DBW XIII)는 그의 갑작스런 환경 변화를 반영하고 있다. 학문적인 강의와 세미나는 완전히 사라지고, 20여 편 이상의 설교와 예배를 위한 글로 대치된다.(DBW XIII: 313-421) 그의 편지쓰기는 크게 늘어나서, 런던에 머문 시기에 쓴 것만 해도 2백여 통 이상 남아 있다.(DBW XIII: 11-288) 여기에는 가족이 디트리히에게 보낸 편지는 여러 통이 포함되었지만 그가 가족에게 보내는 편지는 놀랍게도 10통 미만뿐이다. 그 중에는 형, 칼-프리드리히에게 보낸 편지도 있다. 그 편지에서 그는 런던에 도착하여 자기를 찾아오려는 첫 번째 이주 독일인들의 열정에 대해 쓰고 있다. "대부분의 유대인들은 어디에선가 나를 아는 사람들이고 내게 무엇인가를 원하는 사람들이다."(DBW XIII: 75) 그가 독일인 목사였기 때문에, 그의 조국과 교회 투쟁은 그의 염두에서 떠나지 않았다. 그러한 사실은 니묄러에게 보낸 6통의 편지와 헨리오드(Henriod)나 펠리체(Félice)와 같은 에큐메니칼 운동에서 알게 된 동료들에게 보낸 편지에 잘 나타나 있다.

특히 영국 국교회의 치체스터 주교 조지 벨과 본회퍼가 1932년 제네바에서 만나서 나눈 대화가 새롭게 두드러져 보인다. 그들은

---

22) Ed. Hans Goedeking, Martin Heimbucher and Hans-Walter Schleicher (Gütersloh: Chr. Kaiser/Gütersloher Verlagshaus, 1994). *DBWE* XIII: *London: 1933-1935*, ed. Keith Clements, trans. Honor Alleyne, Sheila Brain and Kenneth Walker (Minneapolis: Fortress Press, 근간, 2001).

생일이 같았다.(* 벨은 1883년 2월 4일생이었다.) 더욱 중요한 것은, 본회퍼가 벨에게 보낸 20통의 편지와 벨이 답신으로 보낸 수많은 편지들이 증명하듯, 두 사람은 교회의 에큐메니칼 운동의 온전함을 위한 독일교회투쟁의 중요성에 대해 일치된 평가를 하였다는 점이다. 그러나 본회퍼에게 시급한 문제는 평화에의 위협이 교회에 미치는 영향이었다. 이는 덴마크 파뇌(Fanö)에서 열린 '교회들을 통한 국제친선도모를 위한 세계연맹'에 제출한 그의 논문에서 볼 수 있다. 「교회와 국가들의 세계」(Die Kirche und die Welt der Nationens, DBW XIII: 295-297)와 그의 연설문인 「교회와 세계의 민족들」(The Church and the Peoples of the World, DBW XIII: 302-305)은 그곳에 영어로 전달되었다. 그 논문에서 그는 이렇게 썼다. "시간이 너무 늦었다. 세계는 무기들로 가득 차 있다. 무서운 것은 모든 사람들의 눈에서 발산되는 불신이다. 전쟁의 나팔소리가 내일 울려 퍼질 것이다. 우리는 무엇을 기다리고 있는가?"(DBW XIII: 304)

본회퍼는 해답을 찾고 있었다. 벨은 본회퍼를 위하여 간디(Gandhi)에게 편지를 써(DBW XIII: 210), 1935년 처음 여러 달을 인도에서 보내려는 본회퍼의 의도를 그에게 전했다. 당시 감옥에 있던 간디가 감옥에서 나오게 되면 자신과 함께 기거해도 좋다고 초청하는 간디의 답신(DBW XIII: 213-214)도 포함되어 있다. 그러나 거기에는 바르트에게 보내는 세 통의 편지와 독일을 떠난 본회퍼를 책망하는 1933년 11월의 바르트의 다음과 같은 신랄한 답신도 있다. "교회 건물이 불타고 있다 … 다음 배를 타고 본국으로 가시오!"(DBW XIII: 33) 결국 간디의 초청이 아니라 바르트의 책망이 승리했다. 본회퍼는 결코 인도로 가지 못했다.

## 저항을 위한 형성 : 핑켄발데와 그 이후

칭스트(Zingst)에서 곧 핑켄발데(Finkenwalde)로 옮긴 고백교회의 신학교를 맡아달라는 초청은 본회퍼를 1935년 봄 본국으로 돌아오게 했다. 이 시기로부터 본회퍼가 지은 유명한 두 권의 책이 나온다: 『나를 따르라』[23] (Nachfolge, DBW IV)와 『신도의 공동생활』(Gemeinsames Leben, DBW V)이다. 본래 핑켄발데에서 학생들에게 행한 강의인 『나를 따르라』는 새 독일어 비평판에서는 본래의 형태대로 제자직과 교회 신학이라는 두 부분으로 짜여있다. 이 두 관심사는 공관복음서와 바울 저작에 제시된 것과 같다. "본회퍼는 고난받는 메시아인 예수를 따르는 것(공관복음서)이 주님이신 그리스도를 믿고 그에게 순종하는 것(바울)의 핵심이라는 것을 분명히 제시하고자 했다. 이러한 방식으로 그는 신학과 실천 양 분야 모두에서 값비싼 제자직으로부터 믿음에 의한 칭의를 분리시키려는 루터교회의 경향에 반대하려고 시도했다."[24]

『나를 따르라』는 공동체 내의 영성에 관한 본회퍼의 고전인 『신도의 공동생활』과 한 흐름 속에서 읽어야 한다. (『신도의 공동생활』은 『성서의 기도서』[Das Gebetbuch der Bibel]와 함께 출판되었다.) 『신도의 공동생활』(Gemeinsames Leben, DBW V)[25] 은 『나를 따르라』가 1937년 출판

---

23) Ed. Martin Kuske and Ilse Tödt (2nd edn, Gütersloh/Gütersloher Verlagshaus, 1989, 1994); *DBWE* IV: *Discipleship*, ed. Geffrey Kelly and John Godsey, trans. Reihard Krauss and Barbara Green (Minneapolis: Fortress Press, 근간, 2000).

24) J. de Gruchy, *Dietrich Bonhoeffer: Witness to Jesus Christ* (London: Collins, 1987), p. 25.

25) Ed. Gerhard Ludwig Müller and Abrecht Schönherr (Munich: Chr. Kaiser Verlag, 1987); *DBWE* V: *Life Together and The Prayerbook of the Bible*, ed. Geffrey B. Kelly, trans.

된 이후 1년 만에 집필된 것이었다. 그러나 두 책 사이에는 핑켄발데 신학교의 폐쇄와 더불어 나치즘에 반대하는 군사, 정치적 저항을 위한 본회퍼 자신의 최초의 접촉도 발생한다. 같은 해 히틀러 50회 생일 선물 명목으로 히틀러에 대한 독일 목사들의 불명예스러운 "충성맹세"가 이루어졌다. 독일이 서서히 전쟁에 빠져들자, 본회퍼의 쌍둥이 여동생과 그녀의 가족은 영국으로 도피하지 않을 수 없었다. 본회퍼는 그들이 두고 간 괴팅겐 집에서 핑켄발데 신학교의 학생이자 이제는 신망 있는 친구가 된 에버하르트 베트게(Eberhard Bethge)와 함께 『신도의 공동생활』을 썼다.

『신도의 공동생활』은 의심할 여지없이 본회퍼의 저작들 중 가장 쉽게 오해되고 가장 터무니 없게 남용된 책이다.[26] 그것은 세상으로부터의 수도원적 은둔이 아니다. 그것은 『나를 따르라』에 의해 요구된 값비싼 은총으로부터 등을 돌리는 것이 아니다. 오히려 그것은 의도를 가진 공동체 안에서의 실험에 관한 것이다. 『신도의 공동생활』은 그로부터 개인의 신앙과 삶이 경험되고 이해되는 상황으로서의 교회를 이해하는 함축적인 의미에 관한 것이다. 그것은 핑켄발데 시절의 리듬, 공동체 구성원들이 참여한 봉사의 다양한 은사의 발견, 그들이 개인적인 신앙고백이라는 사랑의 자비에 의해서 교육을 받고 성례전적 부활절 축제에 대한 기억에 의해서 유지된 방식들에 대해서 자세히 말한다.

『불법적인 신학교육: 핑켄발데 1935-1937』(Illegale Theologenausbil-

---

Daniel Bloesh and James Burtness (Minneapolis: Fortress Press, 1996).

26) *DBWE* V, "영어판에 붙이는 편집자 서문"과 "독일어 판에 붙이는 편집자 후기"를 보라.

dung: Finkenwalde 1935-1937, DBW XIV)[27]은 핑켄발데에서의 삶을 기록하는 잔존하는 모든 자료들을 모아놓은 것이다. 이 책은 문학 장르에 따라 세 부분으로 나뉜다. 각 부분은 다시 다섯 개의 장으로 나뉘는데 각 장마다 "과정" 또는 "반(班)"으로 구성된 학생들에게 가장 결정적인 사건들을 다루고 있다. (1) 칭스트에서의 신학교의 설립과 핑켄발데로의 이전 (2) 형제들의 집(Brothers' House)과 스웨덴 설교자 신학교(Preachers' Seminary) 방문 (3) 챔비(Chamby)에서의 개신교 선교회와 "생활과 실천" 회의 (4) 고백교회의 에큐메니칼 운동과의 단절 및 본회퍼의 『나를 따르라』에 대한 작업 (5) 『나를 따르라』의 완성과 핑켄발데 신학교의 폐쇄 및 형제들의 집의 종말.

거기에는 가족과 친구들, 니묄러와 바르트와 같은 학문적인 동료들 그리고 학생들(베트게에게 쓴 거의 12통에 이르는 편지가 포함되어 있다)과 나눈 150통 이상의 편지들이 있다. 우리는 「설교학 강의」(Vorlesungen über Homiletiks, DBW XIV: 428-527)에서 설교학에 대한 본회퍼의 접근방식과 수많은 설교, 명상, 성서연구 모범들을 보게 된다.(DBW XIV: 849-988) 계속해서 「교리문답 강의」(Vorlesung über Katechetik, DBW XIV: 530-534)는 그가 어떻게 교리문답의 과제에 접근했는지를 우리에게 보여준다. 그리고 우리는 1935년 7월 행한 「시편에 나타난 그리스도에 관한 강연」(Vortrag über Christus in den Psalmen, DBW XIV: 369-377)에서, 그의 1940년의 『성서의 기도서』(Das Gebetbuch der Bibel,

---

27) Ed. Otto Dudzus and Jürgen Henkys, together with Sabine Bobert-Stützel, Dirk Schulz and Ilse Tödt (Gütersloh: Chr. Kaiser/Gütersloher Verlagshaus, 1966). *DBWE* XIV: *Theological Education at Finkenwalde*: 1935-1937, ed. Gaylon Barker, trans. Fritz Wendt (Minneapolis: Fortress Press, 근간, 2003).

DBW V)에서 마침내 발표한 관점의 형성을 보게 된다.[28] 또한『신도의 공동생활』에서 답변하는 신앙고백과 주의 만찬에 대한 성찰들은 물론 - 본회퍼의「목회학 강의」(Vorlesung über Seelsorge, DBW XIV: 554-591)도 포함되어 있다. 전체적으로 본회퍼는 교회의 본질과 그 책임을 탐구하고 있는데,「신약성서에서의 가시적인 교회」(Sichtbare Kirche im Neuen Testament, DBW XIV: 422-435)와「신약성서에서의 공동체 건설과 공동체 훈련」(Gemeindeaufbau und Gemeindezucht im Neuen Testament, DBW XIV: 820-829)에 대한 그의 강의가 이를 분명하게 설명해 주고 있다.

이 결정적인 기간 본회퍼는 고백교회와 에큐메니칼 운동이 각기 상대방에게 가르칠 중요한 어떤 것을 가지고 있기를 바랐다. 처음에 그는 1935년 8월에 쓴「고백교회와 외쿠메네에 관한 논문」(Aufsatz über Bekennende Kirche und Ökumene, DBW XIV: 378-399)에 나타난 바와 같이 희망적이었다. 그러나 1936년 봄에 이르러 그의 논쟁적인 논문인「교회 공동체에 대한 질문」(Zur Frage nach der Kirchengemein-schaft, DBW XIV: 655-680)은 고백교회에 대한 본회퍼의 격분을 표현하고 있다. "교회 밖에는 구원이 없다"(Extra ecclesiam nulla salus)는 말은 이제 본회퍼에게 있어서 나치 독일의 상황에서 의식적으로 고백교회의 공동체와 관계를 끊는 자들은 모두 구원으로부터 벗어난다는 것을 의미한다.

『불법적인 신학교육: 지하의 신학교육 1935-1937』(Illegale Theolo-

---

28) 이전의 번역본은 James H. Burtness에 의해서 나타난 것이다(Minneapolis: Augsburg, 1970); and Sister Isabel Mary, SLG (Oxford: SLG Press, 1982).

genausbildung: Sammelvikariate 1935-1937, DBW XV)[29]은 핑켄발데 신학교의 폐쇄 직후의 이야기다. 이것은 본회퍼와 이전의 핑켄발데 신학교 학생들이 쾨슬린(Köslin), 슐라베(Schlawe, 나중에는 지구어즈호프[Sigurdshof]로 이전), 그로스-슐뢴비츠(Gross-Schlönwitz)에서 그들의 활동을 계속한 "집단적인 목사관"(collective pastorate)을 포함한다. 이 문서들의 일부가 이전에 영어로 『자유에 이르는 길: 편지, 강의, 노트, 1935-1939』(The Way to Freedom: Letters, Lectures and Notes, 1935-1939)와 『참된 애국주의: 편지, 강의, 노트, 1939-1945』(True Patriotism: Letters, Lectures and Notes, 1939-1945)라는 명문 선집으로 모습을 나타냈다.[30] 그러나 이 중요한 교회투쟁의 기간 중에 나온 본회퍼의 글들에 대한 완전한 원고를 전부 수집할 수 없게 되었다.

이 책은 "히틀러의 생일 선물로" 고백교회에 속한 수많은 목사들이 총통(Führer)에게 충성맹세를 하고 서명을 한 불명예스러운 기간의 이야기를 담고 있다. 이를 두고 베트게는 "교회투쟁의 가장 어두운 순간"이라고 일컬었다(『디트리히 본회퍼: 신학자, 그리스도인, 동시대인』[Dietrich Bonhoeffer: Theologian, Christian, Contemporary], pp. 501-512). 여기에는 1938년 여름 핑켄발데 신학생들의 재회모임에서 한 성서연구인 『유혹』(Versuchung)이 포함되어 있다. (DBW XV: 371-406). 이 책은 수정의 밤(Kristallnacht)사건의 이야기가 있다. 이 책은 1939년 조지 벨, 빌렘 비서트 후프트(Willem Visser't Hooft) 그리고 다른 사람들과의

29) Ed. Dirk Schulz (Gütersloh: Chr. Kaiser/Gütersloher Verlagshaus, 근간). *DBWE* XV: *Theological Education Underground*: 1937-40, ed. and trans. TBA (Minneapolis: Fortress Press, 근간, 2004)

30) Ed. Edwin H. Robertson, trans. Edwin H. Robertson and John Bowden (London: Collins, 1966, 1973).

회담을 위해 런던과 옥스퍼드를 향한 본회퍼의 여행 이야기를 담고 있다. 이 책은 1939년 본회퍼의 마지막 미국행 여행(DBW XV: 217-240)을 기록하며, 독일로 돌아가야 하는 이유를 설명하고 라인홀드 니버(Reinhold Niebuhr)에게 보내는 편지의 내용은 물론 미국의 신학에 대한 전체적인 비판을 포함하고 있다. 이것은 그가 돌아온 후에 「종교개혁 없는 프로테스탄티즘」(Protestantismus ohne Reformation, DBW XV: 431-460)으로 발표되었다.

또한 여기에는 1938년의 「성서의 증언에 따르는 우리의 길」(Unser Weg nach dem Zeugnis der Schrift, DBW XV: 407-430)과 같은 본회퍼가 목사관에게 쓴 회람서신들이 포함되어 있다. 본회퍼는 그 글들을 "예수 그리스도의 교회의 길에서 진지한 성찰과 새로워진 기쁨을 일으키려는 의도로" 썼다.[31] 이 책은 본회퍼 자신의 설교 중에서 가장 강력한 설교를 포함하고 있는데 예컨대 그리스도의 사랑과 원수들이라는 주제로 된 1938년의 설교(DBW XV: 463-470)이다. 거기에서 본회퍼는 "복수하려는 우리의 갈망"을 포기해야 한다고 말하고, "그리스도가 우리에게 요구하시는 혹독한 희생, 아마도 가장 혹독한 희생"을 촉구했다.[32] 그는 "이 지상에 인류로 태어난 최초의 사람이 그의 형제를 살해했다. … 여러분은 여러분의 형제들의 살인자들이 되지 않기 위해 - '결코 속이지 말아야 한다'"는 것을 명심하라고 결론을 내렸다.[33]

---

31) Translated in Kelly and Nelson, *A Testament to Freedom*, p. 168.
32) ibid., p. 287.
33) ibid., p. 285.

# 성취되지 않은 꿈 : 신학적 윤리학

『윤리학』[34](Ethik, DBW VI)은 본회퍼가 "자신의 필생 작업의 정점"[35]이라고 생각한 글을 새롭게 재구성한 것인데, 1943년 그가 체포될 당시 책상에 놓아두었던 미완성 책이다. 『윤리학』 초고를 짜맞추는 것은 어려운 해석학적인 도전이다. "연대기적 순서로 구성하는 것은 본회퍼가 본래 제시하고 그렇게 읽혀지기를 바랐던 의도와는 … 크게 다를 수도 있다."[36] 『윤리학』(DBW VI)의 원문 비평판의 재구성은 그것을 쓴 것으로 가정된 순서를 따랐고, 다섯 "작업시기"로 배열했다. 따라서 순서는 1949년 베트게가 편집한 본래의 독일어 판과 1963년 독일에서 그 대안으로 재구성하여 발행한 제6판(이것은 1964/1965년의 영어판의 기초가 되었다)과도 다르다.

비평판에서는 "세속성"이라는 주제가 중심 무대에 오른다. "하나님의 현실은 나를 세상의 현실 한가운데 완전히 세워놓음으로써만 계시된다. 그리고 내가 세상의 현실을 만날 때, 그것은 항상 이미 하나님의 현실 안에서 유지되고 용납되며 화해된다."[37](DBW VI: 40) 이전에 나타났던 수많은 주제들이 다시 나타나는데, 각각의 주제는 더욱 성숙한 신학적 진술로 바뀌어 있다. "교회-공동체로서 존

---

34) Ed. Ilse Tödt, Heinz Eduard Tödt, Ernst Feil and Clifford Green (Munich: Chr. Kaiser Verlag, 1992; 2nd edn, 1998); *DBWE* VI: Ethics, ed. *Clifford Green, trans. Reinhard Krauss and Charles West* (Minneapolis: Fortress Press, 근간, 2001).

35) *Bonhoeffer's Ethics: Old Europe and New Frontiers*, ed. Guy Carter et al. (Kampen: Kok Pharo, 1991), p. 32를 보라.

36) ibid., p. 33.

37) Translated ibid., p. 36.

재하는 그리스도"는 "그리스도가 그 안에서 실제로 형체를 취하는 인간성의 부분"으로서의 교회로 바뀐다.(DBW VI: 83) 본회퍼가 거의 10년 동안 "자격이 있는 침묵"이라고 주장해 온 창조에 관한 주제는 이제 "자연적인 삶"이라는 표제 하에 다시 출현한다.(Das natürliche Leben, DBW VI: 163-217) 『윤리학』에 의하면 하나님의 "구체적인 계명"은 "보존의 질서"라는 본회퍼의 개념의 계승자인 "하나님의 위임"으로 나타난다(DBW VI: 392ff.). 그리고 대리, 희생적인 대리적 행동의 개념은 전체로서의 세상을 위한 "책임적인 삶의 구조의 핵심"(DBW VI: 234, 256-258, 289)으로 다시 등장한다.

## 공모와 투옥 : 단편 속에서의 삶

『공모와 투옥: 1940-1945』(Konspiration und Haft: 1940-1945,[38]) DBW XVI)은 『윤리학』 저술의 시작과 그의 죽음을 둘러싼 사건들 사이에 있는 본회퍼의 삶을 추적한다. 이 책은 다른 두 권의 책, 『테겔로부터의 단편들』(Fragmente aus Tegel, DBW VII)과 『저항과 복종』(Widerstand und Ergebung, DBW VIII)과 함께 읽어야 한다. 『공모와 투옥: 1940-1945』은 『본회퍼 전집』 원문 비평판(DBW critical edition)에 포함되어 있지 않은 유일한 본회퍼의 편지들인 1943-1945년 사이에 본회퍼와 마리아 폰 베데마이어(Maria von Wedemeyer) 간의 서신인 「감방 92

---

38) Ed. Jørgen Glenthøj(†), Ulrich Kabitz and Wolf Krötke (Gütersloh: Chr. Kaiser/Gütersloher Velagshaus, 1996). *DBWE* XVI: *Conspiracy and Imprisonment*: 1940-1945, *ed. Mark Brocker, trans. Lisa Dahil* (Minneapolis: Fortress Press, 근간, 2001)

호에서 나온 사랑의 편지」(Brautbriefe Zelle 92)가 증보되었다.[39] 하나
로 합쳐서 생각해 보면, 이 주목할 만한 네 권의 책은 전쟁이라는
세상의 혼돈 한가운데 처한 복합적인 한 인간의 세부적인 모습을
보여주고 있다.

『공모와 투옥: 1940-1945』(제1부, DBW XVI: 13-468)은 1940년의
목사관의 종말로부터 1945년의 본회퍼의 죽음에 관한 보도에 이르
기까지 방대한 분량의 편지들과 문서들을 포함하고 있다. 우리는
목사관의 폐쇄로부터, 뒤이은 동 프러시아로의 여행을 거쳐, 1940
년 9월 그의 공개강연 금지에 이르기까지 본회퍼의 생애를 따라
간다. 우리는 그가 1940-1941년 뮌헨 근교 에탈(Ettal)에 있는 베네
딕트 수도원에서 생활하는 것을 보고, 그 다음에 공모를 위해 처음
으로 스위스로 여행하는 것을 본다. 1941년 5월 그는 출판 금지령
을 받았지만, 그럼에도 불구하고 1941년 8월 스위스로 두 번째 여
행을 한다. 그해 10월 유대인들을 방첩부대(Abwehr) 요원으로 위장
하여 독일에서 스위스로 도피시키는 "작전 7호"(Operation 7)를 실행
에 옮긴다. 우리는 그가 1942년 4월 방첩부대를 위하여 노르웨이
와 스웨덴으로 여행하고, 다시 1942년 5월 스위스로 여행하는 것
을 본다. 이제 그는 1942년 6월 스웨덴 시그투나(Sigtuna)로 매우 중
요한 여행을 하고, 그 다음 1942년 6월과 7월 이탈리아로 여행하는
것을 본다. 우리는 1942년 7월과 1943년 3월 사이에 폰 클라이스트
(von Kleist)의 영지인 클라인-크뢰신(Klein-Krössin)과 페치히(Pätzig)에
소재한 폰 베데마이어(von Wedemeyer)의 영지로부터 온 가족 서신왕

---

39) (C. H. Beck'sche Verlagsbuchhandlung, 1992); *Love Letters from Cell 92, ed. Ruth-Alice
von Bismarck and Ulrich Kabitz, trans. John Brownjohn* (Nashville: Abingdon, 1995).

래에 대해서 우연히 듣는다. 마지막 이전의 부분은 1943년 4월 5일의 본회퍼의 체포와 테겔 군사형무소에서의 심문에 대한 이야기다. 마지막 최종적인 중개자의 설명 부분은 본회퍼의 마지막으로 기록된 말을 담은 조지 벨에게 보내는 페인 베스트(Payne Best)의 편지를 포함하여 본회퍼의 죽음을 "기록한다."(DBW XVI: 468) 이 책의 나머지 부분(제2, 3부)은 테겔 감옥에서 심문을 받고 6개월 후에 쓰인 다섯 편의 짧은 설교와 명상과 「진리를 말하는 것은 무엇을 의미하는가?」(Was heißt die Wahrheit sagen?, DBW XVI: 619-29)를 포함하여, 다양한 개요, 스케치, 명상, 단편들을 포함하고 있다.

『저항과 순종』(Widerstand und Ergebung,[40] DBW VIII)은 가장 잘 알려진 본회퍼의 편지들[41]을 담고 있지만, 그의 말들 가운데서 접근하기가 가장 어려운 것으로 남아있다. 전체로서의 원문 비평판은 - 주로 편지 형태로 되어 있지만, 시(詩)와 구상 중에 있는 작품들의 스케치를 포함하는 단편적인 성찰들을 위해 필수적인 배경이 된다. 그 때문에 감옥에서 쓴 작품들을 읽는 독자들은 그 이전 본회퍼의 사상의 발전을 관통하는, 전에는 없었던 주제들의 연속성을 알게 된다. 그렇지만 독자는 그것에 의하여 편지들을 "소화하고," - 특히 1944년 4월 30일자의 "신학적인" 편지에 나타난 - 본회퍼의 제안들을 그보다 앞선 신학의 단순한 부연 설명으로 만들려는 유혹을 피해야 한다. 이와는 반대로 이러한 성찰들에는 본회퍼의 신학을 더욱 "체

---

40) Ed. Eberhard Bethge, Renate Bethge and Christian Gremmels (Gütersloh: Chr. Kaiser/ Gütersloher Verlagshaus, 1998); *DBWE* VIII: *Letters and Papers from Prison, ed. Wayne Whitson Floyd, Jr, trans. by H. Martin Rumsheidt* (Minneapolis: Fortress Press, 근간, 2002).

41) Eberhard Bethge, 'How the Prison Letters Survived', *Newsletter of the International Bonhoeffer Society, English Language Section*, 48 (October 1991), 49 (February 1992) and 50 (May 1992), 9-12, 24-27, 6-10을 보라.

계적으로" 읽는 길을 잃게 하는 것처럼 보이는 가파름이 있다. 그들은 가장 참된 의미에서 "급진적"(radical)으로 남아 있다고 인정받아야 할 것들이다. 왜냐하면 그의 성찰들이 1940년대에도 그리스도인들에게 틀림없이 명백했던 것들이었지만, 반(半)세기 이후에도 교회에 의해서 확실하게 환영받지 못한 것을 말하면서, 직접적으로 문제의 뿌리에 접근하기 때문이다. 많은 동시대인들과는 달리 본회퍼는 인류를 그 절멸의 아슬아슬한 순간으로 이끈 세상에서 성서 본문의 언어 그리고 바울과 루터의 신학적 전통으로부터 참신함과 예언자적 도전을 들을 수 있었다.

『옥중서신』(Letters and Papers from Prison)의 전반부에는 개인적인 편지들이 산재되어 있는데, 무엇보다도 "아래로부터의 관점"(the view from below)이라는 유명한 부분(LPP 17)을 포함하여 1942년 크리스마스에 쓴 감명적인 「10년 이후」(After Ten Years)와 같은 다양한 짧은 글들이 있다. 거기에는 본회퍼가 에버하르트와 레나테 베트게(Eberhard and Renate Bethge)에게 1943년 5월에 보낸 결혼식 설교는 물론 1944년 5월에 쓴 「디트리히 빌헬름 뤼디거 베트게가 세례 받는 날에 대한 상념」(Thoughts on the Day of Baptism of Dietrich Wilhelm Rüdiger Bethge, LPP 294-300)과 같은 준엄한 글들도 포함되어 있다. 거기에는 공모에 대한 가담을 변호하거나 은폐하기 위해서 쓴 편지들도 있다. 또한 수수께끼 같은 「어떤 저서의 초안」(Outline for a Book)이라는 것도 있다. 「어떤 저서의 초안」은 종(servant)의 공동체로서의 교회를 지향하고 있다. 이 공동체는 "지배하는 것이 아니라 도와주고 봉사함으로써 … [그리고] 온갖 직업을 가진 [사람들에게] 그리스도 안에서 살아가는 것, 타자를 위해서 존재한다는 것이 무엇을 의미하는지를 [말해줌으로써], 평범한 인간 생활의 세속적 문제들에 관여해야 한다"(LPP 282-283).

이 기간 중에 본회퍼는 한 편의 희곡과 한 편의 소설을 쓰고 있었다. 이들은 상당한 크기의 단편들인데, 『테겔로부터의 단편들』(Fragment aus Tegel,[42] DBW VII)이라는 제목으로 출판되었다. 약하게 가려진 이 자서전적 소설은 우리에게 본회퍼 가족과 그 친구들 그의 세계와 전망 또는 베트게에게 보내는 동시대의 편지에서 본회퍼가 표현하듯이 "우리가 우리 자신의 가족들에서 그리고 특히 기독교의 빛에서 아는 바와 같은 중산층의 삶"에 대한 통찰을 제공해준다.(LPP 129-130) 또한 『옥중서신』(Letters and Papers from Prison)에는 감옥 생활을 반영하는 「나는 누구인가」(Who Am I?)와 「테겔에서의 밤의 소리」(Night Voices in Tegel)와 같은 수많은 단편 시(詩)가 있다. 「기독교인과 이교도」(Christian and Pagans), 「요나"(Jonah) 그리고 「선의 힘」(Powers of Good)과 같은 시들은 분명히 신학적인 것이며, 후기의 편지들에 나타난 성찰들의 부연이다. 「자유를 향한 도상의 정거장」(Stations on the Road to Freedom)과 같은 시들도, 그 자신의 곤궁으로부터 나온 본회퍼의 신학적 해석의 발전을 보여주고 있다. 그리고 「친구」(The Friend)는 그와 베트게와의 관계에 대한 깊이 있는 개인적인 명상이다.(DBW VIII: 513f., 515-523, 570ff., 585ff., 606, 607f.)

베트게에게 보내는 편지는 1943년 후반에 시작되었는데, 그 강도와 목적의 진지함은 본회퍼의 서신들에 즉각 나타난다. 이 편지들 자체는 1944년 4월 30일, 본회퍼가 베트게에게 보내는 「신학적 편지들」(LPP 279)에서 질문들과 제안들을 시작하면서 예기치 않은

---

42) Ed. Renate Bethge and Ilse Tödt (Gütersloh/Gütersloher Verlagshaus, 1994); *DBWE* VII: *Fragments from Tegel Prison, ed. Clifford Green, trans. Nancy Lukens* (Minneapolis: Fortress Press, 근간, 1999).

국면의 전환점을 맞이했다. 1944년 7월 20일, 히틀러에 대한 암살 기도가 실패로 끝날 때까지 본회퍼는 베트게에게 신학적 서신들을 지속적으로 보낸 반면 마리아에게는 단지 네 통의 편지만 보냈다. "지금도 남아있는 두 사람의 서신 왕래 간격은 점차 길어진 반면, 본회퍼와 에버하르트 베트게의 교신은 … 가장 빈번하게 이루어졌다."(Love Letters from Cell 92, 253) 베트게에게 보내는 잔존하는 편지들은 1944년 가을에 끝난다. 그리고 마리아에게 보내는 마지막 편지는 그해 12월 19일로 날짜가 적혀 있다.

## 디트리히 본회퍼 전집 : 원문 비평판

에버하르트 베트게 자신이 본회퍼 저작의 연대기적 선집인 『총서』(Gesammelte Schriften)를 편집, 1965년과 1974년 사이에 6권으로 발행하였다.[43] 베트게와 그의 동료들이 수년 동안 계획을 세운 끝에, 1986년 크리스티안 카이저 출판사(Christian Kaiser Verlag)는 『디트리히 본회퍼 전집』(DBW) 제1권을 발행함으로써 본회퍼의 탄생 80주년을 기념했다. 영어판 『디트리히 본회퍼 전집』(DBWE)을 위한 예비적 토론은 지금은 귀터스로어 출판사(Gütersloher Verlagshaus)의 일부가 된 크리스티안 카이저 출판사가 새로운 시리즈를 펴내기 전 시작되었다. 국제 본회퍼학회(International Bonhoeffer Society) 영어권 지부는 독일 발행인의 허가를 받아 영역 프로젝트를 위한 활동에 착수했다. 1993년 9월 이래 영문판 『디트리히 본회퍼 전집』(DBWE)

---

43) *Gesammelte Schriften, vol. I*, 1965; *vol. II*, 1965; *vol. III*, 1966; *vol. IV*, 1965; *vol. V*, 1972; *vol. VI*, 1974, *ed. E. Bethge* (Munich: Chr. Kaiser Verlag).

을 위한 번역 프로젝트는 필라델피아에 있는 루터 신학교(Lutheran Theological Seminary) 캠퍼스에 위치한 신설된 디트리히 본회퍼 센터(Dietrich Bonhoeffer Centre)에 맡겨졌다.

영문판 『디트리히 본회퍼 전집』(DBWE)은 영어를 사용하는 세계에 본회퍼의 저작들에 대한 전적으로 새롭고도 완전하며 생략되지 않은 번역을 제공한다. 각 권들은 영어판의 편집자들이 쓴 서론(독일어판 편집자의 서문도 통합), 본회퍼에 의해서 제공된 각주, 독일어판 편집자와 영어판 편집자들에 의한 편집자 주, 그리고 독일어판 편집자의 후기에 대한 번역을 포함하고 있다. 각 권들은 편집 도구로 사용된 약어표는 물론 참고문헌 목록도 제공한다. 또한 편집자들에 의해서 상의된 본회퍼 문헌으로 사용된 자료들과 각 권과 관련된 다른 작품들을 열거한다. 마지막으로 각 권들은 관계가 있는 연대표, 차트, 성구색인, 인명 및 지명색인을 포함하고 있다. 대부분 각 권에 있는 개인 기록들은 본문들에 언급된 모든 인물들의 세부적인 면모를 보여준다.

영문판 『디트리히 본회퍼 전집』(DBWE)은 무엇보다도 언어, 문체 그리고 - 가장 중요한 것은 - 본회퍼의 저작의 신학에 충실하려고 노력한다.[44] 번역자들은 언어와 장르의 문제에 민감한 반응을 보였다. 따라서 정확한 번역이 되기 위하여 그의 작품의 초기 영문 번역본에 부주의하게 또는 불필요하게 도입된 성 차별적 표현들(sexist formulations)을 제거했다. 게다가 번역자들과 편집자들은 대체적으

---

44) John Godsey, 'Reading Bonhoeffer in English Translation: Some Difficulties', in *Bonhoeffer in a World Come of Age*, ed. P. Vorkink (Philadelphia: Fortress Press, 1986)을 보라; 그리고 W. W. Floyd, Jr, 'Re-visioning Bonhoeffer for the Coming Generation: Challenges in Translating the Dietrich Bonhoeffer Works', *Dialog*, 34 (Winter 1995), 32-38도 보라.

로 본회퍼의 의미를 왜곡시키지 않는 한, 그의 시대로부터 그를 분리시키지 않는 한, 그들의 작품에 성별을 포함하는 표현들을 채택했다. 그 결과 이 번역들은 종종 참신하고 현대적인 것처럼 보이기도 한다. 그것은 번역자들이 참신하고 현대적이기 때문이 아니라, 본회퍼의 언어가 반(半)세기가 지난 이후에도 여전히 참신하고 현대적이기 때문이다. 다른 예를 들자면, 본회퍼는 번역자들과 편집자들의 능력이 부족하기 때문이 아니라 본회퍼의 관심과 그의 수사학이 실로 과거라는 시간에 얽매어 있기 때문에 더욱 멀리 떨어져 있는 것처럼 보인다. 본회퍼는 우리에게 잘 기록된 삶의 유산을 남겨 주었다.『디트리히 본회퍼 전집』독일어판/영문판은 무엇보다도 미래 세대를 위해 그 유산이 살아있도록 유지하려고 노력한다.[45]

---

45) *DBW* 영문판에 대한 세부사항을 위해서는 "본회퍼 홈페이지"를 방문해 보라. *http://www.cyberword.com/bonhoef/*.

# 5. 본회퍼신학의 수용

존 드 그루시(John De Gruchy)

수용과 해석의 다양성. 에버하르트 베트게의 역할. 학문적 논쟁과 쟁점.
본회퍼의 '대중적'이며 정치적 수용.

1963년 이전에는 영어를 사용하는 세계에서 디트리히 본회퍼는
주로 독일의 교회투쟁(Kirchenkampf)의 순교자로서 그리고 『나를 따
르라』(The Cost of Discipleship)의 저자로 알려졌다.[1] 1963년의 『신에게
솔직히』(Honest to God)의 출판[2]은 이러한 인식에 중대한 변화를 가
져왔다. 그 책에서 존 로빈슨(John Robinson) 주교는 본회퍼가 감옥에

---

1) 최초의 영어판 『나를 따르라』(*The Cost of Discipleship*)는 Reginald Fuller에 의해서 번역되
었고, SCM Press (London, 1949)에서 발행되었다.

2) John A. T. Robinson, *Honest to God* (London: SCM, 1963).

있는 동안 행한 신학적 성찰[3]을 근거로 하여 그를 해석하였다. 본회퍼는 세속적 기독교를 주창한 급진적인 신학자가 되었고, 심지어 당시 특정 서클에서 대유행하던 "신 죽음의 신학"(theology of the death of God)에 대한 책임이 있다고 주장되었다.[4]

> "본회퍼의 생애와 사상이 지니는 의미에 대한 이러한 혼동은 1930년대 중반 그가 외친 평화주의와 아돌프 히틀러(Adolf Hitler) 암살시도 가담 간의 분명한 모순에 의해서 그 정도가 심화되었다. 본회퍼는 수수께끼 같은 인물이다." [5]

그럼에도 불구하고 『신에게 솔직히』를 중심으로 한 논쟁은 특히 영어를 사용하는 세계에서 본회퍼에 대한 관심을 새롭게 불러일으켰다. 본회퍼의 친구이자 전기작가인 에버하르트 베트게(Eberhard Bethge)가 나중에 표현한 바와 같이, 본회퍼에 대한 로빈슨의 "아주 흥미 있는 일방적인" 해석은 "프로테스탄트, 가톨릭 그리고 세속적인 영역에서 본회퍼의 작품 전체에 대한 연구, 번역, 출판이 가장 활발한 시대를 열었다."[6]

그렇지만 그렇게 이해되고 해석된 본회퍼는 교회 안팎에서 가장

---

3) 에버하르트 베트게(Eberhard Bethge)에 의해서 편집되고, 1951년 저자의 사후에 출판되었다. 최초의 영어판 『옥중서신』(*Letters and Papers from Prison*)은 Reginald Fuller에 의해서 번역되었고 1953년 출판되었다.(London: SCM) 개정증보판은 1967년 출판되었다.

4) W. Hamilton, 'A Secular Theology for a World Come of Age', *Theology Today*, 18 (1962); P. Van Buren, *The Secular Meaning of the Gospel* (New York: Macmillan, 1963); T. J. Altizer, *The Gospel of Christian Atheism* (Philadelphia: Westminster Press, 1966); R. G. Smith, *Secular Christianity* (New York: Harper & Row, 1967)를 보라.

5) M. Thornton, *The Rock and the River* (London: Hodder & Stoughton, 1965), pp. 49-64.

6) E. Bethge, *Bonhoeffer: Exile and Martyr*, ed. J. W. de Gruchy (London: Collins, 1975), p. 15.

널리 알려진 20세기 신학자들 가운데 한 사람이 되었다. 1945년 그가 죽은 지 50년 이상이 지난 오늘날까지도, 그의 생애와 사상은 전 세계를 통하여 수많은 서로 다른 교파에 속한 그리스도인들에게는 물론 아무런 종교적 헌신이 없는 세속인들에게까지도 계속 영감을 주고 도전이 되고 있다.[7]

## 수용과 해석의 다양성

본회퍼의 관심의 범위는 상당히 넓고 세심한 신학적 철학적 성찰에 근거해 있으면서도, 당대의 시급한 문제들에 예리하게 초점을 맞추고 있다. 또한 그의 저작에는 넓이와 깊이가 있다. 이것은 본회퍼가 널리 호소력을 지니고 있는 이유를 설명해준다. 그의 생애는 전기작가들,[8] 소설가들,[9] 극작가들,[10] 영화제작자들,[11] 그의 시(詩)에 영감을 받은 작곡가들[12]을 지속적으로 자력(磁力)과 같은 힘으로

---

7) John W. de Gruchy, 'Bonhoeffer, Apartheid, and Beyond: The Reception of Bonhoeffer in South Africa', in *Bonhoeffer for a New Day: Theology in a Time of Transition*, ed. J. W. de Gruchy (Grand Rapids: Eerdmans, 1997).

8) M. Bosanquet, *The Life and Death of Dietrich Bonhoeffer* (London: Hodder & Stoughton, 1968); E. Bethge, *Dietrich Bonhoeffer: Theologian, Christian, Contemporary* (London: Collins, 1970); E. H. Robertson, *The Shame and the Sacrifice: The Life and Teaching of Dietrich Bonhoeffer* (London: Hodder & Stoughton, 1987); R. Wind, *Dietrich Bonhoeffer: A Spoke in the Wheel* (Michigan: Eerdmans, 1991).

9) M. Glazener, *The Cup of Wrath: The Story of Dietrich Bonhoeffer's Resistance to Hitler* (Macon, Ga.: Smyth & Helwys, 1992).

10) W. Harrison, *Coming of Age* (Petersfield: Fernhurst Press, 1973).

11) 예컨대, 'Hitler and the Pastor — the Dietrich Bonhoeffer Story', the Dietrich Bonhoeffer Film Project, New York.

12) Herman Berlinski, Heinz Werner Zimmermann and Robert M. Helmschrott, *Bonhoeffer Triptychon*. 이 작품은 1992년 8월 16일에 뉴욕에 있는 유니온 신학교(Union Theological

매혹시키고 있다. 본회퍼의 중요성에 대한 의견일치가 있다고 하지만, 본회퍼가 남긴 유산의 범위와 성격은 그에게 매력을 느낀 사람들의 다양한 성격과 결부되어 서로 다른 반응과 해석을 가져왔다. 이것은 본회퍼를 20세기의 기독교 신앙과 증거의 아이콘( icon)으로 삼는 사람들은 물론 학자들에게도 해당된다.

본회퍼가 다양한 방식으로 수용되고 해석된 데에는 그 밖의 여러 다른 이유들이 있다. 그 중 하나는 그의 저작들이 단편적으로 알려졌다는 점이다.[13] 『나를 따르라』(The Cost of Discipleship)나 널리 읽혀진 『신도의 공동생활』(Life Together)에서 처음으로 본회퍼를 만난 사람이 이후 우연히 『윤리학』 또는 『옥중서신』에서 그를 만났을 때, 그들이 읽은 내용을 어떻게 조화시킬 것인가에 대해 설령 알지 못한다고 해도 용서를 받을 수 있다. 또 다른 예는 본회퍼의 처음 두 책, 즉 그의 박사학위논문인 『성도의 교제』(Sanctorum Communio, 1930)와 그의 교수자격논문인 『행위와 존재』(Act and Being, 1931)가 처음으로 발행되었을 때 독일에서 신학자들에 의해서 수용되지도 못했고, 1960년대까지 널리 알려지지도 않았다는 점이다. 단지 이 초기 논문들이 본회퍼의 신학적 발전을 전체로서 이해할 수 있는 중요한 자료라는 점만 인정된 것뿐이다. 이로 인해 학문적 해석에 있어서 상당한 수정이 이루어져야 했다.[14]

---

Seminary)에 의해 위임을 받고 한스-크리스토프 라데만(Hans-Christoph Rademann)의 지휘 하에 거기에서 드레스덴 실내합창단(Dresden Chamber Choir)과 초연되었다. VMM 3027.

13) Eberhard Bethge, 'The Response to Bonhoeffer', in E. Bethge, *Bonhoeffer: Exile and Martyr*.

14) C. Green, *The Sociality of Christ and Humanity: Dietrich Bonhoeffer's Early Theology, 1927-1933* (Missoula: Scholars Press, 1975).

본회퍼의 유산이 다양한 방식으로 받아들여지게 된 또 다른 이유는 그의 저작이 워낙 다양한 성격을 띠고 있다는 사실과 상당 경우 단편적이라는데 있다. 이는 그의 저작이 자리하고 있는 역사적 상황에 기인하기 때문이다. 그가 뉴욕에서(1931년) 돌아온 이후 나머지 인생을 살았던 시대상황은 세심하고 체계적인 신학적 탐구와 성찰을 하는데 도움을 주지 못했다. 이 기간 중 쓰여진 대부분의 유산으로는 특별한 경우를 위해서 쓴 산문, 논문, 강의는 물론 설교와 광범위한 서신들이 있다.[15] 1930년대 중반에 그가 집필에 몰두했던 『윤리학』도 완성되지 못해 본래 의도된 내용과 구조에 대해 많은 논란이 있어 왔다.[16] 물론 『옥중서신』에 드러난 그의 신학적 성찰들은 적어도 후대에 의한 탐구를 염두에 두고 출판한 것이 아니었다.

따라서 본회퍼의 유산은 해석상 많은 문제를 야기한다. 본회퍼 유산의 특성인 해석의 여지가 넓다는 사실은 우리로 하여금 닫힌 체계에 의해 제한을 받지 않고, 오히려 우리의 지평에 인접해 있는 것을 지속적으로 탐구하는 참여자들이 되라고 초청을 받는다는 것을 의미한다. 이것은 본회퍼의 수용에 있어서의 다양성, 즉 그들 자신들이 처한 상황이라는 변화하는 형세 안에서 그의 질문자들의 관심사의 다양성을 설명하는 또 다른 요인으로 인도한다.

전 세계 여러 나라의 목사와 평신도 그리고 신학자들이 본회퍼의 저작

---

15) 이 작품들은 모두 『본회퍼 전집』(*Dietrich Bonhoeffer Werke*)에 게재되어 있다. 영어로 번역된 잘 선정된 선집을 위해서는, B. G. Kelly and F. B. Nelson, *A Testament to Freedom: The Essential Writings of Dietrich Bonhoeffer* (San Francisco: Harper & Row, 1990)를 보라.

16) W. J. Peck, *New Studies in Bonhoeffer's Ethics*, Toronto Studies in Theology, vol. 30 (New York: Edwin Mellen Press, 1987).

을 읽고 연구하며 토론하고 그에 대한 글을 쓰고 있다. 미국에서는 학계 뿐만 아니라 대중 사이에서도 주목할 만한 관심을 끌었다. 그는 미국[17] 에서 영국,[18] 네덜란드,[19] 폴란드,[20] 일본,[21] 라틴 아메리카[22] 또는 남 아프리카[23]와는 다른 방식으로 수용되었다. 심지어 독일에서조차 몇 몇 학계 내에서 그를 수용하는 것이 일반 학자들이나 연례행사인 교회 의 날(Kirchentag)에 그가 미친 영향과는 다르게 나타났다.[24] 더욱이 개신 교회가 "사회주의 내에서의 교회"[25]를 지향한 동독에서 본회퍼가 끼친 영향은 그가 서독에서 해석된 방식과 크게 달랐다. 본회퍼가 교파에 따

17) L. Rasmussen, *Dietrich Bonhoeffer: His Significance for North Americans* (Minneapolis: Fortress Press, 1990).

18) K. Clements, *A Patriotism for Today: Love of Country in Dialogue with the Witness of Dietrich Bonhoeffer* (London: Collins, 1986).

19) G. T. Rothuizen, *Aristikratisch Christendom* (Kampen: J. H. Kok, 1969).

20) 디트리히 본회퍼는 현재 폴란드의 브로클라프(Wrocław)인, 동 프러시아, 브레슬라우 (Breslau)에서 출생했다. 고백교회를 위한 신학교육의 불법적인 활동의 대부분이 오늘날의 폴란드에서 행해졌다 (핑켄발데[Finkenwalde], 슐라베[Schlawe], 쾨슬린[Köslin]). 1996 년 6월 국제 본회퍼학회(International Bonhoeffer Society)의 폴란드 지부가 결성되었다. *Bonhoeffer Rundbrief*, no. 50을 보라.

21) H. Murakami, 'What has the Japanese Church Learned from Dietrich Bonhoeffer?', in *Bonhoeffer's Ethics: Old Europe and New Frontiers*, ed. G. Carter, R. Van Eyden, H. Van Hoogstraten and J. Wiersma (Kampen, Netherlands: Kok Pharos, 1991), pp. 217-221.

22) J. de Santo Ana, 'The Influence of Bonhoeffer on the Theology of Liberation', *The Ecumenical Review*, 28 (2) (April 1976); Carl-Jürgen Kaltenborn, 'Nicht-religiöses Credo in Latinamerika: zur Bonhoeffer-Rezeption in Latinamerika', in *Bonhoeffer-Studien: Beiträge zur Theologie und Wirkungsgeschichte Dietrich Bonhoeffers* (Berlin: Evangelische Verlagsanstalt, 1985).

23) J. W. de Gruchy, *Bonhoeffer and South Africa: Theology in Dialogue* (Grand Rapids: Eerdmans, 1984); de Gruchy, 'Bonhoeffer, Apartheid, and Beyond', pp. 353-372.

24) 독일 개신교 교회의 날(*Deutsche Evangelische Kirchentag*)은 제2차 세계대전 이래로 연례 행사로 개최된다. 수천 명의 프로테스탄트 그리스도인들이 참석한 가운데, 성서연구를 교 회와 국가가 당면한 긴급한 과제와 현안 문제들에 관련시키려고 시도한다.

25) H. Müller, 'Zur Problematik der Rezeption und Interpretation Dietrich Bonhoeffers', in *Die mündige Welt IV* (Munich: Chr. Kaiser Verlag, 1996); E. Bethge, *Bonhoeffer: Exile and Martyr*, pp. 11-13; G. Baum, *The Church for Others: Protestant Theology in Communist East Germany* (Grand Rapids: Eerdmans, 1996), pp. 83-102; J. Moses, 'Bonhoeffers' Reception in East Germany', in de Gruchy, *Bonhoeffer for a New Day*.

라 우선 루터교 신학자로 이해된 데다, 예를 들어 가톨릭,[26] 보수적인 복음주의자들,[27] 재세례파[28]의 시각으로 읽혀지기 때문에 본회퍼에 대한 해석의 다양성이 어느 정도 더해졌다. 그런 까닭에 본회퍼에 대한 해석은 만화경이 되었다.

본회퍼가 세계 여러 나라에 의해 수용되면서 그의 신학에 대한 해석에 있어서 이러쿵저러쿵 말이 많았다. 본회퍼는 독일어보다는 번역으로 더 많이 읽혀졌다. 그로 인해 생긴 문제는 자명하다. 찔끔 찔끔 번역되고 가끔은 축약본으로 출판되었으며 핵심 개념들이 오역되었다. 그리고 번역상 어쩔 수 없이 발생하는 해석 때문에 문제는 더욱 악화되었다.[29] 이러한 이유로 인해 독일어로 된 본회퍼 작품들의 새로운 원문 비평판 전체가 영어로 번역되었다.[30]

본회퍼가 수용되고 해석된 방식에 대해 약간의 지식을 갖게 되어 오늘날 그의 유산을 이해하는데 도움이 된다 하더라도 본회퍼 자신의 저작을 직접 읽는 것을 대신 할 수는 없다. 그럼에도 불구하고, 본회퍼의 해석상의 다양성은 우리가 그의 글을 읽고 그 의미를 이해하는 일이 복잡한 일이라는 점을 상기시켜 준다. 우리가 객관

---

26) 영어로 된 최초의 가톨릭의 본회퍼 연구는 William Kuhns, *In Pursuit of Dietrich Bonhoeffer* (London: Burns & Oates, 1967)였다.

27) G. Huntemann, *The Other Bonhoeffer: An Evangelical Reassessment of Dietrich Bonhoeffer* (Grand Rapids: Baker Books, 1993).

28) Abram J. Klassen, 'Discipleship in Anabaptism and Bonhoeffer', Ph.D. dissertation, Claremont Graduate School, Berkeley, Calif., 1971.

29) John Godsey, 'Reading Bonhoeffer in English Translation: Some Difficulties', in *Bonhoeffer in a World Come of Age*, ed. Peter Vorvink (Philadelphia: Fortress Press, 1968)를 보라.

30) 영어판 『본회퍼 전집』(*Dietrich Bonhoeffer Works*)의 새 책들은 완성될 경우 표준판, 원문 비평 연구판(critical edition)이 될 것이다. 이 책에서 Wayne Floyd가 쓴 것을 보라. 전체로 서의 본회퍼 작품들에 대한 유용한 개론이 되는 본회퍼 저작의 선집(選集)들이 있다. J. de Gruchy, *Dietrich Bonhoeffer: Witness to Jesus Christ* (London Collins, 1988); Kelly and Nelson, *A Testament to Freedom*을 보라

성을 추구하는 것 못지않게 우리 자신의 관점, 전 이해, 의제를 가지고 그를 해석하려는 것이 불가피하다. 그런 까닭에 우리 자신의 목적에 부합하도록 본회퍼의 생애와 사상을 "창조적으로 남용"하는 위험성이 발생한다. 우리가 본회퍼의 유산을 올바로 이해하는 데에 진지한 관심을 갖는다면, 자료를 되는대로 취급하는 태도를 지녀서는 안 된다. 동시에 우리는 종교적 또는 학문적 "정통"이라는 틀 안에 본회퍼를 압박하여 가두는 일을 삼가야 한다. 본회퍼가 오늘날까지 지속적인 관련성을 지니는 이유 중 하나는 그가 불모화되는 것을 거부하기 때문이다. 우리가 그의 유산을 진정으로 수용하고자 한다면 그것은 단순히 그의 말들을 반복하는 것이 아니라, 우리 자신의 역사적 상황 안에서 예수 그리스도를 따르는 것이 무엇을 의미하느냐는 도전에 응답해야 될 것이다. 이러한 이유로 우리는 그의 사상의 깊은 곳까지 연구한 사람들로부터 배워야 함은 물론, 그의 증언에 의해 영감을 받고 복음의 증언에 신실하고자 노력했던 사람들로부터 또한 배워야 할 필요가 있다.

본회퍼의 수용과 해석이 매우 다양한 상황하에서, 우리의 논의를 여러 방법으로 발전시켜 나갈 수 있다. 그러나 논의를 단순하게 하기 위해 두 개의 큰 표제하에서 논의토록 할 것이다. 첫째, 본회퍼 해석에 있어서의 핵심적 주제에 대한 학문적 논쟁. 둘째, 기독교 공동체의 삶, 특히 정의와 평화를 위한 투쟁에 참여하는 대중이 처한 상황의 눈으로 본회퍼 읽기이다. 물론 본회퍼에 대한 모든 읽기는 다 상황적이다. 그것은 본회퍼를 연구하는 사람들이 모두 특수한 상황에 속한 사람들이며 그들은 그 상황에 의해 형성된 관점을 통해 본회퍼의 저작들을 읽기 때문이다. 본회퍼를 읽는 모든 사람들은 어떤 의미에서 학자라고 할 수 있을 것이다. 왜냐하면 본회퍼의

"대중적인" 글들을 읽는 것도 어느 정도의 신학적 지식을 요구하기 때문이다.

본회퍼의 신학에 대한 학문적 토론과 그 대중적 적용에 대한 고찰을 하기 전에, 그 유산의 전달에 있어서 에버하르트 베트게(Eberhard Bethge)의 주목할 만한 역할과 영향에 대해 집고 넘어가는 것이 적합하고 또 필요할 것이다. 베트게는 학문적 논쟁의 윤곽을 설정하는 데에 도움을 주었을 뿐만 아니라 많은 사람들로 하여금 서로 다른 상황에 처해 있는 전 세계 교회의 삶과 증언 그리고 본회퍼신학의 관련성을 발견하도록 도움을 주었다. 제2차 세계대전 종전 이후 베트게는 본회퍼를 알리는데 평생토록 헌신함으로써 신실한 기독교적 증언에 대한 본회퍼의 도전이 더욱 분명하게 이해되도록 해 주었다.

## 에버하르트 베트게의 역할

예전의 학생들과 동료[31]는 물론 그의 일가친척들[32]의 공헌으로 말미암아 우리는 본회퍼에 대해 헤아릴 수 없을 정도로 풍요로운 이해를 갖게 되었다. 그들 가운데 특히 걸출한 사람은 가문의 일원이자 예전의 학생이었던 에버하르트 베트게였다. 그는 핑켄발데에 있었던 본회퍼의 신학교에 입학했을 당시부터 그의 스승이 죽을 때

---

31) *I Knew Bonhoeffer: Reminiscences by his Friends*, ed. W. Zimmermann and R. G. Smith (London: Collins, 1966).
32) ckson, 1971).

까지 본회퍼의 절친한 친구였다.[33) 옥중으로부터 전해진 본회퍼의 유명한 많은 편지들이 베트게에게 보내졌으며, 베트게는 그 편지들을 숨겨두었다가 제2차 세계대전 이후에 편집 출판할 수 있게 되었다. 사실상 본회퍼 작품의 대부분을 편집 출판한 그의 작업[34)은 이제『디트리히 본회퍼 전집』(Dietrich Bonhoeffer Werke)의 출판으로 절정을 이루게 되었는데, 이는 그가 필생 헌신했던 과제였다. 물론 베트게는 본회퍼의 유산을 전달하는 것 이상으로 훨씬 더 많은 일을 했다. 베트게는 자신의 수많은 저작들, 광범위한 순회강연들, 학생들에 대한 친절한 지도 그리고 무엇보다 그의 기념비적인 전기인『디트리히 본회퍼: 신학자, 그리스도인, 동(同)시대인』(Dietrich Bonhoeffer: Theologian, Christian, Contemporary)[35)을 통해서 본회퍼의 가장 중요한 해설자가 되었다. 세계 교회협의회의 총무인 콘라드 라이저(Konrad Raiser)가 지적한 바와 같이, "우리가 본회퍼에 관해서 알고 있는 대부분의 내용은 에버하르트 베트게를 통해서 우리에게 전달된 것이다."[36)

그렇지만 이 장의 초점은 본회퍼의 유산 전달에 있어서의 베트게의 역할에 있는 것이 아니라 본회퍼의 신학을 이해하기 위해서 그의 유산에 대해 전기적 접근방식 또는 이야기 식의 접근방식이 미

---

33) 특히 E. Bethge, *Friendship and Resistance: Essays on Dietrich Bonhoeffer* (Geneva: WCC, 1995)를 보라. 베트게의 부인이자 본회퍼의 조카인 레나테 네 슐라이허(Renate née Schleicher)도 본회퍼의 생애와 그의 시대에 대한 우리의 이해를 위해 크게 기여했다. Renate Bethge, 'Bonhoeffer's Family and its Significance for his Theology', in Rasmussen, *Dietrich Bonhoeffer*, pp. 1-30를 보라.

34) 본회퍼의 유산이 받아들여진 방식과 그 과정에서의 그의 역할에 대한 베트게 자신의 설명을 참조하라. E. Bethge, *Bonhoeffer: Exile and Martyr*, pp. 11-25.

35) E. Bethge, *Dietrich Bonhoeffer: Theologian, Christian, Contemporary*.

36) E. Bethge, *Friendship and Resistance*에 붙이는 서문.

친 영향에 있다. 베트게에게 있어서 본회퍼의 생애와 운명에 대한 부단한 참조 없이 본회퍼의 사상을 이해한다는 것은 사실상 불가능한 일이다. 이 말은 본회퍼 사상의 자체적 진가가 비판적으로 검토되거나 평가될 수 없다는 말이 아니다. 또한 그것은 감히 엄두도 못 낼 순교를 했다고 해서 그의 사상이 출판되었다는 의미도 아니다. 동시에 본회퍼신학의 발전은 그가 처했던 역사적 상황과 그의 삶이 전개된 방식과 매우 밀접하게 관련되어 있기 때문에 그의 삶으로부터 그의 사상을 분리해 낸다는 것은 인위적인 것이며 불가피한 문제를 야기한다. 특히 모든 사상이 사회적인 자리(social location)에서 배태된다는 점을 진지하게 고려한다면, 어떤 점에서 이것은 모든 신학자들에게 적용될 수 있을 것이다. 그렇지만 본회퍼의 경우에 그 이유는 사회적인 자리만은 아니다. 어느 정도까지는 그의 신학의 많은 부분이 의식적으로 그의 역사적인 상황과 관련되어 있다.

본회퍼신학에 대한 베트게의 이야기 식의 접근방식(narrative approach)은 1961년 시카고 신학대학에서 행한 그의 세 편의 앨든-터트힐 강연(Alden-Tuthill Lectures)에서 처음 시작되었다.[37] 베트게는 본회퍼의 신학적 발전을 세 기간으로 나누었다. 첫째 기간은 1927-1933년으로, 그는 "기초(Foundation): 메시지의 구체적인 본질에 대한 탐구"라는 이름을 붙였다. 이 기간은 『성도의 교제』(Sanctorum Communio)로 시작되고 1933년 베를린대학에서 행한 본회퍼의 「그리스도론」 강의로 끝난다. 둘째 기간은 1933-1939년으로, "집중

---

37) Eberhard Bethge, 'The Challenge of Dietrich Bonhoeffer's Life and Theology', *The Chicago Theological Seminary Register*, 51 (2) (February 1961). 이 글은 Eberhard Bethge, 'The Challenge of Dietrich Bonhoeffer's Life and Theology', in *A World Come of Age: A Symposium on Dietrich Bonhoeffer*, ed. Ronald Gregor Smith (London: Collins, 1967)로도 출판되었다.

(Concentration): 기독교를 위한 좁은 길"이라는 이름을 붙였다. 이 기간은 교회투쟁(Kirchenkampf) 기간으로, 『나를 따르라』와 『신도의 공동생활』은 물론 평화, 에큐메니즘, "유대인 문제", 나치 이데올로기에 대한 투쟁과 연관된 그리스도 신앙고백과 관련된 수많은 논문들의 출판을 포함한다. 셋째 기간은 1940-1945년으로, 베트게는 "해방(Liberation): 종교 없는 기독교"라는 이름을 붙였다. 이 기간은 핑켄발데 신학교의 폐쇄로부터, 공모를 위한 그의 지하 활동, 게슈타포에 의한 그의 체포와 투옥을 거쳐, 그의 때 이른 죽음에 이르는 시기를 포함한다. 그의 미완성 작품인 『윤리학』에 대한 작업, 그의 사후에 『옥중서신』으로 발행된 편지, 시(詩), 신학적 명상들을 쓴 때는 바로 이 마지막 기간 중이었다. 베트게의 시대 구분은 다양한 설명과 함께 널리 받아들여졌고, 오랫동안 본회퍼의 유산을 조직화하는 것과 그의 신학의 발전을 이해하는 데에 도움을 주었다.

베트게의 해석의 중심은 본회퍼의 신학적 발전에 있어서의 연속성(continuity)과 불연속성(discontinuity)에 대한 인식이었다. 이러한 접근은 1961년 독일에서 발행된 본회퍼의 신학에 대한 최초의 중요한 연구서인 한프리트 뮐러(Hanfried Müller)의 『교회로부터 세상으로』(Von der Kirche zur Welt)[38]와 좋은 대조를 이룬다. 기독교에 대한 사회주의적 해석에 몰두한 동 베를린 소재 훔볼트대학 교수인 뮐러에게 있어서, 본회퍼를 이해하는 열쇠는 『성도의 교제』에서 시작하여 『윤리학』에 이르는 신학과 1944년 4월 30일자의 편지로 시작되는 옥중서신에 나타난 신학을 분리시키는 철저한 불연속성을 인식

---

38) H. Müller, *Von der Kirche zur Welt* (Hamberg-Bergstedt: Herbert Reich Evang. Verlag, 1966).

하는 데에 있다. 뮐러의 관점에서 보자면, 오늘날 우리가 본회퍼를 정확하게 이해하려면 교회로부터 시선을 돌려 완전히 세속성 가운데 있는 세상을 포용해야 하고, 부르주아 종교를 배격하고 사회주의를 옹호해야 하며, 복음으로부터 사람들을 해방시켜 성숙하게 만들고 세상에서 책임적인 존재가 되게 하여야 한다. 중요한 문제는 본회퍼가 무엇을 의도했느냐가 아니라 그가 지금 어디에 서 있느냐는 것이라고 뮐러는 주장했다.

뮐러의 몇 가지 통찰은 조금도 잘못된 것이 없다. 1944년 4월 30일자의 편지는 본회퍼의 신학 발전에 있어서 중요한 방향 전환을 의미한다. 그리고 뮐러가 강조한 바와 같이, 단순히 본회퍼가 의도하는 바를 묻는 것이 중요한 것이 아니라, 오늘날의 문제들과 관련하여 그가 어디에 서있는가를 묻는 것이 중요하다. 그러나 불연속성을 매우 강조함으로써 뮐러는 본회퍼의 최초 작품에서부터 그의 마지막 단편들에 이르기까지 그의 신학 안에 흐르는 깊은 연관성을 식별하는 데에 실패했다.[39] 감옥에서 보인 급진적인 사상은 이미 『성도의 교제』와 『행위와 존재』에 그 기초를 두고 있는 동시에 나치즘에 대항한 교회투쟁 기간 중 보여준 그의 그리스도에 대한 증언을 특징적으로 나타낸 깊은 성서적 영성과 헌신을 반영하고 있다. 사실상 본회퍼의 신학은 논리적 단계를 밟아 발전된 것이 아니라 베트게가 지적하는 바와 같이, "훌륭한 종합은 그 시대의 도전에 직면한 [그의] 감수성 있는 인식에서 나온 것이다."[40] 베트게는 이렇

---

39) 뮐러에 대한 베트게의 최초의 반응에 대해서는, E. Bethge, 'Besprechung: Hanfried Müller, Von der Kirche zur Welt', in *Gesammelte Schriften I*, ed. E. Bethge (Munich: Chr. Kaiser Verlag, 1963), pp. 169-174를 보라.

40) E. Bethge, 'The Challenge of Dietrich Bonhoeffer's Life and Theology', 19.

게 쓴다. "본회퍼는 새롭게 창안된 것은 하나도 없다는 것을 기억하자고 분명하게 말한다. 토대가 되는 기본 개념은 이미 이전에 세워졌고 그 어떤 것이 모퉁이에 보태졌다."[41] 본회퍼는 계속 변화하고 있는 세계와의 관계에서 예수 그리스도의 의미를 발견하려는 결의에 찬 시도에 몰두했었다.

본회퍼 연구에 대한 베트게의 공헌은 유산의 전달 과정이나 본회퍼의 신학을 그 상황에서 이해하도록 도와준 데에 국한되지 않았다. 해가 거듭할수록 그는 본회퍼의 통찰을 오늘날의 문제들과의 관련 속에서 연구하고 나름대로 많은 것을 발전시켰다. 베트게는 특히 유대교와 교회의 관계, 따라서 유대인 대학살에 대한 그 책임과 죄책 문제와 관련 큰 기여를 했다. 유대인 문제와 관련, 당시 본회퍼 자신의 증언은 모호했지만 베트게에게 그 문제에 이르는 길을 제공해주었다. 베트게는 자신의 연구조사와 유대교 학자들과의 대화를 통하여 그리고 독일 개신교회의 생각과 태도를 변화시키려는 그의 시도에서 분명히 본회퍼를 넘어섰다. 이와 같은 그리고 이와 유사한 방식으로 본회퍼에 대하여 권위 있는 해석을 하려면 우리는 텍스트로 돌아가서 그 텍스트의 상황에서 그것을 검토하여야 할 뿐만 아니라 본회퍼와의 대화 속에서 신학 작업을 하려면 그를 넘어서서 복음을 우리 자신의 시간과 공간과 관련시켜야 한다는 점을 베트게는 분명히 보여주었다.[42]

---

41) ibid., 29.

42) Eberhard Bethge, *Ohnmacht und Mündigkeit* (Munich: Chr. Kaiser Verlag, 1969); Eberhard Bethge, *Am gegebenen Ort* (Munich: Chr. Kaiser Verlag, 1979); Eberhard Bethge, *Bekennen und Widerstehen* (Munich: Chr. Kaiser Verlag, 1984).

## 학문적 논쟁과 쟁점

본회퍼 연구는 1950년대 이래 여러 국면을 거쳐 진행되었다. 랄프 뷔스텐베르크(Ralf Wüstenberg)는 문헌에 대한 그의 연구에서 본회퍼 연구를 네 시대로 구분하였는데, 그 중 세 시대는 분명한 특징을 보여주고 있다.[43] 첫 10년 동안, 초점은 그의 전기 연구에 맞추어져 있었다. 두 번째 시기인 1960년대에는 주요 주제가 세속화의 문제에 있었다. 세 번째 1970년대에는 지배적인 관심사가 본회퍼의 철학적 근거에 집중되었다. 그렇지만 네 번째 시기인 1980년대와 1990년대 초반에는 분명한 특징이 없다. 뷔스텐베르크의 자료 편제는 도움이 되며 적절하다. 그가 지적한 바와 같이 각 시대에서 논의된 주제와 쟁점들의 범위는 상당히 넓어 그 결과 다양한 접근방법을 요한다. 사실상 독일 학계에 있어서 본회퍼 해석의 역사에 대한 포괄적인 검토를 한 에른스트 파일(Ernst Feil)은 네 가지 서로 다른 접근방식을 지적한다.[44] 파일이 영어 연구서들을 다루지 않았지만, 거기에서도 비슷한 특징이 발견되며, 필자도 영어로 된 문헌에

---

43) R. K. Wüstenberg, *Glauben als Leben: Dietrich Bonhoeffer und die nichtreligiöse Interpretation biblischer Begriffe* (Frankfurt-on-Main: Peter Lang, 1995), pp. 255-341; R. K. Wüstenberg, *To Live as to Believe: Dietrich Bonhoeffer and the Non-Religious Interpretation of the Biblical Message (Grand Rapids: Eerdmans, 1998).*

44) Ernst Feil에 의한 본회퍼 해석의 상세한 논의를 위해서는, Ernst Feil, 'Aspekte der Bonhoefferinterpretation', *Theologische Literaturzeitung,* 117 (1-2) (January-February 1992). (이것은 영어로 *Bonhoeffer Studies in Germany: An Overview of Recent Literature* [Philadelphia: International Bonhoeffer Society, English Language Section, 1997]로 발행되었다). 초기의 논의들은 다음을 포함하고 있다. Rudolf Schulze, 'Hauptlinien der Bonhoeffer-Interpretation', *Evangelische Theologie,* 25 (1965); Jøegen Glenthøj, *Dokumente zur Bonhoeffer-Forschung* (Munich: Chr. Kaiser Verlag, 1969); James H. Burtness, 'Reading Bonhoeffer: A Map to the Literature', *Word and World,* (3) (Summer 1982).

서 파일(Feil)의 도식(圖式)과 관련된 다른 주제들을 다룬 바 있다.[45]

첫 번째 특징은 본회퍼의 신학에 대한 포괄적인 연구들이 지니는 특징으로 그에 대해 잠시 후에 다루게 될 것이다. 두 번째 특징은 본회퍼의 신학적 발전, 즉 교회론[46]으로부터 시작하여 그리스도론[47]을 거쳐 마지막으로 "성인된" 세상[48]의 현실문제와의 씨름에 이르는 서로 다른 국면들에 관한 것이다. 파일이 지적하는 세 번째 특징은 본회퍼의 신학에 있어서의 특별한 주제들에 관한 연구의 특징이다. 영어로 발행된 주요 연구서들은 그의 구약성서의 사용,[49] 인간학,[50] 신학의 철학적 기초[51] 그리고 윤리학의 발전[52]을 포함하고 있다. 그러나 참고문헌이 가리키는 바와 같이, 거기에는 본회퍼의 성례전 이해로부터 죄의식과 양심에 대한 취급, 섭리에 관한 교리 그리고 "비의훈련"(disciplina arcanum)의 사용에 이르기까지 특수 주제를 다루는 많은 단행본들이 있다. 네 번째 특징은 실천신학, 예컨대

---

45) 독자들은 독일어 연구서들에 대한 정보를 위해서 파일(Feil)의 논의를 참고해야 할 것이다. 다음에 나오는 주(註)들은 주로 영어로 된 연구서들과 관련된 것이거나 영어로 번역된 독일어 연구서들과 관련된 것들이다.

46) T. I. Day, *Dietrich Bonhoeffer on Christian Community and Common Sense*, Toronto Studies in Theology, vol. 11 (New York: Edwin Mellen Press, 1982).

47) J. A. Phillips, *Christ for Us in the Theology of Dietrich Bonhoeffer* (New York: Harper & Row, 1967).

48) J. Woelfel, *Bonhoeffer's Theology: Classical and Revolutionary* (New York: Abingdon, 1970).

49) M. Kuske, *The Old Testament as the Book of Christ: An Appraisal of Bonhoeffer's Interpretation* (Philadelphia: Westminster, 1976).

50) Green, *The Sociality of Christ and Humanity*.

51) W. W. Floyd, Jr. *Theology and the Dialectics of Otherness: On Reading Bonhoeffer and Adorno* (Baltimore: University Press of America, 1988).

52) L. Rasmussen, *Dietrich Bonhoeffer: Reality and Resistance* (Nashville: Abingdon, 1972); J. H. Burtness, *Shaping the Future: The Ethics of Dietrich Bonhoeffer* (Philadelphia: Fortress Press, 1985); R. W. Lovin, *Christian Faith and Public Choices: The Social Ethics of Barth, Brunner and Bonhoeffer* (Philadelphia: Fortress Press, 1984); and Peck, *New Studies in Bonhoeffer's Ethics*.

본회퍼의 설교에 대한 접근[53] 또는 목회와 관련된 것이다.

대부분 독일어로 된 본회퍼에 관한 초창기의 연구들은 『성인된 세계』(Die mündige Welt)라는 제목의 총서로 출판되었는데, 그것이 차세대의 논쟁의 방향을 결정했다.[54] 영어로 쓰인 최초의 논문집인 『본회퍼의 위치』(The Place of Bonhoeffer)는 1962년 발행되었다.[55] 1971년 국제 본회퍼학회(International Bonhoeffer Society)가 창립되고 여러 언어와 지역으로 지부가 결성된 이래, 많은 학술대회와 심포지움에서 발표된 논문집들이 발행되었다.[56] 이 논문집들은 본회퍼 연구가 학문적으로 발전된 경로를 추적하는 데에 없어서는 안 되는 자료이다. 본회퍼의 신학에 대한 더욱 포괄적인 연구서들은 접근방식과 강조점에서 매우 다양할 뿐만 아니라 해석의 차이점 또한 보여준다. 본인은 이 모든 연구서들을 다루려고 하지 않고, 다만 본회퍼 해석에 있어서의 문제점들을 조명하는 데 가장 중요한 연구들만을 간략하게 소개하고자 한다.

본회퍼신학에 대한 첫 번째 주요 연구인 『교회에서 세계로』(Von der Kirche zur Welt)는 앞서 언급한 동독 신학자 한프리트 뮐러가 지은 것으로 1956년 출판되었다.[57] 우리 시대를 위한 본회퍼에 관한 유일한 해석은 그가 감옥에서 구축한 급진적인 성찰 위에 세워진 해석이라고, 뮐러가 주장한 것을 상기할 수 있을 것이다. 뮐러가 공산

---

53) C. E. Fant, *Bonhoeffer: Worldly Preaching* (New York: Crossroad, 1990).

54) *Die mündige Welt*, ed. E. Bethge, vols. I-IV (Munich: Chr. Kaiser Verlag 1956-1963).

55) *The Place of Bonhoeffer: Problems and Possibilities in his Thought*, ed. M. E. Marty (New York: Association Press, 1962).

56) 특히 그 책들은 국제 본회퍼 포럼의 총서와 동독의 선집인 *Bonhoeffer-Studien*, ed. A. Schönherr and W. Krötke (Berlin: Evangelische Verlagsanstalt, 1985)으로 출판되었다.

57) Müller, *Von der Kirche zur Welt*.

주의 국가에 살았기에, 그의 해석이 분명히 마르크스주의적이라는 것은 결코 놀라운 일이 아니다. 본회퍼신학에 대한 첫 번째 중요한 영어 해설서는 1960년 출판된 존 갓시(John Godsey)의『디트리히 본회퍼의 신학』(Theology of Dietrich Bonhoeffer)으로,[58] 이 책은 그가 칼 바르트의 지도하에 박사학위논문으로 쓴 것이었다. 갓시는 뮐러와는 아주 대조적인 입장에서 본회퍼를 다루고 있다. 그는 역사적인 순서에 따라 본회퍼의 작품을 모두 다룸으로써 본회퍼의 신학적 발전에 있어서 연속성을 강조하고, 본회퍼가 바르트에 의해서 영향을 받은 점도 강조했다. 뮐러가 본회퍼신학에 있어서의 급진적인 불연속성을 지나치게 강조한 반면, 갓시는 그 점을 충분히 고려하지 않은 잘못이 있다. 뮐러가 마르크스주의적 틀에 본회퍼를 맞추려고 시도한 반면, 갓시는 아마도 그의 신학이 바르트적 성격을 띠고 있다는 점을 지나치게 강조했다.[59]

본회퍼신학에 대한 프랑스의 주요 해설서는 1971년 영어로 번역 출판된 앙드레 듀마(André Dumas) 저『디트리히 본회퍼: 현실의 신학』(Dietrich Bonhoeffer: Theologian of Reality)이다.[60] 듀마는 본회퍼의 신학적 발전에 있어서의 연속성과 칼 바르트의 주목할 만한 영향을 모두 긍정했다. 그러나 그는 본회퍼가 독일의 위대한 철학자 헤겔(G. W. F. Hegel)로부터 많은 영향을 받았다는 점을 제시하려고 시도했다는 점에서 주목해볼 만한 가치가 있다. 이 점은 지나치게 강

---

58) J. Godsey, *The Theology of Dietrich Bonhoeffer* (London: ACM, 1960).

59) 본회퍼와 바르트의 관계에 대한 바르트 자신의 생각에 대해서는, K. Barth, *Fragments Grave and Gay (London: Collins, 1971)*을 보라. 또한 E. Bethge, *Dietrich Bonhoeffer: Theologian, Christian, Contemporary, pp. 131-142,* 그리고 J. Godsey, *'Barth and Bonhoeffer: The Basic Difference', Quarterly Review, 7 (1) (Spring 1987).*

60) A. Dumas, *Dietrich Bonhoeffer: Theologian of Reality* (New York: Macmillan, 1971).

조되어서는 안 되지만, 본회퍼와 헤겔의 관계는 영어로 쓰인 최근의 본회퍼 연구서들의 주안점이었다. 찰스 마쉬(Charles Marsh)의 『디트리히 본회퍼 재생하기』(Reclaiming Dietrich Bonhoeffer)[61]와 웨인 윗슨 프로이드(Wayne Whitson Floyd)의 『신학과 타자성의 변증법』(Theology and the Dialectics of Otherness)[62]은 본회퍼가 또한 마르틴 하이데거(Martin Heidegger)와 당시의 철학적 논쟁에서 받은 영향과 논쟁에 참여한 정도를 보여주고 있다. 하지만 주목할 점은[63] 본회퍼가 바르트, 헤겔, 하이데거로부터 많은 것을 흡수했지만 결코 그 어느 누구에게도 사로잡히지 않았다는 점을 그 연구서들이 분명히 보여주고 있다. 본회퍼의 신학은 다른 사람들의 통찰의 혼합물이 아니라 세상 안에서 그리고 세상을 위한 예수 그리스도 안에 드러난 하나님의 계시의 의미를 식별하려는 그 자신의 독특한 시도였다.

이러한 본회퍼의 시도는 이미 가톨릭 신학자 에른스트 파일(Ernst Feil)에 의해서 그의 중요한 저서 『디트리히 본회퍼의 신학』(Die Theologie Dietrich Bonhoeffers)에서 강조되었다. 이 책은 1971년 독일어로 출판되고 1985년 축약된 영역본이 나왔는데, 이것은 본회퍼의 신학을 지배적인 이데올로기적 표준과 범주들로 환원시키려는 1960년대의 시도들에 대한 반응이었다. 파일은 영어판 서문에서 다음과 같이 쓰고 있다.

"우리 자신의 전제들이 본회퍼에 의해서 확인되는 것을 보게 된다면,

---

61) C. Marsh, *Reclaiming Dietrich Bonhoeffer: The Promise of his Theology* (New York: Oxford University Press, 1994).

62) Floyd, *Theology and the Dialectics of Otherness*.

63) 제3장을 보라.

우리는 그로부터 배울 수 없다. 또한 우리는 우리 자신의 전제들에서 출발하여 그에게 접근하면서 그가 말한 것을 부인할 수도 없다. 정치적 상황이 특별한 방식으로 기독교 신앙에 도전해 오는 나라들에서 그와 그의 작품이 중요한 의미를 갖게 되면 될수록, 본회퍼의 진정한 의도를 식별하려는 노력은 더욱더 진지해져야 한다." [64]

파일이 본회퍼의 생애에 관한 이야기를 많이 언급하고 있지는 않지만, 그의 작품은 에버하르트 베트게의 작품을 증보하고 있다. 본회퍼의 신학적 발전에 있어서의 연속성을 긍정하면서, 그의 신학여정에서의 결정적인 변화는 급진적 행동으로의 전환이며, 그의 전환은 그의 신학이 발전했던 방식과 본질적으로 관련되어 있다고 파일은 주장한다. "본회퍼 일생의 주제는 '성인된 세계'에서의 예수 그리스도에 대한 주장이었고, 그는 그 주장을 위해 진력을 다했다."[65]

본회퍼 해석의 역사에 관한 포괄적인 논의를 하면서, 파일은 독일의 학계가 대체적으로 두 개의 주요 학파, 즉 루돌프 불트만(Rudolf Bultmann)과 해석학적 논의에 영향을 받은 학파 그리고 바르트 및 변증법적 신학의 관점으로 본회퍼의 위치를 설정하는 학파로 나뉘었다고 지적한다.[66] 전자와 관련하여, 게르하르트 에벨링(Gerhard Ebeling)의 계획적인 논문인 「성서적 개념들에 대한 비종교적 해석」

---

64) E. Feil, *The Theology of Dietrich Bonhoeffer, trans. M. Rumscheidt* (Philadelphia: Fortress Press, 1985), p. xvi.

65) ibid., p. 204.

66) 파일(Feil)에 의한 본회퍼 해석에 대한 상세한 논의를 위해서는 Feil, 'Aspekte der Bonhoefferinterpretation'을 보라. 초기의 논의는 Schulze, 'Hauptlinien der Bonhoeffer-Interpretation'; Glenthøj, *Dokumente zur Bonhoeffer-Forschung; Burtness, 'Reading Bonhoeffer'*를 포함한다.

(The Non-Religious Interpretation of Biblical Concepts)[67]은 매우 중요하며, 후자와 관련해서는 본인이 이미 언급한 위르겐 몰트만(Jürgen Molt-mann)[68]의 논문들과 더불어, 안드레아스 판그리츠(Andreas Pangritz)[69]와 랄프 뷔스텐베르크(Ralf Wüstenberg)의 최근 논문들이 있다.

본회퍼 해석과 관련, 독일 신학계가 두 학파로 양분되는 것은 본회퍼의 신학적 발전에 있어서의 연속성과 불연속성의 문제를 어떻게 이해하느냐는 것과 관련되어 있다. 랄프 뷔스텐베르크는 본회퍼의 신학 전체가 그의 그리스도론에 의해서 분별되지만 그럼에도 불구하고 그 연속성 내에는 중요한 불연속성이 있다고 주장했다. 베트게의 입장을 바꿔 말하는 이러한 관점은 아마도 오늘날의 본회퍼 학자들 가운데서 가장 폭넓은 지지를 받을 것이다. 그러므로 뷔스텐베르크의 입장은 본회퍼의 옥중 신학이 바르트의 신학에 의해서라기보다는 오히려 빌헬름 딜타이(Wilhelm Dilthey)와 오르테가 이 가세트(Ortega y Gasset)와 관련된 19세기 후반과 20세기 초반의 "생의 철학"(Lebensphilosophie)의 배경에서 이해되어야 한다는 주장과 관련이 있다. 뷔스텐베르크가 주장하는 바와 같이, "성서적 개념들에 대한 비종교적 해석"은 예수 그리스도와 매우 성숙한 삶 사이의 관계와 관련이 있다.

이로써 본회퍼 해석에 대한 학문적 논쟁과 관련 독자들로 하여

---

67) G. Ebeling, 'The Non-Religious Interpretation of Biblical Concepts', in *Word and Faith* (Philadelphia: Fortress Press, 1963); 또한 H. Ott, *Reality and Faith: The Theological Legacy of Dietrich Bonhoeffer* (London: Lutterworth, 1971)를 보라.

68) J. Moltmann and A. Weissbach, *Two Studies in the Theology of Dietrich Bonhoeffer, trans.* R. Fuller (New York: Charles Scribner's Sons, 1967).

69) A. Pangritz, *Karl Barth in the Theology of Dietrich Bonhoeffer, trans. R. Fuller* (Grand Rapids: Eerdmans, 1988).

금 몇 가지 요소들을 이해하는 데에 도움이 될 충분한 설명을 하였다. 그러나 본회퍼에 관한 논쟁은, 확실히 영어권 세계에서, 그러한 주제들에서 벗어나지는 않는다 할지라도, 다른 방향으로 나아갔고, 종종 상황적인 문제들에 더 초점을 맞추었다.

## 본회퍼의 "대중적"이며 정치적 수용

1960년대 이래, 본회퍼라는 이름은 진보적인 기독교 공동체와 교회에서 귀에 익은 단어가 되었다. 이 시기 기독교 공동체와 교회가 처한 특별한 상황을 위해 본회퍼의 유산을 탐구하는 수많은 세미나와 워크숍이 세계 도처에서 개최되었다. 심지어 독일에서는 여행 프로그램, 더 자세히 말하면 독일에 있는 본회퍼의 여러 유적지들을 순례하는 프로그램까지 생겼다. 이 모든 것을 여기에 자세히 기록하는 것은 불가능하다. 다만 우리가 본회퍼를 수용하는데 있어 그리고 그의 유산의 전유를 위해서 그러한 이벤트들의 중요성을 인정하지 않는다면, 그것은 아마도 중요한 실수가 될 것이다.

위와 같은 방식으로 본회퍼의 유산에 의해 영향을 받은 사람들의 대부분은 우리가 지금까지 논의한 학문적 논쟁과 주제들에 대해서는 숙지하지 못했을 것이다. 그러나 그들은 본회퍼의 생애와 작품에서 그들에게 보다 더 위대한 기독교적 헌신과 신실함으로 도전해 온 증언을 발견했을 것이다. 해석학에 친숙한 사람들은 역사와 시대상황이 다른 시대에 살았던 사람들의 사상을 부당히 왜곡하지 않으면서 의미 있는 방식으로 해석하는 일이 어렵다는 점을 늘 깨달을 것이다. 에버하르트 베트게뿐만 아니라 많은 본회퍼 학자들

이 이러한 해석상의 과제를 돕는 일에 많은 시간과 정력을 바쳐왔다.[70]

본회퍼의 생애와 작품에 대한 이러한 "대중적인"(본회퍼의 신학을 "값싼 은총"의 수준으로 축소시키는 위험을 피하기 위하여 대중적이라는 말에 따옴표를 사용했다) 취급을 자세히 읽어보면 세 가지 주요 주제가 있다는 점을 알게 된다. 그것은 베트게가 제안하여 계속 관심을 끌고 있는 본회퍼 유산의 세 가지 구조와 관련된 주제들이다. 이 주제들은 넓게는 우선 제자직과 공동체, 다음으로 정의와 평화를 위한 투쟁에의 참여 그리고 마지막으로 세속적인 시대에 대한 신앙이라고 표현될 수 있을 것이다. 첫 번째 주제는 분명히 본회퍼의『나를 따르라』와 그의『신도의 공동생활』과 관련된다. 두 번째 주제는 교회투쟁(Kirchenkampf) 기간과 공모에 가담한 일원으로서의 정치적 참여와 관련되며, 그 시대의 수많은 강의와 "유대인 문제"에 관한 글과 그의『윤리학』에서 표현되는 주제이다. 세 번째 주제는 분명히『옥중서신』으로 출판된 옥중에서의 그의 신학적인 성찰들과 관계가 있다.

본회퍼의 유산이 광범위하고도 지속적인 관심을 끌고 있는 원인은 의심할 여지없이 그의 주제들이 오늘날과 관련성이 있기 때문이다. 그것은 여기에 언급한 특별한 책들이 출판될 뿐만 아니라 여러 언어로 번역되고 여러 경우에는 개정되는 이유이기도 하다. 이는 또한 학생들과 연구 집단을 위해 본회퍼의 저작들을 다룬 여러

---

70) G. B. Kelly, *Liberating Faith: Bonhoeffer's Message for Today* (Minneapolis: Augsburg Publishing House, 1984).

개론서들이 출판되는 원인이다.[71] 사실상 이러한 관심이 없었더라면, 매우 학문적인『디트리히 본회퍼 전집』(Dietrich Bonhoeffer Werke)이 영역되고 출판되지 못했을 것이다.

본회퍼의 "대중적인" 수용은 변함없이 어느 정도 학자들뿐만 아니라(종종 그는 학자들의 경시를 받았다) 더 나아가서 정치무대에서, 기독교적 증언에 신실하고자 하는 사람들에 의해서 세계의 각 지역에 사는 그리스도인들이 직면하는 시급한 문제들과 관련을 맺어왔다.[72] 여러 측면에서 본회퍼신학의 정치적 전용은 대중적인 전용과 관련된다. 그 이유는 대중적 전용이 정의와 해방을 위한 투쟁에 도움이 되는 자원을 본회퍼의 유산 안에서 발견하기 때문이다. 본인이 여기서 "정치적 전용"이라는 표현을 사용하는 것은 한프리트 뮐러가 그랬던 것처럼 본회퍼의 신학을 어느 정도 폐쇄된 이데올로기적 구조에 짜 맞추려는 시도를 언급하는 것이 아니다.[73] 이것은 우파이든 좌파이든 유럽의 상황에서 통상적으로 "정치신학"이 언급하는 내용이다. 본회퍼는 단순하게 그러한 도식에 들어맞지 않는다. 그러나 그것은 그리스도인들로 하여금 복음적 견지에서 더욱 신실하게 정의와 해방을 위한 투쟁에 참여하도록 도와주는 궤도를 그의 유산 안에서 발견하는 것과는 다른 것이다. 이것은 확실히 본회퍼와의 대화가 인종차별정책에 반대하는 투쟁과 이제는 정의로

---

71) de Gruchy, *Dietrich Bonhoeffer: Witness to Jesus Christ; Kelly and Nelson, A Testament to Freedom.*

72) de Gruchy, *Bonhoeffer and South Africa; Clements, A Patriotism for Today;* Rassmussen, *Dietrich Bonhoeffer: His Significance for North Americans.*

73) "정치신학"으로서의 본회퍼신학에 대한 포괄적인 연구를 위해서는 T. R. Peters, *Die Präsenz des Politischen in der Theologie Dietrich Bonhoeffers* (Munich: Chr. Kaiser Verlag, 1976)을 보라.

운 민주 사회를 건설하기 위한 투쟁에서 상당한 도움과 영감이 된
다는 것을 발견한 그리스도인들에게 확실히 해당하는 경우이다.[74]

수많은 상황에서, 다만 정치 무대뿐만 아니라 다양한 현대적인
문제와 관련 그를 활용하는 것은 1996년 케이프 타운(Cape Town)에
서 개최된 제7차 국제 본회퍼학회 총회에 제출된 논문을 잘 읽어보
면 알 수 있을 것이다. 여기에는 특히 아프리카에서의 윤리와 인권
을 위한 본회퍼의 관련성에 대한 발제들이 포함되었다. 미국에서는
교회와 국가, 인종과 시민권의 관계, 남아프리카에서는 반인종차별
정책을 위한 투쟁과 정의로운 사회 건설, 세계적으로는 평화와 환
경문제들을 위한 본회퍼의 관련성이 연구되었다.[75] 다른 많은 상황
과 주제들이 다른 발제에서 다뤄졌다. 사실 본회퍼가 광범위한 논
문과 그것들이 이러저러한 방식으로 그의 생애 및 사상과 관련되어
있다는 것을 안다면 그는 매우 놀랄 것이다.

케이프타운 총회의 주제는 본회퍼 자신이 그와 함께한 공모자
들에게 했던 질문, "우리가 아직도 쓸모가 있는가?"(Are we still of any
use?)였다. 그러나 이제 그 질문의 방향이 바뀌어 본회퍼 자신을 향
해 던져졌다. "질문자들" 가운데 가장 날카로운 질문자는 한국의 여
성해방 신학자인 정현경으로 그의 논문은 본회퍼에게 보내는 편지
의 형식을 취했다. 일부 본회퍼 학자들은 정현경의 발제에 조금은
부정적인 반응을 보였지만, 다른 학자들은 정현경의 발제에서 본회
퍼 자신의 "대중적인" 호소에 속하는 것을 분별해냈다는 것은 주목

---

74) H. Russel Botman, 'Afterword: Is Bonhoeffer Still of Any Use?', in de Gruchy *Bonhoeffer
for a New Day*.
75) de Gruchy, 'Bonhoeffer, Apartheid, and Beyond'.

할 만한 가치가 있다. 그렇지만 모든 학자들은 한국기독학생운동에서 본회퍼가 지닌 의미에 대한 그녀의 회상을 확인할 수 있었다. 정현경은 본회퍼에게 이렇게 썼다. "당신이 우리 운동의 중요한 신학적 멘토가 되었다면, 그것은 우리가 당신의 신학의 세부 내용과 뉘앙스를 이해했기 때문이 아니라, 우리가 당신의 삶의 이야기에 의해 영감을 받았기 때문입니다."[76]

---

76) Chung Hyun Kyung, 'Dear Dietrich Bonhoeffer: A Letter', in de Gruchy, *Bonhoeffer for a New Day*, p. 10.

제2부

본회퍼신학의 주요 주제들

# 6. 인간의 사회성과 기독교 공동체

클리포드 그린(Clifford Green)

인격의 신학. 공동체의 신학. 기독교 공동체. 1933년 이후의 사회성과
기독교 공동체.

본회퍼는 그의 박사학위논문 『성도의 교제』(Sanctorum Communio)
2장에서 다루는 제목인 「인간의 사회성과 기독교 공동체」를 제시
했다. 논문에서 그는 창조, 죄, 계시와 같은 신학적인 교리들이 사회
성에 의해서만 완전히 이해될 수 있다고 말했다. 고색창연한 단어
인 "사회성"(sociality)이라는 말이 일상의 언어생활 가운데 우리의 입
에서 쉽게 튀어나오지 않는다면, 그것은 실천적이며 철학적인 개인
주의가 널리 퍼져 있다는 것을 반영하는 것이다. 그러나 디트리히
본회퍼의 신학을 이야기하기 위해 "사회성"이라는 단어를 근본적
인 용어로 사용하는 것은 단순히 미국과 영국문화로부터 독일문화

를 구별해 내기 위한 것은 아니다. 그 말을 사용하는 이유는 본질적으로 신학적인 이유 때문이다. "인격, 공동체 그리고 하나님의 개념은 불가분하게 그리고 본질적으로 상호 관련되어 있기 때문이다."[1]

이는 인간의 사회성에 대한 기독교적 이해를 명료하게 표현하는 것이 신학 내적 과제(an inner-theological task)라는 것을 의미한다. "인격"과 "공동체"가 무엇을 의미하느냐라는 질문은 신학적 인간학 (theological anthropology)의 질문이다. 그것은 이미 발전된 인간의 사회적 실존에 대한 해석을 받아들이고 거기에 기독교적 내용을 부어넣는 그런 것이 아니다. 왜냐하면 경쟁적인 세계관들을 배태하고 있는 서로 다른 여러 제도들이 있기 때문이다. 현대 세계에는 사회 계약, 시민권, 공리주의 그리고 마르크스주의의 이론들이 경제적, 정치적 제도들과 전(全) 인구의 심성(mentality)과 습속(mores)을 강력하게 형성해 왔다. 이와 유사하게 아리스토텔레스로부터 스토아학파 그리고 관념론적 인식론과 헤겔주의에 이르기까지 모든 철학은 인간의 인격과 사회적 삶에 대한 견해를 발전시켜 왔다.[2] 신학을 위한 도전은 "특별한 기독교적 사회철학"을 명료하게 표현하는 것이라고 본회퍼는 인식했다.[3] 그는 이것을 특히 첫 두 학위논문인(『성도의 교제』와 『행위와 존재』)에서 분명하게 나타난 사회성의 신학에서, 베를린대학의 강의 과정에서 나온 저작들(『창조와 타락』과 『그리스도론』)에서, 그리고 나중에 핑켄발데에서의 공동생활에 대한 신학적

---

1) D. Bonhoeffer, *Sanctorum Communio: A Dogmatic Enquiry into the Sociology of the Church* (London: Collins, 1963). 이 장에서, 『성도의 교제』로부터 나오는 인용문들은 새로운 『디트리히 본회퍼 전집』(*Dietrich Bonhoeffer Works*, Minneapolis: Fortress Press, 1998) 판의 번역본에서 사용되었지만, 1963년 번역본에 따라 인용되었다.

2) ibid., 제2장을 보라.

3) ibid., 박사학위논문 초고에 붙이는 본래의 서문.

해석(『신도의 공동생활』에서 제시했다. 사실상 그 중심 사상과 기본 개념 구조는 그의 『윤리학』과 『옥중서신』에서도 근간을 이루고 있어서 우리는 그의 "특별한 기독교적 사회철학" 사상을 그의 전체 신학을 위한 형성과정으로 여겨야 한다.[4] 사회성은 복합적인 범주이다. 본회퍼가 사회성이라는 용어로 특별히 의미하는 내용은 그것을 구성하고 있는 개념들로부터 확립되어야 한다.

인간의 사회성에 대한 신학적 초점은 자연스럽게 기독교 공동체, 즉 교회에 대한 관심을 수반한다. 혹 그 반대의 표현이 더 합당할 것 같다. 그리스도인이 된다는 것은 교회 공동체 안에서의 삶이기 때문에, 이러한 공동체적-사회적 패러다임은 인간의 사회성에 대한 본회퍼의 사유를 알려준다. 그렇지만 특히 1930년대의 독일에서는 "교회"가 의미하는 바는 당연한 의미의 그런 교회의 의미가 아니었다. 독일에서 "교회"의 의미에 대한 논쟁은 단행본과 잡지를 통한 논쟁에만 국한되지 않았다. 국가사회주의(National Socialism)를 묵인하거나 심하게는 열광적으로 지지한 대다수의 "교회"(제국교회)와 고백교회 사이의 정치적인 교회투쟁(Kirchenkampf)이 곧 "교회"의 의미에 대한 논쟁이었다.

## 인격의 신학

본회퍼가 기독교적 인격 개념을 사용하여 사회성에 대한 자신의

---

4) 참조. C. Green, *Bonhoeffer: A Theology of Sociality* (Grand Rapids: Eerdmans, 1999), 이전에는 *The Sociality of Christ and Humanity: Dietrich Bonhoeffer's Early Theology, 1927–1933* (Missoula: Scholars Press, 1975)으로 출판되었다.

이해를 전개하면서 "사회성은 공동체 및 하나님에 관한 기독교 신앙과 분리될 수 없다"고 한 그의 진술은 다른 출발점을 허용해 준다. 철학적 신학의 작품이자 베를린대학 교수자격을 안겨준 『행위와 존재』는 예수 그리스도 안에 나타난 하나님의 자유에 관한 서술이다. 초기 바르트의 『로마서 강해』(Epistle to the Romans)가 세상으로부터의(from) 하나님의 형식적인 자유에 대해 논함으로써 인간의 우상숭배에 대해 반응한 것이라고 주장했다. 본회퍼는 『행위와 존재』에서 예수 그리스도 안에서의 인류를 위한(for) 하나님의 자유에 대해서 생생하게 논하고 있다.

> "그는 계시 중에 계시 이면(裏面) - 하나님 자신, 곧 자존성(aseity) 내에 영원히 머물러 있는 - 하나님의 자유의 문제라기보다는 오히려 계시 안에서 하나님 자신 밖으로 나오는 하나님의 자유의 문제를 다룬다. 그것은 하나님이 주신 말씀(Word)의 문제, 곧 계약의 문제로 하나님은 계약 안에서 자신의 행위에 스스로 얽매이신다. 그것은 하나님의 자유의 문제로 그 강력한 증거는 하나님이 역사적인 인간에게 매이시며 자신을 인간의 처분에 맡기시기로 자유롭게 택하신 데서 발견한다. 하나님은 인간으로부터 자유롭지 않고 오히려 인간을 위해 자유하시다. 그리스도는 하나님의 자유의 말씀이시다. 하나님은 영원한 추상성(nonobjectivity)으로 현존하시는 것이 아니다. 오히려 교회 내의 말씀 안에서 "가질 수 있고(haveable)" 포착될 수 있다." [5]

---

5) D. Bonhoeffer, *Act and Being: Transcendental Philosophy and Ontology in Systematic Theology, Dietrich Bonhoeffer Works*, vol. II, trans. M. Rumscheidt (Minneapolis: Fortress Press, 1996), p. 90.

하나님의 존재는 초월적인 고립과 부재 속에 있지 않다. 하나님은 우리의 역사 속에서 인류를 위해 자유로우시다. 즉, 예수 그리스도의 빛 안에서 하나님은 세상 안에서 우리에게 나타나신 바와 같이 계시되었다. - 하나님의 존재는 "우리와의 관계 속에 계신 존재"(being-in-relation-to-us)이다. 우리와 함께 하시는 하나님, 우리를 위한 하나님, 이것이 바로 성육신의 의미이다.

이것이 사실이라면, 인간 실존 역시 근본적으로 상관적이라는 결론이 나온다. 인간이 된다는 것은 하나님 앞에서의 인격, 하나님과의 관계 속에서의 인격이 되는 것이다. 개별적인 인격들 상호 관계와 인간 공동체들 간의 관계는 하나님과 인간 실존에 대한 이러한 신학적 이해를 그 중심에 두고 있다. 원숙한 바르트가 인간 공동체에 대한 이해를 궁극적으로 하나님의 삼위일체적 삶 안에서 찾고 있다면, 본회퍼는 예수 그리스도 안에서의 하나님의 성육신 안에 인간 공동체에 대한 이해를 세우고 있다. 초점은 그리스도 중심적인 것(Christocentric)이다. - 삼위일체적 표현이 본회퍼에게도 있지만 그리스도론이 전면(前面)에 있다.

찰스 마쉬(Charles Marsh)는 본회퍼가 "칸트 이후의 자아성(selfhood) 모델에 대한 강제적이며 예측할 수 없을 정도로 풍요로운 대안 - 타자와의 모든 관계의 중심으로서의 자아(self)의 개념에 대한 대안을 제공해 주는 타자와의 삶에 대한 그리스도론적 서술"을 제시한다고 설득력 있게 주장했다.[6] 마쉬는 인식론의 주객 모델(subject-object model)은 인간 인격의 사회적, 윤리적 관계를 묘사할 수 없다고

---

6) C. Marsh, *Reclaiming Dietrich Bonhoeffer: The Promise of his Theology* (New York: Oxford University Press, 1994), p. vii.

비판한 본회퍼의 생각 위에 자신의 사상을 구축한다. 주객 모델은 우리가 어떻게 과학적으로 알 수 있느냐에 관한 사유에 유용할 수 있지만(그것은 현미경이나 망원경을 통해서 대상을 보는 과학자에게 적합한 모델일 수 있다), 사람들 간의 관계 - 특히 윤리적 관계 - 와 인간적 공동체들 간의 관계를 이해하는 데는 도움이 되지 않는다.

사회성의 복잡한 개념의 중심에 있는 것은 본회퍼의 인격(아래에서 논의하게 되는 바와 같이 비록 언제나 공동체의 맥락에서 이해되는 인격일지라도)에 대한 이해이다. 하나님과의 관계 속에 존재하는 인격이 신학적 인간학의 전제라고 한다면 인간적 인류학의 전제는 인격과 관계 속에 있는 인격이다. 이것은 나-너(I-You)의 관계이다. 즉, 인격들은 타자와의 관계 속에서 존재하는 독립적이며, 의지적 주체들이다. 그들은 서로에게 윤리적인 주장을 함으로써 서로를 만난다. 그리고 한 사람의 독립적인 의지는 타자에게 한계를 구성한다. 인격은 사회윤리적, 역사적 존재이다. 그의 정체성은 타자와의 윤리적 만남에서 형성된다. 포스트 모더니스트들(post-modernists)이 "타자성"(otherness)을 발견하기 훨씬 이전에 타자로서의 너(You as other)는 본회퍼의 신학적 인간학에서 결정적으로 중요한 개념이었다. "개인은 '타자'와의 관계에서만 존재한다. 개인은 혼자 사는 사람(solitary)을 의미하지 않는다. 그와는 반대로 개인이 존재하기 위해서는 '타자'가 반드시 거기에 있어야 한다."[7] 그러나 타자는 단순히 낯선 사람이나 접촉할 수 없는 사람이 아니다. 타자는 내가 윤리적 만남에서 만나는 너이다.

여기에서 중요한 것은 너, 곧 다른 인격이 나에 대한 장벽이나 한

---

7) D. Bonhoeffer, *Sanctorum Communio*, p. 32.

계를 구성한다는 본회퍼의 주장이다. 내가 내 의지와는 다른 사람의 의지를 만날 때, 나는 어쩔 수 없이 응답해야 한다. 나에게는 설명할 의무가 있고 책임이 있으며, 나는 대답해야 한다.(책임성[respon-sibility]을 나타내는 독일어는 Verantwortlichkeit인데, 문자 그대로는 "answerability"를 의미한다). 갈등을 일으키는 의지들은 단순히 죄의 결과만은 아니다. 창조의 세계에는 자연적이며 건설적인 갈등이 있을 수 있다. 그럼에도 불구하고, 죄의 상황에서 타자의 도전적인 의지는 자아의 암묵의 주장 – 다른 인격을 지배하고, 조작하며, 이용하려는 경향 – 과 맞선다.

나-너의 관계에 대한 본회퍼의 주장은 본회퍼가 그의 박사학위 논문을 완성하기 4년 전인 1923년 등장한 『나와 너』(I and Thou)라는 유명한 책을 쓴 마르틴 부버(Martin Buber)의 의견 중 많은 것을 상기하게 만들었다.[8] 그러나 나-그것(I-It)과 나-너(I-You) 사이를 구별한 부버의 입장은 마르부르크학파의 네오-칸트주의(Marburg neo-Kantianism)에 근거한 것이었으며, 본회퍼의 나-너 관계에 대한 이해와는 전혀 달랐다. 부버의 전문가인 발터 카우프만(Walter Kaufmann)은 "부버의 책에 널리 퍼져 있는 친밀감"을 올바르게 묘사했다.[9] 목표는 대상화된 '나-그것'의 세계를 극복하면서 인격들 사이에서 친밀성의 영역을 창조하는 것이다. 그러나 부버 이상으로 인격을 대상화시키는 것을 부버보다도 더 많이 반대한 본회퍼는 타자를 나(self)에 대한 한계와 장벽이라고 강조한다. – 그는 친밀성보다도 윤리적 만남을 강조한다. 이러한 윤리적 만남에서 타자는 나를 초월한다. – 실제로 인간적인 너는 신적인 당신(divine You)의 형태이자 유비이다. 이

---

8) M. Buber, *I and Thou* (New York: Charles Scribner, 1970).
9) ibid., p. 37.

러한 초월성의 인격적-윤리적 모델은 본회퍼의 신학 전반에 걸쳐서 발견된다.[10) 본회퍼는 부버에 대해서 알고 있었지만, 『나와 너』(I and Thou)를 인용하지 않고, 나-너 관계를 다룬 그리제바하(Griese-bach)와 히르쉬(Hirsch)와 같은 다른 철학자들에게 의존한다.

윤리적인 관계의 그물로서의 인격에 대한 이러한 이해는 하나님의 형상(imago Dei)에 대한 본회퍼의 참신하고도 원대한 해석의 기초가 된다. 그는 1932년 베를린대학의 한 강좌에서 하나님의 형상에 대한 해석을 발전시켰는데, 그것은 『창조와 타락: 창세기 1-3장에 대한 신학적 해석』(Creation and Fall: A Theological Interpretation of Genesis 1-3)으로 출판되었다. 본회퍼의 혁신적인 해석은 이전의 신학자들의 해석과 대조해 보면 명백히 다르다는 것을 알 수 있다. 이전의 신학자들은 사람이 하나님의 형상을 닮았다는 것을 사람의 특성이나 특질로 설명했다. 즉, 자유 의지, 이성, 불멸과 같은 영혼의 특성과 같은 것으로 여겨왔거나 또는 아우구스티누스(Augustine)처럼 인간의 기억(memory), 지성(intellect), 의지(will)의 통일성 속에서 나타나는 삼위일체 하나님과의 유사성 같은 것으로 여겨졌다.

하나님의 형상에 대한 개인주의적인 해석들과는 달리, 본회퍼는 이 형상 또는 유사성이 인격들 사이의 특수한 관계로서 이해되어야 한다고 주장한다. 그는 관계 속에 있는 두 사람, 즉 남성과 여성을 창조함으로써 하나님의 형상을 닮은 인간을 창조하시는 하나님에 대해서 말하는 창세기 1장 26절 이하(5장 1-2절도 참조)에서 단서를

---

10)예컨대 D. Bonhoeffer, *Letters and Papers from Prison: The Enlarged Edition* (New York: Macmillan, 1972), p. 381을 보라. "초월은 … 주어진 상황에서 가까이에 있는 이웃이다. 인간의 형상을 입은 하나님은 … '타자를 위한 인간'(the man for others)이며, 따라서 십자가에 달린 자(the Crucified)이다."

찾는다. 본회퍼는 하나님이 자기를 빚은 창조자를 자유롭게 예배하는 피조물들 속에서 보여지거나 형상화되기를 원하신다고 주장하면서 다음과 같이 쓰고 있다. "어느 누구도 자유를 본질이나 개인주의적인 어떤 것이라고 생각할 수 없다. 자유는 … 타자를 통해서 나에게 발생하는 … 어떤 것일 뿐이다."

"왜냐하면 성서의 언어에서는 자유란 사람들이 자기 자신을 위해 소유하는 어떤 것을 말하는 것이 아니라 타자를 위해서 갖는 어떤 것을 의미하기 때문이다. 어느 누구도 "여성 스스로"나 "남성 스스로"[an sich] 자유롭지 않다. - 말하자면 진공(vacuum) 속에서 자유롭지 않고, 또는 여성 스스로나 남성 스스로 음악적, 지성적, 맹목적이 되는 방식으로도 자유롭지 않다. 자유는 인간이 소유하는 특성이 아니다. 그것은 능력도 아니며 수용력도 아니다 … 왜냐하면 자유는 … 소유물, 넘겨줄 수 있는 것, 대상이 아니다. 그것은 넘겨줄 수 있는 것의 형태도 아니기 때문이다. 다만 그것은 관계 이외의 다른 아무것도 아니다. 더 정확하게 표현하자면, 자유는 두 인격 사이의 관계이다. 자유롭게 된다는 것은 "타자를 위해 자유롭게 된다"(being-free-for-the-other)는 것을 의미한다. 나는 타자와의 관계 속에서 존재한다는 사실에 의해서만 자유롭게 된다."[11]

사랑 속에서 타자를 위해 자유롭게 되는 것(being-free-for-the-other-in-love)은 인간을 사랑하시는 하나님의 자유를 형상화한다. 인

---

11) D. Bonhoeffer, *Creation and Fall: A Theological Exposition of Genesis 1-3, Dietrich Bonhoeffer Works,* vol. III, trans. Douglas Bax (Minneapolis: Fortress Press, 1997), pp. 62-63.

간들 가운데 나타나는 하나님의 형상에 대한 신학적 설명의 근거는 하나님의 자유의 본성에서 찾아야 한다. 여기에서 본회퍼는 친숙한 공리를 다음과 같이 고쳐 말한다. "그리스도 안에서 하나님이 인류를 위해 자유로우시고, 하나님이 하나님의 자유를 하나님 자신 안에 붙들고 계시지 않으시기 때문에, 우리는 자유를 '~를 위해 자유롭게 되는 것'(being-free-for)으로만 생각할 수 있다. … "[12] 창조주에 대한 피조물의 유사성, 형상 또는 유비는 관계의 유비(analogia relationis)이어야 한다. "하나님은 … 그리스도 안에서 '인류를 위한 존재'로서 증명되는 분이신 것처럼, 혼자가 아니시다." 여기서 중요한 것은 본회퍼가 창조주에 대한 사색적인 존재론을 상세하게 설명하는 것이 아니라는 점이다. 그는 예수 그리스도의 성육신과 부활에 초점을 맞춘 그리스도론적 해석을 하고 있는 것이다. 이런 의미에서 요약하자면 하나님의 존재는 인류를 위한 존재이기 때문에, 인간관계는 "사랑 안에서 타자를 위해 자유롭게 되는" 한 인격 안에서 하나님의 타자를 위한 존재를 형상화한다.[13]

## 공동체 신학

우리는 지금까지 인격과 그들의 관계에 대한 본회퍼의 신학적 이해에 집중해 왔다. 그러나 그의 사회성의 신학은 대인 관계의 "인격

---

12) ibid., pp. 63, 65.

13) 『창조와 타락』(Creation and Fall)은 칼 바르트가 읽은 본회퍼의 책들 가운데서 첫 번째 책이었다. 그는 『교회 교의학』(Church Dogmatics, 특히 III/1, 194ff)에서 본회퍼의 관계의 유비(analogia relationis)에 대한 이해를 그 자신의 창조론에 적용했다.

주의"(personalism)로 환원될 수는 없다.[14] 사회성은 개별 인격들에 대해서 관심을 보이듯 인간 공동체들에도 관심을 보인다. 사실 인격과 공동체 사이에는 호혜적인 관계가 있는데 그것은 다음과 같이 진술될 수 있다. 인격들이 공동체를 위하여 지으심을 받은 바와 같이, 공동체들도 인격들로 구성되어 있다. 각 인격은 환원될 수 없는 현실적이며 타자를 요구한다. 본회퍼의 접근이 시사하는 최근의 역사와 사회철학에 대한 흥미 있는 논평들 가운데 하나는 이것이다. 만일 현대의 서구가 공동체와 사회를 희생시키고 개인을 높인다고 한다면, 소비에트 동구는 개인을 희생하고 사회와 집단을 높인다고 할 수 있다. 다시 말해 서구와 동구는 서로 다른 방식으로 공동체와 개인적인 인격 사이의 호혜적인 관계, 상호 관계를 보는 기독교적 이해의 서투른 모방들(caricatures)이다. 여기에서 "개인"(individual)보다는 "인격"(person)이라는 용어를 선택한 본회퍼의 입장을 주목해야 한다. 본회퍼는 사회적인 형태들을 포괄적으로 포함시키기 위하여 "공동체"(community)라는 용어를 사용한다. 작게는 결혼, 가족 또는 우정과 같은 것에서 크게는 민족, 국가, 전(全) 교회에 이르기까지 이 모두는 공동체들이다. – 실제로, 그는 (말하자면 아담이나 그리스도에 의해서 대표되는 한 인격으로 하나님 앞에 세워지는) 인류 전체를 "전체의 공동체"라고 간주한다. 공동체는 조직 그 자체가 아닌 다른 목적을 위하여 조직된 기업체나 정치 조직들과 같이 실리적인 것이 아니다. 공동체와 공동체를 구성하고 있는 개인적인 인격들은 목적

---

14) 이것은 찰스 마쉬(Charles Marsh)의 만약 그렇지 않으면 탁월한 책이 되었을 *Reclaiming Dietrich Bonhoeffer*의 결점이다.

자체이다. 그들은 의미의 구조들이며, 삶의 공동체들이다.[15] 이때 "인격"이라는 용어는 새로운 방식으로 사용된다. 본회퍼는 공동체 서로에 대한 관계를 해석하기 위하여 윤리적인 관계와 책임성 안에 서있는 인격의 모델을 사용한다. 또한 그는 개인이 공동체를 위하여 책임을 지는 방식을 해석하기 위하여 인격 모델을 사용한다. 몇 가지 사례들이 그의 의미를 조명해 준다. 마틴 루터 킹 박사(Dr. Martin Luther King)가 이끈 미국의 민권 운동에서 아프리카계 아메리칸 흑인 공동체는 정의와 자유에 대한 긴급한 윤리적 요구를 지니고 백인 공동체를 만났다. 개개인들 간의 윤리적인 만남에서와 똑같이, 흑인 공동체는 백인 공동체에 의해 부과된 불의에 저항했고, 입법, 경제정책, 사회적 행위와 관습에 있어서의 책임적인 응답을 하라고 백인 공동체에 도전했다. 다른 사례들이 금방 떠오른다. 남아프리카에서의 인종차별정책의 반대자들과 지지자들 간의 유사한 만남 또는 베트남 민족주의자들과 프랑스의 식민주의자들과 미국의 냉전 전략가들 간의 만남, 영국 식민주의자들과 간디(Gandhi)가 이끈 인도 독립운동 간의 만남, 냉전 체제 속에서의 서구와 동구권 간의 만남이 그것이다.

이 모든 갈등과 만남에서 인종적, 종교적, 정치적 원리에 입각하여 구성된 공동체들이 서로 만나고 서로에게 그들의 윤리적인 요구들을 강요한다. 그러나 어떻게 정확하게 이러한 윤리적인 만남이 실제로 발생하는가? 본회퍼는 이렇게 답변한다. 그들의 공동체를

---

15) 여기에서 본회퍼는 페르디난트 퇴니스(Ferdinand Tönnis)의 공동체(게마인샤프트, *Gemeinschaft*)와 사회(게젤샤프트, *Gesellschaft*) 사이의 유명한 구별을 채택하고 있다. 후자는 기업체나 정치 조직과 같은 목적의 구조이며, 목적 자체(end in itself)를 의도하지 않고 목적에 이르는 수단(means to an end)을 의도한다.

대표하고 그들을 위해서 행동을 책임지는 사람들 가운데서 발생한다. 여기에서 본회퍼의 핵심적인 신학적- 윤리적 용어들 가운데 하나인 대리(Stellvertretung)라는 용어가 중요한 역할을 한다. 문자 그대로 그것은 다른 사람을 대신해서 나서는 것을 의미하지만, 그것은 "대리인", "부관(副官)", "대표자"가 시사하는 것보다 더 많은 것을 의미한다. 본회퍼의 의미는 그들의 공동체를 인격화하고 그들을 위해서 희생적으로 행동하는 사람들의 말에 의해서 가장 잘 표현된다. 마틴 루터 킹, 넬슨 만델라(Nelson Mandela), 마하트마 간디와 같은 사람들은 본회퍼가 의미하는 바를 잘 설명해 준다. 본회퍼 자신은 하나님의 정의와 심판의 말씀을 전체 민족을 향해 선포하고 스스로 공동체 전체를 대신하여 회개했던 성서의 예언자들의 본보기가 되었다. 우리는 이제 자기가 속했던 공동체들을 위하여 - 첫째로는 개신교회를 위한 교회투쟁에서, 다음으로는 독일 민족을 위한 저항운동에서 - 행동한 본회퍼의 이름을 추가할 수 있다.

고도로 개인주의적인 문화 속에서 사람들은 흔히 하나님이 개인들에게만 관심을 가지신다고 생각한다. 본회퍼는 하나님이 개인을 위한 것은 물론 공동체들을 위한 말씀과 뜻을 가지고 있다고 주장한다. 단체의 이름으로, 단체를 위해서 행동하는 사람들을 통해서, "나"로서의 공동체는 "당신"으로서의 하나님에 의해서 말씀을 들을 수 있다. 인간적인 공동체들은 개인적인 인격들과 같이 윤리적인 책임을 요청받을 수 있다.

"하나님은 개인적인 인류 역사를 바라시는 것이 아니라 인간적인 공동체 역사를 바라신다. 하나님은 개인을 흡수하는 공동체를 원하시는 것이 아니라 인류의 공동체를 원하신다. 하나님이 보시기에 공동

체와 개인은 같은 순간에 존재하며 서로에게 의지한다." [16)

이러한 사회성의 개념을 발전시키고 나서, 본회퍼는 그것을 창조, 죄, 계시의 성서적 드라마를 묘사하기 위하여 그의 신학적인 주장에 사용한다. 아담과 그리스도는 전체로서의 인류를 인격화하는 원초적인 두 인물이다. - 아담은 피조되고 죄지은 인류를 의미하고, 그리스도는 구속받은 인류를 의미한다. 이것은 기독교 공동체와 그 이야기로 이어진다.


## 기독교 공동체

기독교 공동체를 교회라는 정상적인 용어로 지칭한다면, 독일에서의 본회퍼의 경험은 즉각적으로 다음과 같은 거부를 야기한다. 교회로 자칭하는 모든 것이 교회가 아니다. - 신학에는 사회학적 근본주의(sociological fundamentalism)를 위한 자리가 없다. 그리스도와 복음을 배반하는 교회의 문제는 국가사회주의 치하의 독일에만 국한되는 문제가 아니다. 그러나 물론 그 사례는 생생한 교훈을 주고 있다. 적극적이든 수동적이든 교회를 국가사회주의 이데올로기의 도구로 만들어 버린 사람들과 본회퍼처럼 고백교회(Bekennende Kirche)에 속한 소수의 사람들 간의 교회투쟁(Kirchenkampf)을 독자가 숙지하고 있다는 것을 전제로 하고 다음 얘기를 한다. 그들이 1934년 5월 바르멘 선언에서 그들의 신앙고백을 발표하고, 그해 10월 달렘

---

16) D. Bonhoeffer, *Sanctorum Communio*, p. 52.

총회에서 교회를 조직했을 때, 그들은 또 다른 교단을 형성하는 것이 아니었다. 오히려 그들은 종교개혁이 의도하는 교회를 충실히 추구한다는 점과 제국교회와 독일기독교단이 그리스도를 혈통, 조국, 천년제국(Thousand-Year Reich)이라는 신조로 대체시킴으로써 복음을 배반했다는 것을 담대하게 주장했다. 고백교회의 신학교사로서 본회퍼는 다음과 같은 강력한 도전을 제기했다. 의도적으로 고백교회와 단절하는 사람들은 구원으로부터 단절된 자들이다.[17]

1927년 그의 박사학위논문에서 처음으로 기독교 공동체에 관한 글을 썼을 때, 본회퍼는 1933년 1월 히틀러가 수상이 되었을 때 일어나게 될 교회의 위기를 전혀 예측하지 못했다. 하지만 그는 논문에서 나치의 모든 교회 흡수 정책에도 견딜 수 있는 토대를 확립했다. 그것은 다음과 같은 단순한 신학적 공리였다. 교회는 공동체로서 존재하는 그리스도(Christus als Gemeinde existierend)이다. 이 말은 "공동체로서 존재하는 하나님"이라는 헤겔(Hegel)의 말에서 한 단어만 바꾼 것이었다.[18] 그러나 사람들이 온갖 형태의 이기적인 사상들을 "하나님"이라는 말에 투사하는 데에 만족하고, 그리스도의 이름에 대해서는 그렇게 하기 어려움을 느끼지만, 본회퍼 공리(公理. 원리. axiom), 즉 그리스도론적 집중은 그런 어려움들을 자유롭게 만들어 주는 것이었다. 그리스도에 대한 한결같은 충성은 국가사회주의라는 전(全) 세상적인 갑옷에 대해 저항하려고 취한 것이었다.

이러한 관점에서 볼 때, 기독교 공동체에 대해 본회퍼가 어떻게

17) G. Kelly and F. B. Nelson, *A Testament to Freedom: The Essential Writings of Dietrich Bonhoeffer* (San Francisco: Harper & Row, 1990), p. 173.

18) G. W. F. Hegel, *Lectures on the Philosophy of Religion*, vol. III, ed. P. C. Hodgson (Berkeley: University of California Press, 1985), p. 331.

이해하고 있었는지 알 수 있게 된다. 그는 『윤리학』에서 자신이 초창기부터 취했던 의견을 힘차게 진술했다. "교회는 바로 그리스도께서 실제로 형상을 취하신 인류의 부분이다."[19] 여기에는 두 가지 요점이 포함되어 있다. 교회는 신적인 주도권(형상을 취하신 그리스도)에서 기인한 것이다. 이러한 주도권은 전체로서의 인류를 위한 것이며, "새로운 인류"를 만들어 낸다. 『성도의 교제』(Sanctorum Communio)는 이러한 논점을 세 단계로 전개한다. 창조, 죄, 계시는 모두 사회성에 의해서 해석된다. 아담은 피조되고 타락한 인류를 인격화하는 반면 그리스도는 새로운 인류를 인격화한다.

본회퍼는 원초적이며 파괴되지 않은 공동체로서의 창조를 설명하면서, 인간적이 된다는 것은 하나님과 타자와 더불어 공동체 안에서 산다는 것을 의미한다고 주장한다. 물론 우리는 죄가 많은 역사의 한가운데서 그러한 원초적인 상호 사랑의 공동체에 접근하지 못한다. 그러나 그것은 오직 그리스도의 계시에 의해서만 재건될 수 있다. 이것은 (예컨대 마가복음 10장 35절 이하에서) 하나님의 통치가 사랑하는 섬김의 통치(rule of loving service)라는 것을 드러낸다. 그것은 인류가 상호의 사랑에 의해서 하나님과 서로를 섬기는 공동체를 창조한다. 하나님과 함께 하는 공동체는 개인주의적 가능성이 아니지만 서로에 대한 하나님의 피조물들의 공동체 속에서 실제적이며 현실적인 것이 된다. 하나님을 섬기고 사랑하는 것은 동시에 하나님의 피조물들, 즉 우리의 동료 인간들을 섬기고 사랑하는 것이다. 하나님과 함께 하는 공동체는 동시에 "공동 인간성"(co-humanity)의

---

19) D. Bonhoeffer, *Ethics* (New York: Macmillan, 1965), p. 83, 번역은 약간 바뀌었다.

공동체이다.[20]

죄는 우리를 이와 유사한 세상으로 인도한다. 사회성이라는 빛에서 해석하자면, 죄는 파괴된 공동체의 세계이다. 죄가 적당한 자기 긍정이 아닌 타자를 부정함으로써 자아를 주장하는 자기 본위(self-will)라면, 공동체는 불가능하다. 창조된 사회성은 자가 당착에 빠지고, 자기 고립의 연대성이 된다. 타자에 대한 사랑보다는 자기 추구, 주는 것보다는 요구하는 것, 서로에 대한 사랑보다는 고립된 자기 사랑 – 이러한 것들은 원초적 공동체를 파괴하는 동력들이다. 죄에 대한 본회퍼의 설명의 밑바닥에는 근대성의 전형이었던 자율적인 에고(autonomous ego)에 대한 프로메테우스적 주장이 있다. 창세기 3장 5절의 언어로 그는 그것을 "하나님같이"(sicut deus) 되려는 노력이라고 일컫는다.[21] 이것은 소급하여 나 – 너 관계에 대한 그의 설명에 빛을 던져준다. 거기에서 너(You)는 자주 "장벽"과 "한계"로서 묘사된다. 이것은 대부분 그가 이기적인 권력의 주장을 죄로서 이해하기 때문에 다른 독립적 주체의 의지에 저항함으로써 책임을 물어야 하고 저지되어야 하는 권력이다.[22]

본회퍼에게 있어서 사회성이 인간 사이의 관계뿐만 아니라 공동생활에 대해서 많은 관심을 보이기 때문에, 사회적인 조직에 미치는 죄의 영향도 똑같이 주목되어야 한다. 도구적인 사회들 – 경제, 정치, 노동, 군사, 학문 – 의 목적은 왜곡된다. 따라서 도구적인 사회 안에

---

20) 'God's New Action', in Bonhoeffer, *Creation and Fall*, p. 139.

21) ibid., p. 111.

22) 특히 현대적인 형태에서의 본회퍼의 죄 이해에 대한 상세한 분석을 위해서, 그리고 "구원론적인 문제로서의 권력"에 대해서는 Green, *Bonhoeffer: A Theology of Sociality*에서 제4장을 보라.

서 작용하는 악한 의지를 통하여 도구적인 사회는 "타인이 한 사람을 조직적으로 착취하는 제도들"이 된다.[23] 의미의 공동체들(게마인샤프트 형태, Gemeinschaft type)도 부패에서 벗어나 있는 것이 아니다. 죄로 인해 공동체는 목적 자체를 의도하지 않고, 자아의 목표를 위한 수단을 의도한다. 그러므로 가족, 결혼, 우정, 인종 집단, 민족이 모두 고난을 당한다. 그럼에도 불구하고 상실된 원초적인 공동체와 죄로 인해 파괴된 공동체의 세계는, 하나님이 창조하셨고 사랑하시는 세계이며, 그리스도가 화해시키시는 세계이다. 인간을 신성화하기 위하여 하나님이 인간이 되셨다는 교부들의 구원론과는 달리, 본회퍼는 다음과 같이 진술한다. 하나님은 우리가 인간적이 되도록 하기 위해서 인간이 되셨다.[24] 성육신은 인류의 인간화를 가져오려는 것이지 신격화를 가져오려는 것이 아니다. 그것은 하나님과 동료 인간과의 공동체 속에서 그 참된 본성, 그러나 상실된 본성을 회복하고 구속하려는 것이다.

기독교 교회-공동체에 대한 본회퍼의 접근은 니케아 기독교의 옹호자 아타나시우스(Athanasius)의 접근을 상기시킨다. 아타나시우스는 『말씀의 성육신에 대하여』(On the Incarnation of the Word)[25]에서 무(無)로부터 지으심을 받고 전적으로 자기들의 창조자에게 의지하며, 타락에 빠져 죄의 결과로서 비(非)존재가 된 하나님의 피조물들에 관한 이야기로서의 성서적 이야기를 제시했다. 성육신, 십자가, 부활에서 같은 로고스(Logos)가 세상을 창조하신 분을 통하여 사실

---

23) D. Bonhoeffer, *Sanctorum Communio*, p. 82.

24) D. Bonhoeffer, *Ethics*, pp. 82ff.

25) Athanasius, *The Necene and Post-Nicene Fathers*, Second Series, vol. 4 (Grand Rapids: Eerdmans, 1980), pp. 36-67.

상 재창조(re-creation)의 행위에 의해서 세상을 구원하러 오신다. 간단히 말해, 교회-공동체란 하나님의 창조적인 은총의 결과로서 다시 지으심을 받고 구속을 받은 인간성이다.

이것이 바로 교회는 "그리스도가 실제로 그 안에서 형상을 취하는 인간성의 부분이다"라는 본회퍼 말의 의미이다. 그것은 종교적 조직의 창조가 아니고, 다른 종교를 건립하는 것도 아니며 또는 타종교에 대항하는 것도 아니다. 그것은 인간성 자체(humanity per se)의 갱신이며, 인간화(humanisation)이다. "교회는 인류와 함께 하시는 하나님의 새로운 의지이자 목적이다."[26)]

본회퍼는 1920년대 독일에서 공동체라는 주제를 언급한 유일한 사람이 결코 아니었다. 그 주제는 - 신학에서 뿐만 아니라 청년운동과 정치에서도 - 널리 퍼져있는 풍설이었다. 사실상 그것이 기독교신학에서 신속한 이슈가 된, 기독교 공동체는 혈통, 조국 또는 매우 특수한 아리안족의 반유대주의(Aryan anti-Semitism)와 국가사회주의의 천년제국(Thousand-Year Reich)과 같은 원리들에 근거를 둔 공동체와 어떻게 구별되는가? 다른 말로 표현하자면, 기독교 공동체는 한 민족의 자연적인 활력에 근거를 둔 공동체, 즉 민족 공동체(Volksgemeinschaft)와 어떻게 다른가? 본회퍼의 대답은 분명했다. 기독교 교회 - 공동체(church-community)는 민족 공동체로부터 생겨나지 않는다. - 기독교 교회 - 공동체는 그리스도 공동체(Christusgemeinschaft)이다. 그것은 피의 공동체가 아니라 물의 공동체이다. 그것은 인종(race)이 아니라 세례(baptism)에 의해 구성된다.

기독교 공동체에 대한 본회퍼의 첫 번째 주장은 교회가 그리스

---

26) D. Bonhoeffer, *Sanctorum Communio*, p. 103.

도 안에서 설립되고 실재한다는 것이다. 그것은 하나님의 현실이며, 계시의 사회적 형태이다. 이것은 교회에 대한 첫 번째 사상은 교회가 하나님의 행동과 현존으로부터 나온다는 것으로 파악되어야 한다는 것을 의미한다. 교회란 종교적인 욕구를 충족시켜주는 조직이 아니다. 교회는 런던, 로마, 모스크바, 아테네, 제네바 또는 뉴욕과 같은 곳에 있는 교회와 같이 어떤 지역적인 명시나 인상적인 중심을 나타내는 제도가 아니다. 교회는 도덕적인 합법성을 제공해주거나 법과 질서를 유지해 주기 위한 정부의 파트너가 아니다. 교회는 그리스도 안에서의 하나님의 창조이다. 여기에서 본회퍼의 교회론은 칼 바르트의 계시의 신학과 전혀 모순이 없으며, 본회퍼가 『성도의 교제』에서 보여준 이러한 접근방법이 베를린에서는 매우 비범한 것이었기 때문에, 바르트는 본회퍼의 논문을 가리켜 일종의 신학적 기적이라고 일컬었다.[27] 교회가 성령에 의해서 성장한다면, 이것 역시 하나님이 주도하신 것이며, 이미 하나님에 의해서 창조된 하나님의 실재로 사람들이 인도되었다는 것을 의미한다.

본회퍼는 칼케돈의 신학자였다. 그것은 그리스도론 강의는 물론 자연스럽게 지나가는 진술들에서도 명백하게 나타난다.[28] 교회에 대한 그의 이해와 관련하여, 이것은 "교회가 신적인 실재(divine reality)이다"라는 의미이다. 그 뿐만 아니라 "교회가 인간적인 실재(human reality)이다"라는 의미이기도 하다. 두 번째 말은 첫 번째 말을 무효화시키지 않는다. 그러므로 본회퍼는 그리스도 안에서 하나님

27) E. Bethge, *Dietrich Bonhoeffer: Theologian, Christian, Contemporary* (London: Collins, 1970), p. 60.
28) D. Bonhoeffer, *Christ the Centre*, trans. E. H. Robertson (New York: Harper & Row, 1978), p. 87; Bonhoeffer, *Letters and Papers from Prison*, p. 303.

의 계시에 근거를 둔 특별한 공동체의 특징인 교회의 "사회학적 표지들"(sociological marks)을 탐구했다.[29]

복음이 선포되고 성례전이 거행되는 공동체로서의 교회의 전통적인 표지(標識)들을 긍정하는 것 이외에도, 본회퍼는 기독교 공동체 안에서의 삶의 분명한 모습을 그린다. 새로운 인간의 "삶의 원칙"은 본회퍼가 타자를 위한 대리(Stellvertretung), 즉 대리적인 행동이라고 일컫는 그리스도의 자유롭고 사랑하며 자신을 내어주는 행위이다. 구체적으로 이것은 공동체의 구성원들 가운데서 "서로 함께 하는 존재"(being-with-each-other)와 "서로를 위한 존재"(being-for-each-other)라는 두 가지 모습을 취한다. 그리스도인의 삶은 함께 나누는 삶(shared life)이지 사적인 영성(private spirituality)이 아니다. 그것은 서로의 짐을 지는 삶이며, 루터의 표현을 빌리자면 "서로에게 그리스도"가 되어주는 것이다. "서로를 위한 존재"는 매우 실천적인 형태를 취한다. 그것을 본회퍼는 다음과 같이 이탤릭체로 옮긴다. "자기 부인(否認), 이웃을 위한 적극적인 활동, 중보기도, 그리고 마지막으로 하나님의 이름으로 하는 서로에 대한 죄의 용서."[30] 우리는 기독교 공동체에 대한 이러한 이해가 핑켄발데 신학교에서 보여준 본회퍼의 지도력에 얼마나 강한 영향을 미쳤는지를 『신도의 공동생활』(Life Together)을 통해 보게 된다.

21살의 나이에 자신의 첫 번째 책을 완성한 훌륭한 젊은 신학자

---

29) 그는 그 시대의 사회학적 범주들을 사용하면서, 교회가 분명한 사회적 형태라고 주장했다. 교회는 그것이 목적 자체이며 하나님의 성령에 의해서 창조된 사랑의 공동체라는 점에서 공동체(Gemeinschaft) 타입의 차원들을 가지고 있다. 교회는 그것이 세상에서 하나님의 목적의 도구라는 점에서 사회(Gesellschaft) 타입에 속한다. 교회는 그것이 그리스도 안에서의 하나님의 사랑의 규칙에 의해서 구성된다는 점에서 진정한 지배단체(Herrschafts-verband)에 속한다.

30) D. Bonhoeffer, *Sanctorum Communio*, p. 130.

가 당시 독일에 있는 실제적인 교회를 어떻게 보았는가? 물론 당시의 교회는 나라 안에 있는 모든 사람을 포용하고, 종교세를 징수하며, 성직자와 신학교수들에게 급여를 주는 국가와 밀접한 관계를 맺고 있는 민족교회(Volkskirche)였다. 본회퍼는 그러한 민족교회가, 복음이 모든 사람을 위한 것이라는 표징이 될 수 있으리라 여기고, 그 깊은 역사적인 뿌리는 반드시 변화를 막지 않아도 되는 힘이라고 생각했다. 이와 동시에 민족교회는 항상 자발적인 교회(voluntary church)와 같이 자유롭게 그들의 신앙을 고백하는 사람들의 공동체가 되려고 노력해야 한다. 본회퍼는 만일 이러한 일이 발생하지 않을 경우, 민족교회는 "가장 심각한 본질적인 위험에 빠진다"고 경고했다. 예언자적으로 그는 다음과 같이 덧붙였다. "교회가 더 이상 민족교회(Volkskirche)가 되지 않는 순간이 온다." 교회가 자발적인 교회가 되기 위한 수단으로서 그 모든 것을 포함하는 형태들을 인식할 수 없을 때 이 순간은 왔다.[31] 그는 민족교회가 화석화되고, 속이 텅 빈 껍데기가 될지도 모른다고 우려하는 글들을 썼다. 7년 후 본회퍼는 민족교회가 너무 생동적이며 영들 - 민족주의, 반유대주의, 군국주의의 이상한 영들, 거짓된 신들, 유혹적인 우상들 - 로 가득 차 있는 것을 보았다.

1933년 히틀러가 권력을 장악한 이후 본회퍼의 신학적이며 윤리적인 저작은 다음과 같은 두 가지 초점을 가지고 있었다. 첫째로는 교회를 위한 투쟁(Kirchenkampf)에 신실하기, 둘째로는 1930년 초반부터 시작된 저항운동 내에서의 평화와 독일의 미래를 위한 작업이다.

---

31) ibid., pp. 189f.

# 1933년 이후의 사회성과 기독교 공동체

본회퍼는 1933년 『그리스도론』 강의에서 자신이 초창기부터 견지한 두 가지 신학적 주제를 확대시켰다. 첫째, 그리스도론은 인격적으로 현존하시는 그리스도에게 관심을 갖는다. 그것은 구체화된 실체로서의 신적 본성과 인간적 본성에 대한 사변적인 탐구가 아니다. 그리스도는 선포된 말씀과 거행된 성례전의 인격적인 공동체 속에서 현존하신다. 기독교 공동체는 어떤 모호한 "함께함"(togetherness)이나 막연한 "영성"(spirituality)과 같은 것이 아니다. 공동체는 복음에 의해서 매우 특정한 형태, 내용, 의미를 부여받는다. 설교에서 복음은 그리스도로부터 나오는 인격적인 말씀으로 들려진다. 세례와 성만찬의 거행에서 복음의 메시지는 그 모든 감각적인 직접성에서 제정된다. 왜냐하면 인간이 영혼이며 육신이기 때문이다(전자 없이는 후자도 없다). 그리고 그리스도는 교리나 이념이나 일반적인 진리로 전화(轉化)될 수 없다. 그리스도는 말씀(word), 성례전(sacrament), 공동체(community)의 삼중의 형태로 현존하신다. 이 말은 공동체가 세 요소 중 다른 두 가지 요소들과는 다른 세 번째 요소라는 것을 의미하지 않는다. 오히려 그것은 말씀과 성례전이 본질적으로 공동체적이라는 것을 의미한다. 『성도의 교제』(Sanctorum Communio)에서와 같이 공동체는 윤리적 인격주의에 의해서 이해된다. 하나님의 초월성은 거리가 먼 타자성(otherness)이나 부재(absence)가 아니다. 하나님의 타자성은 실제적이며 현재적인 타자의 인격 안에서 구체화되고, 구체적으로 복음의 심판과 은총으로 나의 실존의 중심에서 나를 만난다. 이러한 방식으로 그리스도는 "나를 위하여"(pro me) 현존하신다. 본회퍼의 그리스도론은 성육신적인 동시에 공동체적이다.

「그리스도론」 강의에서 전개된 두 번째 주제는 중보자로서의 그리스도(Christ as Mediator)이다.[32] 맥락에서 벗어나면 "공동체로서 존재하는 그리스도"라는 본회퍼의 공식은 종파적인 의미나 사적인 의미에서 오해될 수도 있다. 그러나 기독교 공동체 안에서 가장 인격적인 방식으로 같이 현존하는 그리스도는 실존, 역사, 자연의 보편적인 중보자(the universal Mediator)이시기도 하다[33] 그리스도를 중보자로서 묘사하기 위하여, 본회퍼는 그리스도론적 핵심 은유로서 "중심"(centre)이라는 말을 사용한다. 이 말은 『윤리학』과 『옥중서신』에서 "현실"과 "삶의 중심으로서의 그리스도"에 관한 논의에서 다시 나타난다. 앞의 단락이 사실상 인격적 실존의 중보자로서의 그리스도에 집중했다면, 그리스도를 국가에 의해서 만들어진 역사의 중보자라고 칭하는 것은 무엇을 의미하는가?

본회퍼는 루터의 입장을 따라, 그리스도가 교회와 국가의 이중적인 형태로 현존하신다고 주장한다. 그러나 그리스도는 그가 교회에서 현존하시는 것처럼 국가에서는 계시되지 않는다. 정치적인 역사는 인간적인 복지, 평화, 행복을 성취하려는 노력들 - 그리고 잘못된 방식으로 팍스 로마나, 대영제국, 근대 민주주의, 공산주의, 심지어는 국가사회주의의 영광을 달성하려는 노력들로 충만해 있다. 이러한 의미에서 정치적 역사는 "메시아적" 성격을 갖는다. 십자가에 달리신 메시아인 그리스도는 예증들이 서로 다른 방식으로 확인해

---

32) D. Bonhoeffer, *Christ the Centre*, pp. 59-65.
33) ibid., pp. 59ff.

주는 바와 같이 이 모든 노력에 대해서 자기를 영화롭게 하는 타락을 폭로하신다. 역사는 하나님의 종말론적인 정의, 평화, 사랑의 영역이 아니다. 그렇지만 십자가에 달리신 그리스도는 역사의 심판자만 되시는 것이 아니다. 그리스도는 성육신하고 부활하신 자로서 하나님의 약속의 성취이시다. 그 안에서 그리스도가 계시되는 교회는 전체 창조를 위한 하나님의 종말론적인 빛 속에서 국가, 정치, 역사를 읽는다. 기독교 공동체는 국가와 정치가 하나님의 목적 안에서, 말하자면 법을 통하여 정의로운 질서를 창조하기 위하여 잠정적인 합법성을 가지고 있다는 것을 안다. 국가는 생명과 인간적인 공동체들을 보호하고 악을 억제하기 위한 보존의 질서이다.[34]

이러한 것들은 학문적인 숙고가 아니다. 그것들은 본회퍼 자신의 정치적 책임과 행동의 기초에 대해서 많은 것을 드러내 준다. 예를 들자면 본회퍼는 그리스도론 강의를 하던 시기에, 한 라디오 연설에서 나치의 수상 개념(Führer concept)의 우상숭배에 대해서 비판했다.[35] 본회퍼는 그의 1933년의 논문 「교회와 유대인 문제」(The Church and the Jewish Question)에서[36] 교회가 국가에 대하여 세 가지 형태의 책임을 가지고 있다고 주장했다. (1) 공평한 법을 통하여 생명을 보존하라는 하나님이 주신 소명을 국가에 상기시키는 것, (2) 그리스도인들만이 아니라 국가의 행동으로 인한 모든 희생자들을 돕

---

34) 하나님과 자연 사이의 중보자(Mediator)로서의 그리스도에 대해서는 Bonhoeffer, *Christ the Centre*, p. 64를 보라. 본회퍼의 자연신학(theology of nature)에 대해서는 L. Rasmussen, *Earth Community, Earth Ethics* (Maryknoll: Orbis, 1996)를 보라.

35) D. Bonhoeffer, *No Rusty Swords: Letters and Notes, 1928-1936, Collected Works of Dietrich Bonhoeffer, vol. I (New York: Harper & Row, 1965)*, p. 190.

36) Eberhard Bethge, 'Dietrich Bonhoeffer and the Jews', in *Ethical Responsibility: Bonhoeffer's Legacy to the Churches*, ed. J. D. Godsey and G. B. Kelly (New York: Edwin Mellen Press, 1981)를 보라.

는 것, (3) 예컨대 국가가 시민들의 권리를 박탈하거나 교회 구성원에 반유대주의 법률을 부과함으로써 그 책임에 실패할 때, 직접적인 정치적 행동으로 국가에 저항하는 것.[37]

1930년대 후반기에 본회퍼는 고백교회의 신학교인 핑켄발데 소재 신학교의 교장이 되었다. 게슈타포가 신학교를 폐쇄하자, 그는 재빨리 자신의 신학과 실천을 요약하는 책을 썼다. 우리는『신도의 공동생활』(Life Together)에서 본회퍼의 사회성의 신학과『성도의 교제』(Sanctorum Communio)에서의 기독교 공동체에 대한 그의 이해가 신학교의 실제적인 일상생활을 형성한 여러 가지 방식들을 보게 된다. 첫째, 본회퍼의 모델은 공동체이지 상아탑이 아니었다.『신도의 공동생활』의 독일어 책제목은 "Gemeinsames Leben"이었는데, "공동체 안에서의 생활"(Life in Community)이라고 옮겨질 수 있는 것이었다. 사실상 수많은 학생들이 오고가자, 본회퍼는 "형제들의 집"(House of Brothers)을 조직했으며, 본회퍼와 더불어 여섯 명의 대학원생이 새로운 학생들과 인근 교회들과 더불어 활동할 수 있는 지속적인 공동체를 형성했다.

신학교를 위한 일상생활의 패턴은 예배, 성경공부, 명상, 기도, 강의, 설교실습, 식사와 레크리에이션을 포함했다. 이들 가운데 몇 가지는 "함께 하는 하루"(the day together)에 속했고, 다른 몇 가지는 "혼자 있는 하루"(the day alone)에 속했다. 여기에서 우리는 위에서 주목한 공동체와 개인적 인격의 대위법을 보게 되며, 본회퍼가 이제 다음과 같이 정리하는 것을 보게 된다. "홀로 있을 수 없는 사람은 누구든지 공동체를 경계해야 한다. 공동체 안에서 서있을 수 없는 사

---

37) D. Bonhoeffer, *No Rusty Swords*, p. 225.

람은 누구든지 혼자 있는 것을 경계해야 한다."[38] 핑켄발데에서의 생활의 다른 주제들은 『성도의 교제』(Sanctorum Communio)에서 그대로 나온 것들이다. "서로 함께 하는 존재"와 "서로를 위한 존재"는 공동체 구성원들에 의한 서로를 위한 중보기도, "능동적인 도움", "다른 사람의 짐을 져주기", "서로에 대한 권고(admonition)"와의 관계에서 설명된다.[39] "서로를 위한 존재"는 인격적인 고백과 서로에 대한 죄의 용서도 포함한다.[40]

본회퍼는 핑켄발데에서 입으로 하는 고백을 실천하고, 그의 학생들에게도 그렇게 할 것을 강력히 고무했다. 인격, 자아, 타자의 이러한 목회적인 만남은 초월성의 형태로서의 사회성에 대한 그의 이해의 아주 훌륭한 사례이다. 다른 사람에게 고백함으로써 우리는 자기기만, 자기정당화, 자기용서 - 자기용서는 전혀 용서라고 할 수 없다 - 로 인해 그 자체 안에 갇혀 있는 자아로부터 구출된다. 더욱이 다른 사람에 의해서 선포되는 하나님의 용서의 말씀을 들음으로써, 나는 그가 나를 초월해(beyond me) 있기 때문에 진정으로 나를 위해(for me) 존재한다는 확증을 얻게 된다. 나는 "타자의 실재에서 하나님의 현존을 경험한다."[41]

핑켄발데의 신학과 실천의 근간이 되었던 것은 "공동체로서 존재하는 그리스도"라는 확언이었다. 이것은 모든 관계들이 그리스도에 의해서 매개된다는 것을 의미한다. 본회퍼가 이러한 상황에서 중보

---

38) D. Bonhoeffer, *Life Together; Prayerbook of the Bible, Dietrich Bonhoeffer Works,* trans. D. W. Bloesch and J. H. Burtness (Minneaplis: Fortress Press, 1996), p. 83.

39) ibid., pp. 90f., 98ff.

40) D. Bonhoeffer, *Sanctorum Communio*, pp. 173, 240; Bonhoeffer, *Ethics*, pp. 292f.

41) D. Bonhoeffer, *Life Together; Prayerbook of the Bible*, p. 113.

자로서의 그리스도가 무엇을 의미했느냐를 이해하기 위하여 명상이 일상생활에서 어떤 기능을 발휘하느냐를 연구해 보아야 한다. 나는 여기에서 중보자에 대해서 말하는 것이 아니라, 우리의 신념, 형상, 틀에 박힌 사고방식이 우리의 경험을 매개하는 방식에 대해서 - 그들이 어떻게 우리가 인식하는 방식과 다른 사람들, 집단들과 관계하는 방식을 크게 결정하는가에 대해 말하고 있다. 이것은 강한 인종차별주의나 반유대주의 편견을 가진 사람들에게서 매우 분명하게 나타난다. 그러나 그것은 광고로 충만해 있고 자신들과 타자들을 소비자로 간주하는 시장경제체제 속에서 살아가는 사람들에게 있어서 아마도 더욱 교묘하게 나타난다. 간략하게 일반화시키면 모든 경험은 문화적으로 매개된다. 본회퍼는 기독교 공동체에서 모든 경험과 관계의 중보자 되시는 분은 그리스도이시라고 주장한다. "기독교 공동체는 예수 그리스도를 통한 공동체, 예수 그리스도 안에 있는 공동체를 의미한다."[42] 한 분의 영원한 중보자로서 그리스도는 나와 다른 인격 사이에 서 계신다. 참된 기독교 공동체에는 매개되지 않는 관계란 없다.[43] 우리가 그리스도의 눈으로 타자 - 그리고 자기 자신 - 를 보는 것은 매우 실천적인 결과를 가져온다. 이것은 특히 다음을 포함한다. 다른 사람들에 대한 판단 삼가기, 우리의 의지와 이상을 타자에게 부과하지 않기, 서로를 위해 기도하기, 원수들을 용서하기, 우리 자신과 타자를 하나님의 은총으로 말미암아 용서받은 죄인들로서 대하기, 사랑과 자비의 행실로 서로 돕기.

『신도의 공동생활』(Life Together)에서 묘사된 기독교 공동체의 실

---

42) ibid., p. 31.
43) ibid., pp. 33, 43f.

천은 본회퍼가 『나를 따르라』(The Cost of Discipleship)의 대부분을 썼던 상황이었고, 이 두 책은 서로 조명하는 자매편으로 여겨야 할 것이다. 더 나아가서, 그의 사회성의 신학의 모든 기본 개념들은 그의 제자직에 관한 논의의 전제를 이루고 있다.[44] 그 지배적인 주제는 그의 말씀이 산상설교에서 들려지고 교회의 설교에서 들려지는 그리스도에 대한 한결같은 순종의 복음인데, 제9장 「값비싼 제자직」에서 상세하게 다뤄질 것이다.

본회퍼는 1930년대 대부분을 교회투쟁과 신학교육 책임을 맡아 활동하고 있었다. 1930년대 말에는 그는 저항운동의 일원으로서 독일의 민족 공동체를 위해 활동하고 있었다. 후자가 전자보다도 훨씬 더 기독교적이며 신학적인 과제이다. 위에서 검토한 바와 같이, 본회퍼는 처음부터 윤리학을 인격들 사이의 개인적인 관계와 그 인격들이 속한 공동체들을 위한 책임적인 행동과 관련된 것으로 이해했다. 공동체의 대표자로서 행동하는 인격들을 통해서가 아니라면, 공동체를 위한 책임이 어떻게 이행될 수 있는가? 이제 독일은 파시스트 독재에 의해서 지배를 받고, 이교도의 이데올로기의 보호 아래 유럽에서 전쟁을 행하고 있다. 본회퍼는 그의 형인 클라우스(Klaus)와 그의 매형인 한스 폰 도나니(Han von Dohnanyi) 그리고 그 동료들과 함께 히틀러를 타도하고, 유럽에 평화를 가져오며, 다음 세대를 위한 새로운 미래를 재건하려는 운동에 가담했다. 이것이 그의 작품 『윤리학』(Ethics)의 상황이다.

1942년 크리스마스, 본회퍼는 그가 「10년 이후」(After Ten Years)라고 일컬은 단편을 여러 친구들에게 보냈다. 그 대부분은 그의 『윤리

---

44) Green, *Bonhoeffer: A Theology of Sociality*에서 제4장을 보라.

학』(Ethics)에도 포함되었다.[45] 우선 그는 각각 이성, 도덕적 광신, 의무, 자유, 사적인 고결함에 기초한 여러 가지 윤리적인 자세들의 윤곽을 그리면서, 그들이 국가사회주의에 대한 지난 10년간의 투쟁에서 치른 시험에서 모두 실패했다고 주장했다. 그 다음에 그는 그리스도인을 위한 유일한 윤리적 자세가 "하나님에 대한 신앙과 하나님에 대한 전적인 충성에서 나오는 순종적이며 책임적인 행동"이라고 말한다.[46] 이것은 현저한 논쟁으로 이어진다. 기독교윤리의 첫 번째 과제는 윤리학이 선과 악에 대한 지식에 관한 것이라는 정의(定義)를 거부하는 것이다. "내가 어떻게 선하게 될 수 있는가?" 그리고 "내가 어떻게 선을 행할 수 있는가?"라는 질문 대신에, 기독교윤리는 "무엇이 하나님의 뜻인가?"라는 질문을 제기함으로써 시작해야 한다.[47] 본회퍼는 책임적인 인간 행동을 위한 하나님의 뜻에 대하여 질문을 제기하는 윤리학에 이러한 방식으로 접근하면서, 히틀러 암살을 포함한 정변을 계획하는 일에 참여하며 그의 추진력 있는 윤리적 관심을 분명하게 성찰하고 있다.[48] 이러한 비판적인 관심은 "책임적인 삶의 구조"(The Structure of Responsible Life)라는 부분의 초점을 이루고 있다.[49] (그가 일찍이 나-너 만남에서 윤리적인 책임에 의해서 기독교적 인격 개념을 정의한 바와 같이, 이제 그는 그의 『윤리학』에서 핵심 용어로

---

45) D. Bonhoeffer, *Letters and Papers from Prison*, pp. 3ff.; Bonhoeffer, *Ethics*, pp. 65ff.

46) Bonhoeffer, *Letters and Papers from Prison*, p. 5.

47) Bonhoeffer, *Ethics*, pp. 17, 188.

48) 히틀러를 살해하는 것은 단순히 암살(assassination)이나 살인(murder)이 아니라 폭군 살해(tyrannicide)일 것이다. 기독교윤리학에는 "정당한 전쟁"(just war) 분석과 유사하게 이것을 다루는 전통이 있지만, 본회퍼는 그의 『윤리학』(Ethics)에서 이에 관하여 당연히 쓸 수 없었다.

49) Bonhoeffer, *Ethics*, pp. 224ff.

서 "책임"이라는 개념을 사용한다.)

하나님의 뜻에 관한 질문은 본회퍼가 제자직과 산상설교를 다룰 때 그러했던 바와 같이 그리스도론적 질문이다. 그러므로 본회퍼가 『성도의 교제』(Sanctorum Communio)에서 하나님의 계시의 사회적 형태로서의 교회를 다룰 때 그것은 원초적인 것이었다. 거기에서 그리스도는 세상을 위한 하나님의 새로운 실재를 구현하고 창조하신다. 기독교 공동체는 새로운 공동체 – 화해되고 새롭게 만들어진 세계의 부분이다.[50] 『윤리학』(Ethics)에서 본회퍼는 실재에 대한 기독교적 이해를 추구한다. 그의 첫 번째 책에서 질문은 다음과 같았다. 기독교 공동체가 어떻게 세상에서 그리고 세상을 위해서 하나님의 계시가 되는가? 이제 질문은 이러하다. 그리스도인이 어떻게 역사의 세계 속에서 하나님의 뜻을 규정하는가?

실재에 대한 그리스도론적 이해는 하나님의 존재와 목적의 빛에서 역사와 정치를 보는 것을 의미한다. 그러므로 실재에 대한 그리스도론적 이해는 "현실주의"라는 이름으로 전형적으로 의미하는 것과는 다른 것이다. 그러한 "현실주의적" 사유는 대개 – 하나님과는 동떨어진 – "역사"와 "경험"에 근거를 둔 계산으로 이루어져 있다! 본회퍼는 이러한 방식으로 하나님과 세계를 그리스도론적으로 연결시킨다.

"그리스도 안에서 우리는 하나님의 실재와 세상의 실재에 참여할 가능성을 제공받았지만, 그 실재는 타자가 없는 실재가 아니다. 하나님의 실재는 세상의 실재에 나를 전적으로 배치함으로써 드러난다. 그

---

50) 참조. ibid., p. 83.

리고 내가 세상을 실재로 만날 때, 그것은 항상 이미 하나님의 실재 안에서 유지되고 용납되며 화해된다." 51)

본회퍼는 여러 구절에서 독일에서의 당시 상황에 대한 명백한 암시와 더불어 그리스도 안에서 "유지되고, 용납되며, 화해된" 세계를 보는 것이 무엇을 의미하는지를 자세하게 설명한다. 성육신, 십자가, 부활이라는 주제하에서의 그리스도에 대한 그의 논의는 추상적인 숙고의 결과가 아니라 윤리적인 숙고로 가득 채워져 있다.52)

본회퍼의 사회성의 신학의 그 밖의 두 가지 주제가 『윤리학』 (Ethics)에서 주목되어야 할 필요가 있다. 오늘날의 번역으로 대리직 (deputyship)으로 표현되는 것은 사실상 대리(Stellvertretung)라는 단어인데, 이것은 본회퍼가 항상 타자를 대신하는 책임적인 행동, 특히 우리가 속해 있는 공동체들에 대해 책임을 지는 행동을 나타내기 위하여 사용한 단어이다. 이러한 사상의 주요 논법이 책임적인 삶에 대한 그의 논의에서 첫 번째 주제가 되었다는 것은 결코 놀라운 일이 아니다. 왜냐하면 본회퍼가 독일을 대신한 저항운동에서의 그 자신의 활동에 대해서 성찰하고 있기 때문이다.53) 가장 깊은 신학적인 차원에서, 타자를 위한 그러한 대리적인 책임적 행동의 패러다임은 성육신, 십자가, 부활이다. 여기에서 하나님은 모든 인류를 위하여 자유와 사랑 속에서 행동하신다.54) 인간적인 삶에서의 그 윤리적인 형태에서 이러한 패러다임 인격들이 자기 자신에게만 책

---

51) ibid., pp. 195.
52) ibid., pp. 75-82, 296-299.
53) ibid., pp. 224ff.
54) ibid., pp. 225f.; Bonhoeffer, *Sanctorum Communio*, p. 223, n. 36.

임지는 고립된 개인들이 아니라 그들이 속한 공동체들에 대해 책임이 있다는 사실을 강조한다.

사회성의 신학의 또 다른 주제는 "위임"에 대한 본회퍼의 논의에서 발견된다.[55] 이 위임 사상에 의해서 그는 노동, 결혼과 가족, 정부, 교회에 대해서 언급한다.[56] "위임"은 모든 사람들을 위하여 하나님에 의해서 위임된 삶의 구체적인 형태이다. 그것을 "위임"이라고 칭하는 것은 이러한 삶의 형태들을 인류를 위한 과제로서 지정하시는 하나님 안에서의 그 기원과 목적을 가리키는 것이다. 본회퍼는 이러한 삶의 형태들을 "창조의 질서들"로서 간주하기를 거부한다. 왜냐하면 나치 동조자들이 하나님의 뜻을 그리스도 안에서의 계시와는 달리 정부나 결혼과 같은 "질서들"로 읽으라고 주장하기 때문이다. 그 대신에 그들은 그들 자신의 이데올로기를 이러한 질서들로 읽는다. 이것을 저지하기 위하여 본회퍼는 최초로 "그리스도를 향한 보존의 질서"(orders of preservation toward Christ)에 대해서 말했다. 여기에서 그리스도의 이름은 나치 협력에 저항하는 것을 모두 포함한다.[57] 『윤리학』(Ethics)에서의 "위임"은 "보존의 질서"를 더욱 새롭게 발전시킨 개념이다. 위임 사상은 중심과 중보자로서의 그리스도, 특히 역사와 국가의 중심으로서의 그리스도를 다루는 『그리스도론』(Christology)에서 나온 사상을 발전시킨다. 더 나아가서, 본회퍼가 위임이 상호 지원하고 서로 제한하는 "더불어"(with),

---

55) Bonhoeffer, *Ethics,* pp. 207ff., 286ff.

56) 본회퍼는 가끔 "노동"(labour)에 대해서보다는 "문화"(culture)에 대해서 말했다(ibid., p. 291). 위임과는 거리가 먼 자유의 영역으로서의 우정에 관한 흥미 있는 논의를 참조하라(p. 286).

57) Bonhoeffer, *Creation and Fall*, pp. 139f., *Ethics*, pp. 282f.

"위하여"(for), "서로에 대하여"(against)라고 썼을 때,[58] 그는 『성도의 교제』(Sanctorum Communio)에서 처음으로 표현한 윤리적인 만남에서 의 인격과 공동체의 모델을 채택하고 있는 것이다.

『옥중서신』(Letters and Papers from Prison)에서의 간결한 신학적 표현 은 이전에 다룬 신학적 논의를 전제로 하고 있다. 지성적으로 빌헬 름 딜타이(Wilhelm Dilthey)로부터 전용한 새로운 사상은 인류의 "성 인된 시대"(coming of age) 또는 성인기(adulthood)에 관한 사상이다. 이 러한 통찰의 실존적인 삶의 자리(Sitz-im-Leben)는 – 그 자신의 형과 매 형을 포함한 – 책임적이고 자율적이며 종종 세속적인 사람들과 함께 하는 저항운동에서 나온 본회퍼의 경험이다. 그들은 본회퍼가 그 용어를 사용한 특수한 의미에서 "종교적인" 사람들은 아니지만, 인 류, 평화, 미래 세대를 위해서 그들의 생명을 거는 모험을 하는 사람 들이다. 『윤리학』(Ethics)의 「교회와 세계」(The Church and the World)라 는 장(章)에서, 특히 "그리스도와 선한 사람들"이라는 부분에서, 본 회퍼는 "비종교적 기독교"(religionless christianity)에 대한 그의 성찰을 자극한 인간적, 역사적 상황을 밝힌다.[59]

본회퍼의 "비종교적 기독교" 프로젝트를 알리는 신학을 이해하 기 위하여 그의 사회성의 신학에 관한 다음의 유사한 주제들에 주 목해야 할 것이다.[60] "성서적이며 신학적인 개념들에 대한 비종교

---

58) ibid., pp. 291-292.

59) D. Bonhoeffer, *Fiction from Prison: Gathering up the Past*, ed. E. Bethge and R. Bethge (Philadelphia: Fortress Press, 1981). 이 책은 본회퍼가 테겔 형무소에서 수감 중이던 첫 번 째 해에 쓰여졌다. 소설 단편은 특히 사회성의 신학을 표현하는 수많은 인상적인 공식들과 장면들을 포함하고 있다.

60) Green, *Bonhoeffer: A Theology of Sociality*에서 제6장을 보라. 이 장은 본회퍼가 "종교"라 는 말로 의미하는 내용에 대한 분석과 그것에 대한 비판을 포함하고 있다.

적 해석"에 있어서 중심이 되는 것은 본회퍼의 그리스도론이다. 첫째로 우리는 "삶의 중심으로서의 그리스도"(Christ as the centre of life)에 대한 유사한 확언을 듣게 되는데, 이것은 그리스도론 강의와 새로운 인간성의 실재로서의 『성도의 교제』(Sanctorum Communio)에서의 그리스도의 제시에로 소급해 올라간다. 그 다음에 오해를 사는 간단한 말, "타자를 위한 인간, 예수"라는 의미심장한 말은 호칭(呼稱, litany)과 같이 반복된다. 물론 이것은 『행위와 존재』(Act and Being)에서 하나님의 자유에 대한 그리스도론적 해석을 상기시킨다. 거기에서 본회퍼는 "하나님이 인류로부터(from) 자유로운 것이 아니라 인류를 위해(for) 자유롭다"고 주장했다. "그리스도는 하나님의 자유의 말씀이다." 자유는 "~을 위한 자유"(freedom for)라는 것이 지배적인 패러다임이다. 『옥중서신』에서 십자가 신학(theologia crucis)은 아마도 이전보다 더 강렬하게 그리스도론을 표현하는 것 같다.

인류를 위한 사랑 안에서의 하나님의 자유에 대한 그리스도론적 이해는 비종교적 기독교의 신학에서 발견되는 인간학적 추론을 위한 근거가 된다. 『창조와 타락』(Creation and Fall)에서 발전시킨 관계유비(analogia relationis)는 다음과 같이 전개된다. 그리스도 안에서의 하나님의 존재가 인류를 위한 사랑과 자유 안에서의 존재인 것처럼, 하나님의 형상 속에 있는 인간적인 존재는 타자를 위한 자유와 사랑의 관계에서의 존재이다. 자유는 타자를 위해서 자유로운 존재의 관계이다. 이것은 "하나님에 대한 우리의 관계는 예수의 존재에의 참여를 통하여 '타자를 위한 실존' 안에서의 새로운 삶이다"라는 본회퍼의 진술로 발전한다.[61]

---

61) Bonhoeffer, *Letters and Papers from Prison*, p. 382.

같은 장소에서, 그의 새로운 프로젝트에 대해 요약하는 책에서 본회퍼는 인격의 나-너 관계(I-You relation)에 의하여 초월성에 대한 그의 사회 - 윤리적 이해를 다시 진술한다. 타자를 위한 예수의 자유는 "초월성에 대한 경험"이며, 신앙은 그의 성육신, 십자가, 부활에 참여하는 것이다. 그러므로 초월적인 하나님에 대한 관계는 상상적인 가장 강력한 최고의 존재, 신(Supreme Being)과의 관계가 아니다. - "그것은 진정한 초월이 아니다 … 초월은 … 주어진 상황에서 가까이에 있는 이웃이다."[62] 『성도의 교제』(Sanctorum Communio)에서 표현한 바와 같이, 인간적인 너(the human You)와의 만남은 우리가 신적인 너(the divine You)를 만나는 형태이다.

본회퍼의 『옥중서신』을 읽은 세속주의에 대해 열중한 초기의 일부 독자들은 "비종교적 기독교"를 "교회 없는 기독교"(churchless christianity)로 오해했다. 그는 확실히 교회의 변혁 - 사실상 급진적인 변화 - 을 희망했지만, 기독교 교회 공동체는 본회퍼의 신학에 중심적인 것으로 남게 되었다. 실제적 그리스도와 진정한 기독교에 관한 그의 신학적인 논의를 시작하는 부분에서, 그는 다음과 같은 질문을 제기했다. "교회, 공동체, 설교, 예배의식, 그리스도인의 생활은 비종교적 세계에서 무엇을 의미하는가?"[63] 그는 이렇게 대답했다. "교회는 타자를 위해서 존재할 때에만 교회이다 … 교회는 그리스도 안에서 산다는 것, 타자를 위해서 존재한다는 것이 무엇인지를 부르심을 받은 모든 사람들에게 말해 주어야 한다"[64] 본회퍼는 교

---

62) ibid.
63) ibid., p. 282.
64) ibid.

회를 그리스도론적 패러다임으로 해석함으로써, 기독교 공동체가 그의 비종교적 기독교에 중심적인 것으로 남게 되었다는 것을 논증했다. 뿐만 아니라 그는 급진적인 변화를 포함하는 변혁의 모델을 제공한다 - 하나의 출발을 위해서 "교회는 궁핍에 처한 자들에게 그 모든 재산을 주어야 한다!"[65]

본회퍼의 신학은 고정된 신학이 아니다. 1930년대의 제자직에 관한 작품은 본회퍼에게는 깊은 인격적인 의미를 가지게 되었음은 물론 교회투쟁에 충실한 고백교회의 요구에도 중요한 의미를 가지게 되었다. 저항운동은 창조적인 새로운 윤리적 사유를 위한 풍부한 자극을 제공했다. 인간의 성숙과 자율에 대한 통찰은 종교 없는 기독교에 관한 중요하고도 새로운 프로젝트로 나아갔다. 이러한 모든 발전을 통하여, 본회퍼의 사회성의 신학(thelolgy of sociality)의 기본적인 개념성은 그의 성찰을 위한 기초와 구조를 제공해 주었다.

---

65) ibid., p. 382.

# 7. 오늘 우리에게 예수 그리스도는 누구인가?

안드레아스 판그리츠(Andreas Pangriz)


그리스도론적 집중. 『그리스도론』 강의. 그리스도 안에서의 하나님의
낮아지심. 도전 받는 전통적인 그리스도론. "다윗 왕". 감옥의 그리스도론.


"육신 안에 계시된 하나님", 신인(God-man)이신 예수 그리스도는 신
학이 지키도록 임무를 받은 거룩한 신비이다. 하나님의 신비를 풀기
위하여 그것을 경험과 이성이라는 깊이도 없고 평범한 인간의 지혜
로 끌어내리는 것을 신학의 과제로 생각하는 것은 얼마나 큰 실수인
가! 하나님의 기적을 기적으로 보존하고, 하나님의 신비를 신비로 이

해하고 변호하며 영화롭게 하는 것만이 유일한 신학의 과제이다.[1]

이같은 신비에 가까운 말로 디트리히 본회퍼는 핑켄발데 신학
교의 형제들과 고백교회의 목사들에게 보낸 1939년 크리스마스의
「회람서신」에서 기독교신학의 전반적인, 특히 그리스도론 과제를
묘사한다. 즉, 신학의 과제는 그리스도의 성육신의 기적에서 하나
님의 영광을 찬양하는 것이다.

그리스도론을 본회퍼 사상의 중심으로 간주하는 것이 통례이다.
사실 처음부터 끝까지 본회퍼의 신학적 발전의 정선율(cantus firmus)
을 형성하고 있는 것은 "예수 그리스도는 누구인가?"라는 질문이
다. 본래『성도의 교제』(Sanctorum Communio)에 잠복해 있는 이 질문
은 1933년 본회퍼의 학구적인『그리스도론』(Christology) 강의들에
서 분명하게 나타난다. 1933년은 히틀러가 권력을 잡은 해로 20세
기 독일역사에서 결정적인 해였다. 그리고 1944년 그의『옥중서신』
(Letters and Papers from Prison)에서도 "오늘 우리에게 실제로 그리스도
는 누구인가?"라는 계획적인 질문이 본회퍼의 새로운 신학적 성찰
의 출발점을 이루고 있다.


## 그리스도론적 집중

본회퍼는 자신의 생애 전체를 통해 제1차 세계대전 이후 칼 바르

---

1) G. Kelly and F. B. Nelson, *A Testament to Freedom: The Essential Writings of Dietrich
Bonhoeffer* (San Francisco: Harper & Row, 1990), p. 472.

트와 변증법적 신학에 의해 시작된 그리스도론적 집중을 향한 운동에 참여했다. 그러나 본회퍼의 사상에 나타난 이러한 집중은 신학의 다른 주제와 비신학적 주제들과는 멀어진 채 그리스도론에만 고립하는 상황으로 발전하지 않았다. 오히려 그리스도의 중심성은 구체적인 현실 속에 있는 세상을 향한 교회의 지평을 열어주는 결정적인 동기를 제공한다. 이러한 세속적 현실의 과제는 종종 그리스도와 동일시되는 것으로 보인다. 본회퍼는 1935년 그의 형에게 이렇게 편지를 보냈다. "현재 비타협적인 입장을 견지하는 것이 여전히 가치 있는 일입니다. 나에게는 평화와 사회정의 또는 그리스도 자신과 같은 것이 그런 일로 여겨집니다."[2] 본회퍼가 그의 주저(主著)로 계획했던 『윤리학』(Ethics) 초고에서 말한 바와 같이, 어떤 경우에도 그리스도론적 정선율은 지속적으로 "세속적인" 대위법들(대위적 선율들, counterpoints)을 수반한다. "배타성이 클수록, 자유는 더 커진다. … 우리가 더욱 배타적으로 그리스도를 우리의 주님으로 인정하고 고백하면 할수록 그가 지배하는 넓은 범위가 더욱 완전하게 우리에게 노출될 것이다."[3]

대부분의 본회퍼 저술들에서 비록 때론 잠복되어 있긴 하지만, 그리스도론적 질문이 나타난다는 것을 논증하기란 어렵지 않다. 몇 가지 예만 들어도 충분할 것이다. 본회퍼는 이미 1927년 그의 박사학위논문인 『성도의 교제』에서 그리스도에 대해 성찰하지 않고 교회에 대해서 말할 수 없었다. 그리스도와 교회 사이의 밀접한 관계는 "공동체로서 존재하는 그리스도"(Christ existing as community)라는

---

2) ibid. p. 447.

3) D. Bonhoeffer, *Ethics* (New York: Macmillan, 1965), p. 58.

종종 문제시되는 표현을 가져왔다. 본회퍼는 다시금 베를린대학에서 한 1932년의『창조와 타락』(Creation and Fall)에 관한 강의에서 당시 보수주의적인 루터교회 사상에 만연해 있던 "창조의 질서"(order of creation) 개념을 거부하고, 대신 그리스도론적 성격을 지닌 "보존의 질서"(order of preservation)라는 개념을 제안한다. 즉, 보존의 질서는 그리스도 자신의 혁명적인 행동을 위한 여지를 남겨두는 질서이다.

1937년 쓰여진 본회퍼의 유명한 책인『나를 따르라』는「그리스도의 형상」(The Image of Christ)이라는 장으로 마감된다. 여기에서 제자로서 그리스도를 따르는 것은 "그리스도의 형상을 따르는 것"으로 묘사된다. … "우리는 온전히 그대로 그리스도의 형상, 성육신하고 십자가에 달리시고 영화롭게 되신 그리스도의 형상에 동화되어야 한다 … 그는 사람들이 그와 같이 되도록 하기 위하여 인간과 같이 되었다."[4] 본회퍼는 또한 그의『윤리학』을 위한 초고에서 "그리스도에 대한 동조"(conformation)라는 개념에 대해 언급한다. 성서가 "형성"에 관하여 말할 때마다 - 본회퍼에 의하면 - 그 말들은 다음과 같다.

"세상을 이긴 하나의 형태, 즉 예수 그리스도의 형태와 관련되어 있다. … 형성은 오직 예수 그리스도의 형태로 인도됨에 의해서만 이루어진다. 그것은 십자가에 달리시고 다시 살아나신 그분을 인간으로 만드신 이의 독특한 형태와의 동조로서, 그의 유사성에서의 형성으

---

4) Kelly and Nelson, *A Testament to Freedom*, p. 339.

로서만 이루어진다."[5]

  나중에 그의 『윤리학』을 위한 초고들은 세상을 "궁극적인
것"(ultimate)으로서의 그리스도에 의한 칭의 아래에 있는 "궁극이전
의 것"(penultimate)으로 가져오고, "그리스도의 주권의 넓고 깊음" 또
는 "성육신에서 역사적인 책임으로" 옮긴 이유를 강조한다. 본회퍼
의 신학사상 속에는 의심할 여지없이 그리스도론과 윤리가 밀접하
게 상호 관련되어 있다. 그의 『윤리학』을 위한 각각의 새로운 접근
방법은 "더욱 단호한 그리스도-중심성"을 "더욱 현실주의적인 세
상에 대한 개방성"과 결합시킨다.[6]

  본회퍼신학의 그리스도 중심적인 구상에도 불구하고, 그의 본문
들 가운데서 몇몇들만이 그리스도론을 분명하게 다루고 있다. 한
가지 예외는 위에서 언급한 1939년 크리스마스의 「회람서신」이다.
그렇지만 그리스도론에 관한 가장 상세한 성찰은 본회퍼가 베를린
대학에서 행한 「그리스도론」 강의에 상세하게 설명되어있다. 이것
은 그의 강의를 들은 학생들의 노트를 통해 우리에게 전해진 것이
다.[7] 에버하르트 베트게(Eberhard Bethge)에 의하면, 이 강의들은 "본
회퍼의 학문적 경력의 정점"을 이루고 있다. 이와 동시에, 그 강의
들은 독일에서의 사회-정치적인 상황에 대한 주석으로 읽혀질 수
있다. 본회퍼가 1933년 여름학기에 「그리스도론」 강의를 시작하던

---

5) Bonhoeffer, *Ethics*, p. 80.

6) E. Bethge, *Dietrich Bonhoeffer: Theologian, Christian, Contemporary* (London: Collins, 1970), p. 625.

7) D. Bonhoeffer, *Christ the Centre*, trans. E. H Robertson (New York: Harper & Row, 1978).

때는 히틀러가 수상이 된지 3개월이 되던 때였다. 학자로서의 본회 퍼는 신학적으로 엄격하게 말하려고 시도했지만, 본문에서 정치적 상황에 대해 간접적으로 언급하는 점이 발견된다.

## 「그리스도론」 강의

「그리스도론」 강의들을 표면적으로 읽는다면 본회퍼가 단순하게 기독교적 전통을 변호하고 있다는 인상을 갖게 될지 모른다. 자유주의 신학의 스승인 아돌프 폰 하르낙(Adolf von Harnack)과는 달리, 그는 그리스도의 "두 본성"에 관한 초대교회의 교리를 극구 칭찬할 이유를 발견한 것처럼 보인다. "독일 그리스도인들"(Deutsche Christen, 또는 교회의 나치당)이 "게르만 민족의 그리스도"('Aryan' Christ)를 세우려고 시도하던 때, 그러한 단순한 변증론적인 그리스도론의 구상은 간접적인 정치적 함의를 가졌을 것이다. 실제로 1년 뒤(1934년 5월) 바르멘에서 개최된 고백교회 창립총회의 참석자들 대다수는 다음과 같은 선언으로 시작되는 바르멘 신앙고백(Barmen Confession)을 채택하며 단순히 그리스도에 관한 전통적인 신조를 변호하려고 시도했다. "성서에 의해서 증언된 예수 그리스도는 우리가 경청해야 하고, 삶과 죽음에서 신뢰하고 순종해야 하는 하나님의 유일한 말씀이다."

그러나 본회퍼는 자신을 변증론에 제한시키지 않는다. 이와 동시에 그의 그리스도 중심주의(Christocentrism)는 전례 없는 교회의 지평을 확장시키기 위한 예비 조건이다. 그는 어떤 점에서도 예수 그리스도를 제한하려고 시도하지 않는다. 오히려 그의 목적은 당대의 기독교적이며 비(非)기독교적인 모든 정의로부터 그리스도를 해방시키는 것이 목적이었다. 그의 질문은 그리스도와 교회와 세상 간의 "만남의 질문"이다. 다른 말로 표현해, "당신은 누구인가?"라는 질문을 스스로 말해보라![8]

이러한 결정적인 그리스도론 질문에 대한 본회퍼의 접근 방식에 이르는 전 단계가 있다. 그는 기독교 교리의 "송영" 구조를 강조하며 그의 강의들을 시작한다. "교리"(dogma)의 의미는 "교의"(doctrine)가 아니라 "영광"(doxa), 즉 주님의 영광에 대한 찬양이다. 본회퍼는 서론에서 다음과 같이 말한다.

> "그리스도에 관한 가르침은 침묵에서 시작한다 … 그 침묵은 무언 속에서 혼자 비밀리에 자신들의 영혼을 향해 재잘거리는 신비주의자들의 침묵과는 아무런 관련이 없다. 교회의 침묵은 말씀 앞에서의 침묵이다. 교회가 말씀을 선포하는 한, 교회는 본질적으로 표현할 수 없는 것 앞에 조용히 엎드린다 … "이러한 선포에 대한 연구"는 예배하는 회중의 겸손한 침묵의 상황에서만 가능하다 … 기도하는 것은 하나님 앞에서와 그의 말씀 앞에서 침묵하는 동시에 부르짖는 것이다."[9]

본회퍼에 의하면 하나님의 사랑을 간절히 바라는 것은 모든 신학적 탐구의 예비 조건이다. 그러므로 그리스도론적 질문은 이미 해답이 주어진 "교회의 배경에서"만 합당하게 제기된다.

---

8) ibid., p. 30.
9) ibid., p. 27 (번역은 바꾸었다).

"그 질문은 그리스도가 하나님의 로고스(Logos)로 주장되어야 한다는 기본적인 전제 조건이 받아들여지는 곳에서만 제기될 수 있다 … 그리스도가 자신을 하나님의 말씀으로서 계시하시는 교회에서, 인간의 로고스는 다음과 같은 질문을 제기한다. "예수 그리스도, 하나님의 말씀, 하나님의 로고스, 당신은 누구인가?" 대답은 주어졌다. 교회는 그것을 날마다 새롭게 받아들인다." [10]

그리스도론은 "누구인가?"라는 이 질문을 표명하기만 한다. 이 질문은 사실상 만남(encounter)의 질문이다. 그리스도론의 사고 형태 자체는 이 질문에 의해서 결정될 것이다. 이러한 방식으로 그리스도론은 - 본회퍼에 의하면 - 문자로 기록된 우주(universitas litterarum)의 알려지지 않은, 감추어진 중심으로서 인정되어야 한다. - 이것은 확실히 오직 "교회의 영역 안에서"만 받아들여질 수 있는 정의이다. [11]

본회퍼는 그리스도론적인 질문을 교회 안에 설정함으로써 그리스도론적인 사고부터 (예컨대 헤겔에 의해서 적용된) 두 가지 철학적인 질문들, 즉 그 해답이 이미 주어졌는지 아닌지, 교회와 관련된 문제인 "누구?"가 정당화될 수 있느냐 아니면 정당화될 수 없느냐는 질문, 그리고 계시의 "진리"가 어떻게 인식될 수 있느냐는 질문을 배제하려고 시도한다. 이 두 번째 질문은 "그리스도의 주장의 참뜻을 살펴보고 그 독립적인 이유를 찾는 것을 의미할" 것이다. [12]

그리스도론적인 사고에서 배제된 이 두 가지 질문에도 불구하고,

---

10) ibid., p. 32.
11) ibid., p. 28 (번역은 바뀌었다).
12) ibid., p. 32.

한 가지 질문은 그대로 남는다. 그것은 결정적인 만남의 문제, 예수의 인격에 관한 문제, "누구?"냐는 문제이다. 본회퍼에 의하면, "당신은 누구인가?"라는 질문은 폐위되고 정신이 혼란해진 이유에 대한 질문이다. 그러나 그것은 또한 신앙의 질문이기도 하다. "당신은 누구인가? 당신은 하나님 자신인가?" 이것은 그리스도론이 관심을 갖는 질문이다. "그리스도는 반(反)로고스(Counter-Logos)이다."[13]

## 그리스도 안에서의 하나님의 낮아지심

우리는 이미 그리스도론의 중심적 성격이 오직 세속적인 학문에만 "알려지지 않은," "감추어진" 방식으로 실현되었다는 것을 보았다. 이러한 격리의 이유는 그리스도의 현존이 감추어져 있기 때문이다. 그의 "현존은 감추어진 현존이다 …… 이 신인(神人), 예수 그리스도는 몸의 유사성(homoioma sarkos)의 형태에서만, 즉 가려진 형태에서, 걸림돌의 형태에서만 현존하고 현재적이 된다."[14]

그러나 예수 그리스도에 의해서 생기는 장애의 본질은 무엇이며, 걸림돌(scandalon)의 본질은 무엇인가? 본회퍼는 전형적으로 "예수 그리스도 안에 있는 걸림돌은 그의 성육신이 아니라 - 그것은 사실상 계시이다! - 그의 낮아지심이다"라고 지적한다.[15] 본회퍼와 절친했던 슈바벤 지방의 경건주의자 외팅거(Oetinger)의 말로 표현하자면,

---

13) ibid., p. 30.
14) ibid., p. 46 (번역은 바뀌었다).
15) ibid.

그리스도의 성육신은 "하나님의 길의 끝"으로서의 그의 "유형"(有形. corporeality)이다.[16] 이러한 "유형"은 걸림돌의 원인이 아니라 기쁨의 원인이다. 그리스도의 낮아지심, 십자가의 역사에서, "역사 안에서의 그의 감추어짐"[17]이 걸림돌이 된다. "역사의 의미는 십자가 상에서 끝난 한 인간의 깊이와 감추어짐에서 발생한 사건과 관련이 있다. 역사의 의미는 낮아지신 그리스도에게서 발견된다."[18] 이러한 방식으로 그리스도는 "역사의 중심"이 되지만, 그의 중심성은 십자가상에서 죽기까지의 그의 낮아지심의 걸림돌에 감추어져 있다.

본회퍼에게 있어서 그리스도의 현존은 기독교 공동체 안에서 그 사회적 구체성을 획득한다는 것을 아는 것이 중요하다. 그러므로 그리스도의 낮아지심이라는 걸림돌은 그에 상응하는 교회의 실존에서 1933년이라는 상황 맥락에서 정치적인 결과를 가져오는 것과 대응하는 그 대응부를 발견한다. "공동체는 그리스도의 몸이다 … 공동체로서의 그의 존재는 말씀과 성례전으로서 그가 존재하는 것과 마찬가지로 걸림돌의 형태를 가지고 있다."[19]

그리스도의 몸으로서의 교회는 그 주님보다 더 높아지기를 원해서는 안 된다. "그리스도가 십자가와 부활로 인해 교회 안에 현존하시기 때문에, 교회도 역시 국가에 의해서 만들어지는 역사의 중심으로 이해되어야 한다. 이것은 다시금 감추어진 중심이며, 국가의

---

16) D. Bonhoeffer, *Illegale Theologenausbildung: Sammelvikariate 1937-1940, Dietrich Bonhoeffer Werke*, vol. XV (Gütersloh: Chr. Kaiser/Gütersloher Verlagshaus, 1998), p. 543.

17) Bonhoeffer, *Christ the Centre*, p. 74.

18) ibid., p. 62.

19) ibid., p. 59 (번역은 바뀌었다).

영역의 분명하지 않은 중심이다." 그것은 교회가 "국가의 중심에 가시적으로 세워짐으로써 또는 국가 교회(state church)로 만들어질 때처럼 중심에 나섬으로써 중심임을 증명"해서는 결코 안 된다는 것을 의미한다.[20] 1933년 이러한 국가 교회의 개념에 대한 거부는 "독일 그리스도인들"의 시도에 대한 항거로서 이해되어야 하며 또한 "하나의 민족, 하나의 제국, 하나의 교회"라는 슬로건에 따라 그 "지도자"로서 "제국감독"(Reichbischof)를 갖는 독일 민족 교회를 설립하려는 보수주의적인 루터교회 사람들에 대한 항거로서 이해되어야 할 것이다. 그리고 바로 교회의 중심적 성격이 "감추어져" 있다는 사실은 동시에 교회로 하여금 국가의 "경계선"(boundary)이 될 수 있게 한다. "교회가 십자가를 가지고 모든 인간의 질서에 대해 돌파를 선포하는 점에서 국가의 경계선이 된다."[21]

우리는 교회와 국가의 관계에 대한 이러한 개념으로부터 루터의 두 왕국 교리에 대한 본회퍼의 비판적 수용을 인식할 수 있는데, 그것은 특히 그의 논문인 「교회와 유대인 문제」(The Church and the Jewish Question, 1933년 4월)에서 잘 정리되었다. 여기에서 그는 교회가 "바퀴 아래 깔린 희생자들에게 붕대를 감아주는 것뿐만 아니라 … 바퀴 자체를 멈추게 하는" 극단의 "가능성"을 고려함으로써 국가 법령의 "경계선들"을 강조한다.[22]

그리스도의 낮아지심에서 생긴 걸림돌, 십자가상에서의 그의 죽음을 의미하는 그의 순종은 추상적인 하나님 관념을 파괴한다. "만

---

20) ibid., p. 63.
21) ibid.
22) Kelly and Nelson, *A Testament to Freedom*, p. 139 (번역은 바뀌었다).

일 우리가 하나님으로서의 예수 그리스도에 관하여 말한다면, 우리는 그가 전지와 전능의 특징을 소유하는 하나님의 관념을 대표하는 자라고 말해서는 안 될 것이다.(거기에는 이러한 추상적인 신적 본성과 같은 것이 없다!) 오히려, 우리는 그의 연약함, 그의 구유, 그의 십자가를 말해야 한다. 이 사람은 추상적인 하나님이 아니다."[23] 그럼에도 불구하고 우리는 이 "낮아지신 자에 대하여 … '이분이 하나님이시다'라고 말해야 한다. 그는 그의 죽음에서 신적인 특성들 가운데 어떤 것도 공표하지 않는다. 그와 반대로 우리는 그가 죽을 때 하나님을 의심하는 사람을 보게 된다. 그러나 우리는 이 사람에 대하여 "이분이 하나님이시다"라고 말한다."[24]

그리고 본회퍼는 다시금 기독교 공동체 안에서 대응하는 것을 강조한다. 그리스도가 "부지불식간에 거지들 가운데 거지로서, 소외된 자들 가운데서 소외된 자로서, 절망하는 자들 가운데서 절망하는 자로, 죽어 가는 자들 가운데서 죽어 가는 자로서 가신다면,"[25] 이와 똑같은 방식으로 "교회도 그 나름의 겸손의 길을 가는 것은 이 낮아지신 자와 동행하기 때문이다." 낮아지신 자와의 "만남"에서 교회는 "그의 발자취를 따라 그 길을 걷기를 포기하는 동안에는 그 길에 대한 가시적인 확증을 추구해서는 안 된다."[26]

이미 1년 전 본회퍼는 「교회의 본질」(The Nature of the Church, 1932년)이라는 강의에서 교회의 길에 관하여 더욱더 구체적인 성찰을 하고 있다. "교회는 그리스도와 같이 세상이 되었다. ….. 진정한 사람

---

23) Bonhoeffer, *Christ the Centre*, p. 101 (번역은 바뀌었다).

24) ibid., p. 106.

25) ibid., p. 107.

26) ibid., p. 113.

들을 위하여, 교회는 철저하게 세속적이 되어야 한다." 이것은 교회
도 역시 "세상의 모든 연약함과 고난에 종속된다"는 것을 의미한다.
"교회는 때에 따라서 그리스도 자신과 같이 기거할 곳이 없이(home-
less) 될 수도 있다." 그리고 교회의 "진정한 세속성"은 "교회의 모든
특권과 그 모든 재산을 포기할 수 있게 되는 것"을 의미한다. … "그
리스도와 죄의 용서에 의지하여, 교회는 그 밖의 모든 것을 포기하
는 데에 자유로워야 한다."[27]

우리가 그리스도는 "반(反)로고스"(Counter-Logos)라는 점을 받아
들이기만 한다면, 본회퍼의 개념에서 매우 중심적인 것이 된 그리
스도의 "두 본성"에 관한 교리의 승인이 단순히 변증론을 의미하지
않는다는 것이 분명해진다. 본회퍼의 해석에서 그리스도가 참 하나
님인 동시에 참 인간이라고 고백하는 초대교회 교부들의 신조(칼케
돈 신조, 451년)는 비판적인 방식으로 설명되어야 한다. 자유주의 신
학은 우시아(ousia), 즉 본성, 존재 개념의 그리스도론으로의 도입이
"예수 그리스도에 대한 복음적 이해를 헬라화시키고 변질시켰기 때
문에" 그것을 유감으로 생각한 반면에, 본회퍼는 "그 나름대로 칼케
톤의 정의보다 더 '비(比)그리스적' 산물은 없다"고 주장한다.[28]

칼케돈의 그리스도론에서 "반로고스"는 "객관화시키는 사고-형
태"를 대체시켰다.[29] "이론적이며 객관화시키는 방식으로" 하나님
의 본성과 인간의 본성을 말하는 것은 신학적인 "실수"이다. "두 본
성"은 그들이 예수 그리스도 안에서 결합될 때까지는 "서로 분리되

---

27) Kelly and Nelson, *A Testament to Freedom*, p. 92.
28) Bonhoeffer, *Christ the Centre*, p. 101 (번역은 바뀌었다).
29) ibid., p. 102.

지만, 서로 구별될 수 있는 두 가지 본체와 같이 다루어서"는 안 된다. 하나님과 인간 사이의 관계는 실재의 관계로서 생각되어질 수 없다. 그것은 오직 "인격들 사이의" 관계로서만 생각되어질 수 있다.[30]

　본회퍼에 의하면, 신인(神人) 예수 그리스도에 관한 교리는 칼케톤의 정의에서 그 "고전적인 표현"을 발견했다. 예수 그리스도의 인격은 "혼동되지 않고(without confusion) 변함이 없는(without change) … 분리되지 않고(without separation) 분할되지 않는(without division) 두 본성에서" 인식된다. 본회퍼는 다음과 같이 해석한다.

　"남아있는 것은 단순한 부정들(negations)이다. 신인(神人) 예수 그리스도 안에서 발생한 것을 말할 수 있는 긍정적인 사고 형태는 하나도 없다. 신비는 신비로서 남고 그러한 것으로 이해되어야 한다. 접근 방식은 오직 신앙을 위해서만 준비된다. 모든 사고 형태는 무너졌다. … 칼케톤의 정의 이래로, 그리스도론에 관심을 갖는 신학자는 이러한 부정적인 공식의 개념적인 긴장에 의해서 생긴 한계들을 유지하고 그것을 보존해야 한다. … 그 특징적인 형태에서 칼케톤의 정의는 상쇄된다. … 그것은 "본성들"(natures)에 관하여 말하지만, "본성들"의 개념이 그 사용을 위해서는 매우 부적합하다는 것을 보여주는 방식으로 사실들을 표현한다. 그것은 그들이 모순과 역설 속에서 사용되지 않는 한, 이단적인 표현이라고 선언되는 개념들을 다룬다." [31]

---

30) ibid., p. 101 (번역은 바뀌었다).
31) ibid., pp. 87f. (번역은 바뀌었다).

"그리스도는 두 본성 속에 있는 한 인격"이라는 칼케톤의 공식은 "프로테스탄트 전통 안에서" 지속적인 논쟁을 불러일으켰다. 본회퍼에 의하면 루터교회 사상은 "그리스도론적 질문에 대한 가장 예리한 숙고"인 "특성들의 교제에 관한 교리"를 발전시켰다.[32] 태생의 고귀함(genus majestaticum)은 루터교회 교리의 "핵심"을 말해주고 있다. "영원한 신성을 나타내는 그러한 것들은 인간적 본성(human nature)에 속하는 것으로 생각될 수 있고 또 그렇게 생각되어져야 한다. … 우리는 여기에서 성례전적 교리의 본질(Est)을 갖게 된다."[33] 그렇지만 의식적으로 루터교회 신학자인 본회퍼는 이점에서 루터의 그리스도론이 "성서가 말하는 것과 갈등을 일으키며", 칼케톤의 정의와 갈등을 일으킨다는 것을 인정한다. "거기에는 …… 인성이 신성이 되기 때문에, 그리스도 단성론(monophysitism)의 회귀의 위험성이 있다."[34] 그러므로 개혁교회의 신학자들이 "이러한 루터의 그리스도론에 항거했다"는 것은 결코 이상한 일이 아니다. 그들의 주요 반대 논점은 "루터의 그리스도론이 기본적으로 그리스도의 진정한 인성 이상의 것을 말하지 않는다"는 것이었다. 태생의 고귀함(genus majestaticum)에 대한 그들의 대답은 칼빈주의 밖에서(extra Calvinisticum)였다. "로고스는 그의 삼위일체적 관계 속에서 지속된다. 따라서 로고스는 육신 밖에(extra carnem) 있는 것이다." 거기에 "인성을 나누는 것은 없다. … 유한은 무한을 포함하지 못한다."[35](Finitum incapax infiniti)

---

32) ibid., p. 89.
33) ibid., p. 91.
34) ibid.
35) ibid., p. 92.

본회퍼는 칼빈주의적 그리스도론이 강조하는 것에 대해 갈채를 보낸다. 칼빈주의적 그리스도론은 "하나님이 어떤 분이며 인간이 어떤 존재인지를 분명하게 강조"했다. "구원은 예수의 참된 인성을 계속 유지하는 데에 달려 있다." 한편 본회퍼는 중재적인 표현을 제안함으로써 루터의 관심을 보존하려고 시도한다. "유한은 혼자서가 아니라 무한자의 도움으로 무한을 포함할 수 있다!"[36] 루터의 그리스도론과 칼빈주의적 그리스도론을 화해시키려는 이러한 시도는 루터교회 신학자들과 개혁교회 신학자들이 바르멘 선언(Barmen Declaration)을 공동으로 채택한 1년 후에 이루어진 것으로 여겨진다.

본회퍼에 의하면 "본성의 추상적인 이원성(duality)과 인격의 추상적인 통일성(unity)은 마찬가지로 비성서적인 것이다."[37] 그들이 그 "부정적 성격"(negativity)을 받아들이지 않는 한, "칼케톤 정의의 '두 본성'에 관한 가르침을 거부하는" 모험을 하는 것은 루터의 그리스도론과 칼빈주의적 그리스도론 모두의 실수이다. 그러나 본회퍼가 진술한 바와 같이, 칼케톤 정의가 "이상적인 공의회의 신학적 진술"이 된 것은 바로 그 부정적인 표현에 있다.[38] 그것은 예수 그리스도 안에서 "신인(神人) 관계의 문제 해결을 위해 객관화시키는 범주들을 사용하는 것에 대한 금지"를 포함하고 있다. "모순되는 상대에서의 부정적인 것을 주장함으로써" 칼케톤 정의는 사실상 "두 본성에 관한 교리를 대체시킨다. … 칼케돈 정의의 비판적인 의미가 더 문의되어야 한다."[39]

---

36) ibid., p. 93.
37) ibid.
38) ibid., pp. 88.
39) ibid., pp. 97f.

본회퍼는 이러한 정의가 그 부정적 성격에서 그리스도의 신비를 위한 자유로운 여지를 제공해 준다. "어떻게?"라는 질문은 "두 가지 서로 반대되며, 모순되는 진술들"에 의해서 "배제되었다." 그 나름대로 "칼케톤 정의는 궁극적으로 '누구인가?'라는 질문이 된다."[40]

## 도전 받는 전통적인 그리스도론

우리는 이미 송영(doxology)이 그리스도론적 교리에 대한 본회퍼의 탐구에 있어서 출발점이라는 것을 주목해 보았다. 이것은 그가 인간의 이성을 불신한다는 것을 의미하지 않는다. 오히려 그는 기독교 공동체와의 관계에서 그리스도론의 사회적 구체성을 유지하려고 노력한다. 이러한 이유로 신학적인 사유는 "겸손"해져야 한다. 그러한 신학적인 "겸손"은 성직자의 요구들에 대한 순종과는 아무런 관계가 없다. 오히려 그것은 겸손하게 된 인간성에 대한 당파심의 표현이다. 본회퍼에 의하면 신학은 구체적인 인간, 즉 겸손하게 된 인간의 편에 선다. 이와 같이 신학적인 이성은 겸손해지는 동시에 "하나님의 계시에 대한 찬양의 도구"로서 높임을 받는다.[41] 신학의 과제에 대한 그러한 이해는 교의학적인 전통에서 체계화되고 굳어진 그리스도론의 형태들에 도전한다.

이러한 도전들 중 하나는 가난한 사람들에 의해서 제기된다. 본

---

40) ibid., p. 102.

41) Bonhoeffer, *Illegale Theologenausbildung: Sammelvikariate*, p. 542: 'Werkzeug der Ver- herrlichung der göttlichen Offenbarung'.

회퍼가 지적한 바와 같이 "프롤레타리아에게 있어서 그리스도를 부르주아 사회의 교회와 동맹한 자로 묘사하기란 용이한 일이다. 그런데 노동자는 예수에게 어떤 특별한 자리나 지위를 부여할 이유를 더 이상 찾지 못한다." 그리스도와 부르주아 사회의 동일시는 교회가 "제도를 마비시키고 자본주의 체제를 재가해 주는" 것으로 폭로되는 결과를 초래한다.[42] "예수와의 어떠한 만남"도 불가능하게 된다. 결정적인 질문, "누구인가?"는 이미 교회의 실존에 의해서 부정적인 대답을 얻은 것처럼 보인다.

하지만 거기에는 다른 가능성이 있다. "바로 이점에서 노동자 계급은 예수와 그의 교회를 구별할 수 있다. 예수는 죄가 있는 사람이 아니다. 예수는 죄가 없지만 교회는 죄가 있다! 예수는 이상주의자, 사회주의자가 될 수 있다."[43] 예수의 낮아지심과 자본주의 체제 안에서의 프롤레타리아의 비천함과 착취를 위해서 본회퍼는 신학적인 정확성을 감행하고 있다.

> "프롤레타리아는 "예수는 하나님이다"라고 말하지 않는다. 그러나 프롤레타리아가 "예수는 선한 사람이다"라고 할 때는 부르주아가 "예수는 하나님이다"라고 할 때보다 더 많은 것을 말하고 있다. 하나님은 그에게서 교회에 속한 어떤 것이다. 그러나 예수는 사회주의자로서 공장 밑바닥에 나타날 수 있다. 정치적인 집회에서 이상주의자로서 나타날 수 있고, 노동자의 세계에서 선한 사람으로 나타날 수 있다. 그는 그들

---

42) Bonhoeffer, *Christ the Centre*, p. 34 (번역은 바뀌었다).
43) ibid., pp. 34f.

과 같은 반열에서 적인 자본주의(Capitalism)와 싸운다.” [44)]

이것은 중점적으로 교의학적 전통에 대한 도전이다. 왜냐하면 예수에 대한 프롤레타리아의 관심이 그를 하나님으로서 언급하는 것이 아니라 “형제와 주(主)”로서 언급하기 때문이다. 문제는 “당신은 누구인가?”라는 결정적인 그리스도론적 질문이 진지하게 제기되느냐 아니면 “회피”되느냐는 것이다. 본회퍼는 이 문제를 미해결로 남겨두는 것처럼 보인다. [45)]

분명히 “프롤레타리아”의 그리스도론은 초대교회에서의 “양자론” 이단(adoptionism. 유대교적 기독교의 이단)이나 “에비온주의” 이단(Ebionism, 에비오님[ebionim], 즉 비천한 자들, 가난한 자들의 이단)으로 소급해 올라갈 수 있다. 다른 한편 본회퍼는 에비온적 개념에 대한 그의 의견 차이를 이렇게 표현한다. “교회는 에비온주의를 비난해야 한다.”[46)] 그것은 마치 “교회가 온갖 형태의 가현설(docetism, 이교도적-관념론적 이단)을 거부해야 하는”것과 같은 것이다.[47)] 다른 한편 그가 실제로 “가현설”과 “에비온주의”의 극단적인 해결책 사이에서 중간의 과정을 발견하려는 시도에서 성공하지 못했다는 것은 주목할 만하다. “에비온주의가 참된 인간, 특별한 인격인 예수에 그 관점을 집중한다는 점에서 가현설적인 자유주의보다 우수하다. 구원은 이상적인 모습과 관련되는 것이 아니라 종(servant)과 관련된다.” 특별한 인간, 예수는 구약성서의 하나님을 고수하는 에비온적 이단에

---

44) ibid., p. 35.
45) ibid.
46) ibid., p. 84.
47) ibid., p. 82.

의한 가현설의 거부이다.[48]

관찰은 불안하게 하는 것이다. 한편 본회퍼는 현대적 이단에 대해 교의학적 전통을 변호하려고 시도한다. 헤겔(Hegel)의 관념론적 철학은 슐라이어마허(Schleiermacher)로부터 하르낙(Harnack)에 이르기까지의 19세기의 자유주의 신학과 마찬가지로 거부되며, 특히 독일 그리스도인들의 이단도 거부된다. 이 모든 것은 본회퍼에 의해서 가현설적 모델에까지 소급해 올라간다. 다른 한편 그는 최소한 "에비온주의"에 의해서 그리고 프롤레타리아에 의해서 제기된 질문들에 대해 공감을 표시하지 않을 수 없었다. 그러나 본회퍼의 그리스도론이 비밀스런 에비온주의적 경향을 포함하고 있다는 주장은 좀처럼 과장되기가 어려운 것으로 보인다.

프롤레타리아에 의한 그리스도론적 교리의 침해는 그가 뉴욕에 있는 유니온 신학교에서 머무르고 있을 동안(1930/1931년) 인식하였다. 거기에서 그에게 강한 인상을 준 것은 아프리카계 아메리카 교회들에서 선포된 "흑인 그리스도"(black Christ)였다. 그는 후에 그의 보고서 가운데 「미국의 소외된 자들의 교회: 흑인 교회」(The Church of the Outcasts of America: The Negro Church)라는 부제 하에 그의 경험에 대해 언급했다. 본회퍼에게 있어서 가장 중요한 것은 흑인 교회들에서 그가 "복음이 선포되는 것"을 들었다는 사실이었다. "백인" 설교의 강의 스타일과는 달리, "오싹한 열정과 시각적인 능력으로 '흑인 그리스도'가 선포되었다." 그리고 그는 "흑인 교회들이 프롤레타리아 교회들이며, 아마도 미국 전체에서 유일한 교회들"일 것

---

48) ibid., pp. 84, 82 (번역은 바꾸었다).

이라고 지적했다.[49]

그리고 「최근의 신학」(Recent Theology, 1932/1933년 겨울학기)에 관한 강의들에서, 그는 미국의 "흑인 교회"에 대해 언급했고, 심지어는 러시아 혁명과 "흑인 그리스도"를 동일시하기도 했다: 그리스도는 "맘몬"(Mammon)의 종교에 대립해 서 있다. 그러므로 러시아 혁명은 "그리스도 자신에 대한 저항이 아니라 자본주의적 그리스도에 대한 저항"으로 이해될 수 있다. 서양이 그리스도를 인식하는 유일한 방식은 자본주의적 그리스도로서 인식하는 것이다. 그리스도에 대한 이러한 왜곡된 이해에 대한 항의는 백번 옳다. "흑인 그리스도"에 대한 요구와 아프리카계 아메리카인들이 백인 그리스도를 거부하는 것에 대해서도 똑같이 말할 수 있다. 이러한 보이콧은 백인 우월의 위장이 되어버린 그리스도에 대한 반발이다.[50]

1939년 여름에 미국에서 두 번째 체류한 후에 쓴 「종교개혁 없는 프로테스탄티즘」(Protestantism without Reformation)이라는 논문에서, 본회퍼는 "흑인교회"(Negerkirche)에 관한 장에서 계속해서 "인종"의 문제에 대해서 언급한다. 이제 그는 1930년대 초반기보다 훨씬 더 비관적 견해를 표명하는 것 같다. 미국 프로테스탄티즘은 "인종에 의해서 찢겨진 교회의 이미지"를 대표한다. 교회의 심각한 "파멸"은 "백인 그리스도"가 "흑인 그리스도"에 의해 대비된다는 사실에 의해서 논증된다. 아프리카계 아메리카인들의 "야심에 찬 젊은 세대"가 "강한 종말론적 경향"을 가진 "과거 세대의 신앙"으로부터 등을

49) D. Bonhoeffer, *Barcelona, Berlin, Amerika: 1928-1931, Dietrich Bonhoeffer Werke*, vol. X (Munich: Chr. Kaiser Verlag, 1992), p. 274.

50) D. Bonhoeffer, *Berlin 1932-1933, Dietrich Bonhoeffer Werke*, vol. XII (Gütersloh: Chr. Kaiser/Gütersloher Verlagshaus, 1997), p. 159.

돌리는 것은 "교회의 죄책"이다.[51] 미래는 유럽에서와 같은 형태의 발전, 즉 강요된 세속화와 교회로부터의 프롤레타리아의 대규모 이탈을 가져올 것이다.

프롤레타리아에 의한 교의학적 전통에 대한 이러한 침해는 『옥중서신』에서도 표현된다.[52] 본회퍼는 그의 「어떤 저서의 초안」(Outline for a Book)에서 고백교회에 대해서 신학적인 비판을 가하고 있다. "일반적으로 고백교회에서는 교회의 '본분'을 위해서는 개입하지만, 그리스도에 대한 인격적인 신앙은 거의 찾아볼 수 없다. '예수'는 자취를 감추었다." 그러나 이러한 비판은 전형적으로 "사회학적" 논점과 결합되었다. "대중에 대한 관심은 하나도 없다 - 관심은 상류계급과 중산계급에 국한되어 있다. 난해한 전통적인 사상의 짐을 지고 있다. 결정적인 요인은 자기 방어를 일삼는 교회가 되었다는 사실이다. 타자를 위한 모험은 전무하다."[53] 본회퍼는 이렇게 주장했다. "교회는 타자를 위해서 존재할 때에만 교회이다."(The church is the church only when it exists for others)[54] 왜냐하면 예수 그리스도 자신이 "타자를 위해서만(there only for others) 교회에 존재하는" 분이기 때문이다.[55]

전통적인 그리스도론에 대한 또 다른 도전은 이스라엘 사람들이 제기하였다. 1933년의 「그리스도론」 강의들에서 그러한 도전은 주로 몇 가지 언어학적 특성을 띤 표현으로 나타난다. "역사의 중심

---

51) Bonhoeffer, *Illegale Theologenausbildung*, p. 453.

52) D. Bonhoeffer, *Letters and Papers from Prison: The Enlarged Edition* (New York: Macmillan, 1972).

53) ibid., p. 381.

54) ibid., p. 382.

55) ibid., p. 381.

으로서의 그리스도"에 관한 장의 몇 구절에서 본회퍼는 "그리스도" 대신에 "메시아"라는 칭호를 사용하고, 종국에는 "이 메시아 그리스도"라는 표현까지 쓰고 있다.[56] 이것은 우연히 발생한 것이 아니었다. 그렇게 쓰는 목적은 유대인 예수(Jesus the Jew)와 그의 일차적인 상황, 즉 이스라엘 백성 사이의 상관관계를 논증하려는 것이었다. 본회퍼는 다음과 같이 지적하면서 제3제국의 정치 이데올로기에 대해 공격한다. "역사는 타락한 메시아적 약속들을 성취하지 못한 것으로 인해 고통을 받는다. 역사는 그 메시아적 결정에 대해서 알고 있고 그로 인해 재난을 당한다." 독일의 "총통"(Führer)이 "가시적이며 논증된 역사의 중심"이라는 나치 이데올로기에 반대하여, 본회퍼는 메시아가 "하나님에 의해 기름부음을 받은 감추어진 중심이어야 한다"고 강조한다. 이러한 사상은 역사 안에서 "오직 한 지점에서" 나타난다. … "이것은 타락한 메시아 사상의 대중 운동에 반대되는 흐름에 있는 지점이다. - 그것은 이스라엘에 있다. 그 예언자적 희망과 더불어, 그것은 열방 가운데 세워진다. 그리고 이스라엘은 하나님이 그의 약속을 성취하시는 장소가 된다."[57]

1933년 봄 나치 독일에 의한 반유대인 법령과 제국교회에 의한 "아리안 조항"의 채택을 보면서, 그리스도론적 역사 이해의 도입은 일종의 신호탄이 되었다. 본회퍼는 이미 1933년 4월 「교회와 유대인 문제」에 관한 그의 강연으로 유대인에 대한 법적 차별에 대해 저항하였다.[58] 후에 본회퍼는 『윤리학』 초고, 「유산과 몰락」이라는

---

56) Bonhoeffer, *Christ the Centre*, p. 62 (번역은 바뀌었다).
57) ibid.
58) Bonhoeffer, *Berlin 1932-1933*, pp. 349ff.

제하에서 "서구 역사는 하나님의 뜻에 의해서 불가분 이스라엘 백
성과 연결되어 있다"고 지적했다. 그리고 유대인들의 대량 국외 추
방이 시작되던 1941년, 그는 『윤리학』 초고에 예언자적인 구절을
삽입함으로써 이러한 통찰의 그리스도론적 결과를 강조했다. 그에
의하면 서구의 역사는 "유전학적으로만이 아니라 중단되지 않는 진
정한 만남에서도" 이스라엘과 연결되어 있다. "유대인은 그리스도
의 문제를 열어놓는다 … 서양으로부터의 유대인의 배제는 필연적
으로 그리스도의 배제를 초래한다. 왜냐하면 그리스도가 유대인이
었기 때문이다."[59] 유대인 박해 이후에 이 구절은 서구 기독교에 대
해 영속적인 난처함의 근원이 되었을 것이다. 마치 아무 일도 발생
하지 않은 것처럼 서양에서 전통적인 그리스도론에 대한 가르침이
계속된다는 것도 매우 이상한 것이다.


"다윗 왕"

1933년의 「그리스도론」 강의들 이후에, 본회퍼의 그리스도론적
사유의 발전에 있어서의 새로운 단계는 핑켄발데 신학교 시기 중의
그의 주석학적 작품과 더불어 1930년대 중반에 도달한다. 단행본
인 『나를 따르라』의 그리스도론적 함의는 이미 잘 알려져 있다. 이
책에서는 성육신과 대리 역할, 고난과 십자가에서의 그리스도의 겸
양에 대한 루터의 이해를 강력하게 강조했다. 작은 책인 『신도의 공
동생활』에서의 "공동체로서 존재하는 그리스도"라는 슬로건의 교

---

59) Bonhoeffer, *Ethics*, pp. 89f.

회론적 함의의 과격화도 잘 알려져 있다.

주석학적인 자료를 오로지 신약성서로부터 거의 이끌어낸 이 작품들보다 더욱 특징적인 것은 본회퍼가 이 기간 중에 그리스도론의 빛에서 히브리 성서를 해석한 방식이다. 여기에서 본회퍼는 분명히 빌헬름 피셔(Wilhelm Vischer)가 그의 두 권의 대작인 『구약성서의 그리스도 증언』(Das Christuszeugnis des Alten Testament, 1934)에서 고심하여 만든 "구약성서에 대한 그리스도론적 해석"에 참가한다. 1933년 8월 본회퍼는 교회와 이스라엘에 관한 단락을 「베델 신앙고백문」(Bethel Confession)에 삽입하는 시도에서 피셔와 협력했다. 독일교회 투쟁의 역사적 상황에서 그러한 "그리스도론적 해석"의 목적은 히브리 성서를 "뚜쟁이들과 중동 사람들의 동양적 이야기들"로서 경멸하고 유대인의 배경이 없는 "게르만 민족의" 그리스도를 창안한 "독일 그리스도인들"의 공격에 반하여 기독교의 성서의 부분으로서 구약성서를 변호하려는 시도였다.

우리는 구약성서에 대한 본회퍼의 그리스도론적 해석의 한 본보기로서 「다윗 왕」(King David, 1935년)에 관한 그의 성서 연구를 검토해 볼 것이다.[60] 이 성서 연구의 목적은 "구약성서에서의 그리스도라는 문제에 대한 기여"를 하는 것이었다.[61] 다윗 왕과 예수 그리스도의 관계는 본회퍼에 의해서 강력하게 강조되었다. 때로는 두 인

---

60) D. Bonhoeffer, *Illegale Theologenausbildung: Finkenwalde 1935-1937, Dietrich Bonhoeffer Werke*, vol XIV (Gütersloh: Chr. Kaiser/Gütersloher Verlagshaus, 1966), pp. 878ff. 이 기간 중에 구약성서에 대한 "그리스도론적 해석"의 다른 본보기들은 다음과 같다: 'Christus in den Psalmen', in Bonhoeffer, *Illegale Theologenausbildung: Finkenwalde*, pp. 360ff., 'Der Wiederaufbau Jerusalems nach Esra und Nehemia', in Bonhoeffer, *Illegale Theologenausbildung: Finkenwalde*, pp. 930ff., *Das Gebetbuch der Bibel*, in D. Bonhoeffer, *Gemeinsames Leben; Das Gebetbuch der Bibel, Dietrich Bonhoeffer Werke*, vol. V (Munich: Chr. Kaiser Verlag, 1987), pp. 105ff.

61) Bonhoeffer, *Illegale Theologenausbildung: Finkenwalde*, p. 878.

물이 완전히 서로 동일시되는 것처럼 보인다. 그리스도는 다윗 안에 존재(선재)하고 있다.

> "다윗은 그리스도와 그의 부활의 증인이다 - 사실상 그는 모든 예언자들 가운데서 자격을 갖춘 증인이다. 왜냐하면 그가 후손들 가운데서 그리스도를 잉태하기 때문이며 약속에 따라 살아가기 때문이다. 즉, 그리스도로부터 그 안에 존재하기 때문이다. 이와 같이 그리스도는 다윗 안에 있었고, 다윗 안에 육신으로서, 약속으로서 있었다 - 그리고 다윗은 그의 증인이었다."[62]

본회퍼에 의하면 다윗과 그리스도 사이의 관계는 그 신학적인 의미가 오직 성육신의 상황에서만 실현될 수 있듯이 약속과 성취의 예언자적 모델로 환원되어서는 안될 것이다. "다윗은 성육신한 메시아의 그림자이다. 성육신으로부터 그림자가 다윗에게 덮친다." 성육신은 다윗의 유래이다. 이러한 의미에서 우리는 (역사적으로) 다윗이 그리스도보다 앞선다고 말해야 할 뿐만 아니라 (신학적으로) "그리스도가 다윗보다 앞선다"고도 말해야 한다.[63] 다윗은 "그리스도의 인격 유형"(Personaltypus)이다. 그리고 본회퍼에 의하면 주석학적 과제는 다윗에 관한 이야기를 "다윗이 그의 인격에서, 그의 직분에서, 그의 말에서 그리고 그의 역사에서 신약성서의 증언에 따라 그 안에 그리스도 자신이 존재한 자로서 이해될 수 있는" 방식으로 읽는 것이다. 다윗 자신의 역사적인 모습은 중요하지가 않다. 다윗

---

62) ibid., p. 879.
63) ibid., p. 881.

은 오직 "그리스도의 증인"으로서만 중요하다.[64]

본회퍼는 다윗 왕에 관한 성서의 이야기들에서 다윗과 그리스도
를 동일시할 수 있는 자료를 발견하고, 그것을 복음서에 나타난 예
수의 이야기들과 관련시킨다. 그는 다윗의 기름부음에서 예수의 세
례가 예시되는 것을 본다. "기름부음의 영은 메시아적 왕국의 영이
다. 그것은 한 하나님의 영이며, 이 영에 의해서 다윗이 기름부음을
받고, 그리고 그리스도가 기름부음을 받았다. … 그것은 세례를 받으
실 때에 예수에게 내려온 영이며, 그를 메시아적 왕으로 인증하는 영
이다."[65] 골리앗과의 다윗의 싸움도 예수의 운명과 평행을 이룬다.

> "다윗을 무방비 상태로 만든 것은 하나님과 그의 말씀을 향한 참된
> 인간성이다. 다윗은 그의 기름부음의 확실성에서 그가 마땅히 말해
> 야 하는 것을 말한다. "너희가 칼과 창과 단검으로 나를 대적했다. …
> " - 예수는 이렇게 말씀하신다. "너희가 검과 몽치를 가지고 나를 잡으려
> 나왔느냐" - 예수는 무방비 상태가 되었다. 그리고 그들은 그 앞에
> 무릎을 꿇었다."[66]

다윗과 그리스도 사이의 다른 평행은 기름부음 받은 자의 "겸손"
을 강조한다. 다윗이 최초로 예루살렘에 들어갈 때, 그는 춤을 춘다.
왜냐하면 "계집종들이 그를 높이기를" 바라면서 자신을 "낮추기"
원했기 때문이다.(삼하 6:22) 본회퍼는 이렇게 논평한다. "겸손과 온

---

64) ibid., p. 882.
65) ibid., p. 883.
66) ibid., p. 884.

유함 속에서의 승리의 행렬 – 그것이 바로 다윗 왕이 취한 방식이다. … 왕이 그의 백성에 대한 종으로서 예루살렘에 들어간다." 그리고 본회퍼는 겸손함 속에서 예루살렘에 들어가시는 예수와의 평행을 강조한다.[67] 1935년 다윗 왕과 예수 그리스도의 이러한 공통된 모습은 독일의 "수상"과 그의 왜곡된 메시아적 주장과 분명한 대조를 이루었다.

본회퍼는 주저하지 않고 독일의 교회투쟁에서, "그를 위한 집"을 지으시겠다는 다윗에 대한 하나님의 약속에서 평행을 찾아낸다. "자기 자신이 여호와를 위한 성전을 지어야 한다고 생각한 것은 다윗의 오해였다 … 하나님이 스스로 성전을 지으신다."[68] 그리고 다시금 다윗에 대한 약속은 예수 그리스도를 포함한다. "하나님이 자신을 위하여 지으실 성전은 다윗의 후손이며, 그것은 그의 아들, 그리스도의 몸이다. – 그리고 이 몸은 그리스도이며 그 안에서 그의 공동체이다."[69] 하나님의 약속에 답하는 다윗의 감사의 기도(삼하 7:23 이하)에 대해서도 본회퍼는 나치 독일의 귀에 불가피하게 정치적 도전으로 들리는 식으로 해석하였다. "이스라엘 백성은 영원히 하나님의 백성, 사라지지 않는 유일한 백성으로 남을 것이다. 왜냐하면 하나님이 그 주님이 되시기 때문이다. 하나님은 그 안에 머무르셨고, 그의 집을 지으셨다."[70]

마지막으로 다윗 왕은 그의 죄에서도 우리의 죄를 짊어지신 그리스도의 형상이다. "의롭게 된 죄인으로서 다윗은 기름부음을 받은

---

67) ibid., p. 890.
68) ibid., p. 892.
69) ibid., p. 893.
70) ibid., p. 894.

왕이며, 십자가에 달리신 그리스도의 '모범이자 그림자'이다."[71]

구약성서에 대한 그리스도론적 해석의 본래적 목적은 "독일 그리스도인들"의 공격에 대하여 히브리 성서를 변호하는 것이었다. 그리스도는 포괄적으로 해석된다. 그는 단순히 인간 예수가 아니다. 오히려 그는 유대인으로서 하나님의 전체 역사와 그 메시아적 동경을 대표한다. 다른 한편 다윗 왕에 대한 본회퍼의 그리스도론적 해석이 히브리 성서에 대한 기독교적 요구를 한다는 것은 의심의 여지가 없다. 이러한 요구들은 유대인 성서에 대한 신학적 수용을 의미할 수도 있다. 본회퍼가 지적하는 바와 같이, "구약성서는 성육신과 십자가 처형으로부터, 즉 우리에게 주어진 계시로부터 읽혀져야 한다. 그렇지 않으면 우리는 구약성서에 대한 유대적(judaistisch) 또는 이방적 이해 안에 머무르게 될 것이다."[72] 이와 같이 그리스도의 포괄성은 "이방적"(게르만적) 오해만이 아니라 히브리 성서에 대한 유대교적 이해도 배제하려는 경향을 보인다. 그리스도와 히브리 성서 사이의 이러한 일방성은 본회퍼의 『옥중서신』에서 바로 잡혀지며 심지어는 역전된다.

## 감옥에서의 그리스도론

본회퍼가 『옥중서신』에서 제기하는 주요한 신학적 질문은 그리스도론에 대한 새로운 공식화이다. 그는 1944년 4월 30일 베트게에

---

71) ibid., p. 902.
72) ibid., p. 878, n. 2.

게 보낸 유명한 편지에서 다음과 같이 썼다. "끊임없이 나를 괴롭히는 것은 오늘날 우리들에게 있어서 도대체 기독교란 무엇이며, 그리스도는 누구인가 하는 질문이다."[73] 1933년의 「그리스도론」 강의에서와 똑같이, 본회퍼는 분명히 "멀리서 전통이 얼마나 많이 유지되느냐는 것을 생각하지 않고, 오히려 … 그리스도의 인격에 대해 질문하고 그가 오늘날 우리를 만나시고 한정하시는 방식에 대해 질문한다." 그 말을 더 정확하게 표현하자면, 성인된 세상에서 본회퍼는 "그리스도가 주님이 되시는 방식"에 대해 질문하고 있는 것이다.[74] 또는 본회퍼 자신의 말로 표현하자면(1944년 6월 30일자 편지), "내가 문제 삼고 있는 것을 간략하게 말하자면 – 그것은 예수 그리스도에 의해 성인이 된 세상의 요구이다."[75]

그리스도의 주되심은 – 이 어법(語法)에 의하면 – 의심할 여지가 없다. 그러나 베트게가 표현한 바와 같이, "이러한 주되심은 … " 본회퍼에 의해서 "주님이 항상 그리고 유일하게 무기력함, 섬김, 십자가를 통해서 그의 주권을 행사하시기 때문에, 성직화와 교권적 경향으로부터 지킴을 받는다." 그 주제에 대한 본회퍼의 노작들은 "완전히 변증론의 영역에서 벗어났다." 그의 목표는 "오늘날의 세계에서 그리스도의 현존을 발견하는 것"이다. 현대 세계의 발견이 아니고, 이 현대 세계 밖에서의 발견이 아니며, 이 세계 속에서 그분(HIM)을 발견하는 것이다. "오늘날 당신은 누구인가?"라는 주제적 질문을 고려하지 않는다면, 본회퍼의 『옥중서신』에 나오는 "촉발적인 용어

---

73) Bonhoeffer, *Letters and Papers from Prison*, p. 279.

74) Bethge, *Dietrich Bonhoeffer: Theologian, Christian, Contemporary*, p. 767.

75) Bonhoeffer, *Letters and Papers from Prison*, p. 342.

들" – "성인된 세상(world come of age), 비종교적 해석(non-religious interpretati-
on), 비의훈련(arcane discipline) 등" – 은 쉽게 오해를 불러일으킬 것이다.
오직 "그의 주요 주제인 그리스도론적 관점에서만 그 용어들은 충
분하고도 독립적인 정당화를 성취[한다]."[76]

　　초기의 표현들과 새롭게 비교되는『옥중서신』에서의 그리스도론
적 문제에 대한 본회퍼의 표현들의 몇 가지 측면에 대해 추후 더 면
밀하게 검토하게 될 것이다. 본회퍼는 이미 베트게에게 은밀히 전
한 편지에서(1943년 11월 18-21일) "이스라엘 사람들이 하나님의 이름
을 말하지 못했다는 사실"을 전보다 더 잘 이해하게 되었다고 지적
한다.[77] 이러한 관찰의 결과는 그 자신이 예컨대『나를 따르라』에
서 채택한 매우 직접적인 그리스도론적 사유에 대한 중요한 유보이
다. 이제 본회퍼는 1943년 제2대강절(12월 5일)의 편지에서 "우리가
하나님의 이름을 불러서는 안 된다는 것을 알 때에만 우리는 예수
그리스도의 이름을 부를 수 있다"고 확신한다. 본회퍼의 견해로는
"우리의 사상이나 감정들을 신약성서로부터 너무 빨리 그리고 너무
직접적으로 취하기를 원하는 것은 기독교적인 것이 아니다. … 우
리는 궁극이전의 것 앞에서 궁극적인 말씀을 말할 수 없고 또 말해
서도 안 된다."[78] 다시금 1944년 4월 30일자의 편지 말미에서 본회
퍼는 신약성서가 "구약성서의 빛에서" 읽혀져야 한다는 것을 강
조한다.[79]

　　따라서 그는 "구속"(redemption)에 의해서 더 이상 "구원"(salvation)

---

76) Bethge, *Dietrich Bonhoeffer: Theologian, Christian, Contemporary*, p. 769.

77) Bonhoeffer, *Letters and Papers from Prison*, p. 135.

78) ibid., p. 157 (번역은 바뀌었다).

79) ibid., p. 282.

을 말하기를 원하지 않았다. 그는 "다른 동방의 종교들과는 달리 구약성서의 신앙은 구속의 종교가 아니다"라고 확신했다. 기독교가 항상 구속의 종교로 간주되어 온 것은 사실이다. 그러나 본회퍼는 "그리스도를 구약성서로부터 분리하여 구속에 관한 신화의 선상에서 그리스도를 해석하는 것은 근본적인 오류가 아닌가?"라고 질문한다. 본회퍼에 의하면, 구약성서에 언급된 "구속"은 "역사적인 것이며, 죽음의 이 편이다. … 이스라엘이 애굽에서 구출된 것은 이스라엘이 지상에서 하나님 앞에서 하나님의 백성으로서 살아가도록 하기 위한 것이다."(1944년 6월 27일) 이와 같이 본회퍼는 구약성서의 종교와는 달리 기독교가 구속의 참된 종교라고 자처하는 것은 "과오"이자 "위험"이라고 주장한다. 거기에서 구속이란 "불안, 곤궁, 공포, 동경으로부터의 구속, 무덤 저편의 보다 좋은 세계에서의 죄와 죽음으로부터의 구속"을 의미한다. 그러므로 본회퍼는 이렇게 질문한다. "이것이 정말 복음서와 바울의 그리스도 선포의 본질적 성격인가?" 그의 대답은 다음과 같다.

> "나는 그렇지 않다고 말한다. 기독교적 부활의 희망과 신화론적 희망 사이의 차이는 전자가 전적으로 새로운 방식으로 인간에게 그의 생명을 돌려준다는 점이다. … 그리스도인은 … 그리스도 자신과 같이 … 세상의 잔을 남김없이 마셔야 하며, 그렇게 함으로써 십자가에 달리시고 부활하신 주님이 그와 함께 하시며, 그는 그리스도와 함께 십자가에 달리고 부활하게 된다. 이 세상은 그때가 오기 전에 떠나서는 안 된다. 이 점에서 구약성서와 신약성서는 굳게 결합되어 있다.[80]

---

80) ibid., pp. 336f.

『옥중서신』의 이 부분과 다른 부분에서 코르넬리스 미스코테 (Kornelis H. Miskotte)[81]가 신약성서와 비교되는 구약성서의 신학적 "잉여"라고 묘사한 것에 대한 본회퍼의 발견은 구약성서에 대한 "그리스도론적 해석"의 완전한 반전을 초래한다는 것이 분명해진다. 예수 그리스도와 히브리 성서 사이의 밀접한 관계는 더 이상 신약성서의 빛에서 구약성서에 대한 해석으로 인도하지 않는다. 이와는 반대로 신약성서의 그리스도론적이며 구원론적 관점이 구약성서의 "세속적," 즉 정치적, 육체적, 유물론적 관점의 빛에서 해석된다. "나는 우리가 어떻게 회개, 신앙, 칭의, 중생, 성화와 같은 개념들을 '세속적인' 의미에서 – 구약성서와 요한복음 1장 14절의 의미에서 – 재해석할 수 있는가에 대해서 생각하고 있다."[82]

단편적인 「어떤 저서의 초안」('Outline for a Book', 1944년 8월)은 매우 농축된 형태로 본회퍼의 후기 그리스도론적 성찰들을 제시하고 있다. "누구인가?"라는 질문이 다시 한 번 출발점이 된다. 본회퍼는 질문한다. "하나님은 누구인가?" 그리고 그는 이렇게 대답한다.

"예수 그리스도와의 만남. 인간의 전존재의 변화가 "예수는 타자를 위해서만 거기에 존재한다"는 사실에서 일어난다는 경험. 예수가 "타자를 위해서 거기에 존재한다는 것"은 초월의 경험이다. 죽기까지 "타자를 위해서 거기에 존재한다는 것", 그것만이 그의 전능(omnipo-

---

81) K. H. Miskotte, *Wenn die Götter schweigen: Vom Sinn des Alten Testaments* (Munich: Chr. Kaiser Verlag, 1966), p. 179.

82) Bonhoeffer, *Letters and Papers from Prison*, p. 286.

tence), 전지(omniscience), 편재(omnipresence)의 기반이다." [83]

이러한 통찰에 의하면 그리스도의 높아지심은 낮아지심에 의해서만 설명될 수 있다. "인간적 형태에서 하나님은 … '타자를 위한 인간'(the man for others)이며, 따라서 십자가에 달리신 분 … 이다." [84]

이러한 그리스도론적 통찰의 사회적 구체성은 본회퍼에 의해서 "예수의 존재에 대한 참여"로서의 상황으로 묘사된 그리스도인의 삶 속에서 현실화될 수 있다. "'타자를 위한 실존' 안에서의 그러한 새로운 삶"을 "신앙"이라고 할 수 있을 것이다. [85] 다시 말해 본회퍼가 쿠데타(coup d'état, 여기서는 히틀러에 대한 암살 기도)가 실패로 끝난 다음 날 베트게에게 보내는 편지에서 쓴 바와 같이, "오직 완전히 이 세상 속에서 살아감에 의해서만 우리는 신앙을 갖기를 배우게 된다." [86] 그러한 현세성(this-worldliness)은 "세속적인 삶 속에서의 하나님의 고난에 대한 참여"에 있고, "자기 자신을 예수 그리스도 안에서의 하나님의 메시아적 고난에 사로잡히도록" 허용하는 데에 있다. 그리고 본회퍼는 전형적으로 이러한 메시아적 고난에의 참여를, 유대교 전통에서 항상 이스라엘과 동일시되는 "하나님의 종"의 고난에 관한 예언자적인 찬송인 이사야 53장의 성취로서 묘사한다. [87] 이와 같이 그리스도의 고난에 대한 그리스도인의 참여는 이스라엘 백성들과의 연대에서, 그리고 "마치 도수장으로 끌려가는

---

83) ibid., p. 381.
84) ibid., pp. 381f.
85) ibid.
86) ibid., p. 369.
87) ibid., pp. 361f.

어린 양" 같은(사 53:7) 사람들과의 연대에서 실현된다.

매우 흥미롭게도, 히브리 성서의 "세속적" 관점에 대한 본회퍼의 새로운 인식은 그로 하여금 칼케돈 정의에 대한 보다 더 심오한 이해로 나아가게 한다. 그는 아가서의 에로틱한 능력에 감명을 받고, 다성음(polyphony)이라는 음악적인 심상을 사용함으로써 "두 본성"에 관한 교리를 그 교의학적 무감각으로부터 해방시키려고 시도한다.

> "성서에도 아가서가 있다. 우리는 거기에 묘사된 사랑보다 더 열렬하고 정열적이며 감각적인 사랑이 있으리라고 상상할 수 없다. … 열정의 억제가 기독교적인 것이라고 믿는 사람들 목전에 성서에 아가서가 있다는 것은 좋은 일이다.(구약성서 어디에 그러한 억제가 있는가?). 정선율이 명료하고 분명한 곳에서, 대위법을 최대 한도로 전개될 수 있다. 칼케돈 정의의 언어를 빌리자면, 정선율과 대위법은 그리스도의 인성과 신성에서와 같이 "분리되지는 않으나 구별되는 것"이다. 음악에 있어서 다성음의 매력과 중요성은 이러한 그리스도론적 사실, 따라서 우리의 그리스도인의 삶(vita christiana)에 대한 음악적 성찰에 있는 것은 아닌가?" [88]

그리스도론의 사회적 구체성에 대한 본회퍼의 탐구는 음악적 다성음에서의 정선율과 대위법의 직유에서 지속된다. 그렇지만 초기에 간혹 나타나는 거의 강요적인 그리스도와 공동체, 그리스도와 평화, 그리스도와 다윗의 동일시는 느슨해지며, 마침내는 새로운

---

88) ibid., p. 303.

개념에 의해서 용해된다. 이 새로운 개념에서는 "신성과 인성," "하나님과 그의 영원성에 대한 사랑"과 "세속적이며 에로틱한 사랑"이 그리스도론적 상호 작용 속에서 아주 편하게 소통할 수 있다.

# 8. 평화를 위한 에큐메니칼 증언

케이트 클레멘츠(Keith Clements)

평화와 교회. 왜 에큐메니즘인가? 왜 평화인가?. 신학과 민족주의. 에큐
메니즘에 대한 지속적인 도전. 증언이 어떻게 효과적이 되는가? 필요한
토론.


1930년대 초반부터 평화를 위한 기독교적 증언은 지성과 행동
모두에서 본회퍼의 최대 관심사 중의 하나였다. 이 일에 있어서 그
의 목소리는 고독한 목소리는 아니었다. 그는 1914-1918년의 비극
적인 경험과 1930년대 부활한 민족주의와 군국주의에 반대하여 평
화라는 대의를 내세운 여러 나라의 많은 그리스도인들 가운데 한
사람이었지만 그들과는 다른 탁월한 사람이었다. 본회퍼에게 유일
한 예언자나 영웅의 역할을 부여하면서, 그가 참여한 광범위한 운

동으로부터 그를 분리시키는 것은 역사적으로 비현실적이 될 뿐만 아니라 그의 분명한 공헌을 모호하게 만들 것이다. 그의 비판적이며 '지속적인' 중요성은 그가 살았던 시대의 위협적인 정치적 악마들에 대한 저항뿐만 아니라 에큐메니칼 평화활동에 참여하는 그의 파트너들과의 날카로운 신학적인 상호작용에 의해서 이해될 수 있다. 이 장에서는 1932-1934년의 중요한 기간 중의 본회퍼의 공헌에 집중하게 될 것이다.

## 평화와 교회

본회퍼는 1930년경까지 그의 학창시절 대부분 국제평화문제에 관하여는 별로 관심을 보이지 않았다. 그렇다고 그가 전쟁과 그 결과에 대해서 무관심한 것은 아니었다. 1918년 서부전선에서 형 발터(Walter)가 사망한 것과 특히 형의 죽음이 그의 모친에게 남겨준 아물지 않는 비애가 가져다준 상처를 그는 잊을 수 없었다. 그러나 국제평화를 위한 특별 소명을 가진 교회의 개념 그리고 그것이 평화로운 세계 질서를 위한 특별한 기독교적 근거가 된다는 것은 아직까지 그에게는 전적으로 낯선 것이었다. 본회퍼는 귀족적인 사람이었지만, 교회와 국가의 역할을 날카롭게 구별하며 자라온 루터교회 교인으로서, 또한 하나님 나라와 인간의 모든 주장의 엄격한 분리를 따르는 열렬한 바르트 개종자로서, "보다 더 나은 세상을 건설"하려는 전후의 운동들에 관해서 들은 내용을 크게 의심하고 있었다.

뉴욕 유니온 신학교에서의 연구기간(1930-1931년)은 이러한 생각들을 결정적으로 흔들어놓았다. 첫째로 "사회복음"(social gospel)이 가지는 신학적 한계가 있다 하더라도, 그는 흑인에 대한 인종 차별과 같은 특정한 사회문제들이 교회에 의해 무시된다는 사실을 알게 되었는데 그것은 복음 자체를 상실한 것이었다. 적어도 결정적으로, 그는 유니온 신학교에 유학온 프랑스의 프로테스탄트 학생인 장 라세르(Jean Lasserre)의 평화주의에 의해서 크게 도전을 받았다. 본회퍼는 그와 절친한 우정을 맺었다. 지금까지 평화주의는 독일 루터교회 사람들 중에 거의 들어보지도 못했다. 기독교가 최고 통치자에게 적절한 예를 표하도록 하는 것과 조국을 위해 무기를 들도록 요구를 받으면 그렇게 하는 것이 자연스럽고 기독교적인 의무라는 것을 알지 못한 주로 영어를 사용하는 세계에서는, 평화주의는 사실상 저주이며, 오도된 "열광주의자들"과 "자유주의자들"의 윤리적인 무질서였다. 그러나 본회퍼가 라세르에게서 받은 도전은 일반적인 윤리적 원리들에 대한 것이 아니라 산상설교에서의 예수의 가르침을 어떻게 받아들일 것이냐에 집중된 것이었다. 예수는 그의 제자들에게 아주 분명하게 비폭력을 명하신다. 다른 뺨을 돌려대기, 부당한 대우를 축복으로 보답하기, 원수를 위해서 기도하기. 이러한 말씀에 대해 전통적인 루터교회는 우리가 실제로 살아가는 비극적으로 죄가 많고 무질서한 세계가 아니라, 이상적인 세계를 위한 하나의 이상으로 보았던 것이었다. 그리고 실현 가능성이 거의 없으므로 문자 그대로 준수해야 할 명령이 아니라, 우리는 죄가 많고 도덕적으로 파산했으므로 회개와 은총이 필요하다는 것을 보여주는 말씀으로 파악하는 것이었다.

본회퍼는 이제 그러한 신학적인 설명들이 모두 예수가 내린 명령의 구체성(concreteness)으로부터 도피하려는 시도가 아니었는지를 자문하기 시작했다. 바르트가 그에게 지적했던 하나님 말씀의 "타자성(otherness)"이 제자 개개인과 신앙 공동체가 부르심을 받은 세상과는 대비를 이루며 이러한 구체성과 삶의 값비싼 "타자성" 속에서 정확하게 만나는 것이 아닌가?

1931년 여름 베를린으로 돌아온 직후, 본회퍼는 캠브리지에 있는 교회들을 통하여 국제친선을 위한 세계연맹(World Alliance for Promoting International Fellowship) 회의에 독일 청년대표로 참석해달라는 초청을 받아들였다. 이로써 그는 에큐메니칼 운동에 본격 가담하게 되었다. 그러나 그의 가입 시점은 신학적으로 그렇게 엄격하고 정교한 사람에게 어울리지 않았다. 세계연맹은 자유주의적, 이상주의적 국제주의로 요약된다. – 어떤 사람들은 이것을 유토피아주의라고 말한다. 세계연맹은 1914년 전쟁이 발발하기 바로 전날 밤 창립되었으며, 유럽과 아메리카의 수많은 평화운동의 산물이었다. 그것은 1914-1918년의 경험에 의해 파괴되기는커녕, 독일의 프리드리히 지크문트-슐체(Friedrich Siegmud-Schulze), 영국의 윌러비 디킨슨 경(Sir Willoughby Dickinson), 프랑스의 윌프레드 모노(Wilfred Monod), 미국의 헨리 애트킨슨(Henry Atkinson)과 같은 인물들의 지도력에 의해 부활했다.(미국으로부터 앤드류 카네기[Andrew Carnegie]에 의해서 상당한 재정 지원이 제공되었다.) 세계연맹은 제1차 세계대전의 악몽 자체가 국제평화를 향한 강력한 자극제가 된다는 신념으로 결성되었다. 세계연맹은 결코 큰 조직은 아니었지만, 개인적인 만남, 회의, 출판 그리고 세계의 민족들을 계속 분열시키는 문제들에 대한 토론을 통한 국제적인 이해를 촉진시키려는 목적을 가지고 있었다. 세계연맹은 도덕적인 자극을 제공하는 것이 교회들의 특별한 소명이라고 보았다. 세계연맹 없이는 새롭게 창립된 국제연맹(League of Nations)도 무너졌을 것이 확실했다. 세계연맹은 합리적인 사람들의 최선의 관심 속에서 평화가 표현될 수 있고 또 표현되어야 한다고 믿었다.

본회퍼는 세계연맹(World Alliance)의 실용주의와 합리성에 대한 호소 속에는 신학적인 뒷받침이 상당히 결여되어 있다고 느꼈지만, 그럼에도 불구하고 원기 왕성한 활동을 보여주었다. 그는 캠브리지 대회에 참석했을 뿐만 아니라 유럽을 위한 두 명의 청년총무 중 한 사람으로 임명되었다. 이후 2년 동안 그는 베를린대학에서의 학문적인 의무 이외에도 상당 시간 독일과 유럽 도처에서 에큐메니칼 평화운동을 조직하고 회의에 참석하는 일에 사용했다. 본회퍼가 이 회합들에 기여한 신학적 입력(入力 theological input)에 대해서는 추후 논의하게 될 것이다. 세계에 충격을 주기 위해 노력하는 같은 마음을 품은 그리스도인들의 임시 모임이 아니라 보다 더 진지하게 그 스스로를 그리스도 교회로 세계연맹을 여겨야 한다고 그는 강하게 믿고 있었다.

실제로 세계연맹의 교회적인 위상 문제와 공식적으로 위임을 받은 교회 대표라기보다는 대의를 위하여 자원한 열광 팬들로 구성된 회원 자격에 관한 문제가 있었다. 1925년 스톡홀름에서 개최된 "생활과 실천" 회의의 관심사를 지속적으로 수행하기 위해 설립된 보다 더 큰 협력 단체인 "생활과 실천을 위한 보편적 기독교협의회"(the Universal Christian Council for Life and Work)에서는 사정이 달랐다. 이 단체는 그때까지 에큐메니칼 운동의 주류를 형성했던 단체들 중 하나였다. 그러나 세계연맹과 "생활과 실천"의 관심사는 많은 면에서 평행을 이루었고 중첩되었으며, 따라서 두 단체 사이의 협력이 증대되었다. 1934년 덴마크 파뇌(Fanö)에서 개최된 공동회의는 중요한 계기의 시발이 되었다. 본회퍼는 논문과 설교를 통해 교회가 하나님의 구체적인 평화 명령을 세상에 선포할 것을 가장 분명하고도 단호하게 촉구했다. 파뇌 해변에서 휴식을 취하면서 본회퍼는 전쟁이 일어날 경우 자신이 무엇을 해야 하는지를 스스로 질문하고, "내가 무기를 들지 않을 수 있는 능력을 주시라고 하나님께 기도하겠다"고 대답했다.[1)

그때는 히틀러가 권좌에 앉은지 1년이 넘었다. 본회퍼는 1933년 가을 두 개의 독일인 교회를 돌보기 위하여 런던으로 갔다. 치체스터(Chichester)의 영국 국교회의 주교이자 "생활과 실천" 협의회(Council for Life and Work)의 의장이었던 조지 벨(George Bell)과 밀접하고도 결정적인 우정이 시작되었다. 교파의 노선과 국적을 넘어서는 인격적인 우정이 에큐메니칼 운동을 위해서 중요했다. 이것은 본회퍼와 벨에게서 매우 두드러지게 입증되었다. 파뇌에서 본회퍼는 협의회와 긴밀하게 협력했고, 그리하여 에큐메니칼 운동의 중요한 채널과 직접 연결되게 되었다. 그러나 그가 "생활과 실천" 협의회에 제시한 도전은 세계연맹에 제시한 도전보다 더 엄격한 것은 아니었다.

그가 이러한 에큐메니칼 회합들에서 실제 말한 것과는 관계없이 그의 조국인 독일에서의 본회퍼의 참여는 매우 도전적인 것으로 나타났다. 히틀러가 권력을 장악하기 전 독일의 기독교계에서는 민족주의 물결이 급속하게 고조되고 있었고, "국제주의"의 기미를 보이는 것은 무엇이든지 반대하는 분위기가 확산되었다. 폭넓은 에큐메니칼 무대에 교회가 참여하는 것은 비애국적이며 비독일적인 것으로 간주되었다. 그 와중에 본회퍼는 비폭력의 길을 따르는 더욱더

---

1) E. Bethge, *Dietrich Bonhoeffer: Theologian, Christian, Contemporary (London: Collins, 1970)*, p. 314.

급진적인 모험을 생각하고 있었다. 그는 점차 인도의 마하트마 간디의 비폭력 저항에 관심을 갖게 되었고, 윤리적으로 불모지가 된 서양이 배워야 할 정신적인 자원을 동양이 간직하고 있을지도 모른다는 의문을 갖게 되었다. 인도를 방문하려는 그의 계획이 충분히 진전되고 있던 1935년 봄, 그는 핑켄발데에 있는 고백교회의 '불법 신학교'를 맡아달라는 부름을 받았다. 그가 어떻게 해서든 인도로 갔다면 어떤 일이 생겼을까 생각하는 것은 무모한 일이다.

이제 본회퍼의 활동은 고백교회와 고백교회의 신학을 지도하는 일에 집중되었다. 아무튼 독일에서의 세계연맹의 활동은 나치정권에 의해 무너졌고, 국제적으로도 그 활동의 대부분이 이제는 "생활과 실천" 협의회로 흡수 포함되었다. 그럼에도 불구하고 핑켄발데에서는 평화을 위한 증언이 본회퍼의 가르침의 핵심이었다. 1935년 5월 그의 학생들은 히틀러가 징병제도를 재 도입했다는 뉴스를 들었고, 그들 가운데 많은 학생들이 고백교회를 위한 봉사가 애국심 부재를 의미하지 않다는 것을 입증할 좋은 기회를 맞았다고 기뻐했다. 본회퍼가 루터교회 교인들에게 평화주의를 진지하게 생각해 보아야 한다고 조용하게 주장했을 때 그들은 깜짝 놀랐다. 신학교 강의에 기초한 『나를 따르라』(The Cost of Discipleship)에 나오는 몇 구절들은 확실히 비폭력을 지지하는 신조(credo)처럼 읽혀졌다.

본회퍼는 신학교라는 비교적 좁은 도약대를 디디고 서 있으면서도 계속 국제적인 에큐메니칼 운동가로 남아 있었다. 그는 "생활과 실천" 협의회를 위해 봉사하면서 1937년 옥스퍼드에서 개최될 "교회, 공동체, 국가에 관한 컨퍼런스"(Conference on Church, Community and State)를 준비하고 있었다. 본회퍼와 고백교회 출신의 다른 사람들은 나치정권으로부터 회의에 참석하기 위한 여행 허가를 받지 못했다.

그렇지만, 다른 독일인들이 옥스퍼드회의에 거의 참석하지 못했다는 사실은 고백교회의 명분을 위한 일종의 승리였다. 본회퍼와 그의 동료들은 에큐메니칼 운동에 의해서 참된 독일 개신교회로 인정받아야 할 교회는 제국교회(Reich Church)나 나치 편향의 "독일 그리스도인들의 신앙운동"이 아니라 오직 고백교회뿐이라고 용감하게 주장했다. 조지 벨은 그들의 주장에 동정적인 마음으로 귀를 기울여 주었다. 그 사이 본회퍼는 고백교회와 해외에 있는 교회들 사이의 연결을 촉진시키는 데에 큰 노력을 기울였다. 예를 들어 1936년 그는 학생들을 이끌고 스웨덴을 방문했다. 제국교회 당국은 핑켄발데 집단이 스웨덴교회 당국에 의해 공식적인 인정을 받아왔고, 따라서 고백교회가 공식적인 지위를 얻게 되었다는 사실에 심히 분개하였다.

1939년에 이르러 평화와 비폭력 입장을 견지한 본회퍼는 자신의 연령층이 강제 징집을 당하게 되자 심각한 개인적인 딜레마에 빠지게 되었다. 1939년 여름, 미국으로의 이민 기회를 마련한 것은 이 문제를 모면하려는 그를 도우려는 시도였다. 본회퍼는 ― 그가 기독교 문명을 위하여 조국의 패배를 기도했다고 하더라도 ― 어떤 일이 닥칠지라도 자기 민족과의 연대성 속에 머물러 있어야 하는 독일인이자 그리스도인이라는 것을 깨닫고, 1939년 9월 전쟁이 발발하기 직전에 서둘러 독일로 돌아왔다.

공모자(conspirator)로서의 본회퍼가 평화주의자(pacifist)로서의 본회퍼와 어떻게 조화를 이룰 수 있느냐는 질문이 항상 제기될 것이다. 첫째로 그 대답은 본회퍼가 모든 그리스도인들을 위한 절대적인 요구로서의 평화주의(*절대적 평화주의)에 가담한 적이 없었다는 사실에 있다. 무장을 거부함으로써 그는 공격적인 국가의 주장에서든 개인적인 관심에서든 폭력을 거부했다. 전쟁이 일어난 지 2년째가 되자, 상황은 전혀 달라졌다. 그는 무수한 유대인들의 살육에 대해서 알게 되었다. 이제 문제는 피 흘리기를 거부함으로써 개인적인 무죄함을 보존하는 것이 아니라 대량 학살을 허용하는 더 큰 죄에 연루되기를 피하는 일이었다. 둘째로 평화운동가에서 정치적인 저항가로 본회퍼의 순례에 이르는 지속적인 맥락은 그의 에큐메니즘에서 찾아볼 수 있다. 평화의 시대에 전쟁에 의해서 위협을 받자, 그는 여러 나라들 가운데서 평화를 위한 소명은 에큐메니칼 소명이라고 보았다. 여러 나라들이 이제 유혈 갈등에 참여하는 실제적인 전쟁의 시기에, 그는 에큐메니칼 소명은 모든 측면에서 새롭고도 정의로운 질서를 위해 일하는 교회들 사이의 연결을 유지할 필요성에 있는 것으로 보았다. 그런 까닭에 본회퍼는 제네바에 있는 세계 교회협의회(World Council of Churches)를 통하여 폭넓은 에큐메니칼 무대와의 접촉을 계속했고 특히 1942년 스웨덴으로 조지 벨을 방문하여 저항에 관한 세부 사항들을 전달했다. 플로센뷔르크(Flossen-bürg)에서 동료 죄수들로부터 최종 군사법정에 끌려가기 직전 그가 마지막으로 남긴 말은 벨 주교에게 전하는 다음과 같은 메시지였다. "그에게 내가 모든 국가적 이익과 갈등을 넘어서는 보편적인 기독교적 형제애의 원칙을 믿는다는 것 그리고 우리의 승리는 확실하다는 것을 전해 주시오."[2]

## 왜 에큐메니즘인가? 왜 평화인가?

---

2) ibid., p. 830, n. 54.

본회퍼에게 있어서 평화를 위한 에큐메니칼 헌신과 증언은 예수 그리스도의 제자직의 소명과 분리할 수 없는 것들이었다. 이것은 본회퍼 시대의 상황하에서 그의 신학과 그의 특별한 공헌을 이해하기 위하여 근본적으로 중요하다. 1930년대 초까지 개신교회와 정교회의 관심사였던 "에큐메니칼 운동"은 세 주류로 구성되었다. 세계적인 규모로 보다 더 큰 선교협력을 확보하려는 노력이 처음으로 일어나 1910년 영국 에딘버러(Edinburgh)에서 세계선교대회(World Missionary Conference)가 열렸으며, 1921년 국제선교협의회(International Missionary Council)로 통합되었다. 그 직후 이미 계획되었던 "생활과 실천"(Life and Work)이 조직되었고, "신앙과 직제"(Faith and Order)는 1927년 스위스 로잔(Lausanne)에서 개최된 최초의 국제회의였다.[3] 이 세 운동에 대한 인적 참여의 중첩이 있었다. 특히 강조점은 서로 다르지만 그 중요성에 있어서는 분명한 필적을 이룬 "생활과 실천" 과 "신앙과 직제" 사이에서 외적 참여의 중첩이 있었다. "신앙과 직제"는 분명히 "교회"의 관심사와 관련되었는데, 가시적인 일치를 위한 탐구와 더불어 교회론, 선교, 성례전과 관련된 서로 다른 이해와 실제를 극복할 수 있는 수단에 관심을 가졌다. 사회적이며 국제적인 관계에서 정의를 촉진시키려는 의제를 가진 "생활과 실천"은 "교회의" 문제에 실증을 낸 사람들을 이끌려는 경향을 가졌고 "지상에서의 하나님의 나라"를 촉진시키는 일에 더욱 열중했다. "생활과 실천"의 대중적인 초창기 슬로건은 "교리는 분열시키지만 봉사

---

3) *A History of the Ecumenical Movement*, 1517-1948, ed. R. Rouse and S. C. Neill (London: SPCK, 1953), pp. 420ff.

는 연합하게 한다"였다.[4]

본회퍼가 "생활과 실천"(적어도 초창기에는 이보다 규모가 작은 계통의 단체는 세계연맹이었다)에 그의 에너지를 바치는 동안에 이러한 후자의 감정에 접근하는 목소리를 낸 적은 한 번도 없었다. 그가 "신앙과 직제"에 대해서 점차 불편함을 느끼게 된 것은 사실이다. 그리고 그는 그 총무인 옥스퍼드의 레오나드 하지슨(Leonard Hodgson)과 매우 열띤 토론을 가졌다. 그렇지만 이 논쟁은 "신앙과 직제"의 목표와 목적에 대한 것은 아니었고, 독일에서의 교회투쟁에 "신앙과 직제"가 취한 입장에 대한 것이었다. 본질적으로 고백교회를 독일의 참된 개신교 교회라고 인정한 조지 벨 주교에 의해서 영도되는 "생활과 실천"과는 달리, "신앙과 직제"는 서로 경쟁적인 위치에 있는 교회 집단 간의 조정자 역할을 하기 위하여 아무런 입장도 취하지 않는다고 주장하면서 더욱 조심스러운 노선을 취했다. 그 결과 "신앙과 직제"는 1937년 에딘버러에서 개최되는 "신앙과 직제" 회의에 고백교회와 제국교회 모두에게 초청장을 발부했다. 본회퍼와 다른 급진적인 사람들에게 있어서 이러한 처사는 교회투쟁의 본질이나 에큐메니칼 운동의 본질의 핵심을 모두 놓치는 행위였다. 고백교회는 독일에서 그냥 "다른" 교회가 아니었다. 1934년의 바르멘 신앙고백(Barmen Confession)을 기점으로 하여, 고백교회는 에큐메니칼 운동 자체가 발을 딛고 서 있다고 주장하는 실제적인 복음에 생명을 걸고 있었다. 그러므로 고백교회는 독일 내부에서 에큐메니칼 주장을 대표하고 있었다. 바르멘 선언을 거부한 자들은 사실상 에큐메니칼 주장의 참된 근거를 거부하는 자들이었다. 그들은 에큐메니

4) ibid., pp. 571f.

칼 운동에 대한 주장을 할 수 없었고, 에큐메니칼 운동은 그들의 교파적인 입장에 관계없이 모든 집단들을 포섭하려고 시도할 때마다 그 온전함을 해치고 있었다. 본회퍼가 이 문제에 대해 그렇게 열정적으로 느꼈다는 것은 그가 "신앙과 직제"의 의제와 그 모든 교회적인 관심사들의 중요성을 인정했다는 것을 가리킨다. 그는 다만 "신앙과 직제"의 지도력 자체를 의심했던 것이다.[5]

그러므로 본회퍼는 에큐메니스트로서 "교회주의자들"에 반대되는 "사회적 행동주의자들" 가운데 편입될 수 없다. 오히려 세계연맹에 대한 그의 가입과 거의 때를 같이하여, 신학적으로 불건전하고 실제적인 실천에서도 반생산적인 태도를 가진 자기를 나타내는 실용적이며, 비교리적인 평화운동의 접근방식에 대해서 불만을 토로하고, 차라리 "신앙과 직제"에 "신학"을 맡기는 것이 좋겠다고 말했다. 본회퍼는 1932년 체코슬로바키아에서 개최된 한 청년 평화대회에서 발표한 그의 논문인 「세계연맹을 위한 신학적 기초」(A Theological Basis for the World Alliance)에서 다음과 같이 진술했다.

"에큐메니칼 운동의 신학이 없기 때문에, 에큐메니칼 사상은 독일 청년들 가운데서 무기력하고 무의미하게 되었다. 왜냐하면 민족주의의 정치적 출현 때문이다. 그리고 다른 나라들에서도 상황은 거의 다르지 않다. 거기에는 파도가 거세게 돌진해 올 때 지탱해 줄 신학적인 닻이 없다. … 에큐메니칼 활동에 관련된 자는 누구든지 조국에 대해

---

5) 본회퍼가 1936에 발표한 논문인 「고백교회와 에큐메니칼 운동」(The Confessing Church and the Ecumenical Movement)을 참조하라. in: D. Bonhoeffer, *No Rusty Swords: Letters, Lectures and Notes, 1928-1936, Collected Works of Dietrich Bonhoeffer,* vol. I (London, Collins, 1977), pp. 326-344.

무관심하고 진리에 대해 무관심하다는 비난을 감수해야 한다. 그리고 하나의 만남에서의 어떤 시도도 곧 비방을 받게 된다." [6]

본회퍼는 닻이 발견될 수 있는 곳이 어디인지를 분명히 알았다. 그곳은 그리스도의 한 몸으로서의 교회에 관한 교리이다. 본회퍼는 자신의 초기의 모든 신학 활동을 지탱할 수 있는 것을 새로운 인간적 실재인 "공동체로서 존재하는 그리스도"(Christ existing as community), 즉 교회에 대해서 다루는 『성도의 교제』(Communio Sanctorum)로부터 가져온다. 그는 이제 국적을 초월하는 공동체에 대해 강조한다. 교회란 본질상 모든 인간적인 분열을 초월하며 갈등을 일으키려는 모든 인간적 경향에 대해 도전하는 공동체이다. 본회퍼의 에큐메니칼 신학은 모든 나라들 가운데서 얻어지고 발견되는 하나된 교회의 신학으로 일종의 평화의 신학이다. 이것은 그가 진술한 바와 같이 민족주의에 대한 도전의 기반이 된다.

"거기에는 그리스도의 교회로 인해 평화가 있게 될 것이며 세계는 그 평화를 위해 존재한다. 이 그리스도의 교회는 모든 민족들 가운데서 민족적, 정치적, 사회적, 인종적인 모든 한계를 초월하여 하나의 교회가 되고 동시에 살아있는 교회가 될 것이다. 그리고 교회를 형성하는 형제들은 공통의 역사, 혈통, 계급, 언어의 유대에 의해 결속된 사람들보다 그들이 말씀을 듣는 한 주님이신 그리스도의 계명을 통하여 더 강력히 결속하게 될 것이다. 우리 세상의 부분이 되는 이 모든 결속은 유효한 결속이긴 하지만 변변치 않은 결속이다. 그러나 그들은

---

6) Bonhoeffer, *No Rusty Sword,* vol I, p. 159.

그리스도의 현존에서 궁극적인 결속이 아니다."[7]

사실상 에큐메니칼 평화운동이 당면한 첫 번째 도전은 어떻게 국제연맹을 더 효과적으로 만드느냐에 있는 것이 아니라, 어떻게 하나의 거룩한, 보편적, 사도적 교회(one, holy, catholic and apostolic church)라는 참된 국제적인 일치를 표명할 수 있느냐에 있다고 본회퍼는 말하고 있는 것이다. 평화를 위한 교회의 증언에 대한 본회퍼의 가장 솔직한 진술은 1934년 덴마크 파뇌(Fanö)에서 개최된 세계연맹과 "생활과 실천" 공동회의에서 발표되었다. 다시금 그가 전제하는 것은 평화는 인간적인 기술이나 노력에 의해서 도달될 수 있는 인간적 소원이 아니라, 하나의 교회가 그 표징이자 증언이 되시는 그리스도 안에서의 하나님의 화해하시는 활동에 있다는 것이었다. 이러한 근거 위에서 그는 다음과 같이 극적인 말을 했다.

"어떻게 평화를 이룰 수 있는가? 정치 조약이라는 제도를 통해서인가? 서로 다른 국가에 대한 국제 자본의 투자를 통해서인가? 거대한 은행들을 통해서인가, 돈을 통해서인가? 아니면 평화를 보장하기 위한 보편적인 평화로운 재무장을 통해서인가? 이들 가운데 어떤 것을 통해서도 평화는 이루어지지 않는다. 단 하나의 이유는 평화를 안정이라고 여기기 때문이다. 왜냐하면 평화는 감행되어야 하는 것이기 때문이다. 평화는 위대한 모험이다. 그것은 결코 안전할 수 없다. 평화는 안전보장((security)의 정반대이다. 보장을 요구하는 것은 불신하는 것이며, 이러한 불신은 전쟁을 초래한다. 보장을 찾는다는 것은

---

7) ibid., p. 290.

자기 자신을 보호하기를 원한다는 것이다. 평화는 어떤 안전보장도 원하지 않고 하나님의 법을 향하여 자기 자신을 포기하는 것을 의미한다. 오히려 신앙과 순종 안에서 국가의 운명을 전능하신 하나님의 손에 맡기는 것이지, 이기적인 목적을 위하여 그것을 지향하려고 시도하는 것이 아니다."[8]

놀랍게도 전쟁을 거부하고 온 세상을 향한 하나님의 뜻과 약속으로서의 평화를 선언하기 위하여, 모든 교회가 소집되는 보편적인 공의회 - 진정한 에큐메니칼 공의회 - 를 촉구한 것은 바로 파뇌(Fanö)에서였다.

"전 세계에서 오직 그리스도의 거룩한 교회의 하나의 거대한 에큐메니칼 공의회만이 입을 열어 말하면 세상은 비록 이를 갈면서도 그의 말을 들을 것이며 또한 그리스도의 교회가 그리스도의 이름으로 그들의 자손들의 손에서 무기를 빼앗고, 전쟁을 금지하며, 날뛰는 세상을 향하여 그리스도의 평화를 선포하기 때문에 세상이 즐거워하게 될 것이다."[9]

반(半)세기도 지나지 않아서 에큐메니칼 운동 내에서 보편적인 평화 공의회에 대한 본회퍼의 촉구에 응답하려는 시도가 있었다.

---

8) ibid.
9) ibid., p. 291.

## 신학과 민족주의

1930년 초반기에, 평화를 위한 그의 에큐메니칼 증언에서 본회 퍼는 (부적절한 은유일지는 몰라도) 두 가지 전선에 참여하고 있었다. 한 편으로 에큐메니칼 평화운동에 신학적인 엄격함을 주입하면서, 다 른 한편으로는 그의 조국에서 민족주의 고조라는 당면한 상황에 대 해 신학적인 도전을 가하고 있었던 것이다. 1933년 히틀러의 정치 적 승리를 가져온 나치즘의 융성은 독일에서 한 세기 이상 동안 진 행되었던 민족 감정이라는 강한 조류를 끌어당겼다. 그리고 그것은 1918년 군사적 붕괴와 베르사유조약(Versailles Treaty)에 대한 불만감 에 의해서 헤아릴 수 없을 만큼 심화되었다. 히틀러는 자신과 같이 "이 넓은 세상에서 … 독일의 민족과 영토를 능가할 것은 아무것도 없다"는 것을 진정으로 각자의 신조로 받아들인다면, 독일에 찬란 한 미래가 도래할 것이라고 약속하면서 상처받은 민족적 자존감을 이용할 수 있었다.[10] 물론 애국심은 이런 저런 모습을 입고 나타나 는 가장 보편적인 인간적 현상이다. 그렇지만 나치는 애국심에 변 형을 가해 민족을 더 이상 능가할 것이 없는 최고의 충절과 충성의 대상으로 만들었다. 뿐만 아니라 민족이란 첫째는 강력한 군사력, 둘째는 "인종적 순수성"에 의지하는 것으로 보았다. 다시 말해 군사 주의도 반유대주의(물론 유럽에서 그들은 독일 특유의 것이었다)도 나치즘 에서 유래한 것은 아니지만 "혈통, 인종, 영토"에 대한 나치의 신조 로 인해 그들은 극단의 잔인함을 겪게 되었다.

그렇지만 이러한 극단적 민족주의 이데올로기는 노골적이고도

---

10) W. Shirer, *The Rise and Fall of the Third Reich* (Pan Books, 1964), p. 114.

인민적인 정치적 감정에 의해서 뿐만 아니라 - 상당히 많은 신학을 포함하여 - 정교한 지성적 사상에 의해서도 지지를 받고 선동되었다. 실제로 거기에는 민족(das Volk) 개념에 대한 독일인의 지성적인 선입견이 있었다. 그러한 선입견은 19세기 초반의 몇몇 낭만주의 사상가들과 프리드리히 슐라이어마허(Friedrich Schleiermacher)와 같은 가장 영향력이 있는 몇몇 프로테스탄트 사상가들에게까지 거슬러 올라간다.

제1차 세계대전 이후 독일에서 민족성을 위한 명백한 형이상학적 기초를 찾기 위한 노력이 기울여졌다. 민족주의적인 성향을 가진 - 파울 알트하우스(Paul Althaus)와 엠마누엘 히르쉬(Emmanuel Hirsch)와 같은 국제적인 평판이 있는 박학하고 정교한 인물들을 포함하는 - 프로테스탄트 신학자들에게 있어서 핵심적인 신학적 개념은 "창조의 질서"(orders of creation)라는 개념이었다. 이것은 인간 생명의 특정한 구조들이 우연한 생물학적인 현상 또는 역사적인 현상이 아니라 인간 실존의 본질적이며 불변하는 조건들로서 하나님으로부터 제정된 것이라는 교리, 그 인간성 없이는 하나님에 의해서 창조된 인간성이 아니라는 교리이다.

이러한 창조의 질서라는 개념은 특별히 예외적인 것은 아니었다. 교회투쟁에서 민족주의 종교에 대한 맹공격을 지휘했던 칼 바르트도 1920년대 윤리학에 대한 그의 가르침에서 그 용어를 사용하기를 싫어하지 않았다. 더욱 일반적으로 프로테스탄트와 가톨릭 사상은 전통적으로 인간 실존의 특정한 모습들이 인간 피조물 안에 "하나님의 형상"(image of God)이 반영되어 있는 방식을 나타내므로 특히 중요하다고 주장해왔다. 그렇지만 독일의 프로테스탄트 신학자들은 상당히 자유롭고도 매우 임의적으로 "창조의 질서"라는 사상을 이용했고, 특히 최고의 "창조의 질서"는 그들이 속해 있고 마땅히 충성을 바쳐야 하는 민족, 인종 또는 국가라고 주장했다.

그러한 이해는 전체 기독교신앙의 의미를 수정하는 틀이 되었다. 예를 들어 신조는 하늘과 땅의 창조자이신 하나님에 대한 신앙을 고백할 때, 이것은 하나님이 특별한 민족성과 그 특수한 특징을 가진 나를 창조하셨다는 신앙고백이 된다. 그것과 함께 하나님은 내 민족의 운명에서 나오는 힘들에 대해 나 자신을 순종하게 하고 그 정신에 협력하도록 하셨다. 그리고 창조가 실제로 무엇인지를 보게 되는 것은 민족의 삶의 개화(開花 flowering)에서이다. 1932년 독일 그리스도인들의 신앙운동의 성명은 다음과 같이 진술했다. "우리는 인종, 민족, 문화적 유산 속에서 하나님이 우리에게 신탁해 주신 실존의 질서를 본다. 우리가 그들을 보존하는 데에 전념을 기울여야 하는 것은 하나님의 율법이다. 그러므로 인종적 혼합은 반대해야 한다. … 그리스도에 대한 신앙은 인종을 파괴하지 않는다. 신앙은 인종을 심화시키고 신성하게 한다."[11]

이와는 달리 본회퍼에게 있어서 그리고 칼 바르트의 계시의 신학과의 연계에서, 일반적인 방식으로 "창조"에 대해서 말하려는 모든 시도들은 비논리적인 것이다. 본회퍼가 이 무렵에 행한 『창조와 타락』(Creation and Fall)에 관한 자신의 강의에서 밝힌 바와 같이, 하나님이 의도하신 대로 우리가 하나님과 세상을 알게 되는 것은 예수 그리스도를 통해서이다. 우리는 있는 그대로의 세상, 죄와 분열의 타락한 세상으로부터 직접 하나님의 뜻과 목적을 읽을 수 없다. 기독

---

11) Faith Movement of German Christians, 'Guiding Principles of the German Christians', in *The Third Reich and the Christian Churches*, ed. P. Matheson (Edinburgh: T. & T. Clark, 1981), p. 5.

교 신앙은 민족성에 의해서 다시 규정될 수 없다. 오히려 민족성은 하나님의 말씀, 예수 그리스도의 빛에서 이해되어야 한다.

그러므로 본회퍼는 "창조의 질서" 신학에 대해 전면적인 공격을 가했다. 그리고 그는 세계연맹의 청년총무로서 그의 활동의 에큐메니칼 상황에서 정확하게 그렇게 행했다. 1932년 4월 그는 베를린에서 컨퍼런스를 조직했다. 뮌스터(Münster)의 빌헬름 스텔린(Wilhelm Stählin)은 하나님이 주신 창조의 질서로서의 민족에 대한 해석을 시작했다. 본회퍼는 세상의 모습에서 특히 창조의 질서를 뽑아내는 것 그리고 그것을 그리스도인의 도덕적 행위의 과정의 바탕을 이루게 하는 것은 불가능하다고 비판하며 응수했다. "국가들 사이의 전쟁의 정당화를 제공해 주는 것은 바로 이 전제, 즉 창조의 질서이다."[12] 그렇지만 본회퍼는 민족에 대해서 적당한 신학적인 자리를 부여하는 데에는 반대하지 않았다. 그는 "창조의 질서" 대신에 보존의 질서(orders of preservation)라는 개념을 제안했다. 그 회의 보고서는 다음과 같이 이어갔다.

"차이점은 창조의 질서라는 개념의 빛에서 보면, 세상의 특정한 의식이나 모습들이 그 자체로서 가치 있고, 원초적이며, "매우 선한 것"으로서 간주되는 반면, 보존의 질서라는 개념은 그리스도 안에서 계시의 빛에서 보면, 모든 모습이 은총과 분노 속에서 하나님에 의해 보존되는 것을 의미한다는 것이었다. 하나님의 보존하에 있는 어떤 질서도 그리스도에 의해서 수행되어야 하고, 그를 위해서 보존되어야 한다. 한 질서가 복음의 선포를 위해서 계속 개방되어 있을 때에만 보존

---

12) D. Bonhoeffer, *No Rusty Swords*, p. 179.

의 질서로 간주될 수 있다. 한 질서가 이 선포에 근본적으로 폐쇄되어
있는 곳에서는, 그것이 명백하게 가장 원초적인 것, 곧 결혼, 민족이
라고 하더라도, 그것은 포기되어야 한다." [13)

　본회퍼는 민족과 같은 사회적 구조들의 진정한 실재와 그 구조들
이 지탱하며 풍요롭게 하는 역할을 인간에 대한 하나님의 섭리적
보호에서 찾으려고 시도하였다. 이와 동시에 복음에서의 하나님의
요구와 약속만이 궁극적이라는 것에 직면하여 창조의 질서 신학을
상대화시켰다. 상대화를 인정하지만 그러한 신학은 독일 내에서 민
족성에 대한 과도한 – 사실상 강박 관념에 사로잡힌 – 추종을 방해하고,
국제적인 에큐메니칼 만남의 구조를 제공하는 것에 모두 필요했다.
민족의 적절한 다양성을 허용하는 관점을 요구하지만 민족성의 모
든 요구들을 유지하는 에큐메니칼 상황은 그리스도의 빛에서 개선
되어야 한다. 1932년 체코슬로바키아에서 개최된 세계연맹의 청년
평화 컨퍼런스(Youth Peace Conference)에서 다시금 본회퍼가 "창조의
질서" 신학을 비판하고 "보존의 질서"를 주창하게 된 것은 결코 놀
라운 일이 아니다.

　"보존의 질서는 죄에 반대하여 복음의 방향에서 일하는 형태들이다.
어떤 질서라도 – 그것이 아무리 고대로부터 내려온 것이며 신성한 것이라
고 하더라도 – 해체될 수 있다. 그리고 그것이 스스로 폐쇄되고 점점
더 경직되며 계시의 선포를 더 이상 허용하지 않을 때 해체되어야 한
다. 이러한 견지에서 그리스도의 교회는 … 오직 한가지 것만을 염두

---

13) ibid., 180.

에 두어야 한다. 어떤 질서가 죄와 죽음으로 이렇게 급격하게 빠져들게 하는 세상을 가장 잘 막아 낼 수 있는가? 교회는 어떤 고정된 법이나 어떤 영원한 질서로부터가 아니라, 오직 그리스도로부터만 계명을 듣는다. 그리고 교회는 보존의 질서에서 그것을 듣는다. … 그것은 단순히 세우시는 자를 위해서 가장 급진적인 파괴를 요구할 수 있다."[14]

본회퍼의 민족성의 신학(theology of nationhood)은 앞으로 보게 되는 바와 같이 독일의 민족주의와 뚜렷이 구별될 뿐만 아니라 기독교 평화운동 및 연합 평화운동에 공통적으로 나타나는 수사(修辭)와도 상당히 다르다. 우리는 본회퍼에게서 "인간의 형제애"나 "우리의 공동의 휴머니티"와 같은 보편주의자의 추상어를 찾아볼 수 없다. 우리는 매우 구체적인 공동체들로 민족을 포함한 구성된 세계에 머물러 있다. 그들은 그들의 공간을 부여받았다. - 충분한 공간, 그러나 더 남아돌지는 않는 공간에 구체적 공동체들은 존재하도록 허락되었다. - 잠시 동안 그러나 항상 그들 머리 위에 걸린 문제가 있다. 그리스도에게 순종하는 수단을 공동체가 제공하느냐 아니면 장애물을 제공하느냐 하는 문제가 그것이다. "어떤 질서라도 - 그것이 아무리 고대로부터 내려온 것이며 신성한 것이라고 하더라도 … 해체될 수 있다." 마침내 본회퍼를 가장 급진적인 삶의 과정, 즉 히틀러 체제를 전복시키려는 정치적 공모로 이끌어간 근거들 가운데 하나가 바로 거기에 있다. 1932년 히틀러가 권력을 장악하기 몇 달 전, 본회퍼 자신도 이러한 형태의 비판적 신학이 어떤 중대하고도 숙명적인 결과

---

14) ibid., p. 167.

를 가져올 것인지를 예측하지 못했다. 당분간 본회퍼는 에큐메니칼 평화운동에 신학적 신경과 중추를 제공하기 위해 의식으로 노력을 기울였다. 1937년 개최된 "교회, 공동체, 국가"(Church, Community and State)에 대한 "생활과 실천"의 옥스퍼드 회의는 기독교적 관점에서 민족의 문제를 과제로 삼았다. 회의 보고서에 나타난 민족에 관한 부분은 독일의 경험에서 발생하고 본회퍼가 참여한 논쟁들을 분명하게 반영하고 있다.[15]

에큐메니칼 동시대인들이 자신들의 활동을 위한 신학적 기초를 요구한데 대해 충분히 생각할 것을 제공하지 않기라도 한 것처럼 본회퍼는 "평화" 자체에 대한 그들의 이해에 문제를 제기했다. 본회퍼는 본질적으로 실용주의적 방식으로 평화문제에 접근하는 "앵글로색슨"(즉, 영국과 미국)의 사상의 느슨함에 관심을 집중하였다. "앵글로색슨" 사상은 여러 국가들이 전쟁에 돌입하는 것을 막는 합리적인 수단들 – 조약, 교육, "이해" – 을 요구하는 것을 평화로 보았다. 1932년 체코슬로바키아에서 열린 청년 회의에서 본회퍼는 민족성의 이해를 위해 "창조의 질서 신학"을 사용함으로써 제기된 허위를 다루면서, 평화운동 자체의 사상에서 발견되는 거의 유사한 오류를 찾아 나갔다. 이러한 실용주의는 "평화"를 절대적인 이상, 요컨대 복음 자체와 동일시하고 무조건적으로 보존되어어야 하는 "창조의 질서"와 동일시했다. 그러나 본회퍼는 평화가 목적 자체는 아니라고 말한다. 그것은 "분노하시는 하나님의 계명이며, 그리스도의 빛에

---

15) 'Volk', 'The Church and the National Community', in *The Churches Survey their Task: Report of the Oxford 1937 Conference on Church, Community and State* (London: Allen & Unwin, 1937), p. 71.

서 세상의 보존을 위한 질서"이다.[16] 국제평화는 절대적으로 시급한 필연이지만, 결코 그 자체를 위한 것일 수 없다. 평화는 선포되고 영접되는 그의 말씀을 위하여 공동체의 형태를 요구하시는 그리스도의 주되심을 위한 것이다. 그러므로 평화는 실체 자체로서 막연하게 존재할 수 없다. 그것은 분명한 한계를 갖는다.

> "평화 질서의 파괴된 성격은 하나님에 의해서 분부된 평화가 두 가지 제한을 갖는다는 사실에서 표현된다. 첫째 한계는 진리이며, 둘째는 정의이다. 평화의 공동체는 거짓과 불의에 의지하지 않을 때에만 존재할 수 있다. 평화의 공동체가 진리와 정의를 위태롭게 하고 질식시키는 곳에서는 그것은 파괴되고 전투에 가담하게 될 것이다."[17]

우리는 본회퍼에게 있어서 충성의 날카로운 차이가 간과될 수 있거나 모든 적대적인 입장들에 대해 중립적인 태도가 채택될 수 있는 에큐메니칼 운동 자체도 모든 것을 포용하는 일일 수 없다는 것을 이미 보았다. 그러므로 국제적인 차원에서 평화에 대한 모색은 그것이 고통스럽고 불화를 일으키는 현실을 인정한다는 것을 의미할 때에만 온전함을 가질 수 있다. 주목할 것은 이것이 바이마르 공화국(Weimar Republic)이 살아남기 위해 노력하던 1932년 말해졌다는 점이다. 본회퍼는 패전국 독일의 대표, 즉 패배자의 역할을 강요당했다고 느끼는 독일의 대표로서 글을 썼다. 그가 보기에, 에큐메니칼 운동은 그러한 고통의 현실을 얼버무려 넘기는 것이 아니라 표

---

16) D. Bonhoeffer, *No Rusty Swords*, p. 168f.
17) ibid.

면화시키는 자리가 되어야 할 필요가 있었다. 이것은 진리와 정의가 억압을 당할 경우 투쟁의 필요성을 인정한다는 의미이다.[18] 본회퍼는 "투쟁"(struggle)이라는 말을 사용할 때 전쟁(war)을 의미하지 않았다. 그 말은 현대 세계에서 전적으로 다른 성격을 갖는다. "우리 시대에 전쟁은 더 이상 투쟁의 개념에 속하지 않는다. 왜냐하면 전쟁은 양편의 전투원들의 전멸을 의미하기 때문이다. 전쟁은 어떤 점에서도 계시의 빛에서 보존의 질서로서 간주될 수 없다. 왜냐하면 전쟁은 너무나 파괴적이기 때문이다."[19]

## 에큐메니즘에 대한 지속적인 도전

그가 사망한 지 50년 이상이 지났지만, 본회퍼는 에큐메니칼 운동에 대해 계속적인 도전을 던지고 있다. 분명 그러한 위상을 가진 인물은 이 자리에서 적절한 논평을 받을 수 있는 이상으로 지속적이며 현대적인 무대와 더 많은 접촉점을 가지고 있다. 네 가지 점에서 그의 영향력이 강력하게 드러나며 그의 도전이 아직까지도 상당히 적절하게 지속력을 지닌다고 할 수 있다.

첫째, 정의와 자유의 억압에 대한 투쟁에 직면한 교회와 사람들의 지지를 위해 국제 에큐메니칼 단체가 소명을 받았다는 점을 표명할 때 본회퍼가 반복해서 인용된다. 특히 남아프리카에서의 반인

---

18) ibid., pp. 169f.
19) ibid., p. 170. 전멸로서의 현대 전쟁에 대한 본회퍼의 진술에 대해서는 D. Bonhoeffer, *Ethics* (New York: Macmillan, 1965), p. 73을 보라.

종차별정책(apartheid)에 대한 투쟁 기간 중, 본회퍼가 고백교회의 편에 서서 에큐메니칼 운동에 대해서 제기했던 도전을 상기하도록 여러 차례 촉구되었다.[20] 더욱더 적절하게, 남부 아프리카 전체의 해방을 위한 투쟁은 인종차별 반대 프로그램과 해방운동과 같은 인도주의적 활동을 지지하는 특수 기금(1970년 결성)의 사용을 둘러싸고, 세계 교회협의회가 지금까지 경험한 것 중에서 가장 날카롭고 가장 논쟁적인 토론이 되었던 것 같다. 본회퍼는 주장했다. 만약 마땅히 투쟁해야 할 진리와 정의에 관련된 뜨거운 이슈에 맞서 싸우는 것을 거부하는 것을 평화라고 한다면, "평화"라는 말은 적절한 말이 아니다. 이런 주장을 하는 본회퍼는 갑자기 그의 동시대로 돌아간 것처럼 보인다.

둘째, 평화를 촉구하기 위해 세계 에큐메니칼 공의회가 필요하다는 본회퍼의 촉구는 "정의, 평화, 창조의 보전"(Justice, Peace and the Integrity of Creation =JPIC)에 대한 공의회적 과정(Conciliar Process)을 출범시키는 데에 강력한 자극제가 되었다(반세기 후에!). 이것은 1983년 캐나다, 밴쿠버에서 개최된 세계 교회협의회 제6차 총회의 주요 프로그램이었다. 그러나 본회퍼의 비전을 가장 분명하게 회상했던 것은 유럽에서였고, 1989년 스위스 바젤(Basle)에서 열린 (제1차) 유럽 에큐메니칼 총회(European Ecumenical Assembly)에서 성과를 거둔 것은 자연스러운 일이었다. 의미심장하게도, 총회는 동서로 분단되어 있던 독일 개신교회들에 의해서 처음으로 요청되었고, 유럽 교회회의와 유럽 가톨릭 주교회의 협의회의 후원을 받았다. 이런 이유

---

20) J. de Gruchy, *Bonhoeffer and South Africa: Theology in Dialogue* (Grand Rapids: Eerdmans, 1984).

로 인해 그만한 규모로 세계 어느 곳에서 열렸던 에큐메니칼 회의 중에서 가장 에큐메니칼 회의다운 모임이 되었다. "정의와 함께 한 평화"의 촉구는 본회퍼의 확신과 매우 일치했는데 본회퍼는 교회가 말을 할 때는 인간이 처한 상황의 핵심에 도달할 수 있도록 매우 구체적으로 말을 해야 한다는 확신을 가지고 있었다.[21] 이와 달리 1990년 한국에서 세계 교회협의회의 후원하에 개최된 "정의, 평화, 창조의 보전"(JPIC) 세계대회는 최고의 대회가 되리라는 기대치에 도달하는 데에 실패했다. 그 이유로는 로마가톨릭교회의 참여가 이루어지지 않았다는 점과 세계적인 이슈에 대하여 공허한 수사(修辭)와 구호뿐인 성명서 작성을 하지 않으려고 하는데 어려움을 겪었기 때문이었다고 할 수 있다.

셋째, 본회퍼는 민족주의에 대해 계속 도전했다. 오늘날 에큐메니칼 증언이 직면하고 있는 가장 중요한 현안들 가운데 하나는 그리스도인의 제자직과 보편적 교회의 멤버십 사이의 관계이며, 다른 한편으로는 그리스도인의 제자직과 민족·인종적 충성 사이의 관계이다. 이 문제는 구 유고슬라비아의 분쟁에서 가장 비극적으로 나타나고, 구 소련의 여러 지역에서 지속적으로 폭발한 것과 같이, 냉전의 종식에 뒤이어 유럽에서 표면화되었다. 이 문제는 이 지역에 있는 여러 나라들의 민족적, 인종적 정체성이 주로 종교(가톨릭의 크로아티아[Croatia], 정교회의 세르비아[Serbia]나 불가리아[Bulgaria])에 의해서 규정되기 때문에 특히 명쾌한 것이다. 하나님의 섭리적인 보호의 수단으로서 민족주의의 실재를 인정하지만 복음에 직면하여

---

21) *Peace with Justice*, Official Documentation of the European Assembly, Basle, 1989 (Geneva: Conference of European Churches, 1989).

그리고 보편적인 교회에 직면하여 민족주의를 상대화시키는 본회퍼의 민족성의 신학은 이러한 상황에서 그 지도적 입장을 잃지 않는다. 예컨대 본회퍼의 영향력 중 이점이 현재 일부 정교회 진영에서 진지하게 받아들여지고 있다는 사실이 의미심장하다.[22] 민족주의 문제는 중앙아프리카, 스리랑카 그리고 아프리카와 아시아의 개발도상국 도처에서 벌어지고 있는 인종적 갈등이 보여준 바와 같이 유럽에만 국한된 문제가 아니다.

넷째, 본회퍼는 교회론과 윤리학 사이, 교회의 일치와 사회적 증언 사이의 틈새를 보완하는 데에 주요 영향력이 되어 왔다. "생활과 실천" 그리고 "신앙과 직제"가 모두 세계 교회협의회에 통합되어 그 근간을 이루고 있는데, 이 둘의 서로 다른 강조점은 세계 교회협의회와 전체 에큐메니칼 운동 내에서 계속해서 성찰되어야 한다. 한편으로는 사회정치적 행동주의와 다른 한편으로는 가시적인 일치에 대한 관심은 상호 의심과 노골적인 경쟁이라고까지는 하지 않더라도 종종 현저한 긴장을 보이는 양극단처럼 보이지만, 우리가 본 바와 같이 본회퍼는 그의 동료 평화 행동주의자들(peace-activists)에게 활동의 합당한 신학적 기초를 교회론에서 찾으라고 촉구했다. 하나된 그리스도의 교회(one church of Christ)는 민족적이며 인종적인 장벽들을 모두 초월한다. 이와 동시에 본회퍼는 "신앙과 직제"에 대하여 민족주의적이며 인종차별적인 종교에 대한 저항을 나타내는 독일에 있는 교회에 분명한 헌신을 해달라고 도전했다. 최근 들어 세계 교회협의회는 교회의 온전함과 일치에 대한 관심을 전(全)

---

22) V. Guroian, *Ethics After Christendom* (Grand Rapids: Eerdmans, 1994). 특히 제5장, 'Church and Armenian Nationhood: A Bonhoefferian Critique of the National Church'.

세계를 위한 정의와 평화에 대한 헌신과 관련시키는 필요성에 새롭게 대처하려고 시도했다. 특별한 사례는 신앙과 직제 위원회와 제3분과(정의, 평화, 창조)의 공동 후원하에 진행된「교회론과 윤리학 프로그램」이었다. 1930년대의 에큐메니칼 운동에서 보여준 본회퍼의 역할은 이제서야 속행되고 있는 선구적인 시도들 중 하나로서 나타났다.[23]

## 증언이 어떻게 효과적이 되는가? 필요한 토론

에큐메니칼 평화 증언에 대한 본회퍼의 공헌을 책임 있게 평가하고 그것을 오늘에 이용하려 할 때는 어떠한 경우에도 영웅 숭배와 성인(聖人) 전기가 되지 않도록 하여야 하며, 대신 그의 활동과 사상을 특정한 문제들에 종속시켜야 한다.

첫 번째 것은 교회들을 통한 국제친선을 촉진시키기 위한 세계연맹과 동일시하려는 그의 결단과 관련되어 있다. 우리가 검토한 바와 같이 본회퍼는 이 기구의 신학적 건전성에 대하여 의심을 품었고, 그것에 대하여 무엇인가를 해야 한다고 결심했다. 이러한 노력이 정당한 노력이었는가 아니면 약하고 구멍이 뺑뺑난 껍데기에 새로운 고성능 엔진을 얹으려는 시도였는가? 에큐메니칼 평화운동은 – 1937년까지의 "생활과 실천"을 포함하여 – 갱신될 수 있었는가 아니면 소박한 행위나 유토피아주의적 운동으로 전락해야 할 운명인가?

---

23) *Ecclesiology and Ethics: Costly Commitment*, ed. T. Best and M. Robra (Geneva: World Council of Churches, 1995), and D. Forrester, *The True Church and Morality: Reflections on Ecclesiology and Ethics* (Geneva: World Council of Churches, 1997).

역사가인 존 콘웨이(John Conway)는 그 운동에 대한 비판을 다음의 한 문장으로 요약하여 말한다.

> "이 평화주의자들은 민족국가에 대한 시종 같은 애착심과 위기 시 그 사용이 정당화될 수 있는 군사적 방어력이라는 장치를 가지고 있는 주류(主流) 교회들과 주류 교회들을 떠받치는 교육받은 부르주아들의 사회적 기능은, 종종 무의식적이라 할지라도, 주로 기존 사회질서를 보존하는 것이라는 사실을 인식하지 못했다." [24]

그렇지 않으면, 콘웨이는 평화운동의 주요 취약점이 "정확하게 그 중산층 성격, 그 윤리적 합리성, 노동자 계급과 세계의 억압받는 사람들에 대한 개방성이 결여되었기 때문이 아니었는가?"라고 질문한다. 우리는 실제로 1930년대에 세계연맹이 국제노동운동(international labour movement)을 태동케 한 강력한 평화운동들에 대해 거의 관심을 표명하지 않은 이유에 대해서 질문을 제기할 수 있을 것이다. 본회퍼는 평화운동의 이러한 부르주아 포로상태(bourgeois captivity)에 대해 충분히 도전했는가? 아니면 그 질문은 다른 방식으로 제기될 수 있다. 만일 본회퍼가 세계연맹의 비신학적인 실용주의에 대해서 올바르게 도전했다면, 그는 정치적 활동에 의해 도움을 받지 않는 신학은 죽게 될 것이라는 점을 충분히 파악하지 못했는가? 우리는 그 시대의 본회퍼의 평화에 대한 가르침과 설교에 나타난 이러한 폭넓은 관점에 많은 관심을 기울이지 않았다는 것을 인정해

---

24) J. Conway, 'The Struggle for Peace between the Wars: A Chapter from the History of Western Churches', *Ecumenical Review*, 35 (January 1983), 25-40.

야 한다. 한 가지 중요한 수정을 해야 할 것은 다름 아닌 간디의 비폭력적 저항의 철학과 기술에 대한 그의 왕성한 관심이다.

이것은 우리로 하여금 1934년 파뇌 에큐메니칼 회의에서의 본회퍼의 진술로 돌아가게 한다. "안전한 길(the way of safety)을 따라 가면 평화에 이르는 길은 없다. 왜냐하면 평화는 감행되어야 하기 때문이다. 그것은 위대한 모험이다. … 평화는 안전보장(security)의 정반대이다."[25] 이러한 말들은 본회퍼에 의해서 예증되는 평화 헌신을 위한 일종의 신성한 텍스트로 매우 자주 그리고 매우 공손하게 인용되어 왔다. 그러나 본회퍼가 성취해야 할 목표로 재정적, 군사적, 외교적인 목표가 아닌 평화를 설정한 것이 여기에서 어떤 의미였는지를 묻는 것은 불경한 것이 아니다(파뇌 회의에서 본회퍼의 청중 가운데 특별히 중요한 사람이 있었다. 그는 젊은 옥스퍼드 명사이자 사회주의자이며 후에 노동당 각료가 된 리처드 크로스맨[Richard Crossman]이었다. 그는 조지 벨이 본회퍼의 강연을 듣도록 특별히 파뇌로 파견한 사람이었다). 평화가 안전보장의 정반대라면, 거대한 은행들과 정부 공직자들과 미디어 귀족들과 – 게다가 – 군대에 의해 움직여 나아가는 세상에 하나님이 명하시는 평화에 대한 신앙이 어떻게 관여할 수 있는가?

평화(peace)와 안전보장(security)을 정반대로 떼어놓은 것은 완전한 수사학적인 탐닉이라는 비난으로부터 본회퍼는 벗어날 수 있는가? 만일 그의 접근방법에 몇 가지 함축적인 특징이 있다는 점이 명백하게 밝혀진다면, 본회퍼는 그런 비난으로부터 벗어날 수 있을 것이다. 그것은 평화를 위해 일하는 과정이 간혹 저마다의 모험을 하는 진영의 대표자들을 통해서 이루어지며, 때로는 새로운 길을 찾

---

25) Bonhoeffer, *No Rusty Swords*, p. 290-291.

기 위하여 그들의 추종자들 가운데서 그들의 신뢰성, 개방성, 결정에 대해 큰 모험을 걸어야 한다는 여러 역사적 사례연구들에서 확인될 수 있다. 인종차별정책으로부터 비인종차별적인 민주주의 정권으로 탈바꿈한 남아프리카공화국의 이야기는 우리 시대에서 나온 으뜸가는 모범이다. 본회퍼의 진술은 이러한 평화의 모습을 조명해주는 것으로서 흔쾌히 받아들여질 수 있다. 그러나 그러한 모험은 적어도 그들에게 일정한 긍정적인 결과를 가져다주게 될 상황(context), 특별한 시간, 카이로스(kairos), 일련의 환경과 조건의 준비를 요구한다. 이러한 것들이 평화를 위한 충분조건은 아닐지라도 필수조건들이다. 그것은 신뢰의 모험을 포함한다. ‒ 그리고 여기에서 본회퍼의 요점이 참되게 들린다.

그러나 적어도 본회퍼 자신의 사상은 그리스도에 대한 동조와 "자연적인 것"에 대한 동조 사이의 새로운 관계가 추구되는 그의 『윤리학』에서 나타나는 바와 같이, 시대적으로 더욱 새로운 뉘앙스를 가지게 되었다. 그것은 제2차 세계대전 중 본회퍼가 제네바에 있는 세계 교회협의회를 방문했을 때 그가 읽은 윌리엄 패튼(Williams Paton)의 논문인 「교회와 새로운 질서」(The Church and the New Order)에 대해 고도로 예민한 논평을 가했을 때와 같은 시기였다.[26] 패튼은 패배 당한 비(非)나치 독일과의 전후 화해에 대해 염려하던 영국교회의 대표로서 국가에 의해 행동의 규범으로서 제공되는 권리와 자유의 헌장의 필요성을 주장했다. 이에 대한 응답으로 본회퍼는 이것이 모든 질서를 파괴한 나치즘에 의해서 남겨진 혼돈 상태에 있는 독일이 취할 수 있는 조건을 무시하는 것이라고 주장했다. 거기

---

26) E. Bethge, *Dietrich Bonhoeffer: Theologian, Christian, Contemporary*, pp. 643-649.

에는 일정기간 동안 (사실상 연합군 점령에 의해서 마련된 바와 같이) 확고한, 권위주의적인 통제가 필요했을지도 모른다.

세계평화를 모색하는 일이 다른 겉보기에 덜 매혹적인 이슈들로부터 고립될 수 없다는 사실을 교회가 깨닫는 데에 오래 걸렸고 아직 그 깨달음의 여정은 끝나지 않았다. 세기 말과 밀레니엄 말이 임박해오면서, 기독교 사상은 노골적으로 공동체들 내에서의 경제적 정의를 위한 투쟁에 관여하기 시작했다. 탄자니아 대통령이었던 줄리우스 은예레레(Julius Nyerere)의 "개발은 평화를 나타내는 다른 말이다"는 말에 사람들은 이제 막 귀를 기울이기 시작했다. 본회퍼가 말한 바와 같이, 평화는 거대한 은행들을 통해서 초래되는 것은 아니지만, 경제제도들의 역할이 무시되거나 새로운 경제 질서에 대한 모색이 기피되는 것은 가능하지 않다.

실제적이며 물리적인 무장 폭력과는 관계없다 하더라도, 현대 세계가 실질적으로 경제 분쟁 가운데 있다는 것을 우리가 인정한다면, 전시에 평화를 위한 에큐메니칼 증언으로서의 역할을 하기 위해 영국의 동료들과 접촉했던 이야기로 본장을 마감하는 것이 적절할 것이다. 그들이 다른 사람의 관심사를 주의 깊게 경청하고, 본회퍼는 자신의 본국 상황의 현실에 대한 자신의 이해를 전달해 주었다는 것은 분쟁의 복판에서 에큐메니칼 연대, 장차 올 평화의 모범적인 표징이었다. 벨 주교에게 전하는 본회퍼의 마지막 메시지는 그의 생애 – 그리고 그후의 에큐메니칼 운동을 위한 많은 중요한 것들을 요약해 준다.

# 9. 값비싼 제자직

해든 윌머(Haddon Willmer)

희생. 주님. 세상과의 단절. 공동체. 하나님의 말씀. 정치 그리고 평화
조성(peace-making).

1935년부터 1937년까지 본회퍼는 칭스트(Zingst)로부터 후에 동
프러시아 핑켄발데로 옮겨간 고백교회를 위한 불법 신학교를 맡
아 지도했다. 신학교가 게슈타포에 의해 폐쇄되자, 본회퍼는 그 신
학교의 가르침, 에토스 그리고 방법을 반영하는 세 권의 책을 집필
했는데 그것이 바로 『나를 따르라』(The Cost of Discipleship), 『신도의
공동생활』(Life Together), 『성서의 기도서: 시편 입문』(The Prayer of the
Bible: An Introduction to the Psalms)이다. 이 책들은 본회퍼가 다섯 개 집
단의 목사 후보생들에게 제공한 신학적이며 실천적인 준비를 위한

책이었다. 『신도의 공동생활』은 수도원의 영향을 받은 신학교의 질서정연한 공동생활에 대한 묘사를 신학적 설명과 영적 조언들과 융합시킨 책이다. 이 책과『나를 따르라』는『옥중서신』(Letters and Papers from Prison)을 제외한다면, 본회퍼의 가장 유명하고 영향력 있는 저작들일 것이다.『성서의 기도서』(1940년)는 그의 생전에 출판된 마지막 작품이다.

이 책들은 고백교회가 – 본회퍼는 고백교회 중에서도 가장 급진적인 입장에 서 있었다 – 제3제국과 제도적인 갈등을 막 일으키려고 한 시기에 출판되었지만, 본질적으로는 정치적 저항문학으로 읽어서는 안된다. 이 글들은 전통적으로 기독교 사회 속에 존재한 "교회"와 관련되어 있다. 1936년 엘리자베스 친(Elisabeth Zinn)과 뤼디거 슐라이허(Rüdiger Schleicher)에 보낸 편지들을 보면 본회퍼가 1930-1931년경 갖게 된 자의식 강한 신학자로부터 그리스도인으로 바뀌었다는 것을 알 수 있다.[1] 그가 그리스도인으로 바뀐 것은 피상적인 종교적 경험에 그치지 않았다. 이후 그는 예전과 같은 삶을 살아갈 수 없었다. 이방인 혹은 "과학적인 휴머니스트"이었던 그가 그리스도인이 된 것이 아니라 교회와 직업으로써의 신학에 이미 헌신하고 있었던 그가 그리스도인이 된 것이었다. 그리스도인이 된다는 것은 이러한 사회적인 위치와 과제의 연속 안에서 전 존재가 변화하는 것을 말한다. 그는 그것이 불경한 교인(church person)이 되는 것을 막아줄 것이라고 생각했다. – 불경한 교인은 정직한 불신자(honest unbeliever)보

---

1) E. Bethge, *Dietrich Bonhoeffer: Theologian, Christian, Contemporary* (London: Collins, 1970); D. Bonhoeffer, *Illegale Theologenaudbildung: Finkenwalde 1935-1937, Dietrich Bonhoeffer Werke*, vol. XIV (Gütersloh: Chr. Kaiser/Gütersloher Verlagshaus, 1996), pp. 112-114, 144.

다 훨씬 더 나쁜 위험천만한 것이다. 하나님 없이도 그는 실력 있고 자기 전문직에 긍지를 가질 수 있었다. 그러나 하나님의 통치에서 벗어나 자기가 자기 주인이 된다면 외로운 가운데 긍지는 있지만 결과적으로 그는 잃어버린 자가 되는 것이다. 그는 하나님께 순종함으로써 그리고 제자가 됨으로써 그리스도인이 되었고, 진정으로 순종했기 때문에 진정한 신자가 되었다. 그가 신학교에서 가르치고 앞에 언급한 책들을 집필한 것은, 이런 의미에서, 그가 신학자이며 또한 그리스도인이 되었기에 가능했던 것이다.

본회퍼가 그리스도인이 되었을 때 그는 이미 행동하는 목사였다. 때문에 그가 자신의 회심을 (바울과 다른 사람들이 했던 바와 같이) 단순히 어떠한 인격이 되는 것이 아니라 어떤 과제를 위임받은 것으로 본 것은 결코 놀라운 일이 아니다. 그의 소명(Beruf)은 - Beruf란 하나님의 부르심이 어떤 특정한 과제의 모습을 띠고 구체적으로 나타난 것을 말한다. - 교회와 목사들을 갱신시키기 위해 일하는 것이었다. 본회퍼는 직분을 하나님의 소명이 제도적으로 정의되어 나타난 것으로 이해했다.[2] - 그러므로 제자로서의 그의 소명과 교회 전문가로서의 그의 소명은 서로를 보강시켰다. 그는 바르멘 선언에서 권위 있게 표현된 교회와 그 사명에 대한 이해의 틀 안에서 활동했다. 바르멘 선언에서 예수 그리스도는 만물에 대한 유일한 주님으로 인정되었고,(제1조항) 그분의 말씀은 하나님의 은혜로우신 약속일 뿐만 아니라 삶 전체에 대한 그분의 권리주장이며,(제2조항) 따라서 교회는 본회퍼

---

2) D. Bonhoeffer, *Letters and Papers from Prison: The Enlarged Edition* (London: SCM 1971)에 실려 있는 결혼식 설교를 보라. D. Bonhoeffer, *Ethics*에 실려 있는 '소명', '역사와 선'을 보라. D. Bonhoeffer, *The Cost of Discipleship* (New York: Macmillan, 1960)에서 제 30장을 보라.

적인 의미에서 보면 제자들이 모인 그리스도의 교회인 것이다. 더욱이 예수가 주가 되신다는 고백은 세속적인 형태의 지도력에 종속되는 삶이 아니라 형제적인 섬김과 공동생활에 의해서 권위가 발생하는 교회를 요구했다.(제3조항) 교회는 자유롭다. 왜냐하면 그리스도를 대신하여 말씀과 성례전에 통해 하나님의 자유로운 은총과 소통하기 때문이다(제6조항). 교회와 국가는 모두 하나님으로부터 사명을 받고 저마다의 특별한 과제들을 부여받는다.(제5조항) 국가와는 구별된 입장에 서서 교회는 국가에 그 의무를 기억하게 하고 전체주의적인 주장을 거부하는 등 교회 자체의 소명에 순종해야 한다. 그러나 교회와 국가가 하나님 아래서 서로 보완적 관계에 있기 때문에, 바르멘 선언은 특정한 국가 질서에 저항하거나 그것을 대체시켜야 하는 의무가 생길수도 있다는 가능성을 고려하지 않고 있다. 바르멘 선언의 핵심은 제자로서의 삶을 살아가려는 본회퍼의 의제와 맥을 같이하며, 그의 저작 속에 반영되어 있다. 물론 본회퍼는 세상에서 떨어져 나와 교회 안으로 은둔하는 것을 말하는 것은 아니다. 그의 입장은 1936년 4월 8일 뤼디거 슐라이허에게 보낸 편지에 명백하게 나타난다. "나는 어떻게 이 현실 세계에서 기독교적 삶을 살아가야 하는가?"[3]

본회퍼는 최후까지 "제자"였다. 제자가 된다는 것은 미지의 예측할 수 없는 미래를 하나님께 봉헌하는 것을 포함한다. 반대로 제자란 또한 그분의 수중으로부터 나오는 고난과 기쁨을 모두 받아들일 준비가 되어 있다는 것을 의미한다. 미래는 성장에 대한 개방

---

3) 뤼디거 슐라이허에게 보내는 편지, in Bonhoeffer, *Illegale Theologenausbildung: Finkenwalde*, p. 145.

을 요구할 뿐만 아니라 상실과 죽음에 대한 개방도 요구한다. 그러므로 친(Zinn)에게 보내는 그의 편지에서, "나의 소명은 나의 미래를 한정한다. 하나님께서 나의 미래를 가지고 무엇을 이루실 것인지 나는 알지 못한다." 본회퍼가 그의 삶이 끝나갈 무렵에 지은 「나는 누구인가?」(Who Am I?)라는 시(詩)[4]에서 가장 강력하게 표현된 그의 전형적인 진술은 우리에게 그 토대를 가리켜준다. 어떤 미래가 올 것인지 모른 채로 하나님을 신뢰하고 전적으로 하나님께 맡기는 것이다. 본회퍼는 자기 스스로는 종종 지치고 포기하고 싶고, "나태"(acedia)의 제물이 될 것이라고 느꼈다. 따라서 "부르심을 받는 것"은 좋은 것이다. 하나님의 소명은 변덕을 부릴 자유를 빼앗아갔다. 명령은 삶을 위한 힘을 주었다.

이 저작들은 나치제국과 교회투쟁(Kirchenkampf) 이전의 시기에 뿌리를 두고 있을 뿐만 아니라 감옥에서도 포기하지 않는다. 1944년 7월 21일 그는 다음과 같이 썼다.

"나는 오랫동안 [성자가 되는 것과 신앙을 갖는 것을 배우는 것] 사이의 깊은 대비를 깨닫지 못했다. 나는 성스러운 생활이나 성스러운 생활을 하려고 노력함으로써 신앙을 얻을 수 있다고 생각했다. 나는 사고의 여정 끝에서 『나를 따르라』를 썼다고 생각한다. 오늘날에는 그 책의 위험성을 잘 알고 있지만, 그래도 나는 내가 쓴 것을 고수하고 있다." [5]

---

4) D. Bonhoeffer, *Letters and Papers from Prison: The Enlarged Edition* (New York: Macmillan, 1972), p. 347.
5) ibid., pp. 369-370.

"그래도 나는 내가 쓴 것을 고수하고 있다"는 말은 앞서 한 말을 최종적으로 확언하는 것은 결코 아니고 그 말을 분명히 최소화하여 긍정하는 것이다. 옥중서신들은 『나를 따르라』의 저자가 쓴 작품으로 생각하지 않으면 이해될 수 없다. 1944년 8월 21일자의 편지는 1937년 그가 쓴 책을 가장 잘 요약(résumé)하고 있는 것으로 간주할 수 있을 것이다. 본회퍼의 사유는 각 단계마다 직선적으로 발전되지 않았다. 그러므로 전에 하였던 사유가 나중에는 여분으로 버려진다. 오히려 그의 사유하는 범위는 순환하는 모티프, 개념, 관심사들에 대한 변주곡을 연주하면서 회전한다.[6] 그 동안 계속해서 본회퍼는 이렇게 질문하고 있었다. "내가 어떻게 이 현실 세계에서 기독교적인 삶을 살아가야 하며, 살만한 가치가 있는 그러한 삶을 판정할 수 있는 최종적인 권위는 어디에 있는가?" 그는 이러한 질문을 안고 살면서, 그것이 답변할 수 없는 수수께끼와 같은 것이라고 여기지 않았다. 오히려 그는 진정한 질문으로서의 질문을 질식시키지 않는 제자직으로 응답하며 살았다.

대가 (貸價 the cost)

본회퍼는 이 책 제목을 Nachfolge (본회퍼가 말하는 바와 같이 이 독일어는 "내 뒤를 따라 달려오라!"(run along behind me!)와 같이 "뒤따름, 추종자

---

6) Bethge, *Dietrich Bonhoeffer: Theologian, Christian, Contemporary*, p. 159; D. Bonhoeffer, *Life Together; The Prayerbook of the Bible, Dietrich Bonhoeffer Works*, vol. V, trans. D. W. Bloesch and J. H. Burtness (Minneapolis: Fortress Press, 1996), pp. 125, 133.

(제자)"(following)를 의미한다)라고 붙였다.[7] 제자직의 어떤 형태(주인에게 배우고 섬기는 관계)들은 분명히 길을 따라 걷는 것을 요구하지 않는다. 우리들에게 그들의 발밑에 "앉아서" 경청하라고 요구하는 주인들도 있다. 그런 주인들은 선한 일을 많이 할 수 있지만, 문자 그대로 여정의 선두에 서서 우리를 이끌지는 않는다. Nachfolge라는 말은 그 기독교적 위치에 의해서만 "제자직"을 의미하게 된다. 예수는 "그를 따라올" 수 있는 자들을 그의 제자들로 불러 모으셨다. 제자직의 내용은 예수가 십자가와 십자가 너머 저편을 향해 가신 길에 의해서 정의된다. 자기를 부인하고 자기 십자가를 지는 것이 "예수"를 따르는 일에 필수적이기 때문에, 제자직의 "대가"를 말하는 것은 같은 말을 되풀이하는 것과 같다.

그런데 왜 영어 번역본이 『제자직의 대가』(The Cost of Discipleship)인가, 본회퍼가 죽기 전 이미 여러 차례 죽었고 순교자가 되었다는 점을 조지 벨 주교는 알고 있었다. 그럼에도 불구하고 그가 "그리스도가 사람을 부르실 때는 그더러 와서 죽으라고 명하시는 것이다"는 본회퍼의 말로 『The Cost of Discipleship』의 서문을 시작하고 있다는 사실은 그가 본회퍼의 마지막 순교를 추억하며 그 책을 읽는다는 뜻이다. 본회퍼가 1937년 그 말을 썼을 때 그가 폭력적이며 수치스러운 죽음을 죽을지도 모른다는 것을 알았다고 하더라도, 그렇게 죽음을 당할거라는 생각이 그의 책 내용이나 틀을 구성하지는 않았다. 제자직의 본질을 이루는 자아에 대한(to) 죽음과 자아의(of) 죽음은 삶 속에서 여러 방식으로 발생했다. 하나님이 말씀하시기로 선택한 자리에서, 즉 십자가에서 단순히 하나님의 말씀을 듣는다는

---

7) Bonhoeffer, *Cost of Discipleship*, p. 40.

것은 우리의 본성에 편안하게 들어맞지 않기 때문에 우리로 하여금 죽음과 유사한 모순을 안고 살 것에 노출되는 것이다.[8] 그러므로 제자직 안에서의 순교와 값비싼 고난으로서의 죽음은 『나를 따르라: 제자직의 대가』에서의 대가라는 언어를 설명해 주지 못한다. 그렇지만 '대가'라는 단어는 『나를 따르라: 제자직의 대가』 제1장에 나오는 아주 핵심적인 말로 "값싼 은혜"(cheap grace)와 "값비싼 은혜"(costly grace)라는 너무 쉽게 오용하는 대조를 통해 유명하게 되었다.[9]

은혜라는 말은 복음의 본질을 대변한다. 왜냐하면 은혜가 죄인들을 위한 하나님의 의지와 행위, 활동 모두를 특징적으로 나타내기 때문이다. 놀랍고도 예기치 않게 그리고 받을 자격이 없으나 풍요롭게 주어지는 은혜라는 말로 루터가 본래 의미하려 했던 것은 구원은 어떤 인간 행위에 의존하는 것이 아니라는 것이었다. 그런데 이런 그의 의도가, 종국에 하나님의 은혜가 불명예스러운 방식으로 영광을 받는 전통을 만들어냈다. 루터가 하나님 안에서 일어난 기적으로 생각했던 은혜는 하나님은 그렇게 하실거라는 기대로 바뀌어 버렸다. 왜냐하면 은혜로우신 하나님은 다른 방식으로 행하는 것이 허용되지 않기 때문이다.

하나님의 요구가 하나님의 인자하심에 이용됨으로써 침묵된다면, 은혜는 값싼 것이 된다. 본회퍼가 그의 목회적인 논쟁에서 이끌

---

8) 뤼디거 슐라이허(Rüdiger Schleicher)에게 보내는 편지, in Bonhoeffer, *Illegale Theologen-ausbildung: Finkenwalde*, p. 145.

9) 가톨릭의 대사(大赦)에 대한 루터의 항거는 목회적으로나 경제적으로 동기화된 그 왜곡에 반대하여 하나님의 은총에 대한 합당한 존중을 위한 투쟁이었다. 본회퍼는 그러한 루터의 논점을 새롭게 한다.

어낸 사례들 가운데에는 부자 청년에게 자발적으로 가난하게 되라는 예수의 부르심이 있었다(마 19:16-22).[10] 하나님의 은혜를 알기 때문에 우리는 순종할 논의는 하지 않는다. 예수는 그의 계명을 율법적으로 받아들이는 것을 원치 않으신다. 그는 실제로 우리에게 믿음을 가질 것을 원하신다.[11] 내가 "내면적인 초연함"(inner detachment)을 갖고 있는 한, 나는 믿음을 가질 수 있고, 이 이야기대로 풍요해지고 이 이야기대로 살아갈 수 있다. 그렇게 단순히 경건한 모호한 말과는 달리, 본회퍼는 정직한 순종(honest obedience) - 그렇지 않으면 불순종을 촉구한다. 그렇지만 단순한 문자주의만으로는 충분하지가 않다. 본회퍼는 예수께서 부자 청년을 믿음이 가능한 자리로 부르셨다고 주장한다. 왜냐하면 최종적으로 중요한 것은 인간의 행위가 아니라 예수에 대한 믿음이기 때문이다.[12] 부르심이 해석에 의해서 약화되어서는 안 된다. 하지만 부(富)를 지닌 채 그리스도를 믿는 것은 가능하다. 계명에 대한 이러한 역설적인 응답은 특정한 상황에서 적용될 수 있지만, 구체적인 순종의 기피가 되어서는 안 된다. 문자 그대로 솔직한 방식으로 예수의 계명을 이해하고 순종하는 것, 예컨대 자기 소유에 집착하기 보다는 그분의 명령에 따라 자기 소유를 모두 포기하라는 뜻으로 이해하고 순종하라고 한다면, 그래서 나는 행복하지 않다고 느끼는 사람은 예수의 말씀에 대해 누구든 이런 역설적인 해석을 할 아무런 권리가 없다. 본회퍼의 주장은 그가 다른 곳에서는 비난하는 입장들의 언저리에 서 있다. 본

---

10) Bonhoeffer, *Cost of Discipleship*에서 제3장을 보라.

11) Bonhoeffer, *Letters and Papers from Prison* (1971), pp. 169-170에서 1944년 7월 21일자의 편지.

12) Bonhoeffer, *Cost of Discipleship*, p. 71.

회퍼가 허용하는 이 입장은 그가 앞서 취한 값싼 은총을 이용하는 표징으로 "내면적인 초연함"과는 어떻게 다른가? 이 문장의 논술은 그의 유명한 말, "유대인들을 위해 외치는 자만이 그레고리안 찬가를 부를 수 있다"[13] 그리고 " 궁극적인 것(ultimate)에 대한 고찰은 궁극이전의 것(penultimate)이 진지하게 다뤄진 후에만 이용될 수 있다"[14]는 『윤리학』의 주장에서 그의 사상의 양식을 발견한다.

은혜를 포기함으로써 값싼 은혜를 배제하는 것은 본회퍼의 방법이 아니었다. 그렇게 하면 기독교의 기본적인 관용구로서의 은혜로부터 율법으로 전환될 가능성이란 없다. 오히려 은혜와 율법의 대립은 은혜가 율법의 활동을 통해서 결정되고 실현된다는 방식으로 해결되어야 한다. 그런 까닭에 "믿는 자만이 순종하고, 순종하는 자만이 믿는다"[15]는 그의 공식은 루터교회의 변질된 실천과는 달리 이것이 참된 루터의 교리라는 것을 보여주기 위한 복합적이며 문제 있는 주장으로 둘러싸여 있다. 문제를 해결하는 그의 열쇠는 제자직이다. 순종과 신앙, 업적과 은혜가 전적인 요구와 구체적인 은혜의 충만함을 모두 우리에게 요구하시는 주님에 대한 응답에서 조화를 이룬다.

값싼 은혜가 구원을 위태롭게 하기 때문에 값비싼 은혜가 필요하다. 교회는 너무 자주 (독일 그리스도인들에서와 같이) 교회 밖에 있는 자들이 제자직을 면제받으며 쉽게 교회 안으로 들어올 수 있도록 길을 열어주어 은혜를 값싸게 만드는 그럴듯한 목회적이며 복음주의

---

13) Bethge, *Dietrich Bonhoeffer: Theologian, Christian, Contemporary,* p. 512.
14) 'The Preparing of the Way', in Bonhoeffer, *Ethics*를 보라.
15) Bonhoeffer, *Cost of Discipleship*, p. 54.

적인 유혹에 굴복했다. 값싼 은혜는 은혜가 하나의 원리로서 보편화될 때 발생한다. 하나님이 보편적으로 일을 행하신다면, 그것은 주어진, 기존하는 현실로서 그리고 인류에게 자동적으로 얻어질 수 있는 것으로 간주될 수 있다. 그들은 그것을 구할 필요가 없고, 하나님의 은사에 속한 것을 받을 수 있는 장소로 나갈 필요도 없다. 은혜는 자동적으로 얻어질 수 없고, 은혜가 간구되어야 할 때, 인간은 자신에게 은혜를 주시거나 주시지 않는 하나님의 자유에 노출된 자로서 이해하게 된다. 이것이 바로 하나님과의 올바른 관계의 본질적인 요소인 하나님과의 진정한 만남이다.

거기에는 오직 하나의 제자직만이 있다. 왜냐하면 제자직이 하나이며 유일한 주님(one and only Lord)과의 직접적인 관계이기 때문이다. 십자가에 제자직이 있는 것이 아니고, 십자가 없는 제자직이 있는 것도 아니다. 또한 제자를 한정하거나 높이는 것과 같은 고난이 있는 것도 아니다. 제자는 주님의 수중에 있고 의심의 여지없이 - 그것이 평안함이든 고통이든 관계없이, 주님이 주시는 것을 받는다. 본회퍼의 마지막 옥중 시[16]는, 만일 그 잔이 하나님의 선하시고 인자하신 손에 의해서 주어지는 것이며, "삶의 향락과 그 좋은 햇빛"을 누리도록 내어주는 것이라면, 고난의 잔을 받겠다는 그의 각오를 표현했다.

결론은 본회퍼가 값비싼 은혜를 원했다는 것이다. - 값비싼 은혜란 하나님이 그의 아들을 죽기까지 내어주는 희생을 치르는 것이고, 이것은 인류를 위해서 매우 강력한 의미를 지닌 은혜이다. 그리고 은혜는 제자직의 소명에 응답하는 사람들에게 값비싼 것이 된

---

16) 'Powers for Good', in Bonhoeffer, *Letters and Papers from Prison* (1972), p. 400.

다. 그것은 값비싼 제자직이며, 그것은 은혜의 희생이다. 그리고 제자직은 예수를 뒤따르는 것, 세상과의 단절, 따라서 세상에 의한 거부로 인해 상처를 입는 것을 의미하기 때문에, 고난을 포함한다. 제자는 고난을 찾을 필요가 없다. 제자에게는 저마다 그를 기다리는 특별한 십자가가 있다. 그리스도인의 고난은 그리스도에 의해서 정의된다. – 그 고난은 예컨대 용서의 목회(ministry of forgiveness)에서 다른 사람들의 죄를 짊어지는 것을 포함한다. 중요한 것은 고난이 아니라 그리스도와의 교제이다. 그것이 바로 제자직의 길이 즐겁고 승리에 찬 것처럼 보이는 이유이다.[17]

## 주님

알베르트 슈바이처(Albert Schweitzer)의 저서 『역사적 예수 탐구』(The Quest of the Historical Jesus)의 마지막 말들은 본회퍼의 제자직에 대한 교리를 독일의 관점으로 바라본다.

"사람들이 [예수]에 대한 인식을 표현한 메시아, 인자(人子), 하나님의 아들과 같은 이름들은 우리에게 역사적인 비유가 되었다. 우리는 그가 우리에게 어떤 분인지를 보여주는 이름을 발견할 수 없다 … 그는 우리에게 알려지지 않은 자로서 이름 없이 옛적부터 호숫가에서 우리에게 오신다. 그는 그를 알지 못하는 자들에게 오신다. 그는 동일

---

17) G. Bell, *Brethren in Adversity*, Church of England Record Society 4 (Boydell, 1997), pp. 84-85.

한 말로 우리에게 말씀하신다. "너는 나를 따르라!" 그리고 그는 우리 시대를 위해 성취하셔야 하는 과제를 우리에게 제시하신다. 그리고 그는 그들이 현명하든 어리석든 간에 그에게 순종하는 자들에게 자신을 계시하신다. 그와 교제하면서 그들이 통과해야 할 수고와 갈등, 고난 속에서 그는 자신을 계시하신다. 그리고 형언할 수 없는 미스터리는 그들이 스스로의 경험 속에서 그가 누구인지 배운다는 것이다."[18]

본회퍼나 슈바이처에게 있어서 제자직은 우리 시대에 주님이 주신 과제를 수행하라는 명령이자 순종이다. 그러나 본회퍼에게 주님은 이름도 없고 알려지지도 않은 분이 아니었다. 본회퍼가 오늘날 우리에게 예수 그리스도가 누구인지를 물을 때, 그것은 교회의 교의학적 전통 내에서 제기한 질문이다. 하나님의 아들, 중보자와 같은 칭호들은 본회퍼에게 있어서 "역사적인 비유들" 이상의 것이었다. 제자직은 열려 있는, 불명확한 개인주의적 삶의 추구 이상의 것이었다. 왜냐하면 예수 그리스도가 세상의 주님이었기 때문이다. 제자직은 휴머니스트의 모험이 아니라 신학적 근거가 있는 순종이었다. 제자직의 이러한 차원들은 중보와 직접성(immediacy)과 같은 개념들에 대한 본회퍼의 분명하고도 다양한 사용에 집중된다. 본회퍼에게 있어서 제자직은 예수와의 (중재되지 않는) 직접적인 관계이다. 제자와 주님 사이에 가로놓인 것이란 아무것도 없다. 그는 개방성과 친밀성의 관계가 단순하게 세상에서 희소하다고 생각하지 않았다. 개방성과 친밀성이 열광적으로 빈번히 추구됨에도 불구하고,

---

18) A. Schweitzer, *The Quest of Historical Jesus* (London: A & C. Black, 1936), p. 401.

개방성과 친밀성은 - 제자직에서 나타나는 것을 제외하고는 찾아볼 수 없는 것들이다.

본회퍼는 우리와 세상과의 관계, 우리와 타자와의 관계가 직접적이며 즉각적이라는 상식적인 견해를 환상이라고 공격했다. 본회퍼는 타자와의 관계가 외부의 침입에 의해서 방해를 받거나 여과되지 않도록 하기 위하여 친밀성과 성실성을 갈망하는 것이 좋다는 것을 부정하진 않았다. 그렇지만 그는 그리스도와의 관계를 제외하고서 직접성이 실현될 수 있거나 실현되어야 한다는 것을 부정했다. 제자의 관계는 그리스도를 통하고, 그리스도에 좌우되며, 그리스도에 의해 정의된다. 본회퍼는 중보자로서의 그리스도의 전통적 개념을 다음과 같이 확대 해석한다. 그리스도는 하나님과 죄인들 사이를 중보하실 뿐만 아니라 모든 피조물들을 각각 중보하신다. 참되고 선한 관계는 그리스도 안에 있다. 제자직은 주님과 다른 모든 관계의 중보자로서의 예수 그리스도의 직접성을 받아들이는데 의존한다. 이것은 훈련된 방식으로 이해되고 실천되어야 한다. 구별되는 제자의 삶은, 특히 공동체 내에서 예수의 중보자 되심을 영예롭게 여기고, 그것을 신뢰하고 또 일관되게 그것에 순종할 때 생겨난다. 제자의 순종은 지치지 않고 구체적 명령에 따라 특정한 행동을 하는 것이다. 그것은 도덕주의적으로 한정될 수도 없다. 오히려 순종은 오직 중보를 통해서 오는 것을 받아들임으로써, 그것을 회피하려고 시도함이 없이 주님께 굴복하는 것을 의미한다.

단순히 성서를 읽는 가운데 복잡한 신학적 사상들을 발견하는 것은 분명 본회퍼다운 일이다. 그의 이론과 실천이 하나님의 말씀에서 권위 있는 근거를 발견하는가 아니면 그가 성서를 도발적이며 위험한 사유를 위한 수단으로 사용함으로써 성서를 침해하는가?

이러한 질문은 아직 해결되지 않았다. 그것은 본회퍼가 읽혀지는 한 계속해서 제기될 것이다. 부드러운 본보기는 제자들을 부르시는 복음서 이야기에서 찾을 수 있다. 본회퍼는 부르심에 대한 즉각성을 제자직의 본질과 동일시한다(막 2:41).[19] 그 이야기들에서 부르심과 응답 사이에 아무런 시간의 경과도 없다. 본회퍼는 이러한 통찰을 이끌어냄으로써 사람들이 어떻게 예수를 따르기로 결심했을까 하는 자연스러운 질문을 파고드는 일을 금지한다. 본회퍼는 하나님과의 관계에서 나를 들여다보거나 나에 매료되는 것을 삼간다. 그것은 올바른 자기 부인이 아니라 자기 탐닉이다. 제자가 되겠다는 결단이 이성에 의한 찬반을 저울질한 결과라면, 그 부르심은 부르신 자의 주(主)되심을 인정하는 것이 아니다. 이성 그리고 그 이성을 가지고 이성을 저울질하는 사람이 현실적으로 주(lord), 곧 한 사람의 삶을 결정하는 권위가 될 것이다. 본회퍼에게 있어서 제자직의 핵심은 일정한 종교적인 삶의 형태를 성취하는 것이 아니라, 예수를 세상의 참된 주님으로 그리고 제자의 주님으로 인정하는 것이다. 예수가 사람들을 거룩하게 하거나 그들이 성취하고자 하는 것을 도와준다는 이유 때문에 사람들에게 유용한 분으로 받아들여지는 것이 아니다. 오히려 사람들은 예수께서 주님이 되도록 거룩함과 순종하는 섬김을 통해서 부르심을 받는다. 예수의 주되심은 히틀러와 무신론적 세속성과 같은 세력들뿐만 아니라 종교적인 자기 관심과 자아의 심리학적 과정에 대한 열광에 의해서도 도전을 받았다. 따라서 제자직의 이론과 실천을 위해, 본회퍼는 회심 경험에서 그 무엇도 연역해내기를 거부했다. 물론 그것이 감수성 있는 목회

---

19) Bonhoeffer, *Cost of Discipleship*, p. 48.

적 또는 복음주의적 접근 방식인지, 그리고 그것이 이 복음서 이야기들에 의해서 요구된 것인지를 질문해야 할 것이다.

## 세상과의 단절

제자들은 예수를 따르기 위해 모든 것을 버린다. 그들은 가족을 잃고 혼자가 된다. - 그러나 그들은 그렇게만 머물러 있지 않는다.[20] (막 10:28-31) 본회퍼는 그의 중보의 신학에 의해서 이러한 구체적인 분리와 희생 너머와 또는 그 주위에 세상과의 불화가 있음을 본다. 주님과의 관계는 가장 엄격한 의미에서 즉각적(immediate)인 것이다. 제자가 본질적으로 주님을 향해 마음을 열고 주님께 직접적으로 응답하며 주님의 말씀을 따라 살아가기 때문에, 이러한 독특한 즉각적인 관계는 다른 모든 관계가 이루어지고 계속되는 장소와 매체가 된다. 하나님과 세상과의 관계에서 이러한 존재 방식을 실현하는 것이 제자직이다. 주님과의 즉각적인 관계는 다른 즉각적인 관계들을 모두 끝내고 그것을 그리스도에 의해서 중재된 관계들로 대치함으로써 이루어진다. 제자는 오로지 그에게만 속하기 위하여 주님 이외의 모든 것으로부터 분리된다.

복음서에서 제자들은 예수를 따르기 위해 집을 떠나야만 했다. 예수 시대 이후의 그리스도인들에게 제자직은 세례로부터 시작된다. 세례는 새로운 삶에 들어가기 위하여 죽는 것을 의미한다.[21] 부

---

20) ibid., 제5장.
21) ibid., 제28장.

르심과 세례는 최초의 중요한 행위이고, 제자직의 특징을 상징하며, 제자들을 여정에 오르게 한다. 그 방식은 준수되어야 하며, 제자직은 개인적인 삶에서만이 아니라 교회에서도 끝까지 반복적으로 실현되어야 한다. 그런 까닭에 제자들의 공동체 내에서는 훈련과 격려가 필요하다. 바로 이것을 본회퍼가 신학교와 이 저작들에서 제공하고 있다.

마치 참된 제자직이 일련의 직접적인 관계를 시도하기 위한 세상과의 단절로 시작하듯이, 그것은 항상 주님에 대한 일차적이며 직접적인 응답 내에서의 단절을 실현하고 구현한다. 세상과의 직접적인 관계를 단념하는 것은 정상적인 것과의 근본적인 불화이며, 그 불화는 제자직의 긍정적인 모습 안에 감추어져 있다고 할지라도 항상 존재하는 것이다. 『나를 따르라』의 중심 본문을 제공해주는 산상수훈에 요약되어 있는 제자의 길은 우선 그리스도인의 삶의 "비범성"(extraordinariness)이고(마태복음 5장), 다음으로는 "은폐성"(hiddenness)이다.(마태복음 6장) 이 두 가지는 제자 공동체의 "성별"(separation)을 의미한다.[22](마태복음 7장) 비범성과 은폐성은 주님에 참여하는 응답의 두 가지 양태이며, 제자의 순종 안에서 세상과의 단절이 이루어지는 두 가지 방식이다.

비범함에 대한 요구는 마태복음 5장 20절, 47절에서 나온다. 예수는 그의 제자들에게 보다 더 나은 의를 요구하신다.[23] 제자들은 당연한 것이 아닌 비범한 것, 비상한 것으로 인해 여타 사람과 다르다. "그것은 '보다 더 큰 것이며,' '그 모든 것을 넘어서는'" 것이

---

22) ibid., p. 162.
23) ibid., p. 113.

다.[24] 그것은 평범한 인간적인 기대와 갈등을 일으키고, 인류가 틀에 박힌 듯이 성취할 수 있는 것과 갈등을 일으키기 때문에 비범한 것이다. 산상수훈은 살인하지 말라는 계명을 너머 분노를 지배하라고 한다. 간음을 금지하는 것을 너머 음욕을 부정하라 한다. 그리고 "비범한 것"은 원수를 사랑함으로써 하늘에 계신 아버지와 같이 완전하게 되라는 계명에서 절정을 이룬다.[25] "우리 앞에 놓여 있고, 우리가 이미 여러 해 동안 부분적으로 가담해온 거룩한 투쟁"[26]에서 이 계명은 긴박한 것이었다. 그리고 원수사랑은 임박해 있는 광범위한 박해와 "'인간사회'로부터의 완전한 추방"에 대한 준비였다. 십자가상에서 예수에 의한 원수 사랑을 중심으로, 원수를 사랑하라는 비범한 요구에 대한 본회퍼의 인식은 옥중 시(詩)인 「그리스도인과 이교도」(Christians and Pagans)를 예시한다.[27] 세상과의 단절은 제자직에서 구체화된다. 그러나 이러한 단절은 "세상을 확실히 경멸"한다고 해서 실현되지 않는다.

본회퍼는 '비범한 것'은 세상에서 이루어져야 하며, 실천할 수 없는 이상(理想)으로 간주되어서는 안 된다고 주장한다. 이처럼 비범한 것은 가시적인 것이 될 수 있다.[28](마 5:13-16) "비가시적인 것으로의 도주는 부르심에 대한 부인이다."[29] 가시성은 제자에게 은폐성을 요구하는 마태복음 6장에 어느 정도 들어맞아야 한다. 의(義)

---

24) ibid., p. 137.

25) ibid., 제13장.

26) ibid., p. 135.

27) Bonhoeffer, *Letters and Papers from Prison* (1972), p. 348.

28) Bonhoeffer, *Cost of Discipleship*, 제7장.

29) ibid., p. 106.

의 현실은 대중적인 평판에 있지 않고 하나님 앞에 있다. 제자는 세상과 단절하면서 그것을 하나님 앞에서 자신을 세우기 위해 사용하지 않는다. 그렇게 하면 하나님과의 관계의 직접성을 부정하는 것이 된다. 본회퍼는 역설적으로 말한다. "우리의 활동은 가시적인 것이 되어야 한다. 그러나 그것을 가시적인 것으로 만들기 위하여 수행되어서는 절대로 안 된다."[30] 제자직의 가시적인 측면과 비가시적인 측면의 결합은 선행을 베풂으로서 다른 사람들에게는 가시적인 것이 되지만, 제자에게는 비가시적인 것이라는 것을 보여줌으로써 어느 정도 성취된다. 순종은 순수하게 자발적이며 반성적인 것이 되어야 하며, 자기 부인(否認), 옛 사람의 죽음에서 효과적인 것이 되어야 한다.[31]

본회퍼는 산상수훈의 난점에 대해서 잘 알고 있었다. 가시적인 것과 비가시적인 것을 결합시키는 것, 비범한 것이 이루어져야 한다고 주장하는 것은 많은 문제를 만들어낸다. 그의 반응은 낙관적인 것이었다. 이 모든 문제들은 극복될 수 있다. 오히려 이 모든 문제들은 이미 그리스도 안에서 극복되었다. "예수는 우리가 마땅히 무엇을 해야 하는지를 말씀해 주시는 것이 아니라 우리가 할 수 없는 것을 말씀해 주신다. 그는 하나님이 우리에게 주신 것과 주시기로 약속하신 것을 우리에게 말씀해 주신다." 모든 것은 하나님의 실재와 그의 제자직의 은사(gift of discipleship)에 달려있다.

---

30) ibid., p. 141.
31) ibid., pp. 144, 146.

## 공동체

불화는 제자들에게 주신 긍정적인 축복에 항상 수반하는 필수적인 조건일 뿐이다. 제자들은 "박해에도 불구하고" 중보자를 통하여 모든 것을 소유한다.[32] 제자들이 받는 보상은 교회의 친교이다. 제자직은 더불어 사는 삶을 의미한다. 공동체에 대한 염원은 대단하다. 그것은 자연적이며 영적인 동경이다. "다른 그리스도인들 실제 존재한다는 것은 비할 데 없는 기쁨과 힘의 원천이 된다." 그러나 그것은 돌아가신 주님의 제자들이 일종의 당연한 권리로 여길 수 없는 특권이다. 사회의 변두리에서 "불법자들"(illegals)로 낙인찍히는 고독을 경험한 신학생들에게 있어서 질서정연한 공동생활은 이상하고도 때론 힘겨운 것이었지만, 종종 생기를 주며 영혼을 구하는 힘이 되었다. 기독교 공동체는 특별한 훈련을 요구한다. 공동체의 삶은 구성원들이 그리스도 안에서의 삶의 현실에 참여하고 그것을 표명하기 위해서 질서정연한 것이 되어야 한다.

본회퍼는 반복해서 공동체가 그리스도의 중보에 의해서 구성될 때, 공동의 훈련과 예배를 통해 표현되는 공동체의 차이점에 관심을 집중시킨다.[33] "영적 공동체의 기초는 진리이다. 정서적 공동체의 근거는 갈망이다." 타자에 대한 직접적인 접근은 결코 선한 것이 아니다. "영적인 공동체 안에는 결코 … '즉각적인' 상호 관계가 없다. 그렇지만 자기중심적인 공동체 안에는 공동체를 위한, 다른 인간 영혼들과의 직접적인 접촉을 위한 깊고도 기본적인 정서적 갈망

---

32) ibid., 제5장.
33) Bonhoeffer, *Life Together; Prayerbook of the Bible*, pp. 39ff.

이 존재한다." 기독교 공동체에는 소외가 아닌 각자를 위한 자유를 의미하는 일정한 거리가 있다. 함께 하는 날(day together)은 우리가 원하고 상상하는 것을 일함으로써 공동체를 파괴하지 않으면서 감사하게 다른 사람들과 더불어 살아가는 능력을 요구한다. 공동생활은 섬김을 포함한다. 그리고 섬김은 공동체를 건설하고 다른 사람을 섬기기 위해서 살아가는 것을 의미한다. 가장 큰 자가 되려는 노력은 억제되어야 한다. 공동체 생활은 타자를 비판함을 통해서 얻어지는 자기 정당화를 위한 자연적인 노력이 포기되는 것을 요구한다. 말하는 것도 이러한 관점에서 통제되어야 한다. 공동체의 다양성이 향유되어야 하고, 타자의 의지와 영예가 존중되어야 한다. "혼자 있을 수 없는 사람은 누구든지 공동체를 경계해야 한다. 공동체에서 설 수 없는 사람은 누구든지 혼자 있는 것을 경계해야 한다." 혼자 있는 날(day alone)은 그것이 은폐되어 있다고 하더라도 공동체에 소속되어 있다는 감정에 의해서 유지된다. 함께 하는 날은 위안을 얻는 "혼자 있는 날"로 교체된다는 보장이 될 수 없다. 공동체는 기회가 주어졌을 때 은총과 지성적인 노고에 달려 있다. 때때로 거기에는 함께 하는 육체적인 생활을 위한 기회는 없다. 본회퍼는 분명히 생전에 단 한 번 주어진 어떤 것으로서 진정한 기독교 공동체의 경험을 높이 평가했다.[34] 공동체와 더불어 그리고 공동체 없이도 그리스도인들은 하나님의 은사에 대한 믿음으로 살아가야 한다.

공동체의 중심에는 죄의 용서가 있다. 그것은 혼자 있는 날의 은폐된 프라이버시에 국한되지 않는다. 그리스도에 대한 고백과 같이, 형제에 대한 고백은 죄의 고백과 그 사죄(absolution)에 객관성을

---

34) ibid., p. 47.

부여해주었다. "고백으로부터 공동체로의 약진"과 "십자가로의 약진"이 "발생한다."[35] 이와 같이 고독과 죄의 교만이 모두 종말을 고한다. 거기에는 새로운 삶과 확증에로의 약진이 있다. 고백 없이도 공동체는 경건한 신자들이 공통으로 가지고 있는 것에 의지하지만, 죄인들로서의 사람들의 현실에 의지하지는 않는다. 그리스도의 현존은 가식을 종결시킨다. - 그러나 그것은 관념이나 감정으로서의 현존이 아니다. 그리스도는 타자와 더불어서 하는 한 인격의 행동속에 현존한다. 공동체 위에 있는 어떤 것이나 공동체에 대한 해석으로서가 아니라, 그 행동의 일부, 그 삶의 내용으로서 그리고 일시적인 위기 관리로서가 아니라 그 일상적인 훈련의 일부로서, 삶의 승인되고 이해된 그 방식으로서 현존한다. 형제에 대한 고백은 (공동체가 파괴되는 것을 직면하게 되는 지점에서) 공동체가 이루어지고 또한 이해되는 것으로 드러나는 행동이다. "내가 다른 신자에게 고백하러 간다면, 나는 하나님께로 가고 있는 것이다."

## 하나님의 말씀

함께 하는 날은 기도와 성서에 대한 경청을 포함한다. 공동체는 경청하는 방법을 안다. 말씀 앞에서의 침묵은 공동체의 형태이면서 또한 고독의 형태이다.[36] 주님과의 직접적이며 전체적인 관계는 부르심을 듣고 순종하는 것에 달려 있다. 이것은 주님의 육체적인 현

---

35) ibid., p. 110.
36) ibid., p. 84.

존에 의해서 성취되지 않는다. 또는 어떤 열광적인 종교적 경험에 의해서 - 예수의 주되심은 정서적인 능력에 의해서 성취되지 않는다.

성서는 주님의 음성이다. 제자직으로의 부르심, 명령은 공허한 침묵이나 개인의 존재의 깊은 곳으로부터 들려지지 않는다. 그것은 성서 안에서 말한다. 그것은 제자에게 외부적인 것이며, 진정한 타자로서 그에 맞서 있는 것이다. 그 대상은 제자에게 도전하고 제자들에게 대립하며, 제자들을 변화시킬 수 있다. 왜냐하면 말씀은 그의 정신적인 산물도 아니며 그의 취향에 자동적으로 들어맞는 것도 아니기 때문이다. 성서는 그 내용 때문에 구원하는 능력을 가지고 있다. 그 내용은 그리스도와 십자가에 집중되어 있다. 십자가는 하나님이 인간으로 말미암아 모순을 겪는 자리이지만, 그의 불편하며 타협할 수 없는 말씀을 유지한다. - 십자가에 달리신 자를 주님으로 영접하는 것은 자신의 갈망과 야망, 갈등을 일으키는 명령에 순종하는 부단한 실천을 함축한다. 말씀을 듣는 것은 회심하는 것이다.

그러므로 그러한 말씀은 협력적이며 교육적인 훈련 내에서 부단하게, 반복적으로 경청되어야 할 필요가 있다. 그것은 순간에 흡수될 수 없는 것이다. 그것은 효과적인 행동을 가능하게 하지 않는다. 하나님의 말씀은 너무 커서 짧은 시간 내에 취할 수 없는 것이다. - 또는 평생 동안 주의를 기울여도 취하기 힘든 것이다. 말씀을 취하기 위해서는 명상이 있어야 한다.

말씀은 언제나 살아 계신 현재적인 주님의 말씀이며, 실제의 삶 속에서 제자에게 들려지는 말씀이다. 따라서 성서는 주님이 말씀하시도록 허용하는 방식으로 경청되어야 한다. 경청은 명상 속에서 가능하다. 명상 가운데 성서의 작은 부분이 주중에 날마다 경청된다.[37] 짧은 본문을 취하는 것은 제자의 마음속에 그리고 제자의 마음에 텍스트 전체가 들어온다는 것을 의미한다. 그래서 그 텍스트의 의미를 파악하기 위해서 많은 에너지를 소모하지 않도록 하는 것이다. 긴 텍스트를 택하면 분석하고 요약하는 것이 불가피해서 한 번 집중해서 텍스트가 하는 말을 들을 수 없다. (다른 시간에는 사용되어도 무방하지만) 명상 중에는 사전(事典)과 주석들과 같은 학문의 도구들은 배제되어야 한다. 그것은 명상하는 자가 본문에 대한 학습을 확대시키고 조작하는 능력을 행사하려는 유혹들로부터 보호받기 위함이며, 그럼으로써 본문을 통해서 개인적인 말을 주님의 말씀으로 만드는 것을 피하기 위함이다. 명상은 설교 준비를 위한 시간이 아니다. 그것은 오로지 주님과 제자 사이의 행위이다. 그 행위는 하나님 배후에 또는 하나님 너머에는 아무것도 없기 때문에 그 관계를 넘어서려는 의도를 갖지 않는다. 궁극자(the Ultimate)를 만나는 운동이 바로 여기에 있다. 본회퍼는 그의 학생들에게 만일 마음이 산만해질 경우 그들의 생각에 떠오르는 누군가를 위해서 중보기도를 드려야 한다고 말했다. – 그러나 그들은 그들의 중보 기도가 "가장 중요한 것, 즉 자기 자신의 영혼의 구원을 위한 기도"에서 투지를 빼앗는 수단이 되지 않도록 유의해야 한다.[38] 그로 인해 제자와 신학자와 구별될 수 있다. 명상에서 본문은 학문적인 조작, 교회를 위한 이용을 탈피한다. 그렇지 않으면 성스러운 본문의 무기력함이 읽혀질 뿐 경청되지는 못한다.

---

37) Bonhoeffer, *Illegale Theologenausbildung: Finkenwalde*, p. 144.

38) 'Instruction in Daily Meditation,' circular letter 1936, in D. Bonhoeffer, *Meditating on the Word* (Cambridge: Cowley, 1986), p. 33.

주님은 성서 안에서와 성서를 통해서 말씀하시며, 타자로서 명령하신다. 그러나 거기에는 그 이상의 것이 있었다. 제자는 기도한다. 그가 말하는 것은 그의 마음의 음성, 진리 속에 있는 참된 인격이어야 하지만, 주님으로부터 소외되고 멀리 떨어진 인격의 음성이 되어서는 안 된다. 참된 기도의 음성은 그리스도의 음성이다. 이와 같이 기도는 하나님이 그리스도 안에서와 그리스도와 같이 그의 말씀을 말하시는 성서에 의해서 분별되며 말씀을 부여받는다. 본회퍼가 어떻게 구체적으로 이렇게 성서의 전체를 읽는 그리스도 중심적 방법을 취했는가, 그리고 그가 어떻게 구체적으로 그것을 기도에 적용했는가는 『성서의 기도서』(Prayerbook of the Bible)를 보면 알 수 있다. "예수 그리스도 안에서 하시는 하나님의 말씀은 성서에서 우리를 만나신다." 그러나 본회퍼는 인간의 말인 시편이 기도의 책이라는 점을 인정한다. 그럼에도 불구하고 이 기도들은 실제로 하나님의 말씀이다. 왜냐하면 그 기도들이 우리에게 기도하는 법을 가르쳐주시는 예수 그리스도에 의해서 기도되었기 때문이다. "오직 예수 그리스도 안에서 그리고 오직 그리스도와 더불어 우리는 진정으로 기도할 수 있다."[39] 시편이 그리스도에게 속한 것이라는 근거로써 다윗이 시편을 지었다는 주장을 하면서, 본회퍼는 이상하고도 불필요하며 전형적으로 장황하게 이러한 그리스도 중심주의(Christocentrism)를 취했다. 더욱 필요 불가결한 것은 그리스도가 너무나도 인간적이므로 시편의 완전한 인간적인 범위가 그리스도에 의해서 그리고 그리스도를 통해서 기도될 수 있다는 주장이었다. 우리의

---

39) *The Prayerbook of the Bible*, in D. Bonhoeffer, *Gemeinsames Leben; Das Gebetbuch der Bibel, Dietrich Bonhoeffer Werke*, vol. V (Munich: Chr. Kaiser Verlag, 1987), pp. 155-157.

죄를 몸소 짊어진 자이신 그리스도께서도 참회하는 시편을 기도하신다. 그리고 원수들에 대한 복수의 시편들은 그의 원수들에 대한 하나님의 복수를 담당하신 하나님의 아들에 의해서만 기도될 수 있다. 여기에서 기독교적 평화주의는 본회퍼의 전통적인 루터주의가 다른 장소에서 그러하듯이 주석을 통제한다. 이 신학교의 본문들에서, 그는 구약성서가 다루어진다고 할지라도 분명하게 그리스도인이 되기로 결심한다. - 그 당시나 나중에도 그는 신학자에게 생긴 문제들을 해결할 시간을 갖지 못했다.

## 정치 그리고 평화 만들기 (peacemaking)

본회퍼가 그리스도인이 되었을 때, 그는 "나는 갑자기 내가 최근까지 열렬히 반대해온 기독교적 평화주의를 자명한 것으로 보았다"고 말했다.[40] 이 평화주의는 순종의 헌신이지, 정치적인 판단이 아니다. 그리스도는 평화를 명하시고 제자들에게 평화를 전파하라고 분부하신다. 그것은 제자들이 형제들과 이웃들과 평화로운 상태에 있을 때에만 설득력이 있을 수 있다. 살인하지 말라는 계명의 위반을 은폐하기 위하여 죄의 용서에 의지한다면, 은총은 값싼 것이 된다.[41]

평화주의는 나치즘의 정반대였다. - 평화주의는 나치즘의 가치

---

40) 친(E. Zinn)에게 보내는 편지, in Bethge, *Dietrich Bonhoeffer: Theologian, Christian, Contemporary*, p. 155.
41) ibid., p. 159.

관, 목표, 방법에 대한 가장 분명한 거부이다. 그러나 그것은 히틀러를 멈추게 할 수 있는 실제적인 정치로 전환될 수 없었다. 제자직의 신학에서, 본회퍼는 히틀러에 대한 효과적인 저항 전략을 가르치지 않았다. 그는 『나를 따르라』에서 바울이 로마서 13장("각 사람은 위에 있는 권세에 순종하라")에서 그리스도인들에게 말하는 것이지 국가에게 말하는 것이 아니며, 국가는 이 본문을 그 자체를 정당화하기 위해서 사용할 권리가 없다고 주장한다.[42] 이 구절은 제자에게 회개와 순종을 유지하면서 국가에 대해 어떻게 처신해야 하는가를 말해준다. 그리스도인들은 어떤 두려움이나 금지 없이도 선을 행할 수 있다. 그러한 행위가 (자기가 있는 곳에서) 선한 국가로부터 칭찬을 받게 된다는 것은 "결과론"이다. 결국 제자들은 하나님을 향해 살며 은폐성을 실천한다. 그들은 세속적인 찬양을 구하지 않고 그것을 의지하지 않는다.

본회퍼는 부단하게 제자의 자격으로서 정치에 의해서 제기된 문제들 또는 - 우리가 그렇게 생각하듯이 - 나치에 의해서 성취된 정치의 실추에 응답했다. 그는 마태복음 5장 38-42절에 대해 논의하면서,[43] 악을 깨닫게 하고 악을 극복하기 위해서 국가를 통해서 시행되는 신적인 보복의 제도(institution of retribution)를 긍정했다. 그렇지만 교회는 무력에 의한 보복의 대리인이 아니다. 교회는 교회가 되기 위하여 정치적, 국가적 지위를 포기했다. 교회는 인내심 있게 공격 기재를 참으라는 부르심을 받았다. 본회퍼가 이러한 사상의 노선으로부터 이끌어낸 결과는 깜짝 놀랄 만한 것이다. 악을 다루는

---

42) Bonhoeffer, *Cost of Discipleship*, p. 236.
43) ibid., 제12장에서 "보복"에 관해서 다루는 부분을 보라.

일에 있어서 교회가 국가보다 더 강력했다. 예수에 의하면, "악을 갚는 올바른 길은 악에 저항하지 않는 것이다."[44] "아주 적은 저항도 포기할 때," 악은 그것에 필적하는 것보다 더 큰 적대자를 만나며, 세력이 약해진다. 그러한 무저항이 어떤 형태의 승리를 가져오는가? 그것은 단순히 하나님 앞에서, 제자의 삶의 은폐성 속에서의 영적인 승리인가? 가시적인 공동체에 관해서 다루는 제30장은 그 해석을 논박하지만, 교회의 방식이 세상에서 악을 멈출 수 있는 능력을 가질 수도 있다는 것을 주장하는 것은 아니다. 오히려 교회가 지상에서 마지막 공간까지 빼앗기고 세상의 종말이 가까울 때까지, "100퍼센트의 비기독교적인 세상"에서 기도와 "말 못하는 자들을 위해 입을 여는" 의로운 행위 속에서 존속하는 것이 상상된다. 이와 같이 교회는 고난당하시는 그 주님의 형상을 짊어지는 소명을 성취한다. 교회는 악이 없는 세상을 만들어냄으로써 악을 이기는 것이 아니라, 주님과 하나가 됨으로써 악을 이긴다.

이와 같이 시기에 정치적 문제들에 대한 본회퍼의 취급은 완전히 그의 제자직의 한 측면이었다. 히틀러에 대한 저항을 금지시키는 살인하지 말라는 계명으로부터 그를 해방시켜준 것은 바로 제자직이었다. - 왜냐하면 제자는 책임적인 행동을 위해 율법으로부터 사람들을 해방하시는 예수 그리스도의 부르심에 의해 인도함을 받기 때문이다.[45] 전쟁에서의 살인은 삶의 권위를 회복하기 위해서 필요할 수도 있겠지만, 그렇다고 하더라도 계명의 위반에 대한 객관적인 죄책이 있다. 만일 이러한 죄책이 인정된다면, 율법은 그 위반에

---

44) ibid., p. 127.
45) Bonhoeffer, *Ethics*, p. 261.

서도 신성한 것으로 숭배될 것이다. 죄책을 인정하는 것은 교회의 고백보다 더 많은 것을 포함한다. 그것은 칼을 가지는 자들은 비록 정당하다고 하더라도 칼로 망하게 될 것(마 26:52)이라는 것을 받아들이면서 완전히 세상에서 하나님 앞에서 살아감으로써 이루어질 수 있다. 본회퍼의 관심은 모든 복합적인 행동에서 주님에 대해 책임적이 되는 것이었다. 그에게 있어서 삶의 의미를 취하게 하고 그로 하여금 끝까지 문제들을 생각하게 한 것은 바로 제자직이었다. 무력을 사용하는 제자는 칼 사용자(sword user)에게 닥치는 멸망을 받아들여야 한다. 다른 사람들과의 비교에 의해서 자기 자신의 칼을 사용하는 것을 정당화하려고 시도하지 않고, 그것이 비록 선을 위한 자유롭고 책임적인 행동이라고 하더라도 전체의 행동이 악의 영역 안에서 발생하고 악에서 나온 활동이라고 인정함으로써, 고난을 받는 자는 그것을 받아들이고 저항하지 않음으로써 마침내 악을 이긴다. 이러한 승리는 참회 중에 있는 고난을 당한 자가 악의 결과가 그에게 돌아오는 것에 대해 조금도 저항하지 않고 오히려 고난 가운데 행하시는 하나님의 심판의 진리를 받아들일 때 성취된다. 악은 불평하지 않는 고난에 의해서 극복되지 않고, 그러한 상황에서 결코 값싸지 않은 죄에 대한 하나님의 용서에 의해서 극복된다. 악의 역사에 능동적으로 참여하면서, 제자는 공적인 죄를 마치 모든 것이 자신에게 해당하는 자기 자신의 죄처럼 고백한다.[46] 이와 같이 죄의 고백과 사죄의 선포는 외딴 수도원적 신학교로부터 나와서 세계의 역사에 도달하게 된다. 본회퍼의 제자직에 대한 관점의 깊이는 바로 여기에서 측량된다. 제자는 주님과 함께 세상의 죄를 짊

---

46) ibid., 제1부, 죄책, 칭의, 갱신에 대해 다루는 3장을 보라.

어짐에서 그리고 용서의 실현에서 분담한다.

본회퍼의 제자직의 이러한 정치적 측면을 논의하는 요점은 그를 단순히 히틀러에 대한 실제적인 저항자(effective resister)로 제시하는 것을 삼가려는 것이 아니다. 한 수준에서, 유효한 저항만이 가치를 가졌을 것이다. – 거기에는 찬반 입장이 있겠지만 히틀러와 그의 모든 활동은 논의할 항목이 아니었고, 단순하게 멈추게 할 필요가 있었다. 그리고 본회퍼는 히틀러와 의견을 달리하고 심지어 저항했던 다른 모든 사람들과 같이 제때에 그를 멈추게 하는 데 실패했다. 모든 선한 사람들이 그들 스스로 행하기로 결심했지만 불가피하게 실패했다. 히틀러는 단지 국제적인 관계에서 그 자신의 증오와 두려움과 과대망상의 아둔함이 그의 제국을 파멸시켰을 때 미국과 소련 제국의 연합 세력들에 의해서 멈추어질 수 있었다. 본회퍼는 히틀러에게 저항할 확실한 계획을 갖고 있지 않았지만, 그는 의지와 도덕적인 통찰을 분명하게 갖고 있었다. – 그리고 그는 정의와 평화의 이름으로 손을 잡고 히틀러가 휘둘렀던 보편적으로 파괴적인 칼의 형태를 발견하고, 그것이 종종 경건하게 주장된다고 하더라도 세계가 폭력에 의해서만 질서정연하게 될 수 있다는 불경한 원리를 발견하고, 마침내 히틀러를 파멸시킨 연합국들을 계몽시킬 수 있는 신학과 윤리를 가지고 있었다. 한 주님이신 예수 그리스도에 대한 순종과 신앙에서 본질적인 본회퍼의 제자직은 이 현세에서 그러한 정치로부터 도망갈 수 있는 도피처를 제공하지 않는다. 본회퍼가 정치적 평화주의자였다면, 그는 실수했을 것이다. 그러나 그의 평화주의는 정치적 프로그램이나 장치가 아니었고, 신앙과 상관관계가 있는 것이었다. 그것은 모든 사람이 부르심을 받고, 그들이 사로잡혀 있는 악에게 지지 않고 살아가게 하는 제자직에서 활동하기 시작했다. 그러한 무저항의 방법은 취했던 길에 대한 심판으로서 죽음과 패배를 받아들이는 것을 의미했고, 하나님의 용서에 대한 신뢰와 다음 세대를 위한 희망에서 그 너머를 바라다보는 것을 의미했다.[47)]

본회퍼는 부분적으로 독일-프러시아의 법적인 국가와 인도적인 윤리의 전통의 자원으로부터 나치즘에 저항했다. 본회퍼가 가지지 못했던 것은 폭력이 극소화되며 상이한 것들을 다루는 방식으로서의 토론이 사회에서 질서 유지의 방식으로서의 권위보다 더 중요하게 되는 정치 형태에 대한 경험에서 나온 위대한 감각이었다. 본회퍼는 이러한 경험 부족이라는 비난을 받을 수는 없다. - 1930년대 초기에 그가 간략하게 설명했던 영국과 미국도 기껏해야 잘 운용되는 자유민주주의의 제한된 본보기들만을 제공했다. 지도자 이념(수상원리[Führerprinzip])에 대한 그의 비판은 직분에 있어서의 책임의 개념에 의존한 것이었지 지도자들을 책임 있게 만들고 경우에 따라서는 겸손하게 만드는 다원주의 정치(pluralist politics)의 능력에 대한 인식에 의존한 것이 아니었다. 본회퍼는 비합리적인 자유 분방으로는 아니더라도 히틀러의 현상이 이룩해 놓은 문화를 여러 모로 공유했다. 히틀러의 호소는 부분적으로 제자들에게 자신을 따라오라는 그의 명령에 있었다. - 그러한 형태의 전면적인 헌신에 대한 요구가 필연적으로 악의 원천이 되었다면, 본회퍼가 확인하기에 실패한 것은 위험한 왜곡이었다. 그는 인간 서로에 대한 제자직에 반대했다. 본회퍼의 주석과 실천에 있어서 예수 그리스도가 분명히 전혀 다른 주님이었기 때문에, 그의 길은 히틀러의 길과는 달랐다. 그

---

47) Bonhoeffer, *Letters and Papers from Prison* (1971)에 실려 있는 시, "모세의 죽음."

러나 그것은 주인들(Lords) 사이의 전투였다. - 권위주의적인 사회 개념과 자유민주주의적인 사회개념 사이의 전투가 아니었다. 이와 같이 마지막 5년 동안에 본회퍼의 글을 읽은 많은 사람들에게는 어지럽고 어리둥절한 일이 많았다. 왜냐하면 본회퍼가 보수주의자들과 권위주의자들에 속하는 사람들을 육성하지 않고 자유주의적이며 인문주의적인 그리스도인들을 육성했기 때문이다. 도중의 자양분과 동반자 의식은 진정한 것이었다. - 그러나 본회퍼가 이 자양분을 그의 서구의 자유주의 신봉자들에게 낯선 원천과 경로에서 제공한다는 것을 잊어서는 안될 것이다. 아마도 그들이 그가 제공하는 것의 근원이나 방향을 소화하지 못한다면 그들은 자양분을 받을 자격이 없을 것이다. 무엇보다도 그는 부단하게 제자로서, 제자들의 동료의식에서 말했다. 그는 예수 그리스도와의 유일한 관계를 통해서 그에게 매개된 세상에서 활동했다. 그는 이 관계가 직접적이며 즉각적인 관계가 될 수 있고, 그렇게 되어야 한다고 믿었다. 그는 그의 사상의 가치를 포함하여 그의 전 존재를 주님이시자 하나님의 아들이신 예수 그리스도의 진리에 맡겼다. 그것은 부르심에 순종하는 제자로서 그가 굴복한 진리였다. 그는 그것을 합리적인 변명으로 설명하지 않았고, 끝까지 믿음으로 그것을 실천했다. 제자직을 떠나서 본회퍼에게서 의미를 취하고 본회퍼를 활용하려는 시도는 심각한 오해를 초래할 것이다.

# 10. 교회와 국가 그리고 "유대인 문제"

루스 체르너(Ruth Zerner)

본회퍼와 유대인들. 교회와 국가에 대한 본회퍼의 입장. 결론적 성찰.

교회는 타자를 위해서 존재할 때에만 교회이다.[1]

시민적 용기는 자유로운 사람들의 자유로운 책임에서만 생길 수 있다.
… 인간을 내면적으로 해방시켜 하나님 앞에서 책임적인 삶을 살아가
게 하는 것이 우둔함에 대한 유일한 현실성 있는 치료이다.[2]

---

1) D. Bonhoeffer, *Letters and Papers from Prison: The Enlarged Edition* (New York: Macmillan, 1971), p. 382.
2) Ibid., pp. 6, 9.

우리는 이런 디트리히 본회퍼의 말에서 교회와 국가 내에서의 인간의 행위를 위한 그의 패러다임의 창조적인 중심을 한눈에 감지하게 된다. 그는 논문, 편지, 책들을 통하여 그가 섬겼던 교회와 국가, 특히 아돌프 히틀러와 나치의 통치기간(1933-1945년) 중의 독일국가를 관련시키는 전통적인 패턴과 경험적인 패턴을 모두 탐구했다. 처음에 지성적으로 그리고 지리학적으로 중부 유럽에 집중된 본회퍼의 제도적인 비전은 특히 그의 투옥기간(1943-1945년) 중에 포용력이 큰 세계에 대한 사랑, "세계에서 나타나는 인간의 삶 전체"[3]에 대한 사랑으로 확대되었다.

캐나다의 신학자인 더글라스 존 홀(Douglas John Hall)은 본회퍼가 테겔 감옥에서 쓴 옥중서신들에서 "본회퍼의 세계 지향의 신학"을 가장 생생하게 분별해낸다. 홀에게 있어서 이 테겔 감옥의 신학은 "전통적인 기독교의 내세성과 세계 – 모호성과의 근본적인 단절"[4]을 구성했다. 하지만 본회퍼는 그의 경력의 출발점에서, 심지어는 이미 1930년대 초반에도 현실에서 한 발 물러설 의사를 내보이지 않은 채 사회에서 소외된 집단들(뉴욕 시에서의 흑인들, 베를린에서의 문제 청소년들)의 투쟁에 대해 감수성을 보여주었다.[5] 1933년 4월 나치의

---

3) bid., p. 342.

4) D. J. Hall, 'Ecclesia Crusis: The Disciple Community and the Future of the Church in North America', in *Theology and the Practice of Responsibility: Essays on Dietrich Bonhoeffer*, ed. W. W. Floyd, Jr and C. Marsh (Valley Forge: Trinity Press International, 1994), p. 67.

5) R. Zerner, 'Bonhoeffer's American Experiences: People, Letters, and Papers from Union Seminary', *Union Seminary Quarterly Review*, 31 (4) (Summer 1976), 261-82. 본회퍼는 1930/1년 미국에서 흑인 침례교회들에 매력을 느끼고, 할렘에 있는 아비시니안 침례교회(Abyssinian Baptist Church)에서 주일학교를 맡아 가르쳤다. 베를린에서의 노동계급 청년들 가운데서의 그의 목회에 대해서는, E. Bethge, *Dietrich Bonhoeffer: Man of Vision, Man of Courage* (New York: Harper & Row, 1967), pp. 109-110, 113-114를 보라.

반유대인 박해가 시작되자, 본회퍼는 교회투쟁(Kirchenkampf)에서, 즉 독일 개신교회 자체 내에서 그리고 나치 통제에 대한 투쟁에서, 중심 문제로서 유대인 문제에 초점을 맞춘 최초의 기독교신학자들 가운데 한 사람이었다.

## 본회퍼와 유대인들

뛰어난 전문성과 업적이 풍부한 귀족적이며 중상류층 가문의 특권층으로 태어난 디트리히 본회퍼는 그 자신의 나라에서 외부인(outsider)이 되었던 내부인(insider)이었다. 그는 교회에 대한 히틀러의 공격에 맞서 성직자로서의 저항으로부터 정치적인 공모로 행동해 나아갔다. 그는 비밀리에 반나치 저항 활동을 하는 매형인 한스 폰 도나니와 다른 친척들 및 친구들과 행동을 같이했다. 이 저항 활동은 실패로 끝난 1944년 7월 20일 히틀러를 암살 기도에서 그 절정을 이루었다. 양심을 가진 사람들로서 도나니와 본회퍼는 1942년 유대인 구출 작전에 참가하여, 14명의 유대인과 유대인 조상을 가진 사람들을 스위스로 밀입국시키는 데에 성공했다. 이 구출 임무와 관련된 불법 혐의에 대한 조사는 1943년 게슈타포가 본회퍼를 체포하는 계기가 되었고, 본회퍼는 1945년 나치에 의해서 처형되었다. 2년간의 투옥 직전, 본회퍼는 그의 동료 공모자들과 그의 가족에게 나치의 억압과 대량 학살을 자행한 지도력하에서의 10년이 초래한 지위의 반전과 새로운 통찰을 스케치해 주었다.

## 아래로부터의 관점

우리는 간혹 세계사의 위대한 사건들을 아래로부터, 즉 소외된 사람들, 혐의를 받는 사람들, 학대를 받는 사람들, 무기력한 사람들, 억눌린 사람들, 매도당하는 사람들의 관점에서 – 간단히 말하자면 고난을 받는 자들의 관점에서 보도록 배워왔다.[6]

히틀러 치하의 독일에서 유대인들의 고난은 1933년 4월 말과 행동으로 시작되었다. 4월 1일 유대인 사업체에 대한 경제적 보이콧과 4월 7일 악명 높은 "아리안 조항"(=비 아리아인 배척조항, Aryan clause)을 포함한 "전문직 공무원 재건에 관한 법령"이 발효되었다. 이 법령의 제3조항은 "이미 1914년 8월 1일 임용되었거나, 독일제국 또는 그 동맹군을 위해 세계 전쟁 전선에서 싸운 사람들이거나, 그 부모와 아들들이 세계 전쟁에서 전사한 사람들"을 제외하고서는, "비 아리아인 혈통"을 가진 모든 공직자들의 사퇴를 촉구했다.[7] 이후 여러 해가 지나면서, 아리안 조항은 전문 연구지과 실전의 모든 주요 분야로까지 확대되었고, 결과적으로 독일의 주요 전문직업들로부터의 유대인들을 배척하기에 이르렀다.

본회퍼는 특별히 이 금지령이 개신교회의 목사들인 세례 받은 유대인들(유대계 그리스도인들)에게 적용될 것을 염려하여, 교회에 대한 아리안 법령의 강요에 반대하는 문서와 성명서를 작성하는 일에 도

---

6) Bonhoeffer, *Letters and Papers from Prison*, p. 17.
7) *Documents on Nazism, 1919-1945*, ed. J. Noakes and G. Pridham (New York: Viking Press, 1975), pp. 229-230.

움을 주었다. 본회퍼는 아리안 조항이 프로테스탄트 성직자에게 적용되어야 한다는 것을 주장하는 나치를 지지하는 독일 그리스도인들과 싸우면서, 그들의 귀에 거슬리게 다음과 같이 주장했다.

"목사들은 국가 공직자가 아니다. 따라서 어떤 상황에서도 공직자 법령이 그들에게 적용되어서는 안 된다. 목사의 임직과 관련해서는 그리고 교회의 다른 직분들에 관해서는 오직 교회의 관점만이 결정적인 것이다. 즉, 올바른 교리, 올바른 기독교적 행위, 올바른 영적인 자질만이 목회를 위한 자격을 부여한다. 그러므로 사실상 유대계 그리스도인들을 교회의 직분으로부터 배척하는 것은 교회에서 불가능한 일이다. … 예배의 교제로부터 유대계 그리스도인들이 배제된다면, 교회의 본성을 실현하는 자도 역시 교회로부터 배제당한 감정을 가질 수밖에 없다. 교회의 본질과 그 본성이 침해당한 교회에는 – 교인 개개인의 정직과 최선의 의도에도 불구하고 – 하나님의 축복이 더 이상 존속할 수 없다." [8]

개신교회의 구 프러시아 연합교회(Old Prussian Union)의 목사들을 향한 호소에서, 본회퍼는 아리안 조항이 "교회에 있어서 '신앙고백의 상황'"(status confessionis)이라고 경고했다. " … 기독교 교회는 세례를 순전히 형식적인 의식으로 떨어뜨리고 그것을 관리하는 기독교 교제가 중요치 않은 것으로 되지 않고서는, 세례라는 성례를 받은

8) *Die mündige Welt V: Dokumente zur Bonhoefferforschung*, 1928-1945, ed. J. Glenthøz (Munich: Chr. Kaiser Verlag, 1969), p. 104.

교인을 그 교제에서 배척해서는 안 된다."[9] 본회퍼의 간절한 호소에도 불구하고, 프러시아 교회회의는 1933년 9월 아리안 조항을 시행하여 성직자와 평신도들을 대경실색하게 만들었다.

나치의 획일화(Gleichschaltung, 일치, 또는 조정) 시도에 대한 독일 개신교도들의 저항은 1933년 목사 긴급동맹(Pastor's Emergency League)의 결성으로 이어졌다. 이 비상동맹에는 독일 목사의 1/3이 가담했다. 1934년 1월경, 비상동맹의 회원은 (전체 18,000명의 성직자 가운데서) 7,036명으로 그 최고점에 도달했다.[10] 달렘(Dahlem) 교회회의에서 선봉에 섰던 베를린의 설교자인 마르틴 니묄러(Martin Niemöller)를 위시한 목사 긴급동맹의 지도자들은 이미 설립된 개신교회(제국교회)를 거부하고 1934년 고백교회를 조직했다. 그 조직이 매우 독특하고 복잡했던 고백교회(Bekennende Kirche)는 능동적인 평신도 지도자를 포함하고 있었다. 미국의 교회 역사가인 에른스트 크리스티안 헬름라이히(Ernst Christian Helmreich)에 의하면 당시 고백교회의 상황은 다음과 같았다.

"목사들은 긴급동맹을 구성하는데 있어 충분한 도움을 주었고 지도력을 공급해주었다. 그러나 긴급동맹이 발전해 나가면서 그것은 단순한 "목사들의 교회"가 아니었다. 비상동맹은 성도들, 교회의 구성원들에게 깊이 뿌리를 내렸다. … 거기에는 항상 고백교회에 대한 충

---

9) ibid.

10) E. C. Helmreich, *The German Churches Under Hitler: Background, Struggle and Epilogue* (Detroit: Wayne State University Press, 1979), pp. 146-148, 158, 492. 1933년 말경 약 6,000명의 회원을 헤아리던 목회자 비상동맹은 1934년 중에, 바이에른 지방, 하노버 지방, 뷔르템베르크 지방의 프로테스탄트 목사들의 상당수가 탈퇴하자 급격한 쇠퇴를 경험했다. "이로 인해 5,256명의 회원이 남았는데, 그들은 다음 해에도 비교적 변함 없이 그대로 남았다." ibid., pp. 147, 156.

성이 남아 있었다. - 일단의 그리스도인들과 교회들은 나치 지배자들의 종교사상과 종교정책을 받아들일 수 없었고, 또 받아들이려 하지 않았다. 그리고 그들은 복음의 순수성을 보존하려고 노력했다."[11]

조부모 중 어느 한쪽이 유대인인 사람들에게 아리안 조항을 적용하는 것에 대해 불쾌하게 생각하고 반대하면서 고백교회에 헌신하던 본회퍼 자신도 개인적으로 이 법령의 영향을 받았다. 그것은 그의 쌍둥이 여동생의 남편인 게르하르트 라이프홀츠(Gerhard Leibholz)가 아리안 조항의 적용을 받았고 또한 그의 절친한 친구이자 동료인 프란츠 힐데브란트(Franz Hildebrandt) 목사도 적용 대상이었기 때문이었다. 이 두 사람은 유대계 조상을 가진 세례를 받은 그리스도인이었고, 독일에서의 그들의 경력은 아리안 조항으로 인해 끝나고 말았다. 마침내 헌법학자인 라이프홀츠와 힐데브란트는 영국으로 망명했고, 본회퍼 자신도 1933년 말부터 1935년까지 독일 내에서의 교회의 소요를 피해 런던으로 가서 그곳에 있는 독일어를 사용하는 교회의 목사로 섬겼다.

본회퍼는 기독교 세례를 받은 유대인들에 대한 배척과 관련 명쾌한 입장을 취했지만, 그러나 나치의 유대인 정책에 대한 교회의 반응에 관한 그의 최초의 논문에서는 모호하고 문제시되는 글을 여러 단락 썼다. 그는 1933년 4월 15일 「교회와 유대인 문제」(The Church and Jewish Question)를 완성했다.[12] 본회퍼는 기독교 공동체들 중 나

---

11) ibid., p. 168.
12) D. Bonhoeffer, *No Rusty Swords: Letters, Lectures and Notes, 1928-1936, Collected*

치의 결정적인 반유대주의를 가장 먼저 감지한 신학자들 가운데 한 사람으로서 유대인들이 직면한 새로운 정치적 일반 문제에 대한 교회의 태도와 교회 내에서의 세례를 받은 유대인들의 특별한 문제를 분명하게 분리시켰다. 더욱이 그는 교회-국가 관계의 배경에서, 그리고 폭넓은 역사적, 종말론적 지평에서 전체 유대인에 대한 정책을 공격했다. 그의 논점의 구조를 보더라도 유대인대학살 이후 (post-Holocaust)의 정치적, 신학적 관점에서 수긍이 가고 호환될 수 있는 것은 아무것도 없다.

> "의심할 여지없이 유대인 문제는 우리 국가가 다뤄야 하는 역사적인 문제들 가운데 하나이며, 의심할 여지없이 국가가 이 문제에 대해 새로운 방법들을 채택하는 것은 정당한 일이다. … 교회는 일차적으로 직접적인 정치적 행동을 해서는 안 된다. 왜냐하면 교회는 역사의 필연적인 과정에 대한 지식을 가지고 있다고 주장하지 않기 때문이다. 이와 같이 오늘날에도 유대인 문제에서, 교회는 국가에게 직접적으로 말하거나 국가에 다른 성격의 단호한 행동을 요구할 수 없다. … 법을 만들고 개정하는 것은 국가이지, 교회가 아니다."[13]

마르틴 루터의 계승자라는 자의식이 강한 본회퍼는 이렇게 주장했다. "종교개혁을 따르는 교회에는 그 특수한 정치적 행동으로써 국가에 대해 직접적으로 말할 권리가 없다. 교회는 국가의 법률을 찬양하거나 비난해서도 안 된다. 그러나 교회는 국가가 하

---

*Works of Dietrich Bonhoeffer,* vol. I (London: Collins, 1965), pp. 221-229.
13) ibid., pp. 223-224.

나님 없는 세상에 서있는 하나님의 보존의 질서라는 것을 긍정해야 한다."[14] 하지만 본회퍼는 도덕성에 어긋나는 국가의 범죄를 비난할 권리를 그리스도인 개인들과 인도주의적인 단체들에게 남겨두었다. 하지만 본회퍼에게 있어서 교회는 "인도주의적인 단체들"(humanitarian associations) 가운데 포함되지 않는다.[15]

본회퍼에 의하면 "그리스도의 참된 교회는 … 인도주의적 이상(理想)의 관점에 서서, 역사를 결정하는 행동을 비판하는 그런 행위를 하며 국가에 개입해서는 안 된다." 그의 이러한 입장은 "국가의 특정한 구체적 행위의 '도덕적 불의'"에 대한 인식을 포함한 "이 세상에서의 힘의 사용의 절대적인 필요성"에 대한 교회의 인식에 근거를 두었다.[16] 종교개혁의 유산과 독일의 유기체적 국가 정치이론의 지성적 전통하에서 양육을 받은 본회퍼는 특이하지 않은 논제들을 내놓았다. 마키아벨리(Machiavelli)에게까지 소급해 올라가는 독일의 역사가인 프리드리히 마이네케(Friedrich Meinecke)의 국가 개념으로부터 영향을 받은 본회퍼는 여기에서 현실 정치(state actions, Realpolitik)에 관한 전통적이며 현실주의적인 사상을 명료하게 표현한다.[17]

교회와 국가 사이의 거의 신비적인 연계에 대한 본회퍼의 1933년 4월의 서술에는 어리둥절하게 하는 긴장이 남아 있다. 그는 국가가 기독교적 선포와 신앙으로부터 "특별한 권리"를 받는다는 것 그

---

14) ibid., p. 222.

15) ibid., p. 223.

16) ibid.

17) 이것은 나의 논문, 'Dietrich Bonhoeffer's View on the State and History', in *A Bonhoeffer Legacy: Essays in Understanding*, ed. A. J. Klassen (Grand Rapids: Eerdmans, 1981), pp. 131-152에서 상세하게 전개되었다.

리고 "역사 속에서 하나님의 도래를 증언하는 교회만이 역사가 무엇인지, 국가가 무엇인지를 안다"는 것을 시사한다. 실제로 그는, 교회가 "그리스도 안에서 하나님에 의한 역사의 방향을 증언하며, 국가로 하여금 계속 역사를 만들어가게 한다"고 주장한다.[18] 이와 동시에 그는 "그 자체 안에 위협적인 교회를 포함하는" 국가는 "그 신실한 종을 상실했다"고 주장한다.[19] 한편으로 교회는 국가로 "하여금" 역사를 만들어가게 하고, 다른 한편으로는 국가의 "가장 신실한 종"이다. 이렇게 분명하게 모순되는 방식으로 교회와 국가의 성격을 결정짓는 일은 프랭클린 리텔(Franklin H. Littell)과 같은 학자들이 본회퍼의 "교회의 본질에 대한 부적당한 이해가 그의 최후의 순교에서 가장 비극적인 요소였다"고 결론을 내린 이유를 이해하는 데에 도움이 된다.[20]

본회퍼의 논문에서 유대인들과 유대인대학살 이후의 많은 기독교 사상가들에게 가장 고통스럽고 문제시되는 부분은 전통적인 기독교적 가르침을 되풀이하는 한 줄의 문장이다. 신을 죽인 사람(deicide), 저주받은 유대인들, 거부당한 백성, 유대인 문제, "하나님에 의해서 사랑을 받고 처벌받은" 고난받는 백성 그리고 "그리스도에 대한 이스라엘의 회심에서의" 최종적인 귀환.[21] 현대의 유대인 지도자들과 사상가들에게 있어서 본회퍼의 다음과 같은 진술은 여전히 감정을 상하게 한다.

---

18) Bonhoeffer, *No Rusty Swords*, pp. 225, 222-223.

19) ibid., p. 225.

20) F. H. Littell, 'The Churches and the Body Politic', *Daedalus*, 96 (1) (1967), 23.

21) Bonhoeffer, *No Rusty Swords*, pp. 226-227.

"이제 유대교에 대한 국가의 조치들은 부차적으로 교회에 있어서 매우 특별한 상황에 세워져 있다. 그리스도의 교회는 세상의 구원자를 십자가에 못 박은 "선택된 백성"이 고난의 긴 역사를 통해서 그 행위로 인한 저주를 받아야 한다는 사상의 시각을 상실하지 않았다." [22]

미국의 유대인대학살 기념박물관(Holocaust Memorial Museum)이 디트리히 본회퍼와 한스 폰 도나니를 유대인들을 구한 의로운 이방인들로 예우하는 기념식을 1996년 5월 26일 개최했을 때, 초청장에는 다음과 같은 문구가 들어 있었다. "본회퍼는 나치즘을 거부하면서도, 수세기 묵은 기독교적 가르침인 반유대교적 편견을 표현하기도 했다."[23] 본회퍼는 이러한 범주들과 개념들 가운데 어떤 것도 만들어내지 않았지만, 그는 경멸은 아니라고 하더라도 유대인들을 향해 생색내는 듯한 태도를 보인 초기의 대표자들의 말을 무비판적으로 인용했다.[24]

본회퍼는 1933년 "값싼 도덕화"(cheap moralising)에 굴복하기를 거부하면서 유대인들에 대한 복수와 경멸의 대중적 태도를 제지하는 데에 집중했다. 그는 두 교회회의에서 전통적인 기독교에 의한 유대인들에 대한 정죄를 문서화하는 것에 싫은 내색을 보이면서 결의

---

22) ibid., p. 226.

23) Invitation to 'The Legacy of Hans von Dohnanyi and Dietrich Bonhoeffer', 29 May 1996, 6 p.m., at the United States Holocaust Museum, Washington, D. C, p. 2.

24) 본회퍼는 멘켄(Menken, 1795)의 말을 인용한다. "이 민족이 겸손하게 되고 오늘날까지 두려운 완고함으로 달라붙어 있는 그 조상들의 죄로부터 떠나서, 화해를 위해 십자가에 달리신 자의 피를 스스로에게 내려 달라고 비는 때가 온다면, 세계는 하나님이 행하시는 기적을 보고 놀라게 될 것이다." Bonhoeffer, No Rusty Swords, p. 226. 그러나 본회퍼는 "값싼 도덕화"(cheap moralising)를 거부했고, "거부당한 사람들을 볼 때 교회가 지속적으로 그 주님에게 불충실했다는 것을 겸손하게 인정하게 된다"고 주장한다. ibid., p. 227.

문을 작성하는 일에 참여했다. "어떤 민족도 유대인들에게 골고다에서 벌어진 살인에 대한 복수를 하는 위임을 받을 수 없다."[25] "우리는 특히 여론과 일부 서클에서 독일에서의 유대인들에 대한 국가의 조치들이 유대인 종족은 열등한 지위를 가진 종족으로 간주되는 결과를 가져왔다는 사실을 개탄한다."[26] 더욱이 본회퍼는 대중들이 유대인들에 대하여 갖는 판에 박힌 생각을 더 굳히는 일에 있어 발터 퀴네트(Walter Künneth)와 마르틴 니묄러(Martin Niemöller)와 같은 다른 고백교회의 지도자들처럼 그렇게 멀리 나가지는 않았다.[27]

나는 본회퍼가 전쟁에서 살아남았다면 그가 1939년 예상했던 도전인, "전후 독일에서의 그리스도인의 삶의 재건"[28]에서의 기반들 중의 하나는 과거와 현재의 유대인 민족에 대한 가르침의 급진적인 재고였으리라고 생각한다. 그에게서 배운 학생들과 전후 독일 신학자들은 기독교의 반유대주의 유산과 그 역사적 결과들을 창조적으로 해체하는 일을 주도해왔다.[29] 따라서 본회퍼도 그들과 행보를 같이 했을 것이다. 실제로 용기 있고 공격적인 고백교회지도자 마르틴 니묄러는 1938년 법정에서 자신은 반유대주의 전통과 과거와의 결별을 인정했고, "8년간의 감옥 생활 후, 완전히 새 사람이 되어

---

25) The first draft of the Bethel Confession, 26 August 1933, in Bonhoeffer, *No Rusty Swords*, p. 241.

26) E. Bethge, *Dietrich Bonhoeffer: Man of Vision, Man of Courage*, p. 201.

27) R. Zerner, 'German Protestant Responses to Nazi Persecution of the Jews,' in *Perspectives on the Holocaust*, ed. R. L. Braham (Boston, Mass.: Kluwer-Nihhoff, 1983), pp. 60-63에 인용된 예(例)들을 보라.

28) D. Bonhoeffer, *The Way to Freedom: Letters, Lectures and Notes, 1935-1939, Collected Works of Dietrich Bonhoeffer, vol. II* (London: Collins, 1966), p. 246.

29) Zerner, 'German Protestant Responses to Nazi Persecution to the Jews', pp. 64-66. 또한 Asta von Oppen, *Der unerhörte Schrei: Dietrich Bonhoeffer und die Judenfrage im Dritten Reich* (Hanover: Lutherisches Verlagshaus, 1996)를 보라.

집으로 돌아갔다." 니묄러는 1937년부터 1945년까지 히틀러에 의해 투옥되었다가 전쟁이 끝난 후 "유대인에 대한 기독교의 전통적인 가르침을 대부분 폐기했다."[30]

본회퍼는 비록 유대인들에 대한 기독교의 전통적인 시각에는 동의했지만 국가가 기독교의 선포를 위태롭게 함으로써 (본회퍼에 의하면) 국가이기를 부정할 때, 그는 미래 교회는 국가를 향하여 관습에 매이지 않는 극단적인 모험을 취할 것을 제안했다. 국가가 법과 질서를 수립하는 것인지, 즉 국가의 행위가 합법적인 것인지를 단순히 묻는 것을 넘어, 본회퍼는 국가 행위에 의해 희생을 입은 자들을 돕는 것을 포함하는 다른 두 가지 대안을 간략하게 설명한다. "교회는 그들이 기독교 공동체에 속해 있지 않다 하더라도, 어떤 사회의 명령이든 그 명령의 희생자들에 대해 무조건적인 의무를 갖는다." 그는 이것을 "자유로운 방식으로 자유로운 국가"를 섬기는 교회라고 본다. 그러나 반나치 저항 운동에의 그의 늦은 가담을 예시하는 급진적 가능성은 세 번째 것인데,

"그것은 바퀴 아래 깔린 희생자들에게 붕대를 감아주는 것뿐만 아니라 바퀴를 멈추게 하는 것이다. 그러한 행위는 직접적인 정치적 행위일 것이다. 그리고 그러한 행위는 국가가 법과 질서를 창출하는 기능에서 실패하는 것을 볼 때만 가능하며 바람직한 것이 된다."[31]

본회퍼는 교회가 바퀴 자체에 제동을 걸어야 하는 상황에 대해 설명하면서, 외부인의 고난이 아니라 교회 내부 문제들에 관심을

---

30) J. Bentley, *Martin Niemöller*: 1892-1984 (New York: Macmillan, 1984), pp. 166, 165.
31) Bonhoeffer, *No Rusty Swords*, p. 225.

집중한다. 그는 주로 세례를 받은 유대인들에게 관심을 갖는다. 국가가 교회로부터 세례를 받은 유대인들을 강제적으로 배제하고 또는 유대인들에 대한 선교를 금지함으로써 "교회의 특성"에 개입한다면 제3의 선택이 발생할 것이다. 아이러니하게도 오늘날 많은 유대인 지도자들(그들에게 있어서 유대인들의 회심을 목표로 삼는 것은 영적인 집단 학살[spiritual genocide]의 한 형태이다)의 감정을 상하게 하는 문제는, 유대계 인사들을 교회로부터 숙청하려는 나치의 시도의 맥락에서 볼 때, 염원하는 자유였다. 교회의 내부적인 문제들에까지 침입해 오는 국가는 일종의 신앙고백의 상황(status confessionis), 곧 신앙의 근본적인 윤곽(신앙고백)에 대해 도전을 해오는 것이다. 그러나 "개신교 공의회"(Evangelical Council)만이 교회가 직접적인 정치적 행위를 할 필요가 있는가를 결정할 수 있다.[32] 본회퍼의 절친한 친구이며 유례없는 전기작가인 에버하르트 베트게(Eberhard Bethge)는 이 논문에서 "본회퍼가 인도주의적-자유주의적 정책을 인정하지 않는 신학적 언어로 말했다"는 것을 인정한다. 그렇지만 베트게는 강력한 국가는 야당을 필요로 한다는 본회퍼의 시사(示唆)에서 민주주의적 사상의 맹아를 발견한다.[33]

본회퍼의 매형인 한스 폰 도나니(Hans von Dohnanyi)는 바이마르 공화국의 법무부에서 최고 공직에까지 승진했다. 도나니는 히틀러의 통치 초기에 나치 지도부의 범죄 행위들을 상세하게 밝히는 「수치의 연대기」('Chronicle of Shame')를 작성하기 시작했다. 1938년경에 도나니는 법무부의 유일한 법률학자로서 나치 체제를 전복시키려는

---

32) ibid., pp. 225-226.
33) Bethge, Dietrich Bonhoeffer: Man of Vision, Man of Courage, p. 207.

공모에 기꺼이 가담했고, 1942년 14명의 유대인과 유대계 인사들을 구출하는 비밀작전 수행을 도와 주었다. 방위부대(Abwehr) 사령관 빌헬름 카나리스(Wilhelm Canaris) 제독의 지휘 아래 도나니와 본회퍼가 활동하던 때는 1940년 초였다. "작전 7호"(Operation 7)를 통해 14명의 유대인들을 스위스로 밀입국시키는 데에 성공했다. 그러나 이 작전과 관련된 불법 혐의들은 게슈타포를 긴장시켰고, 결국 1943년의 도나니와 본회퍼의 체포로 이어졌다. 이와 같이 그들은 박해를 피해 도주하려는 외부인들을 비밀리에 도운 내부 사람들로서 체포되었다. 그가 체포되던 당시에 본회퍼는 더 이상 고백교회와 더불어 일하지 않았다. 본회퍼의 이름은 사실상 기도의 명단에서 사라졌다. 도나니는 본회퍼로 하여금 방위부대에서 표면상으로는 외국 교회들에 관한 정보를 제공하는 자리를 얻을 수 있도록 도와주었다. 사실상 그는 반나치 독일 저항 운동단체로부터 영국에 메시지를 전하는 이중 정보원이었다.

독일 학자 빈프리트 마이어(Winfried Meyer)는 "작전 7호"에 대한 그의 철저한 분석에서 유대인들을 구하는 자비의 행위를 허용하고 나치를 전복하려는 주요 목표로 전향한 도나니를 비판한 동시대인(contemporary)을 인용한다. 도나니는 그것을 "고상한 인간이 되는 의무적인 길"이라고 설명했다.[34] 이와 같이 도나니와 본회퍼는 억압적인 정치 체제에 사로잡혀 있는 사람들에게 그들의 관심을 표현하는 말과 방식을 발견하려고 노력하는 양심의 사람들에게 패러다임을 제공해 주는 당대의 인권 행동주의자들의 선구자들로서 나타난다.

---

34) W. Meyer, *Unternehmen Sieben: Eine Rettungsaktion für vom Holocaust bedrohte aus dem Amt Ausland/Abwehr Oberkommando der Wehrmacht* (Frankfurt-on-Main: Verlag Anton Hain, 1993), p. 458.

도나니가 수치의 연대기를 작성한 것과 똑같이, 나는 나치의 박해, 고문, 절멸의 주요 목표를 위한 본회퍼의 행동을 요약하면서, "연민과 용기의 연대기"를 요약하고자 한다.

교회투쟁의 중심적인 문제로서 유대인 문제에 초점을 맞춘 최초의 사람인 본회퍼의 선견지명,

아리안 조항에 대한 원기 완성하고도 가차 없는 반대,

유대계 목사들과 그의 쌍둥이 여동생 자비네(Sabine)와 결혼한 유대계 – 그리스도인 변호사인 게르하르트 라이프홀츠(Gerhard Leibholz)가 영국으로 도주했을 때 그들을 위한 벗어나지 않는 위로와 지원,

기독교 교회가 "그 희생자들이 기독교 공동체에 속하지 않는다고 할지라도" 국가 행위의 희생자들을 도와주어야 한다는 1933년 4월의 제안,[35]

"바퀴 아래 깔린 희생자들에게 붕대를 감아주는 것뿐만 아니라" 바퀴 자체를 멈추게 하는 직접적인 정치적 행동이 필요하게 되는 때가 올 것이라는 그의 1933년의 예측,[36]

런던에서 그리고 나중에 독일에서, 특히 "작전 7호"에서 유대인 난민들에 대한 지원,

그의 영국에서의 치체스터의 주교인 조지 벨과의 에큐메니칼 만남을 통해서 반나치 공모를 알리고, 벨은 영국 정부에 그 사실을 알리도록 하기 위한 외국 여행,

---

35) Bonhoeffer, *No Rusty Swords*, p. 225.
36) ibid.

극적인 권고. "유대인들을 위해 외치는 자만이 그레고리안 찬가를 부를 수 있다."[37] "만일 오늘 회당들이 불살라진다면, 내일에는 교회들이 불타오를 것이다."[38] "서양으로부터의 유대인들의 배제는 필연적으로 그리스도인의 배제를 초래할 것이다."[39] "독일에 있는 그리스도인들은 기독교 문명이 살아남도록 하기 위하여 그들의 조국의 패배를 원하든지 아니면 그들의 조국의 승리를 원하고 그럼으로써 우리의 문명의 파멸을 원하든지 하는 무시무시한 양자택일에 직면하게 될 것이다."[40]

본회퍼는 히틀러의 목숨을 취하려는 음모인, 암살 계획에 대한 가담에 무죄함이 없음(죄가 있음. loss of innocence)을 인정했다. 물론 교회가 "무죄한 자들의 피가 하늘을 향해 외칠 때 침묵한" 교회의 역사적인 범죄에도 무죄함이 없음을 인정했다. " … 교회는 예수 그리스도의 가장 연약하고 가장 무방비 상태에 있는 형제들의 죽음에 대해 죄가 있다."[41]

## 교회와 국가에 대한 본회퍼의 입장

---

37) Bethge, *Dietrich Bonhoeffer: Man of Vision, Man of Courage*, p. 512.
38) *I Knew Dietrich Bonhoeffer: Reminiscences by his Friends*, ed. W. Zimmermann and R. G. Smith (London: Collins, 1973), p. 150.
39) D. Bonhoeffer, *Ethics* (New York: Macmillan, 1965), p. 90.
40) Bonhoeffer, *The Way to Freedom*, p. 246.
41) Bonhoeffer, *Ethics*, pp. 113-114.

그리스도론과 공동체와 같은 특정한 주제들이 본회퍼의 저작들에서 지속적으로 나타나는 주요 모티프들이지만, 그의 지성적인 생활은 경직되거나 고정된 것은 아니었다. 그와는 반대로, 중심적인 핵심에 대한 확대와 정교한 노작은 끝까지 지속되었다. 특별히 복잡한 것들과 모순되는 것들을 다시 표현하고 재평가하며 재검토하는 능력에서 그의 유연성과 유동성이 분명하게 나타난다. 그는 그의 시대와 장소의 역사적 유산을 받아들이는 반면에, 필요하다면 어디서나 변화를 새겼다. 그의 국가 사상(Staatsgedanken)은 다음을 포함했다. 16세기 종교개혁에서 나온 주제들, 19세기의 독일의 유기체적 국가이론의 전통, 그의 세대(바이마르 공화국 시대)에 자명했던 공동체와 전체성을 위한 노력.[42] 그의 정치사상에 있어서의 섬세함과 뉘앙스가 특히 그의 『윤리학』에서 나타났다. 하지만 본회퍼의 최대의 재능은 국가에 관한 사상에서 혁신자가 아닌 종합하는 자(synthe-siser)로서의 재능이었다.

본회퍼는 그의 1932/1933년의 강의들과 논문들에서 서로에 의한 침투로 발전하지 않는 교회-국가의 관계를 스케치했다. 그는 한계에 대한 상호 인정과 지속적인 긴장의 균형을 정의했다. 권위, 무력, 질서의 보존은 국가의 영역에 속해 있는 것이다. "공동체"와 "보존의 질서"와 같은 용어들에 대한 그의 일치하지 않는 주장에도 불구하고, 본회퍼의 말들은 교회에서와 국가에서 하나님께 대한 순종을 촉구했다. 그는 이 기간 중에 분명하게 교회와 국가에 관한 종교개혁의 가르침에 의지했다.

1933년 2월 1일에 전한 본회퍼의 라디오 연설문인 「젊은 세대에

---

42) Zerner, 'Dietrich Bonhoeffer's Views on the State and History', pp. 147-150을 보라.

서의 지도자(총통)와 개인」(The Leader and the Individual in the Younger Generation)에서 새로운 강조점이 등장했다. (방송되지 않은) 결론 부분에서, 본회퍼는 "자신들을 신으로 내세우고" 그럼으로써 하나님을 조롱하고 그 앞에 홀로 서는 개인을 조롱하는 공직 지도자들에 대해 경고했다. "자기 모습 그대로 하나님 앞에 홀로 서는 사람만이 자유로운 동시에 책임에 전념할 수 있다."[43] 이러한 지적은 반개인주의적인 진술들을 지향하는 본회퍼의 경향을 수정해준다. 다른 한편 그것은 굴종과 예속이라는 외적인 조건들을 수반할 수도 있는 개인의 "내면적 자유"에 관한 독일의 정신적, 지성적인 전통과 조화를 이루는 것이다. 그렇다면 자유는 국가 권력에 대한 저항에서라기보다는 동조에서 발견될 것이다.[44]

본회퍼의 런던에서의 설교들 가운데 몇 편(1933-1935년)이 권력 숭배의 위험성에 대해 경고했다. 하지만 1937년의 그의 책인『나를 따르라』는 국가가 선하든 악하든 간에 권력에 순종하는 것이 중요하다고 강조한다. 본회퍼는 1939년 여전히 종교개혁의 교회-국가에 대한 가르침의 구조를 고수하면서, 국가에 대한 미국교회의 지속적인 충격을 비판하면서 미국인과 유럽인의 교회-국가에 대한 태도를 비교했다.[45]

본회퍼의 정치사상에 대한 가장 철저하고 체계적인 탐구는 그가 1940년대 초반에 작업한 대작『윤리학』(Ethics)에서 발견된다. 그것

---

43) Bonhoeffer, *No Rusty Swords*, pp. 203, 204.
44) 영적인 독립과 권위적인 국가에 대한 세속적인 순종을 결합시키려는 게르만 민족적인 경향은 L. Krieger, *The German Idea of Freedom: History of a Political Tradition* (Boston, Mass.: Beacon Press, 1957)에서 확인된다.
45) Klassen, A Bonhoeffer Legacy, pp. 143-144.

은 완성되지 않았다고 하더라도 참신한 용어와 새로운 특징들을 제공해준다. 이와 동시에 그것은 그의 초기 저작들에서 발견되는 조류들을 종합한다. 독일의 종교개혁, 19세기의 유기체적인 유산과 바이마르 공화국의 유산들. "공동체"와 "질서"와 같은 그의 초기의 용어들을 해명하려고 시도하면서, 본회퍼는 새로운 표현인 "위임"을 제시한다. 그러나 그는 "위임을 4개(때로는 5개)의 그룹에만" 국한하여, 즉 결혼과 가족, 노동, 정부, 교회 그리고 문화("심미적인 실존"-예술, 우정, 연극)에 대해서만 적용한다[46]

본회퍼는 "국가"(state)와 "정부"(government)를 구별한다. 이제는 "정부"가 "국가"를 대체하는 더욱 유용한 "신약성서의" 개념이 된다.[47] 본회퍼의 정의에 의하면, "정부"는 "그 직분을 잘 수행하지 못하거나 나쁘게 수행한다고 하더라도," "위로부터 내려온 권력"이다. 그것은 지배를 받는 자들이 아니라 오직 지배자들에게 말하는 것이다. 국가가 아니라 정부만이 신학적인 적용을 받을 수 있다. 그런 까닭에 본회퍼의 위임은 국가가 아니라 정부를 포함한다. 왜냐하면 위임이 "신적으로 부과된 과제"를 언급하기 때문이다.[48] 정부가 그리스도인들에게 하나님의 계명을 범하라고 강요할 때까지는 정부에 순종할 의무가 있다. 이와 같이 새로운 특징은 기독교적 양심을 가진 사람에 의한 반대 활동을 위한 지성적인 정당화를 제공해준다. 이것은 개인에게 민족-국가(nation-state)에 대해 충성하는 반면에, 특별한 정부를 거부할 여지를 남겨준다.

---

46) Bonhoeffer, *Ethics*, pp. 207, 286, footnotes on 286-7, 329; 또한 Bonhoeffer, *Letters and Papers from Prison*, pp. 192-193을 보라.

47) Bonhoeffer, *Ethics*, pp. 332-333.

48) ibid., pp. 207, 210-211, 332, 338, 342-343.

본회퍼의 도식에 있어서 개인들은 교회보다 더 많은 범위의 자유를 가지고 있다. 비록 본회퍼의 균형 잡힌 종합이 독일의 국가주권주의(statism)의 극단을 피한다고 하더라도, 집단-지향적인, 공동체적 접근 방식과 집단의 부패를 극복해야 할 필요가 있는 개인주의 사이에 사로잡힌다. "자유롭고, 책임적인" 개인들은 교회 공동체와 국가 밖에서 행동하는 것을 강요받을 수도 있다. 비록 본회퍼가 서양에서 발견되는 과도한 개인주의에 대해서 비판했다고 하더라도, 그의 체계는 어떻게 개인들이 전체주의적 정부의 악에 대해 기능을 발휘할 수 있느냐는 것을 분명하게 지적하지 않았다. 본회퍼에게 있어서, 가족과 우정은 지속적인 "위임"으로 남는다. 그러나 그것이 적합한 것인가?

본회퍼는 감옥에 있는 동안에 기독교와 기독교 신앙의 참된 의미에 관한 책을 요약했다. 그의 결론은 놀라운 것이었고, 애타게 하는 것이며 혁명적인 것이었다.

> "교회는 타자를 위해서 존재할 때에만 교회이다. 새로운 출발을 하기 위해서, 교회는 그 모든 재산을 궁핍에 처한 사람들에게 내주어야 한다. 성직자는 교인이 자유로운 의사에 따라 바치는 헌금에 의해서만 또는 경우에 따라서는 세속적인 직업에 의해서 생활하지 않으면 안된다. 교회는 지배함으로써가 아니라, 도와주고 섬김으로써 평범한 인간 생활의 세속적 문제들에 참여해야 한다." [49]

그는 추상적인 주장들보다는 변화시키는 예수 그리스도와의 만

---

49) Bonhoeffer, *Letters and Papers from Prison*, pp. 382-383.

남과 인간적 모범의 능력을 강조했다.[50] 그의 감옥 경험의 강도(强度)만이 아니라 미국에서의 교회생활에 대한 그의 기억도 몇 가지 극적인 제안에 영향을 미쳤을 것이다. 티오모 라이너 페터스(Tiomo Rainer Peters)는 옥중서신들에서, 본회퍼에게 있어서 교회와 세계는 더 이상 날카롭게 분리되지 않고, 상호 변증법적 긴장 속에서 더욱 밀접하게 연결된다는 것을 인식한다.[51]

## 결론적 성찰

### 본회퍼의 약력

신학적으로 드 토크빌과 같은 사람

모험가, 행동의 사람

말씀의 사람, "갱신되고 다른 형태로 변화된 사람"[52]

이 시(詩)는 정치와 신앙 전통을 위한 본회퍼의 유산을 압축한 정수(精粹 distillation) 같은 시이다. 이 시는 교회, 국가, 유대인 "문제"(그가 사용한 단어는 오늘날에는 의문시될 수 있다)에 대한 본회퍼의 생각을 연구하는 과정에서 얻은 여러 자료를 미니 요약(mini-summary)한 것이

---

50) ibid., pp. 381, 383.

51) T. R. Peters, *Die Präsenz des Politischen in der Theologie Dietrich Bonhoeffers* (Munich: Chr. Kaiser Verlag, 1976), pp. 89-90, 194-195.

52) 내가 지은 시. 이 시의 마지막 구절은 T. S. Eliot, 'Little Gidding', *The Complete Poems and Plays, 1909-1950* (New York: Harcourt, Brace and Company, 1958), p. 142의 마지막 연(聯)에서 나온 것이다.

다. 실제로 본회퍼의 유산의 힘은 그 유연성(malleability)에 있다. 그것은 다양한 시대와 장소에 따라 새로운 형태를 취하고, 새롭게 주조되며, 각색되었다. 그가 물려받았던 몇 가지 개념들, 특히 유대인과 유대인의 역사에 대한 경멸을 가르치는 전통적인 기독교의 가르침을 도려낸다면, 몇 가지 번쩍이는 보화들을 발견해낼 수 있다. 본회퍼처럼, 제2차 세계대전 중의 엘리어트(T. S. Eliot)의 창조성은 때로는 단편적이지만 반짝이는 새로운 샛길들(byways)을 모색했다. 엘리어트는 전시에 쓴 시집인 『4중주』(Four Quartets)에서, 작은 기딩 (Little Gidding)의 묘지와 그의 민족의 역사를 방문하면서 그와 그의 민족의 과거를 탐구하고 탄원한다. 그는 "네가 그 목적을 성취하기 위해 왔다고 생각하는 것은 껍데기, 곧 의미의 외피일 뿐, 목적은 성취될 때 그 껍데기에서 떨어져 나온다 … 목적은 네가 생각한 종말 너머에 있고 성취되었을 때 목적은 변경된다"고 결론을 맺는다.[53] 엘리어트의 통찰은 그의 생애와 시대의 "의미의 외피" 속에 싸여있지만 전 세계적으로 읽혀진 곳에서는 어디서나 새로운 성취와 목적을 발견하게 되는 본회퍼의 말의 유산에 적용된다.

그 말들이 라틴 아메리카에서 해방 신학에 적용되었든, 북아메리카에서 인권 운동에 적용되었든 아니면 남아프리카에서 반인종차별주의 투쟁에 적용되었든지 간에, 그 목적은 변경되거나 각색되었다. 본회퍼가 옥중에서 또는 그 이전에 쓴 말들은 그가 도저히 예측할 수 없었던 그 나름의 생명을 진화시켰다. 본회퍼의 말에서 유래한 패턴뿐만 아니라 그의 행동 방식에서 유래한 새로운 패턴들이 출현한다. 본회퍼와 다른 반나치 저항자들은 현대 인권 행동주의자

---

53) ibid., p. 139.

들의 원형이 되었다.

더욱이 본회퍼의 "세계지향"(world-orientation)과 행동을 위한 수
용력은 유대인 정치 철학자이자 나치 독일의 난민인 한나 아렌트
(Hannah Arendt)의 후기 저작들에서 나타나는 행동의 범주와 세계 사
랑에 비교될 수 있을 것이다. 『인간의 조건』(The Human Condition)에서
나사렛 예수의 유산에 대한 아렌트의 감수성은 그녀로 하여금 행
동 속에서의 "인간의 기적을 수행하는 능력"에 대한 예수의 통찰이
"그 독창성과 새로움에 있어서 사상의 가능성에 대한 소크라테스의
통찰"과 비교될 수 있다고 결론을 내리게 한다. 아렌트에게 있어서
행동의 능력은 "인간들은 그들이 반드시 죽어야 하지만 죽기 위해
서 태어나는 것이 아니라 시작하기 위해서 태어난다는 암시"를 제
공해준다.[54] 그녀는 자유를 행동, "새로운 것의 자발적인 시작"과
연결시킨다.[55] 아렌트는 우리가 새로운 것을 시작할 수 있지만, "그
결과를 통제하거나 예측하지는" 못한다는 것을 인정하면서도,[56] 본
래 행동의 예측할 수 없는 과정 때문에 행동으로부터 수동성으로의
후퇴를 주장하지는 않는다. 그 대신에 그녀는 히틀러에 대한 프랑
스의 저항과 1956년의 헝가리 폭동을 알렸다. 한나 아렌트는 마가
레트 캐노번(Magaret Canovan)의 말을 인용하여, 다음을 인정했다.

"이 개인들은 틀에 박힌 방식으로 처신하기를 중단하고, 사적인 생활
로부터 벗어 나와 공적인 공간을 창조하며, 그 안에서 그들의 행동의

---

54) H. Arendt, *The Human Condition* (New York: Doubleday, 1959), p. 222.
55) ibid., p. 210.
56) ibid., p. 211.

기억이 지속되는 동안에는 마치 그들이 존재하지 않았더라면 인간 세계가 존재할 수 없었을 것이라는 그러한 방식으로 행동하는 용기를 가졌다. 한나 아렌트에 의하면 그렇게 함으로써 그들은 그리스 사람들에게 알려진, 행동이 개인적인 인생에 의미를 부여해 주는 최고의 축복이라는 진리를 재발견했다."[57]

우리는 한나 아렌트가 "세계의 진정한 경험과 세계를 향한 사랑," 자유로운 행동은 물론 사상에 대한 인간의 수용력에 대한 그의 강조와 더불어,[58] 본회퍼의 저작들과 행동들을 연구했더라면 본회퍼와 공통된 것을 많이 발견했을 것이라고 생각해 볼 수 있다. 그녀의 사상은 자유로운 책임과 시민적 용기에 대한 본회퍼의 분석과 공명하고 있다. 아마도 그녀는 독일의 저항운동에서의 그의 활동을 행동, 용서, 자유라는 그녀의 범주 안에 두었을 것이다. "용서받음이 없이, 우리가 행한 것의 결과로부터 해방됨이 없이, 행동할 수 있는 우리의 능력은 말하자면 단일한 행실을 우리가 결코 회복할 수 없는 것에 국한시키게 될 것이다."[59] 그녀는 용서에 관한 예수의 가르침에서 발견되는 자유를 인식한다.

본회퍼는 아렌트가 추천하는 바와 같은 공적인 영역에서 행동할

---

57) M. Canovan, *The Political Thought of Hannah Arendt* (New York: Harcourt Brace Jova-novich, 1974), p. 65.

58) Arendt, *The Human Condition*, p. 297.

59) ibid., p. 213. 아렌트는 "예수의 용서의 가르침 안에 포함되어 있는 자유가 복수로부터의 자유"(p. 216)라고 진술한다. 그녀는 "침해가 관계의 망 안에서 새로운 관계를 부단하게 확립하는 행동의 본질 안에 있는 일상의 사건이며, 인간들이 모르고 저지른 것으로부터 부단하게 해방됨으로써 삶을 지속할 수 있도록 하기 위하여 용서, 망각을 필요로 한다. 그들이 행하는 것으로부터 이렇게 부단히 상호 해방시킴을 통해서만 인간들은 자유인(free agents)으로 남을 수 있고, 새로운 것을 시작할 수 있는 위대한 능력으로 다시 신뢰하기 시작할 수 있다"고 지적한다(ibid.).

필요성을 이해했다. 독일에서 시민적 용기를 더 이상 찾아볼 수 없음을 탄식하면서 본회퍼는 다음과 같이 주장했다.

"독일인은 그의 과제와 사명과의 대립 속에서, 자유롭고 책임적인 행동에 대한 필요성을 알 수 없었다. 그 대신 한편으로는 무책임한 양심의 가책의 결여가 나타났고, 다른 한편에서는 결코 행동으로 나아가지 못한 세심함이 나타났다. 사실상 시민적 용기는 자유로운 책임에서만 생길 수 있는 것이다. 자유로운 책임은 담대한 신앙의 모험 속에서 책임적인 행동을 요구하시고 그 모험에서 죄인이 되는 사람에게 용서와 위로를 약속하시는 하나님께 달려 있는 것이다." [60]

재능을 갖춘 교사, 용기 있는 시민, 장소와 사상에 대한 탐험가인 본회퍼는 – 지각력 있고, 예언자적이며, 귀족적인 기질에, 대중들을 신용하지 않으며, 그의 시대와 장소의 실재들에 대해 민감했던 신학적인 드 토크빌이라고 합당하게 일컬어질 수 있을 것이다. 알렉시스 드 토크빌(Alexis de Tocqueville)과 같이, 본회퍼는 권력과 순종의 병리학을 재치 있게 진단했다. 본회퍼는 나치 통치의 기간 중에 드 토크빌의 분석이 진실임을 경험했다.

"사람들은 순종의 습관에 의해서 실추된 권력의 행사에 의해서 타락하는 것이 아니라, 그들이 불법적이라고 믿는 권력의 행사에 의해서 타락하며, 그들이 권리를 빼앗기고 억눌렸다고 생각하는 통치에 대

---

60) Bonhoeffer, *Letters and Papers from Prison*, p. 6.

한 순종에 의해서 타락한다."[61]

　균형과 긴장을 갖춘 본회퍼는 교회와 국가, 자유와 순종, 사상과
행동, 참회와 용서, 개인과 공동체의 한계와 능력을 모두 존중했다.
비록 그가 2년 동안 감방에 고립되어 있었다고 하더라도, 가족과 친
구들에 대한 헌신, 사회적 비전과 세계에 대한 사랑은 심화되었다.
그는 "제자직, 죽음과 부활에 대한 부단한 인식에 의해서 특징을 나
타내는 심오한 현세성"(this-worldliness)을 이해하게 되었다. 1944년
7월 20일 히틀러 암살 음모가 실패로 끝난 다음 날, 본회퍼는 그의
내적인 해방과 그의 세상에 대한 증언을 함께 나누었다. "오직 이
세상에서 완전히 살아감으로써만 우리는 신앙을 가지는 법을 배우
게 된다."[62]

---

61) A. de Tocqueville, *Democracy in America* (New York: Vintage Books, 1958), p. 9.
62) Bonhoeffer, *Letters and Papers from Prison*, p. 369.

# 11. 책임적 행동의 윤리

래리 라스무센(Larry Ramussen)

유산과 몰락. 서양에서의 기독교윤리학의 재구성. 1) 기초적인 현실. 2) 책임, 3) 위임들. 4) 자유로운 책임의 행동.

1942년 말에서 1943년 초 사이에 본회퍼는 크리스마스 선물로 매형 한스 폰 도나니(Hans von Dohnanyi), 동료 공모자 한스 오스터(Hans Oster), 가장 가까운 친구 에버하르트 베트게(Eberhard Bethge)에게 글을 써 보냈다. 「10년 이후」(After Ten Years)라는 제목을 가진 이 글은 1933년 1월 히틀러의 집권 이후 10년 동안 그가 나치즘에 저항하면서 배운 것들을 적고 있다. 본회퍼는 "우리는 발로 딛고 설 땅이 없다"는 느낌에 대해 그리고 위의 친구들이 시대의 획기적인 변환점, 곧 "역사적인 전환점"에 함께 걸터 앉은 경험에 대해 말한다. 그들은 '모든 가능한 대안도 한결같이 용납될 수 없어 보이면서' 미래의 모습이 어떨지 식별할 수 없을 때 종종 역사가 되풀이해 온 어려운 자리에 서게 되었다. 앞으로 나아갈 길은 심지어 현자의 눈에도 보이지 않는다.[1]

"우리는 발로 딛고 설 땅이 없다" 부제는 "누가 확고하게 설 것인가?"라는 부제로 이어진다. 본회퍼는 다음과 같은 무뚝뚝한 보고로 시작한다. "악의 가장 큰 가장무도회는 우리의 모든 윤리적인 개념들을 쑥밭으로 만들어 놓았다." 그리고 그는 여러 세대가 믿어온 표준적인 도덕적 선택을 열거하면서 그 도덕적 선택들이 파시즘하에서 살인적인 표현에 이르러서는 서양에서 다 무너져 버렸음을 말하고 있다. "이성"에 대한 호소, "도덕적 열광주의"(원칙적인 일방적 심성)에 대한 호소, "양심"에 대한 호소 그리고 "의무", "자유", "사적인 미덕"에 이르는 길에 대한 호소는 혼란과 위기 가운데서 살아오는 동안에 모두 산산이 무너졌다. 더 나아가 그것들은 몰지각한 사람들이나 의식적으로 역사적 대세를 추종하는 사람들에게 뿐만 아니라 도덕적으로 민감하고 인간적이며 교육을 받은 독일인들에게서도 실패했다. 이러한 전통적인 도덕적 기반 위에서는 아무도 확고하게 설 수 없었다. 본회퍼는 다음과 같은 결론에 이른다. 오직 "신앙과 하나님에 대한 배타적인 충성 안에서 순종적이며 책임적인 행동"에 경의를 표하며 희생할 준비가 되어 있는 사람들만이, 오직 "자신의 모든 삶이 하나님의 물음과 부름에 대한 응답이 되도록 노력하는" 사람들만이 잃어버린 확실성과 미지의 미래 사이의 불안한 공간에

---

1) 직접적인 인용은 D. Bonhoeffer, *Letters and Papers from Prison: The Enlarged Edition* (New York: Macmillan, 1972), pp. 3-4에 나오는 'No Ground under our Feet'에서 따온 것이다.

서 똑바로 살아갈 수 있다. 그는 "이러한 책임적인 사람들은 어디에 있는가?"라고 질문하면서 "누가 확고하게 설 것인가?"라는 부분을 마감한다.[2] 이 글은 별 의미 없이 한 말이 아니라 후에 "우리는 아직 쓸모가 있는가?"라는 글에서 무게 있는 질문을 하기 위해 미리 쓰고 있는 것이다.[3]

이러한 질문 속에는 절망의 기미가 엿보이는데도 불구하고, 본회퍼의 대답은 실제로 "책임적인 사람들"이 있다는 것이며, 그들이 여전히 "쓸모"가 있다는 것이다. 그러므로 본회퍼의 크리스마스 명상은 함께 저항하는 자들에게 돈키호테(Don Quixote) 식의 전투에 임하지 말라는 경고이며, "확실한 패배에 직면한 영웅들처럼 전투에 지는 것"이 진짜 영웅적인 것임을 생각하라고 한다. 그들은 "보잘것없는 비평"이나 "그에 못지않게 보잘것없는 기회주의"로 역사의 냉혹한 사건들에 대해 언급하지 않는다. 오히려, "책임적인 인간이 제기해야 할 궁극적인 질문은 그가 어떻게 사건으로부터 영웅적으로 벗어날 수 있느냐는 질문이 아니라, 다음의 세대가 어떻게 살아갈 수 있느냐는 질문이다." 오직 "역사에 대한 책임을 갖는" 이러한 질문으로부터 성과 있는 해결책들이 제시될 수 있다.[4]

이 명상에서 두 가지 문제가 전면에 나타난다. 첫째는 서양에서 물려받은 근대성의 도덕적 기반들이 사실상 사라졌다는 본회퍼의 확신이다. 그 자신이 수호했던 도덕적인 보물들도 평상시의 매력을 발산하기보다는 피난처를 찾아야 할 것이다. 그들의 기초는 사라졌

---

2) ibid., pp. 4-5.
3) ibid., pp. 16-17.
4) ibid., pp. 6-7.

고, 그들의 공식화는 무기력하게 되었으며, 그들의 효과적인 문화적 능력은 없어졌다. 둘째는 현재의 실패를 넘어서 사유하는 자리로서의 "책임", "책임적인 행동", "역사에 대한 책임" 그리고 "책임적인 사람들"에 대한 지속적인 호소이다. 책임에 중심을 두고 강요된 사회적 실험의 기간 중에 책임의 삶과 마음, 정신의 회개로부터 건설되는 그리스도인의 삶의 새로운 내용이 필요하다. 본회퍼가 체포되면서 그 완성이 좌절된 그의 『윤리학』은 이러한 중요한 과업을 시작한다.

우리는 우선 "역사에서의 전환점"이라는 말의 의미를 다루고, 그다음에 그에 대한 본회퍼의 건설적인 응답을 다룰 것이다.


## 유산과 몰락

1930년대와 1940년대에 유럽에서 발생한 살상들은 문화적, 종교적, 지적 유산의 파멸을 가져왔다. 도덕적, 윤리적 구조들은 이들의 일부였다. 전쟁의 화염과 유대인대학살이 그 실패를 강하게 드러나게 하였다 하더라도 나치즘의 승리로 인해 과거의 윤리적 근거와 공식들의 부적합성이 생긴 것은 아니었다. 본회퍼는 기독교적인 토양을 가진 서양이 1940년대 이전까지 지켜온 전통적인 윤리 체계는 이제 세기의 악과 투쟁할 수 있는 능력을 잃었다고 확신했다. 이미 1932년 이 젊은 독일인 교수는 서양의 기독교적 영성과 윤리가 고갈되었다고 여겼기 때문에 마하트마 간디(Mahatma Gandhi)에게 매력을 느끼고 있었다. "다른 말과 행위로 표현된 기독교"(Christianity in other words and deeds)[5]가 간디와 동양에서 발견될 수도 있을 것이다.

"다른 말과 행위로 표현된 기독교"라는 말은 저항 공동체를 형성하고 비폭력을 하나의 삶의 방식으로서 배우는 것을 포함했다. 이러한 것들이 고백교회를 이끄는 힘이 되어야 한다고 생각했던 1930년대에 본회퍼가 그리스도인의 도덕적 삶을 이해하는데 매우 중요한 주제들이었다. 산상수훈에서 예수가 명령한 값비싼 은총의 방식들이 협동적인 교회의 표현을 찾아야 할 필요가 있었다. 복음은 공동체의 삶과 그 구체적인 실천과 불가분한 관계에 있다.

하지만 "우리의 모든 윤리적 개념들"을 파멸시킨 "대 파괴"에 대한 본회퍼의 판단은 특수하게는 기독교윤리, 특히 독일의 프로테스탄트 윤리에 대한 확신 이상의 것이었다. 본회퍼는 서양에서의 문화적 위기가 문명 전체에 큰 영향을 미쳤다는 것을 확신했다. 그 확실한 표징으로 급속하게 확산된 반유대주의를 들 수 있다. 히틀러의 권력과 인기가 최고조에 달했던 1940년, 그는 "서양으로부터의 유대인의 배제는 필연적으로 그리스도의 배제를 초래할 것이다"라고 썼다. 왜냐하면 예수 그리스도가 유대인이었기 때문이다.[6] 예수 그리스도를 "역사의 중심"으로 고백할 뿐만 아니라 서양 역사의 확실한 통일성의 근거로서 고백하는 사람들에게, "유대인 배제"는 죽음에 이르는 영적이며 도덕적인 병이었다.

1932년 베를린 공과대학에서 행한 본회퍼 초기의 강연은 동일

---

5) Dietrich Bonhoeffer, 'Brief an Helmut Roessler', in D. Bonhoeffer, Ökumene: Briefe Aufsätze Dokumente 1928-1942, Gesammelte Schriften, vol. I (Munich: Chr. Kaiser Verlag, 1958), p. 61(이탤릭부분은 나의 것이다).

6) D. Bonhoeffer, *Ethics* (New York: Macmillan, 1965), p. 90.

문제에 대한 다른 시각을 보여준다. 여기에서 본회퍼는 간디와 인도의 방식을 "유럽-아메리카 문명"과 비교한다. 인도의 역사는 "고난의 역사"이고, 서양의 역사는 "전쟁의 역사"이다. 본회퍼는 "전쟁과 산업" 또는 "기계와 전쟁"이 바로 서양의 정체성을 이루는 것들이며 문제 해결의 요소들이라고 말한다. 그가 공격적, 문화적 자기주장의 영적 지성적 근원에 대해서 질문을 제기하면서, 그는 그것이 "자연을 섬기게 하는" 서양의 노력들에 근거를 두고 있다고 결론을 내린다. 그는 무조건적으로 "인간의 자연에 대한 정복은 유럽-아메리카 역사의 기초적인 주제이다"라고 선언한다. 그는 자연을 겨냥한 정복이 거기에서 멈추지 않고 "인류에 대해" 퍼부어졌다고 말한다. "본질상 [유럽인의] 삶은 '죽이는 것'을 의미한다"는 것은 그의 뜻밖의 무뚝뚝한 결론이다.[7]

본회퍼가 단순히 "독일" 문명이 아닌 "유럽"과 "유럽-아메리카" 문명에 대해서 말하는 것을 주목해 보자. 10년 후에 쓰여진 『윤리학』을 위한 초고에서 이것은 「유산과 몰락」(Inheritance and Decay)이라는 장에서 분석되었다. 히틀러의 전쟁의 공포에 사로잡히고 미래의 세대들을 위한 "역사에 대한 책임"의 문제로서 공모에 참여한 본회퍼는 서양에서의 기독교윤리가 완전히 새로운 시작을 요구하는지를 보여준다. 때문에 우리는 이제 이 부분에 시간을 할애해야 한다.

본회퍼의 분석을 따르면, 서양에서의 기독교윤리학의 운명은 확실히 독일을 포함하고 있다. 그의 사고는 항상 상황적이며 구체적이다. 그리고 그는 독일의 직접적인 역사만은 아니라 할지라도, 그

---

7) 인용문은 Dietrich Bonhoeffer, 'Das Recht auf Selbstbehauptung', in D. Bonhoeffer, *Theologie Gemeinde: Vorlesungen Briefe Gespräche 1927-1944, Gesammelte Schriften*, vol. III (Munich: Chr. Kaiser Verlag, 1960), pp. 262-263에서 따온 것이다.

의 사고의 맨 앞에 독일을 두고 있다. 현재의 나치의 "은총에 대한 자연의 반역"은 독일의 종교개혁 자체에 의해서 준비되었고, 독일의 신학에서 고향을 발견했다. 나치즘은 기독교 이전의 게르만 민족의 과거 요소들에게도 영광을 돌렸다. 자연에 대한 독일인의 감정에 뿌리를 둔 이러한 이교주의는 "민족적 감정의 문제로서, 우리가 그것을 선호한다면 인종으로서" 감지될 수 있다고 말한다.[8] 그렇지만 그것이 특별하게 기독교적인 개악의 주요 원인은 아니다. 그것은 종교개혁, 계몽주의, 세속화의 과정에서의 윤리학과 관련이 있다.

본회퍼는 사회윤리학에 있어서의 초석인 루터의 두 왕국에 관한 가르침에 대해 오해된 것들을 기록한다. 서로 다른 사회적 영역에서의 서로 다른 방식으로 된 하나님의 현존과 통치에 관한 가르침을 통해서 "세계와 자연적인 것의 해방과 성화"가 발생했다. "정부, 이성, 경제, 문화"는 교회의 의무와 시민의 의무를 구분하는 인간적 책임의 유사 – 자율적 영역들이 된다. 이와 같이 종교개혁은 "양심, 이성, 문화를 가진 인간의 해방은 물론 그러한 세속적인 것들의 정당화로서" 찬미되었다.

그러한 해방된 이성과 책임은 계몽주의 세속성(Enlightenment secularity)을 위한 길을 예비했다. 핵심에 있어서 본회퍼는 그 프랑스의 표현은 아니라고 하더라도 계몽주의에 대한 날카로운 비평가이다. 여기에서, 프로테스탄트의 기반이라기보다는 가톨릭의 기반 위에서 새로운 자유는 혁명적인 테러와 결합되었다. "이성의 제의, 자연의 신격화, 진보에 대한 신앙, 문명에 대한 비판적 접근, 시민계급

---

8) Bonhoeffer, *Ethics*, p. 92.

의 반역과 민중의 반역, 민족주의와 반교권주의, 인권과 독재의 테러"– 이 모든 것이 속박에서 풀려난 인류의 손에서 역사가 새롭게 출발했다는 계몽주의의 교만한 선언 속에서 혼란스럽게 분출해 나왔다.[9]

본회퍼는 세속적인 유럽의 계몽주의가 보편주의를 호언장담하고 있는 점을 질책한다. 그것은 그 원칙이 시간, 공간, 문화, 민속, 계급의 우연성들을 초월하는 – 인간의 보편적인 본성을 표현하는 – 일종의 세계주의적 윤리학이라고 주장한다. "형식적인 것, 보편적으로 타당하고 합리적인 것이라는 의미에서" 윤리적인 것은 "아무런 구체성의 요소도" 수반하지 않는다고 본회퍼는 쓰고 있다. 이것은 "무제한적인 주관주의와 개인주의 속에서 인간사회와 개인의 삶의 전면적인 원자화"로 인도한다. 본회퍼는 1940년대에 자신이 행한 분석이 세기말의 지배적인 서양의 도덕적 패턴들을 서술하게 될 것이라는 것을 예측하지 못했다.

> "윤리적인 것이 어떤 공간적, 시간적 관계에 대한 언급 없이, 그 정당한 이유나 권위의 문제에 대한 언급 없이, 구체적인 것에 대한 언급 없이 인식된다면, 삶은 연관성이 없는 무수한 시간의 원자들 속으로 분해되고, 사회는 이성의 원자들(atoms of reason)로 해체될 것이다.[10]

그런데 도덕적인 단편들은 자율적인 자유와 개인이나 집단의 선호에 대한 호소에 의해서 정당화된다. 가치관은 변화하는 입맛이나

---

9) ibid., pp. 96-97.
10) ibid., pp. 272-273.

기호의 문제가 된다. 그러한 완전한 주관주의는 존속 가능하고 응집력 있는 사회윤리학을 위한 충분한 기반으로서 거의 사용될 수 없다.

유럽의 계몽주의 윤리학에 대한 이러한 날카로운 비평가는 동시에 그 신중한 투사이기도 하다. 교회와 국가의 보호자 노릇과 사회적, 경제적 억압에서의 그 공범 역할에 대한 이성의 반역은 정당화되었다고 본회퍼는 주장한다. 속박되지 않는 진리 추구와 "신앙의 문제들을 포함하여" 모든 것에 있어서의 성실과 지적 정직성의 추구는 해방된 이성의 진정한 업적이며 지속적인 업적이다. "그것은 그 이후로부터 서양인의 필요 불가결한 도덕적인 필수품들 가운데 하나가 되었다."[11]

그는 계속해서 그러한 도덕적인 필수품들은 계몽주의 윤리학의 다른 성과, 즉 인권을 포함한다고 주장한다. 인권은 인간적 성취의 조건으로서 자유와 평등에 대한 찬미와 모든 인간에 대한 존경에 근거하는 것인데, 본회퍼는 이것을 "자연적인 삶"이라고 일컫는다. 인권은 히틀러 정권을 포함한 어떤 정권에 의해서도 거부될 수 있는 것들에 속하지 않는 것이다.

간단히 말해서 본회퍼는 구속받지 않는 진리 추구와 제약을 받지 않으며 보편적인 범위에 있는 기본권 추구는 보호되야 할 도덕적인 보화라고 확신했다. 그들이 교회와 제휴한 보수 세력에 맞서 싸우는 전투에서 승리했다는 사실이 그로 하여금 도피하게 하지 않는다. 교회들의 도덕적 태만을 잴 수 있는 한 가지 척도는, 본회퍼 자신이 인권(人權. human rights)을 기독교윤리학의 핵심 내용이라고 주

---

11) ibid., p. 96.

장하는 최초의 프로테스탄트 신학자들 가운데 속한다는 것이다.[12]

　하지만 사태는 완전히 잘못되어 갔고, 계몽주의의 세속성이 사태가 잘못되어 가도록 이바지했다. 해방된 이성의 신중한 옹호자인 본회퍼는 대규모로 저질러진 국가적, 문화적 범죄에 대한 증인이 된다. 유럽에서의 휴머니티와 전 세계를 향한 네오 유럽인들의 확장은 스스로 그 자신의 운명에 대한 지배와 통치를 선포하기 위하여 "해방된" 이성을 이용했다. 그것은 진보와 정복에 대한 우상 숭배적인 확신의 팽창주의적 여정에서 그 자신의 자율을 떠들썩하게 치켜세우고 그것을 우수한 문명을 함께 나누는 기독교적 책임의 윤리 그리고/또는 세속적 책임의 윤리로 만들어놓았다. 1930년대에 말로 표명하고 이제 1940년대에 『윤리학』의 주(註)에서 논의하는 주제들에 대한 퇴고에서 본회퍼는 자연으로부터 독립하려는 서양의 목표에 대하여 부연하여 말한다. 계몽주의의 이성은 "섬김"이 아니라 "지배"를 추구하는 "현대 서양 세계의 기술과학"을 추구했다. 이것은 "새로운 정신"이며, "생각하고 실험하는 인간의 지배 아래에 자연을 강제로 종속시키는 정신"이라고 쓴다. 결과는 "그 자신의 영혼을 가진, 목적 그 자체"로서의 기술공학이다. 그 상징은 "기계이며, 자연에 대한 침해와 착취의 구체화이다."[13] 몇 년이 지난 후에 감옥에서 글을 쓰면서, 본회퍼는 서양의 기술적이며 조직적인 승리들이 너무 엄청나서 "인류가 자기 자신만이 아니라 모든 것을 다루지 않을 수 없게 되었다"고 말한다. 그는 서양에서의 도덕적, 영적 고갈에 대한 그의 초기의 확신을 반영하는 한 논평에서 우리 자신

---

12) ibid., 'The Right to Bodily Life', pp. 155ff.; 인권에 관한 논의, pp. 99-100.
13) ibid., p. 98.

의 조직의 위협으로부터 우리를 보호할 "영적인 힘이 결여되었다"
고 말한다.[14]

그럼에도 불구하고 계몽주의 배후에는 근대 이전의 국가로 돌아
가는 일이 없다. 이와 같이 모든 것이 "인류에게로 전환"될 것이며,
근대성의 주목할 만하고도 위험스러운 능력들이 사용될 것이다.[15]
우리의 세계는 도덕적인 성숙을 성취하는 척도가 아니라 우리의 수
중에 있는 능력들에 대한 책임의 척도로서의 "성인된 세상"(world-
come-of-age)이다. 하나님을 포함하여 그 밖의 다른 것이 발생하는
것에 대한 책임을 맡길 곳이 없다. 하나님은 공백을 틀어막지 않고,
구조자가 되지도 않으며, 다급할 때 등장하여 돕는 기계장치로 부
터의 신(deus ex machina)이 되지도 않는다. 이것은 본회퍼 자신의 더
욱더 날카로운 질문을 제기하게 한다. 그러한 과제에 대한 "성인된
세상의 의식"을 가진 "책임적인 사람들"은 어디에 있으며, "우리가
발로 딛고 설 땅"이 없을 때 기초를 형성하게 될 어떤 책임의 내용
이 그들을 안내할 것인가?

하지만 자연을 취급하는 일이 본회퍼의 첫째 임무는 아니다. 서
양의 자연에 대한 취급은 대규모 지배를 과시하는 우상 숭배적인
인간 권력의 지배적 통치의 한 사례에 지나지 않는다. 본회퍼 자신
의 생애에서 이러한 지배적인 허세는 구체적으로 교만하고 죽음을
다루는 삶의 우상화로서의 파시스트 "생기론"(生氣論, 또는 생명주의,
vitalism)의 융성이다.

"혈통과 토양"(Blut und Boden)이라는 슬로건을 가진 파시스트 생기

---

14) 'Outline for a Book', in Bonhoeffer, *Letters and Papers from Prison*, p. 380.
15) ibid.

론은 계몽주의의 초월적, 세계주의적 원리들과는 정반대인 것처럼 보일 수도 있다. 결정적인 방식으로 그것은 바로 나치의 종족 근성에 대해 계몽주의 가치관을 보호하려는 고백교회의 예측하지 못했던 경험에 대해 본회퍼가 증언한 것이었다. 우리가 주목한 바와 같이 이성, 인권, 인간의 존엄성, 자기 결정에 대한 호소들이 이전 세기에 "과묵한 교회의 전투 슬로건으로서" 사용되었기 때문에 아이러니를 피할 수 없다. 그러나 이제 그리스노인들과 도덕적으로 민감한 계몽주의의 세속적인 독일인들의 제휴에서, 계몽주의 가치관들은 파시스트의 "비합리적인 것, 혈통과 본능, 인간을 희생시키는 야수에 대한 신격화"에 반대했다.[16] 이러한 가치들은 정의, 진리, 인간의 품위, 자유를 위해서 고난을 당하는 그리스도 안에서 그 피난처, 보호, 정당화를 찾았다. 예수가 올바른 일을 위해 고난을 당하는 모든 사람들을 지원해 주신다고 본회퍼는 말한다. 1930년대에 그렇게 행한 사람들은 본능적으로 다양한 지역으로부터 교회로 몰려왔고, 십자가에 달린 자를 선포하며 파시스트의 방식에 반대함으로써 그와 더불어 고난을 당한 사람들이다.[17]

그렇지만 그리스도인과 세속적인 휴머니스트의 반대와 저항의 동맹은 성공하지 못했다. 생기론이 승리했다. 전체 민족(das Volk)의 정체성과 도덕성은 그들이 숲과 산, 바다의 "혈통과 토양"과 이 민족의 신비적인 과거를 공유하는 신비적인 힘들로부터 나온 것이었다. 자연적인 질서에 근거한 도덕적 절대성은 힘에 대한 힘의 투쟁에서 절대적인 것들을 지배할 권리를 가진 우수한 종족에 의해서

---

16) Bonhoeffer, *Ethics*, p. 55.
17) ibid., p. 59.

그 실현을 기다린다. 지도자들과 추종자들은 그렇게 다시 태어난 아리안 민족이 완전한 충성을 받아 마땅하고, 제국 건설의 기간 동안에는 비판적인 판단을 중지해야 한다고 말했다.

비합리적인 것의 찬미와 원기가 좋은 종족 근성에 대한 비판적인 이성의 종속은 무엇이든지 계몽주의 윤리와 아무런 관련이 없는 것으로 보인다. 어떤 점에서 보면 나치의 생기론과 계몽주의의 가장 분명한 관련은 바로 그 원칙들의 냉정함에 대한 유독한 반응과 종족 근성과 장소의 부산물에 대한 숨겨진 경멸이라고 하겠다. 그러나 본회퍼의 평가에 의하면, 거기에는 엄청난 – 그리고 엄청나게 교란시키는 – 관련이 있는데, 이 관련은 서양의 윤리적인 토대를 흔들어 놓을 정도로 너무나도 본질적인 것이다.

본회퍼는 생기론이 "삶이 목적에 이르는 수단일 뿐만 아니라 목적 자체도 된다"라는 진정한 통찰을 절대화한다고 말한다. 이러한 전제는 인권을 기반으로 하는 계몽주의 윤리와 공유하는 것이다. 그렇지만 파시즘은 이러한 진리를 바꾸어 "그 자체를 절대적인 것으로서, 목적 자체로서 내세우는 삶은 그 자신의 파괴자[가 된다]"라는 방식으로 표현한다.[18] 이와 관련된 방식으로, 인간들 – 인종차별주의 "민족" 신학(racist theology of das Volk)에서는 다른 인간과는 다른 어떤 인간들 – 은 그들 자신의 카리스마와 자기 주장으로 역사를 만들어 가는 생명 이상의 더 원대한 역동적인 인간의 모습을 지닌다. 강한 자들, 힘센 자들, 부지런한 자들이 지도한다. 그들은 명령하고, 존경과 순종을 요구한다.

본회퍼는 삶의 절대화와 인간의 우상화는 죽음의 우상화와 손을

---

18) ibid., p. 149.

잡는 것이라고 주장한다. 그는 히틀러가 최고 인기를 누릴 때 나치즘에 대한 한 서술에서 그렇게 주장했다. 특별히 아래에서 인용하는 마지막 문장이 다시 태어난 독일에서가 아니라 더욱 광범위하게 그 자신의 문화적인 우수성을 주장하는 전통인 계몽주의 전통에서 포고된 지배, 새로운 인간성, 새로운 시대라는 주제와 얼마나 일치하는지를 주목해 보자.

"세상의 영원성[혈통과 토양]에 대한 교만한 의존은 생명에 대한 경솔한 유희를 동반한다. 경련을 일으키는 생명에 대한 엄습은 생명에 대한 무관심과 경멸과 꼭 붙어 다닌다. 한 시대가 영원 [천년제국]을 위한 건설이 되기를 요구하고 이 시대 중에 생명이 아무런 가치를 가지지 못할 때라면 또는 새로운 인간, 새로운 세계에 관한 거창한 말들이 말해지지만, 우리가 알고 있는 바와 같이 새로운 것이 모두 생명의 파괴를 의미한다면, 이보다 더 분명하게 죽음의 우상화를 분명하게 나타내는 것은 없을 것이다." [19]

요약해서 말하자면 본회퍼는 그가 치명적인 것이라고 본 깊고도 공통적인 서양의 주제, 즉 속박 없는 자유라는 이름으로 자율적인 인간이 행하는 한계를 모르는 지배에 대해서 말하기 시작한다. 이와 같이 우리는 "자유와 테러의 결합", "하나님을 닮았다는 인간의 추정에서 생기는 무시무시한 불경의 급격한 고조,"[20] 마침내는 그

---

19) ibid., pp. 78-79.

20) 이것은 본회퍼를 해석하는 장 베트케 엘슈텡(Jean Bethke Elshtain)의 말이다. *Bonhoeffer for a New Day: Theology in a Time of Transition*, ed. J. de Gruchy (Grand Rapids: Eerdmans, 1997), p. 225에서 그녀가 쓴 장(章)을 보라.

형상을 따르지 않는 사람들을 경멸하는 것으로 끝나는 인간의 신격화를 경험한다. 파시스트 생기론도 계몽주의 전통도, 첨가하자면 볼세비즘과 무수한 정보과 식민주의 이데올로기들도 모든 것을 전체화시키는 이데올로기들에 의해서, 한계를 모르는 모든 삶의 방식에 의해서 가해진 대 파괴를 그들이 높아진 인간의 권력을 휘두르는 것으로 이해하지 못했다.

본회퍼의 반론은 우리의 유한성과 피조성을 강조하고 신앙의 길을 옹호하는 것이다. 겸손한 신앙의 길에서, 피조물은 "그것이 제공하는 삶을 취한다. 그것은 전부도 아니며, 그렇다고 무(無)도 아니다." "발작적으로 삶에 집착하지 않고, 경박하게 삶을 내던지지도 않는다 … 우리는 죽음에 대해 그것이 아직도 소유하고 있는 제한된 권리를 인정해준다."[21] 예수 그리스도의 길은 다양한 형태로 되어 있는 지배적이며 무제한적인 서양 윤리의 거만함보다 더 실수하며, 더 취약하며, 더 동정적인 것이다. 이와 동시에 고난을 당하시는 하나님은 인간의 능력과 그 책임적인 사용을 근거가 불확실한 "성인된 세상"에서 피조물의 능력으로 받아들인다.

이 마지막 진술은 서양의 또는 유럽-아메리카의 윤리적인 기초의 도덕적 파멸에 대한 본회퍼의 건설적인 응답으로 도약하게 한다. 이것을 다루기 전에 우리는 우선 본회퍼를 위해서 배경에서 헤매고 있는 윤리학에 있어서 영향력 있는 지성적 구조를 주목해 보아야 할 것이다. 서양의 윤리적 이론은 본회퍼가 몸과 영혼을 파괴하는 것이라고 본 에토스를 만들어 내지 않았고, 다만 그러한 에토스를 교사(教唆)한 것뿐이었다.

---

21) Bonhoeffer, *Ethics*, p. 79.

현대의 서양 윤리학에 있어서 자족하는 인간 주체와 그의 또는 그녀의 실천적 이성은 도덕적 우주의 중심에 앉아 있다. 중세기와 종교개혁에서의 도덕적 지평으로서의 하나님 중심성은 근대성에 의해서 포기되었다. 윤리적 이론들의 초점으로서의 하나님은 사유하고 판단하며 실험하는 인간 주체에 의해서 대치되었다. (임마누엘 칸트[Immanuel Kant]의) 계몽주의의 자율에 관한 고전적인 진술에서, 자유는 법을 부여하는 데서 성립된다. 즉, 인간 행위자는 마치 하나님이나 초월적인 도덕적 권위가 존재하지 않는 것처럼(마치 신이 존재하지 않는 것처럼 esti deus non daretur) 도덕성의 척도를 갖고 실천적인 도덕적 사유를 한다. 자율적인 자아가 개인적으로나 집단적으로 그 자신의 관심과 가치를 결정한다. 그것은 그 자신의 도덕성을 제정하고 다른 사람들에게 같은 행동을 하게 한다.

그러한 도덕적 관념들이 진보에 대한 우상화와 결합할 때 – 또는 나치나 공산주의자들이 주장하는 바와 같은 역사적 과정이나 운명의 이데올로기들과 결합할 때 – 주권을 가진 자아의 윤리는 근대성의 지배의 에토스를 보증하고 구현한다. 제1차, 제2차 세계대전의 살육 장소들, 유대인대학살, 인종차별주의와 비(比)서양 민족과 문화들의 식민지화 – 이 모든 것은 본질적으로 건전한 도덕적 기초에서 파생된 것이 아니라 기초 자체에 대한 실패임을 드러내고 있다. 계몽주의 전통의 뉘앙스를 가진 감정인(鑑定人)인 본회퍼가 인간의 행위, 능력, 권리, 책임을 주장하고 긍정하려고 시도하면서, 그는 자신이 기독교적 서양의 도덕적 파산을 보고 있다는 것을 알고 있었다. "우리가 발로 딛고 설 땅이 없다"는 표현과 "우리는 아직 쓸모가 있는가?"라는 표

현은 그것을 잘 요약해주고 있다.[22]

　다시 말해 유대인대학살의 공포에서 문제시된 반(反)유대주의가 나치와 독일에서 처음으로 등장하지 않았고, 여러 세기가 지나면서 깊어졌고 대륙을 긴장시켰지만, 기독교의 도덕적 전통을 포함한 서양의 도덕적 전통의 아킬레스건은 1930년대와 1940년대의 사건의 결과만은 아니었다. 그러한 전통들이 심화되었고 널리 주장되었다. 유대인대학살과 전쟁은 문명에 만연한 도덕적 타락을 창조하지 않았지만, 그것을 노출했다. 그 도덕적 유산의 한 요소가 유대인들을 구하고자 하는 기독교적 동기화 또는 혈통과 토양에 대한 나치의 찬미에 대한 계몽주의 반대와 같이, 불의에 대한 투쟁을 일으킬 수는 있었다고 하더라도 보다 더 큰 구조가 너무 부패하여 미래 세대를 위한 윤리적 구조로서 볼 수 없다는 것을 보여주었다. 도덕적인 전통이 무엇에 호소하든지 간에 ─ 그것이 균형 잡힌 이성이건, 한결같은 원칙이건, 양심이건, 자율적인 자유이건 또는 사적인 미덕이건 간에 ─ 미래를 위한 적합한 도덕적 근거를 굳건하게 말할 수 없을 정도로 무기력했다.

　본회퍼가 서양에서 기독교윤리학을 위한 새로운 기초가 필요하다고 판단하는 다른 이유들이 있다. 그리고 분석의 다른 요소들은 『윤리학』을 포함한 그의 저작들 전체에 산재해 있다. 그러나 앞서 말한 것만으로도 그의 판단을 명기하고 사상과 경험의 몇 가지 요소들을 소개하는 데 충분할 것이다.

---

22) 우리가 이 부분에서 다루기 시작하게 될 "10년 이후"(After Ten Years)에서 나온 말.

## 서양에서의 기독교윤리학의 재구성

그런데 본회퍼는 어떻게 응답하는가? 그가 그 자신의 격동적인
경험을 이해하고 기독교윤리학을 재구성하려고 시도할 때, 그는 첫
째로 지도적인 철학자들이나 윤리학자들의 노작들을 사용하지 않
고 도덕적 이론의 표준적인 전통들에 호소하지도 않는다. 그러한
사상가들의 몇몇은 그의 독서 목록에 들어 있지만, 『윤리학』을 위
한 그의 초고들 속에서는 나타나지 않는다. 오히려 그는 문학, 철
학, 역사학, 신학에 관계없이 "문화 비판"으로 간주될 수 있는 것으
로 관심을 돌린다. 그리하여, 키에르케고르(Kierkegaard), 야스퍼스
(Jaspers), 슈펭글러(Spengler), 도스토예프스키(Dostoevski), 세르반테
스(Servantes), 발자크(Balzac), 슈티프터(Stifter), 니체(Nietzsche), 몽테뉴
(Montaigne), 바르트(Barth)가 등장한다.[23] 본회퍼의 독서는 그가 문명
세기에서 위기가 깊다고 느낀 한 가지 암시에 지나지 않는다. 제안
된 기독교윤리학은 그러한 진단의 빛에서 그 원기를 보여주어야 할
것이다.

『윤리학』을 위한 주(註)들은 이러한 평가의 증거를 제공해준
다. 주(註) 1)은 본회퍼의 전체로서의 작업을 위한 제목을 제안한
다.[24] 그것은 「미래 세계의 기초와 구조」(하나님과 화해된), 「잠정적
인 기독교윤리학」이라고 되어 있다. 괄호 안에 "통일된 서양"이라

---

23) 이것은 한스 파이퍼(Hans Pfeifer)에 의해 본회퍼 윤리학을 중요하게 취급하는 여러 통찰
   들 가운데 하나이다. Hans Pfeifer, 'Ethics for the Renewal of Life: A reconstruction of its
   Concept', in de Gruchy, *Bonhoeffer for a New Day*, p. 141. 파이퍼의 논문은 위의 전체 논
   의를 위해서 중요하며, 특히 새로운 윤리학의 필요성에 대한 본회퍼의 건설적인 응답을 위
   해서 중요하다.

24) I. Toedt, *Zettelnotizen für eine 'Ethik'* (Munich: Chr. Kaiser Verlag, 1993), pp. 47-48에서
   주1을 보라.

는 말이 있다. 주제들이 두 개의 주요 부분, "기초"(Foundation)와 "구조"(Construction)로 열거된다.

나중에 제시한 제목도 상당히 같은 맥을 달린다. "길 예비와 입장"(Preparing the Way and Entry).[25] 유감스럽게도 그 작품은 전체로서 준비되지 않았다. 우리가 현재 책으로 가지고 있는『윤리학』은 공모를 위한 여행을 기다리는 동안에 쓴 본회퍼의 미완성 노작의 유고 모음집이다. 초고들 가운데서 어떤 초고도 완전히 완성되지 않았다. 초고를 다시 썼으나 본회퍼는 어떤 초고에도 만족하지 않았다. 우리가 가지고 있는 것들은 그의 부모의 정원에 묻어 두었던 가스 마스크들 안 은밀한 곳에서 찾아낸 것들이다.[26]

하지만『윤리학』이 완성을 보지 못한 것은 그가 들인 공(功)이 부족해서가 아니라 본회퍼가 처한 상황 - 그의 체포와 투옥 - 때문이었다. 그는 1943년 11월 중순에 감옥에서 다음과 같이 고백한다. "나는『윤리학』을 완성하지 못한 데 대해서 나 자신을 책망했다.(그 일부분은 아마도 압수되었을 것이다). 그러나 자네에게『윤리학』의 요점을 말해두었다는 것이 얼마나 위로가 되는지 모른다. 그리고 자네도 이미 그것을 잊어버렸다고 할지라도 어떻게 해서든지 간접적으로라도 거기에서 다른 문제가 다시 떠오를 것이라고 믿는다. 그때에는 사실 나의 사상도 미숙했었다."[27] 한 달 후에는 반성하는 어조로 다음과 같이 말한다. "사실 나는 지난날 다소라도 나의 생활을 가지고『윤리학』을 완성했어야 하지 않았는가 하고

---

25) ibid.

26) 'How the Prison Letters Survived', in E. Bethge, *Friendship and Resistance: Essays on Dietrich Bonhoeffer* (Geneva: WCC, 1995), pp. 38-57.

27) 'Letter of 18 November 1943', in Bonhoeffer, *Letters and Papers from Prison*, p. 129.

때때로 생각한다."[28]

이 모든 것을 말했으므로, 우리는 그의 방향을 간파하고 그의 사상을 따라갈 수 있다. 위에서 언급한 바와 같이, 우리는 완전한 분석과 해석을 제공할 수 없다. 그러나 우리는 본회퍼의 마음의 감정을 나타내는 본질적인 것들은 제공할 수 있다. 이 경우에 우리는 "현실"에 대한 그의 논의를 보면서 "기초들"(Foundations, 그의 용어)에 관해서 말하고, "책임"이라는 주제의 빛에서 "구조"(Construction, 마찬가지로 그의 용어)에 관해서 말해야 할 것이다.

### 1) 기초적인 현실

본회퍼가 제안한 표제. "(하나님과 화해된) 미래 세계의 기초와 구조"를 상기해 보자. 본회퍼는 화해된 세계를 기초로 삼는다. 그는 이것을 단순히 "현실"이라고 일컫는다. 현실은 예수 그리스도 안에서 하나님에 의하여 받아들여진 세계이다. 지배적이며 자율적인 인간 자아보다는 이 현실이 재구성된 기독교윤리학을 위한 존재론적 기초가 된다. 그것은 그리스도인의 도덕적 형성, 식별, 행위를 위한 근거가 된다.

『윤리학』 초고에서의 핵심적인 문장들은 그것을 간명하게 표현한다.

"우리는 그리스도 안에서 하나님의 현실과 세계의 현실에 참여할 가능성을 제공받는다. 전자(하나님의 현실)에 참여함이 없이 후자(세계

---

28) 'Letter of 15 December 1943', ibid., p. 163.

본회퍼 신학개론

의 현실)에 참여할 수 없다. 하나님의 현실은 나를 완전히 세계의 현실에 이끌어 들임으로써만 드러난다. 그리고 내가 세계의 현실과 만날 때, 그것은 항상 이미 하나님의 현실에서 유지되고 용납되며 화해되는 것이다."[29]

기독교윤리학이란 솔직히, 최소한 개념적으로 말하자면 "그리스도 안에서 주어진 신적이며 우주적인 현실인, 우리의 세계 안에서의 실현"이다.[30] 그러나 이 그리스도는 누구이며, 어떻게 그의 본성이 세상의 "현실"의 성격을 결정하는가? 『옥중서신』에서, 본회퍼는 예수 그리스도에게 "타자를 위한 인간"이라는 칭호를 붙인다.[31] 그러나 그 표현은 오해를 불러일으킬 정도로 단순하다. 그것이 본회퍼의 작품의 폭넓은 범위에서 이해되지 않는다면, 본회퍼가 예수 안에서 보는 모든 현실에 대한 "상관적인"(relational) 이해를 노출시키지 못한다.

1933년의 대학 강의에서 본회퍼는 예수 그리스도가 모든 실재의 "중심"이라고 주장한다. 이 상황에서 그는 "저기에 존재하는 분"(being-there)으로서의 그리스도의 인격성의 본질을 논한다. "그는 세 가지 방식으로, 즉 인간을 위해 저기에 존재하는 분으로, 역사를 위해서 저기에 존재하는 분으로, 자연을 위해서 저기에 존재하는 분으로 중심이 되신다."[32]

---

29) Bonhoeffer, *Ethics*, p. 195.

30) ibid., p. 195.

31) 'Outline for a Book', in Bonhoeffer, *Letters and Papers from Prison*, p. 382.

32) D. Bonhoeffer, *Christ the Centre*, trans. E. H. Robertson (New York: Harper & Row, 1978), p. 62.

"[누구를] 위해서 저기에 존재하는 분"(Being-there-for) 또는 "[누구와] 함께 [누구를] 위해서 저기에 존재하는 분"(being-there-with-and-for)은 하나님 안에서 화해된 세계로서의 현실의 구성요소이다. "그리스도는 그 스스로 존재하는 그리스도로서의 그리스도가 아니라 나와의 관계에서의 그리스도이다. 그의 그리스도 존재는 나를 위한(pro me) 존재이다"라고 본회퍼는 쓴다.[33] 즉, 그리스도는 상관적인 용어에서만 생각될 수 있다. "[누구와] 함께 [누구를] 위해서 저기에 존재하는 분"은 그의 실존과 현존의 형태이다. 이와 같이 본회퍼는 그리스도가 "공동체로서" 존재한다고 말할 수 있다. 오히려 그는 "스스로 존재하는 그리스도를 명상하는 것은 쓸모가 없을 뿐만 아니라 불경한 것이다"[34]라는 놀라운 말을 한다. 말하자면 하나님의 존재도 역시 상관적인 존재이다. – 인간을 위해서, 자연을 위해서, 역사와 그 의미를 위해서 – 상관적인 방식과는 다르게 하나님, 그리스도, 화해된 현실을 인식하는 것은 출발에서부터 근본적으로 사태를 다르게 만든다.

본회퍼가 상관적인 용어로 이해하는 것은 그리스도의 본성과 하나님의 본성만이 아니다. 그는 인간의 본성도 이러한 방식으로 이해한다. 인간의 자아는 본래부터 사회적이다. 그것은 자아-타자 관계에서 형성되고 모습을 갖춘다. 자아는 우선 그 주위의 세계와 계약하기로 선택하는 본질을 부여받은 어떤 독립된 자아로 존재하지 않는다. 오히려 그리스도가 "공동체 안에서"만 그리스도이신 것과 마찬가지로, 우리도 우연적으로가 아니라 절대적으로 사회적인 피

---

33) ibid., p. 47.
34) ibid., p. 48.

조물들이다. 자아는 "당신-나, 나-당신"의 관계 속에서 진정으로 인간적이다. "타자와 함께 타자를 위해서 저기에 존재하는 분"은 기독교윤리학을 위해서 기본적인 "현실"에 대한 본회퍼의 서술에서 그리스도의 존재나 하나님의 존재가 그러하듯이 우리의 진정한 자아를 규정한다.

이와 동일한 사회성이 교회의 본질을 규정한다. 본회퍼는 교회를, "현실화된"(또는 화해된) 현실을 보여주는 세계의 일부로서 묘사하기를 좋아한다. 여기에서도 그의 표현은 오해를 불러일으키기 쉬울 정도로 단순하다. "교회는 그것이 타자를 위해서 거기에 존재할 때에만 교회이다."[35] 그 본질은 타자와 함께-타자를 향해서라는 지향성에 있다. "교회가 그 영토를 수호할 수 있는 유일한 길은 그것을 위해서 싸우지 않고 세상의 구원을 위해서 싸움으로써 얻어진다"[36]고 본회퍼는 감옥에서 쓰고 있다. 이 특별한 논의에서 그는 교회에 대한 자신의 실망을 반영하고 있다. "대체적으로 고백교회에서. 교회의 대의(大義)를 위해서 일어서지만, 그리스도에 대한 개인적인 신앙을 위해서는 거의 일어서지 않는다. '예수'는 그 광경을 보고 실망하신다. … 결정적인 요인. 교회가 방어적이 되었다. 타자를 위해서는 모험을 하지 않는다."[37]

간단히 말하자면 예수 그리스도 안에서의 하나님의 본성, 인간의 본성, 교회의 본질에 대한 본회퍼의 이해에는 통일성이 있다. 그 통일성은 "타자와 함께 타자를 위해서 저기에 존재하는 분"이다. 거기

---

35) 'Outline for a Book', in Bonhoeffer, *Letters and Papers from Prison*, p. 382.

36) ibid., p. 202.

37) ibid., p. 381.

에는 화해된 현실 자체가 있다. 예수 그리스도를 통하여 그것은 우리가 알고 있는 바와 같이 세계 속에 이미 나타나 있다. 그리고 그것은 저 세계 안에서의 기독교윤리학을 위한 기초가 된다.

그러나 사태는 몹시 잘못될 수 있고 잘못 나아간다. 현실은 더럽혀질 수 있다. 그리고 본회퍼는 루터를 감상하면서 이러한 침해의 인간적 차원을 "죄"라고 이해하고, 죄를 "자기 안으로 굽은 마음"(cor curvum in se)이라고 이해한다. 자기 자신에게로 향함으로써 인간 자아는 단절되고 고립되었으며, 속박되었고, 개인적이며 집단적인 판타지와 동경의 제한되고 환상적인 세계 속에서 상실되었다. (파시스트 생기론은 그리스도 안에서의 현실로부터의 집단적인 일탈의 한 형태에 지나지 않는다). 자아는 오직 타자, 관계된 자아와의 열린 관계성에서만 또는 더욱 정확하게 표현하자면, 자아는 "올바른 관계" 속에서만 그 자신의 존재의 초월적인 기반과 만나며, 진정한 현실 또는 참된 현실 또는 회복된 현실을 "실현한다."

이 모든 것을 가정한다면, 본회퍼에게 있어서 윤리적 삶의 핵심은 분명하다. 그것은 타락한 세계에서 하나님 안에서 화해된 세계로서의 세계의 본질적 성격을 실현하는 것이다. 이것이 바로『윤리학』을 위한 본회퍼의 제목에서 괄호로 "하나님과 화해된"이라는 말을 사용한 이유이다. (하나님과 화해된) 미래 세계의 기초와 구조. 이것이 바로 본회퍼가 두 가지 다른 방식으로 윤리학의 과제를 서술한 이유이다. 즉, 그것은 사실상 하나이자 동일한 "우리의 삶을 세계 안에서의 그리스도의 형상을 따르는 것" 또는 "현실을 실현하는 것"이다. "실현한다"는 말은 표현이나 구체화의 의미에서 사용된다. 윤리학의 방법도 우리가 간략하게 검토하게 되는 바와 같이 같은 방향에서 움직인다.

## 2 ) 책임

본회퍼의 윤리에 있어서의 책임 - 핵심 주제 - 을 이해하기 위해서는 그에게 있어서 하나님과의 관계가 "사회적"이고, 상관적이며, "현세적"이라는 것을 이해하는 것을 필요로 한다. 초월은 다른 어떤 세상에서 발견되는 것이 아니라, 우리가 그 일부가 되는 일상적인 관계에서, 우리의 존재가 구성하는 관계에서 발견된다. 본회퍼는 "유한은 무한을 파악할 수 있다"(finitum capax infiniti)는 루터의 주장을 인용하여 "타자의 당신은 신적인 당신"이라고 말하는 데까지 나아간다. "그러므로 타자에게 이르는 길은 … 신적인 당신에게 이르는 길이며, 인정하거나 거부하는 길 밖에 없다." "당신의 성품은 사실상 그 안에서 신적인 것이 경험되는 형태이다."[38]

다른 말로 표현하자면 그리스도가 "공동체로" 존재하고, "존재하는 모든 것 안에서, 존재하는 모든 것과 더불어, 존재하는 모든 것 아래에서"(본회퍼가 사용한 루터의 표현) 발견되기 때문에 그리고 우리 자신의 형성과 성취가 타자와 함께 타자를 위해서 존재하는 것에 있기 때문에, 우리가 초월을 경험하는 것은 이러한 관계들 가운데서이다. 그리고 우리가 하나님을 만나는 곳은 바로 여기에서이다. 우리를 만나시는 하나님은 "타자를 위한 분"이며, "우리를 위한"(pro nobis) 분이시다. 옥중의 기록들은 그것을 이렇게 표현한다.

"하나님에 대한 우리의 관계는 상상할 수 있는 최고, 지대(至大), 최선

---

38) D. Bonhoeffer, *The Communion of Saints* (New York: Harper & Row, 1963), pp. 36-37.

의 존재에 대한 "종교적인" 관계가 아니다 … 하나님에 대한 우리의
관계는 예수의 존재에 대한 참여를 통한 "타자를 위한 실존" 속에서
의 새로운 삶이다. 무한하고 도달 불가능한 과제가 초월이 아니라, 주
어진 상황에서 가까이에 있는 이웃이 초월이다 … 인간의 모습을 취
하신 하나님 … "타자를 위한 인간", 따라서 십자가에 달리신 자, 초월
적인 것에 의해서 살아가는 인간." [39]

본회퍼는 여기에서 기독교적 영성과 윤리로부터 모든 내세성
(other-worldliness)을 추방시키는 것과 똑같이, 하나님과의 관계를 인
간과 자연 부분과의 우리의 관계와는 다른 영역으로 설정하는 어떤
기독교윤리학도 거부하고 있다. 거기에는 하나의 세계가 있고, 그
것은 이미 하나님 안에 있다. 하나님 안에서의 현실(reality-in-God)의
상관적인 성격은 본회퍼의 책임 이해를 위해서 결정적인 것이다.
"나(I)는 오직 당신(Thou)과 더불어 발생한다. 책임은 요구에 따르는
것이다." [40] 현실은 이러한 방식으로 구성된다.

그러나 이것이 무엇을 의미하는가? 암시한 바와 같이, 그리스도
안에서의 하나님의 현실과 세계의 현실의 일관성은 본회퍼로 하여
금 도덕적인 행동을 같은 것의 두 가지 방식으로 논의하게 이끈다.
"그리스도에 대한 일치", "현실에 적합한" 행동 또는 "현실을 합당
하게 존중하는" 행동. [41] 이와 같이 윤리학의 방법은 다음과 같은 방
향을 따라 구성된다. 결단에 직면한 그리스도인은 우선 "그리스도

---

39) 'Outline for a Book', in Bonhoeffer, *Letters and Papers from Prison*, pp. 381-382.
40) Bonhoeffer, *The Communion of Saints*, p. 33.
41) Bonhoeffer, *Ethics*, p. 241.

는 세상에서 어떤 형체를 취하는가?" 또는 본회퍼가 자주 표현하는 바와 같이 "오늘 우리에게 그리스도는 누구인가?"라는 질문에 대해 응답함으로써 "나는 무엇을 해야 하는가?"라는 질문에 대해 응답한다. 방법은 이러한 방식으로 쉽게 진술될 수 있을 것이다. 첫 번째 질문은 "여기에 진정으로 현실적인 것은 무엇인가?"이며 그리고 두 번째 질문은 "내편에서 어떤 행동이 이 현실에 적합한 것인가?"이다.

본회퍼가 그리스도 안에 있는 세상(world-in-Christ)과 현실을 동일시하기 때문에 문제는 동일하다. 이와 같이 그는 솔직하게 말한다. "기독교윤리학은 그리스도 안에서 주어진 신적인 현실과 우주적인 현실의 세계에서의 실현에 대해서 탐구한다."[42]

첫째로 그렇다면 책임은 한 인간의 삶 자체에 대한 기본적인 응답(answering _Verantwortung)[43]이며, 관계 속에서와 관계에 의해서 구성되는 삶에 대한 자신의 삶의 기본적인 응답이다. 책임은 모든 특별한 행동들과 특수한 책임들에 영향을 미치는 전반적인 삶의 지향이다. 본회퍼의 용어를 사용하자면, 책임은 "하나님과 우리의 이웃의 요구에 대한 인간의 전면적이며 현실적인 응답이다."[44] 이러한 "전면적이며 현실적인 응답"은 하나의 정의로서 일반적인 것이라고 하더라도, 본회퍼에게 있어서는 추상(抽象)적인 것이 아니다. 책임은 구체적인 것이며, 상관적(relational)이며 상황적(contextual)인 것으로 묘사될 수 있는 윤리학의 주요 부분이다. 즉, 현실은 하나이고,

---

42) ibid., p. 195.

43) 독일어로 Antwort는 "대답"이라는 뜻이며, Verantwortung은 "응답"으로서의 책임이다.

44) Bonhoeffer, *Ethics*, p. 245.

그것은 역동적인 것이며 하나의 역사를 가지고 있다. 그리스도가 어제, 오늘 그리고 영원히 동일하신 분이지만, 세상에서의 그리스도의 형상은 시대에 따라, 상황에 의해서 그리고 문화에 의해서 달라진다. 초기 본회퍼의 말을 인용하자면, 기독교윤리학은 "역사의 문제"이며 "땅의 소산"이다.[45] 윤리적인 것 그리고 그것과 더불어 책임은 특정한 시간과 장소와 결부되어 있다.

그러한 것으로서 도덕적인 분별은 지속적인 요구사항이다. "말할 수 있고 말해야 하는 것은 단번에 무엇이 선이냐가 아니라, 여기에서 지금 그리스도가 우리 가운데서 형태를 취하시는 방식이 무엇이냐는 것이다."[46] 우리는 항상 본회퍼가 제기하는 것과 같은 "오늘 우리에게 그리스도는 누구인가?"라는 질문을 제기해야 한다. 이러한 질문을 제기하는 것 – 그리고 대답하는 것 – 은 기독교 공동체의 삶에 집중하는 것을 의미한다. 그리스도가 지금 우리 가운데서 취하는 형태에 대한 통찰을 얻고 넓은 세계를 위해 말하는 것과 거기에서 책임을 행사하는 것은 그 공동체의 책임이다. 신학적인 통찰을 넘어서 도덕적인 분별은 그리스도인이 그 안에서 결정하고 행동하는 상황에 대한 전문적인 경험적 지식을 의미한다. 도덕적인 신빙성과 권위는 계속 변화하는 결단의 상황에 대한 충분한 전문적인 지식을 요구한다. 본회퍼는 "세상에 대한 교회의 말"에 대해서 쓴 적이 있다.

"세상에 대한 교회의 말"은 그것이 권위적인 것이라면, 세상에 대한

---

45) 1929년 바르셀로나(Barcelona)에서 행한 'Basic Questions in Christian Ethics'에 관한 본회퍼의 초기 강의에서 따온 것이다. Bonhoeffer, *Theologie Gemeinde*, p. 56으로 출판되었다.

46) Bonhoeffer, *Ethics*, p. 245.

가장 깊은 지식으로부터 현재의 실재 안에 있는 세상과 만나야 한다. 이러한 지식으로부터 교회는 여기에서 그리고 지금 가장 구체적인 방식으로 … 하나님의 말씀을 말할 수 있어야 한다. 교회는 무시간적인 원리를 설교하지 말아야 하고, 유효한 것, 즉 오늘 우리에게 유효한 계명들만을 설교해야 한다. 우리에게 하나님은 "항상" 오늘의 하나님이다."[47]

"우리에게 하나님은 '항상' 오늘의 하나님이다" - 기독교윤리학의 상관적이며 상황적인 성격을 진술하는 데 있어서 이보다 더 간명한 방식은 거의 없다. 그것은 이중적인 의미에서 상관적이며 상황적이다. 그리스도인들은 특별한 신학적 상황에서, 즉 그리스도 안에서 화해된 세계로서의 현실에 대한 관점을 가지고서, 결단을 수행한다. 특별한 (그리고 변화하는) 역사적 상황에서 결단이 이루어진다. 그리스도의 현재적인 형태에 부합하는 행동을 분별하는 지식은 필요 불가결한 것이다.

## 3 ) 위임들

지금까지 언급한 것을 가정한다면, "여기에서 그리고 지금"(here and now) 그리스도가 어떤 형태를 취하느냐는 논리적인 질문은 "거기에서 그리고 그때"(there and then)의 그리스도의 형태와 분리시키지 않느냐는 것이다. 따라서 본회퍼의 상관적, 상황적 윤리가 각 윤리

---

47)D. Bonhoeffer, *No Rusty Swords: Letters, Lectures and Notes, 1928-1936, Collected Works of Dietrich Bonhoeffer,* vol. I (New York: Harper & Row, 1965),pp. 161-162.

적 결단을 사례 자체로 옮기고, 그 결과 윤리를 상대주의적이며 원자적인 것으로 옮겨놓지 않느냐는 것이다. 대답은 "그렇지 않다"는 것이다. 본회퍼의 『윤리학』 초고에서 논의한 것 가운데 몇 가지 요소는 시대를 초월하여, 사회와 문화에 따라 책임이 어떻게 구성되느냐를 보여주는 데에 충분할 것이다.

우리는 이미 그 가운데 하나를 다루었다. 그는 미완성 초고에서 "자연적인 삶은 형성된 삶이다"라고 쓰고 있다.[48] 그리스도 안에서 하나님이 삶으로 들어오시고, 삶을 타자의 삶을 섬기는 데에 두시고, 삶을 "그 자신의 치료자"(physician)에게 맡겨두셨기 때문에, 자연적인 삶은 형성된 삶이다. 진행 중인 성육신을 통하여, 자연적인 삶은 "궁극이전의 것"(penultimate) 이 된다. - 이 삶은 우리 앞에 있는 삶이지만, 그리스도에게 개방되어 있는 삶이다. 궁극이전의 것은 궁극적인 것(그리스도 안에서 화해된 현실)을 지향한다. "자연적인 삶"은 있는 그대로의 자연이 아니라, 예컨대 시간과 공간에 걸쳐 있는 보편적인 도덕적 요구와 의무들에 대한 대화를 분별하는 현재 진행 중인 공동생활이다. 본회퍼가 인간의 복지에 대한 삶의 요구들 가운데 하나의 표현으로서 인권을 말하는 것은 바로 이러한 맥락에서이다. 본회퍼가 자연적인 삶의 권리를 인간의 본성에 관한 계몽주의 교설에 근거를 두지 않는 반면에, 그는 그러한 권리를 보편적인 권리로서 삼으려는 계몽주의의 노력에 대해서는 긍정한다. 다른 권리의 실현을 위한 기초로서 신체적 권리에 대한 그의 주장은 특별히 흥미롭다. "신체성과 인간의 삶은 불가분 결합되어 있다"[49]고 그

---

48) Bonhoeffer, *Ethics*, p. 149.
49) ibid., p. 156.

는 말한다. 우리는 우리의 신체들이며, 우리 자신들이다.[50]

의심할 여지없이 나치즘의 현실이 여기에서 크게 나타난다(보편적인 권리에 대해서 말할 때에라도, 본회퍼의 윤리는 항상 구체적이며 상황적이라는 것을 기억하라). 나치의 인종차별주의 이데올로기에 대한 인간적 신체의 완전한 종속은 본회퍼의 편에서 고문, 자유의 박탈, 강간 그리고 안락사와 임신중절의 대부분의 경우에 대한 어떤 정당화에도 반대하는 응답을 이끌어낸다.

"위임들"은 그의 상관적, 상황적 윤리에 있어서 도덕적 책임을 구성하는 다른 사례이다. 그것 역시 궁극이전의 것과 궁극적인 것에 있어서의 현실의 하나됨에 대한 본회퍼의 주장을 반영한다. 전자는 우리의 책임의 방향을, 후자는 하나님의 행동을 나타낸다.(그리스도 안에서 화해된 세계). 우리는 획일적으로 원자화된 사건들이나 관계 안에 태어나지 않았다. 오히려 우리는 "위임들" 안에서 형성되었다. 위임들이란 가족, 경제생활, 시민권과 국가, 교회, 우정의 동아리 등과 같은 공동체 구조들이다. 자연적인 삶과 궁극이전의 것의 한부분으로서 그 나름의 과정을 달려가는 이러한 사회 구조들에 있어서의 그러한 형성은 우리를 타자와 함께 그리고 타자를 위한 존재(be-with-and-for-ethers)로 몰고 나아간다. 그러므로 우리는 출생으로부터 죽음에 이르기까지 공동생활의 요구사항들을 반영하는 의무, 기회, 책임으로 가득 찬 협동생활 가운데서 살게 된다. 이러한 요구 사항들이 실천될 때, 책임은 학습되고 실행된다. 기본적인 도덕적 형성은 이러한 방식으로 발생하며, 도덕적 생활 자체의 상당 부분이 감시되지 않고 무의식적인 방식으로 영위된다. 그것은 좋은 친구, 배

---

50) ibid., p. 183.

우자, 시민, 교인, 고용자나 피고용자가 되는 것에 의해서 발생한다. 본회퍼가 "삶에 대한 허락"(permission to live)으로서의 하나님의 계명이라는 항목 하에 이러한 삶의 질서에 대해서 말하는 『윤리학』의 부분에서, 그는 그러한 공동의 준비가 허용되어 있다고 말한다.

> "하나님의 계명은 삶의 흐름이 자유롭게 흘러가도록 허락한다. 그것은 인간에게 먹고, 마시고, 자고, 일하고, 휴식하고, 노는 것을 허락한다. 그것은 그 점에 대하여 방해하지 않는다. 하나님의 계명은 인간이 자고, 먹고, 일하고, 놀아도 되는지 또는 인간이 더 긴박한 의무들을 가지고 있는지에 대하여 지속적으로 묻지 않는다. 동기의 순수성에 대한 자학적인 … 질문, 자기 자신에 대한 의심스러운 관찰, 눈에 거슬리며 피곤하게 하는 부단한 의식의 빛, 이 모든 것은 자유를 허락하고 행동하게 하는 하나님의 계명과 아무런 관계가 없다."[51]

현실의 이러한 구조화되고 공동적인 질서는 정적인 것이 아니다. 사실상 본회퍼는 "창조의 질서"(orders of creation)와 "보존의 질서"(orders of preservation)에 관한 루터 윤리의 가르침에 의식적으로 반대하여 "위임들"이라는 말을 선택했다. 후자는 독일의 신학자들에 의해서 나치가 전유할 수 있었고 또 전유했던 독일인의 삶의 방식에 이롭게 하는 보수적인 방식으로 사용되었다. 전통적인 가족의 가치관의 영역에서 예컨대 자녀(Kinder), 부엌(Küche), 교회(Kirche)는 독일 민족에 대한 여성들의 공헌을 지정해 주었다. 오히려 위임들은 역동적인 형태들이며, 책임에 형태를 주고 도덕적인 형성의 수

---

51) ibid., p. 283.

단으로서 행동하게 하는 시간과 공간의 구조들이다. 진정으로 그들을 규정하는 것은 불변하는 "질서들"의 연속성이 아니라 서로를 위해 존재하기 위한 우리의 실존의 구조화이다. 그들이 이것을 행하지 않을 때, 그들은 더 이상 하나님의 위임들이 아니다.

본회퍼는 그러한 실패에 대해서 알고 있었다. 그는 국가가 더 이상 위임받은 목적에 봉사하지 않고 생명의 이름으로 전제적이고 치명적이며 우상화하는 죽음으로 돌변할 때 살았다. 이와 같이 공동체 안에서의 삶의 정상적인 의무로서의 책임에 대한 그의 사상은 권리와 자연적인 삶 또는 위임들에 대한 논의에서 끝나지 않는다. 예외적이며 한계 상황의 사례로서의 윤리적인 돌파의 특수한 사례도 있다. 그는 이것을 "자유로운 책임의 행동"으로서 논의한다.

### 4 ) 자유로운 책임의 행동

"시대들 사이의 시대," 역사에서의 획기적인 변환의 시대, 평범한 구조들과 도덕적인 패턴들이 더 이상 유지되거나 잘 작동되지 않는 시대에는 특별히 "자유로운 책임"이 필요하다. 그러한 행동은 용감한 모험을 착수하며 익숙한 경계를 넘어서는 동시에 세상(현실) 안에서의 그리스도의 형상을 따른다. 공모에서 책임을 져야 할 필요성에 대한 자신의 경험을 성찰하면서, 본회퍼는 역사의 과정에서는 "국가의 형식적인 법에 대한 정확한 준수가 … 갑자기 사람들의 삶의 불가피한 필연성과 격렬한 갈등을 일으키게 되는" 지점에 도달하게 된다고 쓴다. 이 지점에서, "책임적이며 적절한 행위는 그 배후에 원리와 인습의 영역, 정상적인 것과 규칙적인 것의 영역을 남겨두고, 궁극적인 필연성의 비범한 상황, 어떤 법도 통제할 수 없는 상황에 직면하게 된다."[52]

「10년 이후」(After Ten Years)로 시작되는 크리스마스 에세이는 이에 대한 신랄한 논의를 하고 있다. 본회퍼는 처음에 개인적인 소원과 이상들을 그들이 요구받는 과제들에 기꺼이 종속시키는 것과 더불어 독일인들의 용기와 자기 희생에 대해서 말한다. 그는 이것이 굴종과 두려움의 문제가 아니라 자유롭게 바쳐진 순종 속에서 이러한 과제들과 직업에서의 참된 소명감의 문제라고 말한다. 널리 행해지는 이 윤리에서 "소명과 자유"는 사실상 "동일한 것의 양면"이다.[53] 그러나 독일인들은 그러한 자발적인 희생이 악한 목적을 위해서 남용될 수 있다는 것을 충분히 이해하지 못했다. "의무의 인간은 결국 악마에 대한 그의 의무 역시 수행하지 않으면 안 된다"고 그는 말한다.[54] "근본적인 것을 결여하고 있는" 독일인들은 "[그들의] 과제와 소명에 대립될 때에라도, 자유롭고 책임적인 행동을 위한 필요성"을 이해하지 못했다. 그러한 대립적이며 위반하기 쉬운 시민적인 용기는 "자유로운 인간들의 자유로운 책임성에서 생길 수 있는 것이다."[55]

위임들은 시대를 넘어서 사회 속에서의 책임에 형태를 부여해주는 공동체의 역동적인 질서이다. 그들은 한편으로는 윤리적인 것을 지나치게 부담시키지 않고, 다른 한편으로는 도덕적인 생활을 원자화시키지 않고 삶을 "자유롭게 흐르게" 한다. 하지만 위임들은 궁극적인 것(하나님 안에 있는 세상으로서의 현실)의 관점에서 궁극이전의 것

---

52) ibid., p. 238.
53) 'After Ten Years', in Bonhoeffer, *Letters and Papers from Prison*, p. 6.
54) ibid., p. 5.
55) ibid., p. 6.

(가까운 책임들로서)이다. 그들이 나치국가가 행한 바와 같이 생명의 육성과 보호에 대한 배려에 실패하고 오히려 그와는 반대 방향으로 나아갈 때, 그들은 더 이상 하나님의 위임들이 아니고, 그들은 개혁되어야 한다. 그렇게 하는 것이 다음을 요구할지도 모른다. 즉, 현재의 굳혀진 사회적 제도와 관습에 반대되는 자유로운 책임의 행동의 특별한 사례가 그리스도 안에서 마주보는 현실로 이해되는 삶에 대해 일격을 가한다.

이와 같이 "우리가 이 기간 중에 공동으로 경험하고 배웠던 것"[56]은 자유로운 책임에 대한 발견과 하나님 - 그의 구체적인 명령은 자유, 허용, 살아갈 자유이다 - 이라고 본회퍼는 그의 친구들에게 쓴다. 그는 단지 추가 표현으로 그것이 하나님에 대한 발견이라고 덧붙여 말한다. 모험적이며 인기 없는 자유로운 책임의 행동에서 죄책감을 초래하는 사람들에게 하나님의 약속은 용서이며 위로이다.

나는 『윤리학』을 위한 본회퍼의 초고들을 모두 개관하지 않았고, 또한 그가 『윤리학』에 제시했던 중단된 기간들 전후에 발전시킨 책임의 주제를 추적하지 않았다. 그 대신에 나는 서양에서 완전히 새로운 기초 위에 세워진 기독교윤리학이 필요하다는 확신으로 인도한 상황, 역사, 시대의 표징을 제시하려고 노력했다. 그리고 나는 새로운 근거가 하나님 안에서 화해된 세계로서의 현실을 제시하는 데에 있다고 말하려는 본회퍼의 노력을 스케치하려고 시도했다. 여기에서 그의 표현은 그가 알고 있었던 기독교윤리학의 전통과 세속적인 계몽주의의 주권을 가진 자아(Sovereign Self)에서의 도덕적 중심을 파괴한다. 나는 이 새로운 윤리학을 위한 중심적 윤리적 개념에

---

56) ibid., p. 3.

대한 그의 사상을 따라가는 길로서 책임의 주제를 추적하려고 노력했다. 우리가 단지 본회퍼로부터 『윤리학』을 위한 핵심 개념과 방향들의 초안만을 가지고 있다는 것은 사실이다. 그럼에도 불구하고 본회퍼의 노력들은 성과 있게 남았고 우리에게 시사하는 바가 많다. 우리에게 필요로 하는 것이라고 그가 생각한 것은 여전히 요청된다. - 새로운 책임의 내용과 단일하고도 집단적인 인간 능력으로서 세상에서 그것을 위한 제노 - 이와 같이 본회퍼가 그의 친구들에게 던졌던 질문이 우리의 질문이 되는 것처럼 본회퍼 앞에 있던 과제는 우리 앞에 있는 과제로 남는다. "책임적인 인간이 제기해야 할 궁극적인 질문은 그가 어떻게 사건으로부터 영웅적으로 벗어날 수 있느냐는 질문이 아니라, 다음의 세대가 어떻게 살아갈 수 있느냐는 질문이다. 오직 역사에 대한 책임을 갖는 이러한 질문으로부터 성과 있는 해결책들이 제시될 수 있다."[57]

---

57) ibid., p. 7.

# 12. 성인된 세상에서의 기독교

피터 셀비(Peter Selby)

종교의 종말? 인간의 자율 윤리적 행위와 하나님의 고난

우리는 인류 역사에서 사람들이 이렇게 그들의 발아래 디딜 땅이 거
의 없었던 적이 있었는가를 질문해도 좋을 것이다.[1]

한 저자의 가장 널리 알려진 글들이 검토하기가 가장 어렵다는
것을 발견하는 것은 흔한 일이다. 친근감은 본문에 대한 자기 나름
의 "읽기"를 만들어내고, 독자들은 이미 그 중심적 내용이 무엇에

---

1) D. Bonhoeffer, *Letters and Papers from Prison: The Enlarged Edition* (London: SCM, 1971), p. 3.

해당하는지를 알며, 그 본문이 그들에게 개인적으로 던져준 충격에 대해서도 분명히 안다. 디트리히 본회퍼의 초기 본문들과는 달리, 『옥중서신』[2]은 그를 더 깊이 연구하기를 원하는 많은 사람들의 삶에 자리를 잡고 있다. "성인된 세상", "종교적 선험" 그리고 "비종교적 기독교"와 같은 환기시키는 말들의 고향이 바로 『옥중서신』이다. 그러므로 현대 세계의 변화된 사고 유형들을 참작하여 기독교 신앙을 해석하는 그들의 의세에 대한 본회퍼의 지지를 추구하는 사람들이 발견한 것이 바로 『옥중서신』이다.

이러한 신학적 탐구들 한가운데에는 "십자가상에서 세상 밖으로 밀려난"[3] 하나님의 존재에 대한 언급과 같은 크게 환기시키는 내용을 가진 다른 말들이 있다. 그 말들은 본래 다음에 오는 수많은 신자들의 헌신에 쓰임을 받도록 제공된 것이었다. 또한 여기에는 특수한 한 사람이 불확실하고 불안을 주며 사기를 꺾어 놓을 소지가 있는 투옥의 상황에서 살아남는 방식에 대한 통찰과 더불어 완전히 참여하는 인간 역사가 있다. 우리는 그가 사랑했던 것과 음악에 대한 약간의 애호, 그가 동경했던 삶의 형태 그리고 어떻게 그가 처한 상황에서 느낀 강렬한 고독을 이겨냈는지에 대해서 배운다. 서간문들의 중심에는 독자들이 신학에 대한 특별한 관심이 없다고 하더라도, 독자들(그가 결코 상상하지도 못한 독자들)을 참여시키기에 충분한 능력을 갖춘 마음이 따뜻한 한 인간 존재, 삶을 정열적으로 사랑하

---

2) 이 장에 나오는 『옥중서신』으로부터의 인용문들은 모두 위의 책(ibid.)에서 따온 것이다. 이 책은 영어판 초판(London: SCM Press, 1953)의 증보(增補)이며, 『저항과 순종』(*Widerstand und Ergebung: Briefe und Aufzeochnungen aus der Haft,* Munich: Christian Kaiser Verlag, 1970)을 번역한 것이다. 내가 그 번역에 포함되어 있는 언어를 만들지 않았다.

3) Bonhoeffer, *Letters and Papers from Prison*, p. 360.

는 한 사람이 있다. 우리는 이제 본회퍼가 약혼자 마리아 폰 베데마이어(Maria von Wedemeyer)와 나눈 편지들을 통해 사람을 가만히 두지 않는 이 사람에 관한 이야기의 또 다른 측면에 접근하게 되었다. 그 결과 본회퍼의 약혼자도 점차 감명적으로 분명한 모습으로 나타나게 되었다. 『감방 92호로부터의 사랑의 편지들』(Love Letters from Cell 92)[4]이 출판되기 전에, 그녀는 『옥중서신』에서 부록인 「옥중으로부터의 다른 편지들」(The Other Letters from Prison)[5]에서 매우 절제된 말로 편지를 썼던 한 사람으로 나타났지만, 그들의 서신 왕래에도 불구하고, 그 내용은 『옥중서신』에서는 배제되었다.

오늘날의 신학적인 의제(이 장의 주요 관심사)에 대한 본회퍼의 공헌에 대한 관심을 추구하는 사람들에게 있어서 그 편지들이 항상 그러한 관심을 염두에 두고 읽혀져서는 안 된다는 것을 깨닫는 것이 중요하다. 영어판 제목은 독일어 판의 부제, 「옥중서신」을 뜻하는 Briefe und Aufzeichnungen aus der Haft를 그대로 번역한 것이다. 1970년 출간된 독일어 판의 원제는 제3제국(Third Reich)의 독특하게 가공할 만한 상황에서의 그리스도인의 제자직(Christian discipleship)과 『저항과 순종』에 대한 요구의 모델로서의 본회퍼의 공헌에 대한 주요 관심사를 나타내는 『저항과 순종』(Widerstand und Ergebung)이었다. 「사랑의 편지들」이라는 칭호를 가진 별권으로서의 본회퍼와 그의 약혼자 사이의 서신 왕래의 출판은, 나름대로 『저항과 순종』의 편집자가 전망한 것과는 완전히 다른 어딘가에 독자의 관심이 있을 것

---

4) D. Bonhoeffer and M. von Wedemeyer, *Love Letters from Cell 92* (London: HarperCollins, 1993).

5) Bonhoeffer, *Letters and Papers from Prison*, pp. 412-419.

이라고 생각한 편집자들의 방향을 나타낸다는 것을 인식해야 할 것이다.

그의 사후로 불과 50년만에 색다른 "읽기들"의 범위가 생긴, 한 사람으로서의 본회퍼에 대한 인식은 지속적인 신학적 토론에 대한 그의 공헌을 현대적으로 평가하려고 시도하는 사람들에게 일종의 경고가 될 것이다. 과거의 본회퍼 읽기에서도 두드러지게 나타난 관심들이 허다했고 다양했다. 이 장(章)의 주제로서의 "현대 세계에서의 기독교"의 선택은 옥중서신들이 신학적인 기여를 하거나 실제 성격상 "신학적"인 것으로서 간주되는 공헌의 형태에 대한 동의로 합의된 "현대 세계"가 출현했다는 것으로 속여서 생각해서는 안 된다. 우리가 검토한 바와 같이, 「옥중서신」의 영향력의 대부분은 가장 많은 비판을 받아왔던 측면이 있다. 가장 많은 비판을 받아온 것은 그 미완의 성격, 종종 서두르는 듯하며 응축된 언어, 몇몇 핵심 용어들에 대한 정의의 결핍 그리고 심오하고도 애타게 하는 성찰들이 답변되지 않은 채로 남겨둔 질문들이다.

『옥중서신』에 대한 도발적인 논평을 열광적으로 반기는 사람들에게서는 종종 용두사미(anti-climax)의 감정과 같은 것이 있다. 영어를 사용하는 세계에서 본회퍼가 불가피한 영향력이 된 기점은 1963년의 로빈슨(John A. T. Robinson)의 『신에게 솔직히』(Honest to God)의 출판이었다. 만일 청중이 본회퍼에 대해서 전혀 들어본 적이 없고, 주로 경건 문학의 목적을 위해서 해석된 책인『나를 따르라』의 저자로만 알고 있다면, 이것은 그 시대의 자유주의 기독교의 필요에 부합한 것처럼 보이는 용어들을 알게 되는 시점이 되었을 것이다. 로빈슨 자신은 그가 인용한『옥중서신』으로부터의 발췌들과 그가 통용시킨 구절들이 본회퍼의 신학 전체에 대한 균형 있는 관점을 제공하지 않았다고 쓴다. 로빈슨은 이렇게 쓴다. "나는 전체로서의 본회퍼의 신학의 균형 잡힌 모습을 제공하려고 시도하지 않았다. 나는 그 신학의 최종적인 개화, 『옥중서신』이 그에게 의미했던 것에 대한 찬사에만 집중했기 때문에 그렇게 할 수 없었다."[6] 그러한 첫 번째 자극은 다른 많은 사람들이 그러했던 바와 같이 그로 하여금 본회퍼의 초기 작품들, 특히 『그리스도론』(Christology)으로 돌아가게 했다. 로빈슨이 『신에게 솔직히』를 출판한 이후, 10년 뒤에 그 자신의 그리스도론적 탐구인 『하나님의 인간적 면모』(The Human Face of God)를 출판했다.[7] 거기에서 그는 그리스도의 인격에 대한 이해, 특히 그리스도의 완전한 선하심(perfect goodness)의 전통에 대한 이해를 가지고 고심하면서, 본회퍼에게서 동질의 정신을 인식한다. 그가 본회퍼의 해결책을 성공적인 것으로 발견하지 않았다고 할지라도, 『신에게 솔직히』라는 작품에 나타난 것보다 그의 사상의 범위 속으로 더 깊이 파고들었다.[8]

로빈슨에게 있어서 본회퍼의 초기 저작에 대한 검토는 『옥중서신』을 처음으로 알게 된 이후 본회퍼의 유산을 더욱 폭넓게 읽은 많은 사람들이 행한 것을 검토한 것이었다. 즉, 그것은 그들이 남겨놓은 수많은 해결되지 않은 문제들을 강조한 것이었다. 왜냐하면 편지들의 가장 환기시키는 언어에서 암시한 것이 처음에 제시한 것

---

6) J. A. T. Robinson, *Honest to God* (London: SCM Press, 1963), p. 36, n. 1.

7) J. A. T. Robinson, *The Human Face of God* (London: SCM Press, 1973).

8) 예컨대, 그는 "그의 육신 속에도 하나님의 뜻에 반대되는 율법이 있었다"는 본회퍼의 관찰을 인용한다. 그리고 긴 각주에서 본회퍼의 다음과 같은 강력한 진술을 이어간다. 예수는 "완전하게 선한 사람(good man)이 아니었다. 그는 지속적으로 투쟁에 참여했다. 그는 외적으로는 때때로 죄처럼 보이는 것들을 행했다." 그러나 로빈슨은 예수의 행동은 자신은 결백한 것이라고 하더라도 죄스러운 것일 수 있다는 이러한 역설에 대한 본회퍼의 해결책을 성공적이지 못한 것으로 간주한다. ibid., pp. 93f., n. 125.

처럼 보였던 근대성의 일관된 긍정이라기보다는 다른 방향을 지적하는 것으로 드러났기 때문이다. 세속적 기독교의 사도는 현저하게 그 중심적인 교리적 유산에 귀착하는 것으로 드러났다. "비종교적 기독교"로서 찬미를 받게된 이 주인공은 분명하게 경건과 헌신의 전통에 몰두했고, 그로 인해 그는 엄청난 지지를 얻었고 일생동안 영적인 형성의 음성을 울려 퍼지게 했다. 인간의 자율과 세속적인 힘을 옹호한 이 결정적인 주창자는 자신의 삶을 바라시는 그리스도의 요구에 대한 순종의 길을 끊임없이 모색했다. 그리고 불경한 세계의 손에서 고난을 당하시는 하나님의 운명에 동참하기로 결심한 제자인 본회퍼에게게서는 그들의 신앙을 위하여 기꺼이 고난을 당하고 죽고자 하는 사람들에게 특징적으로 나타나는 삶에 대한 경멸과 그 아름다움 그리고 기쁨의 조짐이 조금도 보이지 않았다.

이러한 명백한 분리(disjuntions)에 대해 설명하는 것이 이 장의 의도는 아니지만, 반대로 우리시대의 인류에게 『옥중서신』을 말하기 위하여 디트리히 본회퍼의 지속적인 능력의 표징으로서 그것을 파악하는 것은 이 장의 의도에 속한다. 요약해서 말하자면 여기에서 출발하고자 하는 논점은 『옥중서신』을 통한 본회퍼의 결정적인 공헌이, 한편으로 그가 감히 "종교"의 시대로부터 인류가 벗어나는 것을 보았고, 다른 한편으로 해방과 역사적 발전을 그리스도 안에서 계시된 하나님의 목적에서 나온 활동으로 보았다는 사실에 있다. 그러므로 제자직(discipleship)은 세상에 대한 적응(accommodation to) 없이 진정으로 세속적(worldly)이 될 수 있고, "하나님이 요구하시는 바와 같이, 하나님 없이 하나님 앞에"(before God, without God) 사는 것을 포함했다. 정확히 말해서 하나님이 십자가상에서 세상 밖으로 밀려나심에도 불구하고가 아니라, 하나님이 십자가상에서 세상 밖으로 밀려나심으로서 그리스도는 중심에 서게 되었다. 간단히 말해서 "성인세대"라고 일컬어지는 사상의 발전은 정확하게 그리스도가 세상에 대한 적응 없이 세상에 현존함 속에서 그것을 표현하는 것과 같이, 인류의 전체 운명을 다시 얻는 부분으로서 보여질 수 있고, 그 운명이 어떤 것일 수 있느냐는 기독교적 비전의 부분으로 보여질 수 있다. 그리고 마지막으로 본회퍼는 그 자신과 다른 사람들의 교회투쟁과 히틀러에 대한 저항에의 참여를 세상에서 책임적이 되는 인류의 소명에서 나온 활동으로서, 무엇보다도 말할 권리를 박탈당한 사람들의 목소리가 되기 위하여(잠언 31:8) 말하는 능력을 사용하면서 돌진한 것으로서 이해할 수 있었다. 이와 같이『옥중서신』이 읽혀진 서로 다른 방법의 엄청난 다양성은 그 모호성이나 모순으로부터 생긴 것이 아니라 너무 자주 불연속적 또는 모순적인 것으로서 보여진 근대성에 대한 기독교의 참여를 결합시키는 비범한 능력에서 생긴 것이다.

우리가『옥중서신』의 주요 주제들을 검토하기 전에, 요즈음 많이 통용되고 있는 "근대성 이후"(=포스트 모더니티, post-modernity)라는 용어와 구별 짓기 위해 이 장에서 사용되는 "근대성"이라는 용어에 대해서 정리해 두어야 한다. 본회퍼는 그의 감옥 성찰들에서 인류 사상에 있어서의 주요 발전이라고 보는 것에 대해, "종교"의 시대의 지나감에 대해, 그리고 우리시대의 기독교의 의미를 위해서 함축하고 있는 질문에 대해 몰두하고 있었다.

"1900년의 역사를 가진 우리 기독교 전체의 설교와 신학은 인류의 "종교적 선험"(religious a priori)에 의존해 왔다. "기독교"는 항상 "종교"의 한 형태 - 아마도 참된 형태 - 를 지녀왔다. 그러나 언젠가 이 선험이 전혀 존재하지 않으며, 역사적으로 제약된 것이며, 인간의 자기 표현의 덧없는 형태라는 것이 명백해진다면 그리고 인간이 비종교 적이 된다면 - 나는 다소 그러한 사태가 이미 왔다고 생각한다. (이 전쟁 이 이전의 모든 전쟁과는 달리 어떤 "종교적인" 반응을 일으키지 않으리라 는 이유가 어디에 있는가?) - 이러한 사태는 "기독교"에 대해서 어떤 의 미를 가지고 있는가? 그것은 현재 우리의 '기독교'를 형성한 전체로 부터 기초를 빼앗아 간다는 것을 의미하며, 소수의 "기사(騎士) 시대 의 최후 생존자들"이나 지성적으로 불성실한 사람들만을 "종교적으 로" 대할 수 있다. 그들만이 선택받은 소수인가? 우리는 이 소수의 의 심스러운 사람들에게 열심과 적대감 또는 분노를 느끼면서도 우리를 맡기고, 우리의 보물들을 팔아버려야 하는가?" [9]

그의 판단이 너무 날카롭다고 생각하고, 세상에서의 종교의 현재 상황을 보더라도 종교의 종말에 대한 그의 선언이 지나치게 단순화 되었다고 생각할지라도, 그의 질문은 기독교신앙에 대한 그의 헌신 의 축소와 그의 동시대인들에 대한 의사소통의 감소를 나타내고 있 다. 이러한 진단 이후 뒤따라오는 질문은 "어떻게 그리스도가 종교 없는 사람들의 주님도 되는가?"라는 질문이다. 기독교의 "비종교 적" 형태의 가능성에 대한 그의 질문은 논쟁적이라고 할지라도 - 사 실상 그가 요청한 것이 성서적 개념들에 대한 비종교적 해석이다 - 바로 그러 한 관심에서 나온 것이다.

1944년 4월 30일자 편지로부터 이 인용문은 본회퍼가 그의 감방 에서 일으킨 열정을 그렇게 표현하며, 그가 관심을 가지는 "근대성"

---

9) Bonhoeffer, *Letters and Papers from Prison*, p. 280.

에 대해서 정의한다. "근대성 이후"(post-modernity)라고 알려진 발전, 현실을 포괄하기 위한 개념적인 구조 또는 전반적인 이야기에 대한 탐색의 포기는 그의 관심의 영역에 들어오지 않는다. 그러나 그가 기독교의 모습에 관하여 말해야 하는 것은 근대성 이후에 의해서 제기된 문제들에도 똑같이 - 아마도 더욱더 많이 - 적용된다. 그가 주로 관심을 갖는 오늘날의 문화의 측면인 "종교"의 종말은 이제 우리가 관심을 갖게 될 주제이다. 우리가 보게 되는 바와 같이, 이것은 『옥중서신』이 독자들을 괴롭힌 가장 근본적이며 가장 알기 어려운 주제가 되어왔다.

## 종교의 종말 ?

본회퍼가 그 의미에 대해 제시한 가장 중요한 내용들 중의 하나는 1944년 5월 5일자 편지에서 밝힌 한 구절에서 드러나 있다. 거기에서 우리는 그가 불트만(Bultmann)의 신약성서 "비신화화"에 관한 논문과 그의 프로젝트를 대조한다는 사실에 의해서 도움을 받는다.

"그것에 대한 나의 관점은 많은 사람들이 생각하고 있는 것처럼 그가 "지나치게 진보적"이 아니라 오히려 충분히 진보적이 아니라는 것이다. 기적, 승천 등(그것들은 원칙상 하나님, 신앙 등과 같은 개념들과 분리될 수 없다)과 같은 "신화적" 개념들만이 아니라 일반적으로 "종교적인" 개념들도 문제시된다. 불트만이 생각하는 것처럼 하나님과 기적을 분리할 수 없지만, 이 두 가지를 "비종교적" 의미로 해석하고 선포해야 한다. 불트만의 접근 방식은 근본적으로 여전히 자유주의적인 것이다.(즉, 복음을 제한하고 있다). 반면에 나는 신학적으로 생각하려고 한다."[10]

이와 마찬가지로 그는 바르트와 거리를 두지만 그러면서도 바르트의 종교비판과 그의 프로젝트를 연결시킨다.

"바르트는 종교비판을 시작한 최초의 신학자였고 그것은 그의 위대한 공로로 남아 있다. 그러나 그는 그 대신에 사실상 "먹느냐 먹히느냐"를 말하는 실증주의적 계시론(positivist doctrine of revelation)을 제시했다. 동정녀 탄생, 삼위일체 또는 그 밖의 다른 것, 그 각각은 하나의 전체로서 받아들이거나 아니면 결코 받아들일 수 없는 중요하고도 필수적인 것이었다."[11]

바르트는 자신의 계시 실증주의(positivism of revelation)에 대한 본회퍼의 평가에 대해 분명 당혹했고, 1952년 11월 헤렌브뤼크(P. W. Herrenbrück) 노회장에게 보내는 편지에서 "그가 하늘에서만은 (교부들을 포함하여) 모든 천사들에게 나에 대해 이와 같은 표현으로 말하지 않기를 바란다"는 소망을 표했다.[12] 동시에 그는 본회퍼의 프로젝트에 분명 당혹했고, 그것을 불트만의 프로젝트와는 매우 다른 것이라고 보았다. 같은 편지에서 그는 이렇게 썼다.

---

10) ibid., p. 285.

11) ibid., p. 286.

12) J. A. Phillips, *The Form of Christ in the World: A Study of Bonhoeffer's Christology* (London: Collins, 1967), p. 253; 또한 *A World Come of Age: A Symposium in Dietrich Bonhoeffer*, ed. R. G. Smith (London: Collins, 1967), pp. 89–92에서도 발표되었다.

"개개의 문장들로 무슨 편지를 만들어 내든 … 편지들은 특별한 가시(thorn)이다. '비신화화'와는 달리 – 우리를 흥분시키게 하는 것은 우리 모두에게 유익할 수 있다. 이것은 일종의 영적인 불안(unrest)이다."[13]

이것이 "일종의 영적인 불안"이라고 하는 것은 본회퍼가 성서적인 명령과 현대인의 요구사항들이 비종교적 방식으로 말해야 하는 전적인 필요성에서 한데 결합되는 것으로 보는데 기인하는 것이다.

"종교가 하나님에 대해서 한편으로는 형이상학적으로 말하고, 다른 한편으로는 개인주의적으로 말한다면, 이들 가운데 하나는 [어떤 것도] 성서적 메시지에 또는 오늘날의 인간에게 적합하다 [적합하지 않다]. 개인적인 구원에 관한 개인주의적인 문제들은 이미 우리 모두에게서 사라져 버린 것이 아닌가? 우리는 그 문제보다 더 중요한 (사실 자체보다 더 중요한 것은 아니지만, 이 질문보다는 더 중요한) 것들이 있다는 인상을 가지고 있는 것이 아닌가? 나는 그것을 말하는 것이 아주 괴상하게 들릴 것이라는 것을 알고 있다. 그러나 실제로 이것이 성서적인 것이 아닌가? 구약성서에 자신의 영혼을 구원하는 문제가 나타나 있는가? 모든 것의 초점은 하나님의 의(義)와 그의 나라가 아닌가? 로마서 3장 34절 이하도 개인주의적인 구원의 교리가 아니라, 하나님만이 의롭다는 관점을 목적으로 한다는 것이 사실이지 않는가? 우리가 관심을 갖는 것은 내세가 아니라 창조되고 유지되며 율법에

---

13) ibid.

종속되고 화해되고 회복된 이 세상이다."[14)]

분명히 이와 같은 문장은 많은 질문들을 대답되지 않은 채로 남겨 둔다. 우리가 어떤 형이상학 없이 "창조되고 보존되는" 세계에 대해서 말할 수 있는가? 중요하게 되기를 중단할 수 없는 개인적인 구원의 주제는 어떤 의미에서 그 질문과 구별되어야 하는가? 그것은 어떤 것인가?

이런 주요 문제들이 아직까지도 분명하게 해결되지 않았다. 본회퍼의 언어는 의심할 여지없이 "자율적 이성의 자족함에 대한 그의 신뢰는 과학에 대한 신념의 신화와 결부되어 있는 숙명적인 환상이었다"는 한스 슈미트(Hans Schmidt)의 비난에 이르게 한다. 그러므로 그의 말들은 "추상적인 이성의 소망 없는 범위나 이차적인 정치적 주장들로 채워놓은"[15)] 인간을 포기할 수 있었다. 하지만 그러한 비난을 하는 사람도 다음 사실을 분명히 하지 않으면 안 된다.

"처음부터 거기에 있었던 본회퍼의 주도적인 관심은 해결되지 않았다. 거기에는 분별되어야 할 분명한 선(線)이 있다. 스스로를 해방시키는 사회에 대하여 ⋯ 하나님의 말씀은 세계가 변화되고 갱신될 수 있도록 한 번 더 선포되어야 한다. 궁극적인 것은 궁극이전의 것에 대하여 한 번 더 주장해야 한다."[16)]

---

14) Bonhoeffer, *Letters and Papers from Prison*, p. 286.
15) Smith, *A World Come of Age*, p. 241.
16) ibid., p. 242.

그가 살았고 여전히 살아가고 있었던 역사를 가정한다면, 본회퍼가 자유주의 신학과 스스로 거리를 두기를 원했다는 것은 별로 놀라운 일이 아닐 수도 있다. 그는 바르트의 공헌으로 인해 교회가 기존 문화에 흡수되는 것을 막는 데에 얼마나 본질적이었는가를 역시 알고 있었다. 에른스트 파일(Ernst Feil)이 자신의 연구서에서 말하는 바와 같이, 본회퍼는 왜 그가 바르트를 따랐는지를 잘 알고 있었다. 그러한 역사를 가정한다면, 더욱 주목할 만한 것은 자유주의 신학을 탄생시킨 근대의 문제들을 다시 다루는 모험을 감행하는 본회퍼의 각오이다. 그것을 진지하게 취하는 것이 수십 년 전에 그에 대한 "자유주의적" 읽기('liberal' reading)로부터 해방시키는 것을 의미했다고 하더라도, 그것은 본회퍼신학의 특별히 창조적인 부분을 대표하는 이중적인 "추구"이다. 파일(Feil)은 그것을 다음과 같이 표현한다.

> "일부 몇몇 사람들은 성인된 세상에서의 비종교적 기독교에 대한 본회퍼의 의견이 그 추종자와 반대자들이라고 하는 사람들 가운데 많은 이들이 믿는 바와 같이 그렇게 급진적인 것이 아니고 자극적(exciting)인 것도 아니며 확실히 까다로운(troublesome) 것도 아니라고 주장했다 … 세계를 새롭게 이해하는 새로운 시대에 교회 형태의 변형은 교회가 그 과정에 대해 긍정적으로 반응하고, 또한 마찬가지로 그 유산을 긍정적인 방식으로 포용할 때, 아마도 더욱 급진적이 될 것이라고 해야 한다."[17]

---

17) E. Feil, *The Theology of Dietrich Bonhoeffer* (Philadelphia: Fortress Press, 1985), p. 203.

## 인간의 자율

기독교가 이제 새로운 응답을 해야 하는 근대성에 대한 본회퍼의 생각은 그의 1944년 6월 8일자 편지에 가장 조리 있게 표현되었다. 그 편지에서 그는 역사적 발전의 성격에 대한 그의 입장을 요약한다. 그는 다음과 같이 단호하게 표현한다.

"대체로 13세기에 시작한 (나는 정확한 발단의 시점에 관한 논쟁에 개입할 생각은 없다) 인간의 자율을 향한 운동은 우리 시대에 와서 의심할 여지없이 그 완성에 도달했다.(내가 그 운동에 포함시키고자 하는 것은 이 세계가 그것에 의해서 살아가고, 과학, 사회문제, 정치문제, 예술, 윤리, 종교에서 다루는 법칙의 발견이다). 인간은 모든 중요한 문제에 있어서 하나님이라고 일컬어지는 "작업가설"(working hypothesis)의 도움을 빌리지 않고 스스로 처리하는 것을 배웠다. 과학, 예술, 윤리의 문제에 있어서 이것은 어느 누구도 감히 움직일 수 없는 자명한 것이 되었다." [18]

그러한 말들이 대체적으로 인간 사상의 발전과 그것이 도달한 지점에 대한 지나치게 일방적인 서술처럼 보이게 되었다는 것은 더욱 최근의 일이라는 것을 여기에 끼워 넣는 것이 중요하다. 로빈슨이 이 편지를 상세하게 인용했을 때,[19] 본회퍼의 말들은 과학이 '입증'

---

18) Bonhoeffer, *Letters and Papers from Prison*, p. 325.
19) Robinson, *Honest to God*, p. 36.

하였다는 것에 대한 실증주의자의 주장들이 훨씬 더 모호한 것처럼 여겨지는 오늘날의 경우보다 문제를 삼을 만한 주장이 못된다고 훨씬 쉽게 여겨진다. 우리는 이제 종교적 근본주의의 융성으로부터 우주의 신비로움, 힘들의 상호작용, 아원자 입자들(subatomic particles)의 성격에 개방적인 과학자들의 성찰에 이르는, 세속성의 최종적인 승리에 대한 본회퍼의 진술들을 의심해야 할 많은 이유들을 보게 된다. 그렇지만 본회퍼가 제기한 가장 도전적인 주장은 과학, 정치, 문화의 분야에서 인간의 자율의 성장에로 나아간 이 역사가 종교적인 신앙의 활동 무대였던 삶의 분야에서도 하나님의 자리를 계속 침식시키기 시작했다는 것이었다.

> "그러나 지난 백년 동안 또는 그 정도로 [인간의 자율에 대한 이러한 감정은] 점차 종교적인 문제들에도 적용되었다. 모든 것이 "하나님" 없이도 잘 진행된다는 것이 자명하게 되었다. – 그리고 사실상 과학 분야에서와 같이, 일반적으로 인간 문제들에 있어서도 "하나님"은 점점 더 활동 범위를 억제 당하고 점점 더 기반을 잃어간다."[20]

본회퍼는 이러한 역사에 의해서 위태롭게 된 자기 확신이 "실패와 거짓된 발전"으로 나아간다는 것을 잘 알지 못했다. 그러나 그의 요점은 이러한 것들도 "세계로 하여금 일어나고 있는 과정이나 그 발전의 필요성을 의심하게 만들지 않는다는 것이다. 그들은 싼 물건의 일부처럼 강인함과 초연함으로 받아들여진다." 그가 계속하여 말하는 바와 같이, 그가 완전히 유익한 발전에 크게 기뻐하는 과도

---

20) Bonhoeffer, *Letters and Papers from Prison*, p. 326.

한 자만(hubris)이라는 비난에 상처를 입지 않고, 오히려 그 자신과 교회를 위해서 그 진리에 직면해야 할 필요성을 느낀다는 사실이 명백해진다.

그는 인간의 자율에 있어서의 이러한 성장의 함의를 피하려는 모든 시도에 대해서 의심을 품는다. 그가 읽은 책들 가운데 하나인, 바이츠제커(Weizsäcker)의 『물리학의 세계관』(The World-View of Physics)은 그의 확신을 강화시켜 준다. 그는 이렇게 말한다.

> "우리의 불완전한 지식을 위한 일개 미봉책으로 하나님을 사용하는 것이 얼마나 잘못된 일인가. 만일 실제에 있어서 지식의 한계가 부단히 확대된다면(그리고 그것은 객관적으로 보아 필연적인 것이다), 하나님은 이와 더불어 뒤로 밀려나며 따라서 지속적으로 후퇴하게 된다. 우리는 우리가 알지 못하는 것에서가 아니라 우리가 아는 것에서 하나님을 발견해야 한다. 하나님은 우리가 해결되지 않은 문제에서가 아니라 해결된 문제에서 그의 현존을 깨닫기를 원하신다." [21]

그는 후에 7월 16일자의 편지에서 그가 "하나의 거대한 발전"이라고 묘사한 인간의 자율의 역사에 관심을 돌린다. 그는 서양의 지성 발전의 과학적, 정치적, 철학적 대가들을 열거한다. 그는 매우 간략하게 허버트(Herbert), 몽테뉴(Montaigne), 보댕(Bodin), 마키아벨리(Machiavelli) 그리고 "마치 신이 없는 것처럼"(esti deus non daretur) 타당한 국제법으로서의 자연법을 제시한 그로티우스(Grotius)를 포함시

---

21) ibid., p. 311.

킨다.[22] 그러한 발전으로부터 그는 다시금 다음과 같이 말할 수 있다.

"자연과학에서는 그 과정이 쿠사의 니콜라스(Nicolas of Cusa)와 지오다노 브루노(Giordano Bruno)에게서 우주의 무한성에 관한 이단적인 교설로 시작하는 것처럼 보인다. 고전적인 우주(cosmos)는 중세의 피조된 세계와 같이 유한하다. 그러나 무한한 세계가 인식된다고 하더라도 그것은 "마치 신이 없는 것처럼"(esti deus non daretur) 자존하는 세계이다. 현대 물리학이 우주의 무한성에 대해서 과거와 같이 확신하지 않는다는 것은 사실이다. 그렇다고 현대 물리학은 과거의 유한성의 관념으로 돌아가지는 않는다.
도덕, 정치, 과학에서의 작업가설로서의 하나님은 극복되고 폐기되었다. 그리고 철학과 종교(포이어바하[Feuerbach!])에서도 같은 일이 발생했다. 지성적인 성실성을 위하여 이러한 작업가설은 중단되어야 하고, 가능한 한 널리 배제되어야 한다." [23]

지성의 발전에 대한 이러한 탐구는 그로 하여금 새로운 상황에 적응하는 기독교에 대한 그의 열정적인 호소에 이르게 한다.

"우리가 마치 신이 없는 것처럼(esti deus non daretur) 세상에서 살아가야 한다는 것을 깨닫지 못한다면, 우리는 정직해질 수 없다. 그리고 이것은 우리가 - 하나님 앞에서 - 깨닫는 바로 그것이다. 하나님 자신이 우리에게 그것을 깨달으라고 촉구하신다. 그러므로 우리의 성숙

---

22) ibid., p. 359.
23) ibid.

한 시대는 우리를 하나님 앞에서의 참된 깨달음으로 인도한다. 하나님은 우리가 하나님 없이 우리의 삶을 경영하는 자들로서 살아가야 한다는 것을 우리에게 알려주신다. 우리와 함께 하시는 하나님은 우리를 버리시는 하나님이다(막 15:34). 하나님 없이 세상에서 살아가게 하시는 하나님은 우리가 끊임없이 그 앞에 서있는 하나님이다. 하나님 앞에서 그리고 하나님과 더불어 우리는 하나님 없이 살아간다 (Before God and with God we live without God). 하나님은 십자가상에서 자기 자신을 세상으로부터 추방하신다. 그는 세상에서 나약하고 무기력하다. 그리고 그것이 바로 그가 우리와 함께 하시고 우리를 도우시는 방법이며, 그것이 유일한 방법이다. 마태복음 8장 17절은 그리스도가 그의 전능함에 의해서가 아니라 그의 약하심과 고난에 의해서 우리를 도우신다는 것을 명백하게 설명하고 있다." [24]

이 구절은 이 장의 주요 의도를 분명하게 묘사해주고 있기 때문에 특히 인용할 만한 가치가 있다. 본회퍼는 인간의 자율로 나아가는 역사적 발전과 자율에 대한 복음의 자극을 모두 주장하는데, 기계장치로부터 신(deus ex machina)이 세상의 삶 속에서 진정으로 고난에 참여하는 분이신 하나님에 의해서 대치되는 상황을 요구한다. 또한 이 구절은 본회퍼의 가장 환기시키는 말이 나오는 상황을 주목하는 것이 얼마나 중요한 것인지를 명백히 하고 있다. "마치 하나님이 존재하지 않는 것처럼 세상에서 살아가기"를 주창하는 본회퍼의 슬로건 제시는 그로티우스(Grotius)의 그 용어의 의미에 대한 참조에 의해서 수정되어야 할 필요가 있다. "마치 신이 없는 것처럼,"

---

24) ibid., p. 360.

즉 "하나님이라는 작업가설" 없이. 그것은 그러한 방식으로 살아가기를 요구하는 분은 바로 하나님이다라고 말하는 것을 가능하게 해 준다.

본회퍼가 스케치한 역사적인 발전은 그 자신이 우리에게 말하는 바와 같이 저항과 반응을 불러일으키지 않는 그런 것은 아니었다. 그가 표현하는 바와 같이 모든 세속적인 문제들에 대한 항복이 있어왔다고 하더라도, "하나님"이 여전히 필요한 영역으로서 죽음과 죄의식의 "궁극적인 문제들"에서 피신처를 발견하려는 시도들이 이루어질 수 있다. 이미 『옥중서간』 394쪽에서 인용한 1944년 6월 8일자 편지에서 과학의 진보에서 참된 것이 "폭넓은 인간 문제들"과의 관계에서도 참된 것이라고 그는 주장한다.

하나님을 위한 자리로서 "궁극적인 문제들"에 의지하는 것도 사실상 인간의 자율의 진보 앞에서 하나님을 물러나게 한다. 변증론적 전략의 비효율성에 대한 그의 성찰은 그로 하여금 "종교"의 유지라는 근거에서 기독교를 위한 자리를 구하려는 모든 시도들에 대한 그의 유명한 혹평을 불러 일으켰다.

> "그러나 어느 날에 가서 [이러한 궁극적인 문제들이] 그러한 것으로 더 이상 존재하지 않는다면, 그러한 문제들이 "하나님 없이" 대답될 수 있다면 어떻게 될 것인가? 물론 우리에게는 기독교신학의 세속화된 분지(分枝)들, 즉 실존주의 철학과 정신요법이 있다. 그들은 자족하고 행복한 인류에게 그들이 실제로 불행하고 절망 속에 있다는 것, 그들이 아무것도 모르면서 곤궁 속에 있는 것을 받아들이려 하지 않는다는 것 그리고 그들을 구출해 낼 수 있는 이는 나뿐이라는 것을 실증하려고 한다. 건강, 힘, 안정, 단순성이 있는 곳에서, 그들은 감미로

운 과일의 냄새를 맡고 그것을 갉아먹거나 치명적인 씨앗을 심는다. 그들은 사람들을 내면적인 절망 속으로 몰아넣고, 거기서부터 소득을 거둔다." [25]

그는 같은 편지에서 교회가 인간의 자율의 역사의 함의에 직면하기를 거부하는 것에 대해 최후의 일격(coup de grâce)을 가한다. 실패와 마찬가지로 복음의 능력을 시인하는 것도 소용이 없다.

"나는 세계의 성숙성에 대한 기독교 변증론의 공격이 첫째로 무의미하며, 둘째로 저열하며, 셋째로 비기독교적이라고 생각한다. 무의미하다고 하는 것은 그 공격이 어른이 된 인간을 사춘기로 돌아가게 하려는 시도처럼 보이기 때문이다. 즉, 그것이 사실상 더 이상 의존하지 않는 그에게 의존하도록 만들려는 시도, 더 이상 문제가 되지 않는 문제들 속으로 끌고 들어가려는 시도처럼 보이기 때문이다. 저열하다고 하는 것은 그것이 인간에게 낯설고 자유롭게 긍정할 수 없는 목적을 위해서 인간의 약점을 이용하려고 하는 시도가 되기 때문이다. 비기독교적이라고 하는 것은 그것이 그리스도를 인간의 종교성에 있어서의 특정한 단계, 즉 인간의 법칙과 혼동하기 때문이다." [26]

그가 7월 8일자 편지에서 진술한 바와 같이, 발전하는 인간 자율의 역사에 있어서 세상으로부터 그리고 인간 생활의 공적인 부분으로부터 하나님을 배제한 것은 "개인적" 영역, "내적" 영역, "사적" 영

---

25) ibid., p. 326.
26) ibid., p. 327.

역에서 그의 자리를 지키려는 시도로 나아갔는데, 이것은 비열한 전략이며, 그가 보기에는 이중적인 신학적 오류이다.

> "첫째로 한 인간이 그의 약점과 저속함이 캐내진 후에만 죄인이라고 말해질 수 있다고 생각된다. 둘째로 인간의 본성은 그의 가장 깊고도 가장 내밀한 배경에 있다고 생각된다. 그것은 그의 "내면생활"이라고 정의된다. 그리고 하나님이 그의 영토를 가지실 수 있는 곳은 바로 그 비밀스런 인간의 장소이다." [27]

본회퍼가 이 문제들에 대해서 부단하게 성찰하는 바와 같이, 단순히 응답해야 할 발전으로서의 인간의 자율의 역사에 대한 성찰과 복음에 대한 신학적인 성찰이 그의 마음속에서 합류하고 있다. 그러므로 4월 30일자 편지의 추신에서 인간 법칙으로서 종교에 대한 그의 언급이 역설되었다. 거기에서 그는 대담하게 현대 세계에서의 종교의 위치를 성 바울의 할례에 대한 논의와 비교한다. "나에게는 할례(peritomē)가 칭의의 조건이냐는 바울의 물음이 오늘날의 용어로 종교가 구원의 조건이냐는 물음처럼 보인다. 할례로부터의 자유는 종교로부터 자유이기도 하다." [28]

본회퍼에게 있어서 "종교"는 자율에 반대되며, 인간의 힘을 해치고 궁극적으로는 삶에 대한 사랑을 해치는 것이라는 것이 분명하다. 추신에서 인용한 바와 같이, 그는 "세속적인" 인간과 그렇게 할 수 있는 그의 능력과는 달리 종교적인 인간들과 더불어 하나님에

---

27) ibid., p. 345.
28) ibid., p. 281.

관하여 말하기를 꺼린다는 것을 반영하고 있다. 종교적인 인간과 세속적인 인간에 대한 대조는 다음과 같다.

> "종교적인 인간은 인간의 지식이 … 막다른 골목에 부딪칠 때, 또는 인간의 능력이 실패로 끝날 때 하나님에 대하여 말한다. – 사실상 그것은 다급할 때 등장하여 돕는 신(deus ex machina)이다. 즉, 그들이 해결할 수 없는 문제들의 피상적인 해결을 위해서라든가, 그렇지 않으면 인간이 실패했을 때 힘으로서 불러내는 신이다. – 말하자면 항상 인간의 약점이나 인간의 한계를 이용하는 것이다." [29]

"그리스도인과 이교도"(Christians and Pagans)라는 유명한 시(詩) 배후에 나타난 성찰이 그러하다.[30] 그 시는 하나님에 대한 종교적 접근을 약함 속에 있는 하나님에 대한 그리스도인의 응답과 비교하고, 곤궁 속에 있는 하나님 편에 서는 것을 말한다. 그것은 인간의 자율의 역사적 발전에 대한 급진적인 응답이다. – 그것은 복음의 요구이기도 하다 – 본회퍼에게 있어서 그것은 분명하게 반드시 종교적인 것은 아니라고 하더라도, 기독교적인 삶의 방식을 구성한다.

종종 "성인된 세상을 위한 그리스도"라는 기치 아래 제시된 『옥중서신』에서의 본회퍼의 의제는 그것이 마치 우리와 우리 사회를 이해하는 것처럼 보이는 선언이기 때문에 그것을 마주하는 많은 사람들에게 무한정으로 창조적인 말로 들렸다. 자신들을 성숙한 존재로 묘사하는 것을 듣는 것은 좋은 일이며, 그 말들은 그러한 함의를

---

29) ibid.
30) ibid., p. 348.

전달하는 것처럼 보였다. 모든 은유들과 같이, 유치한 것들의 종말과 온갖 종류의 후견의 종말과 성인의 삶, 자율적인 삶을 사는 인류의 출현의 가능성에 대한 진술과 같이, 그것은 그 나름의 생명력을 지니고 있다. 『옥중서신』에서 읽혀질 수 있는 것 가운데서 그러한 해석을 지지해줄 수 있는 것이 많다는 것은 의심할 여지가 없다. 그들이 영어를 사용하는 광범위한 독자층에게 처음으로 당도했을 때 성숙성을 지지하고 후견에 반대하는 저항이 나치의 투옥 상황에서 매우 다른 것을 의미했으리라는 것을 잊기가 너무 쉬웠다. 어떤 경우에도 본회퍼가 지금 본질적인 경험적 도구들로서 간주될 수 있는 것을 사용함이 없이, 그가 살았던 사회에 대한 일반적인 진술들을 했다는 것을 덧붙여 말하는 것은 가치가 있다. 본회퍼의 초기 논문집 중 하나에서, 사회학자인 피터 버거(Peter Berger)는 본회퍼의 박사학위 논문인 『성도의 교제』(Sanctorum Communio)는 부제가 「교회의 사회학에 대한 신학적 탐구」(A Systematic Enquiry into the Sociology of the Church)이지만, 추상적이며, 철학적인 방법만을 사용한다고 지적한다.[31]

오로지 또는 주로 성숙성과 관계시키기 위한 그러한 성인된 세계(die mündige Welt), 또는 성숙하게 된 세계(die mündig gewordene Welt)에 대한 읽기는 교회와 세계를 위해서, 인간의 자율을 진지하게 대하고 결단을 수행하는 인간의 능력과 그들 나름의 결론에 도달하려는 것을 불신하려는 경향에 대해 저항하는 일반적인 투쟁에서 여러 모로 확실히 도움이 되는 것으로 입증되었다. 그러나 의심할 여지없이 그러한 읽기로 크게 오도될 수 있는 길이 있다. 성인과 성숙

---

31) *The Place of Bonhoeffer: Problems and Possibilities in his Thought*, ed. M. E. Marty (London: SCM, 1963), pp. 53-79.

성의 은유는, 우리가 그렇게 읽기를 원하기만 한다면, 발전적이며 불가피하며 그리고 (모든 것 중에서 가장 기만적인 것이지만) 돌릴 수 없는 과정을 묘사하는 것으로 읽혀질 수 있다. 본회퍼가 세계의 성숙성 (Mündigkeit)에 이르는 역사적 발전을 묘사하는 한, 그의 언어에 대한 그러한 해석은 기대될 수 있는 것이며, 아마도 대부분은 그의 염두에 있었던 것일지도 모른다.

그러나 존 드 그루시(John de Gruchy)가 인종차별주의에 대한 투쟁 시절의 남아프리카의 삶과 본회퍼의 사상의 관계에 대한 그의 연구에서 지적한 바와 같이, "성숙성"에 이르는 역사적 발전에 대한 그러한 관점이 그러한 지성적이며 문화적인 전통을 공유하지 않는 사회들에게 권해지는 것이 아니라는 것은 결코 놀라운 일이 아니다.

> "우리는 이 논문에서 "성인된 세상"에서의 기독교에 관한 감옥에서의 본회퍼의 사상에 대해서 전혀 언급하지 않았다. 그 이유는 그의 초기 저술들이 우리의 현재 상황에 더 적합한 것으로 보이기 때문이다. 더욱이 거기에는 역사적 사건으로서의 계몽주의가 아프리카 남단에 사는 우리를 추월한 것이라는 느낌이 있다. 그러므로 우리는 세속적인 사회라기보다는 여전히 종교적인 사회에서 살고 있다." [32]

본회퍼가 사망한 이후 수십 년 동안의 가장 중요한 발전 가운데는 아프리카, 아시아, 라틴 아메리카의 문화들에 대한 증가된 의식이 있었다. 따라서 전 세계의 기독교신앙의 미래를 위해 결정적인

---

32) E. Bethge, *Bonhoeffer: Exile and Martyr*, ed. John de Gruchy (London: Collins, 1975), p. 41.

것이 되기 위해 유럽과 북아메리카의 기독교를 받아들이는 것이 부적합하다는 의식이 커졌다. 억압 하에 살아가고 있는 사회들에서, 대부분 무시당하는 문화들에서, 여러 종류의 수탈로 고난을 받고 있는 세계의 방대한 지역에서, 국제적인 부채의 희생자들인 경제적으로 지배를 받는 사회들에서는,[33] 본회퍼가 말하는 인류가 성숙하게 되었다는 개념과 그들이 인간적인 자율성을 얻었다는 개념 그리고 그에 관하여 읽은 사람들이 그렇게 흥분했다는 것은 크게 불신될 것이다.

하지만 성숙성(Mündigkeit)이라는 은유는 더욱더 심오한 내용을 만들어낼 수 있다. 그것은 입(Mund)이라는 말에 근거를 두고 있다. 그 언급은 법적으로 책임이 있는 사람, 스스로를 위해 말할 수 있는 사람, 자신을 위하여 의무를 다할 수 있는 사람이 있는 지점을 말한다. 물론 대개의 경우 그 지점은 세월의 경과를 통해서, 한 사람이 성년의 나이에 도달하고, 라틴어 은유를 사용하자면 말할 수 없는 유아(in-fant)로서 더 이상 간주되지 않을 때 도달된다. 그러나 스스로 말할 수 있는 권리를 거부당한 청년들 이외에도 범주들이 있다: 투옥된 자들과 정신 이상으로 증명된 사람들. 제3제국의 작품인 비인간(Unmenschen)의 전체 목록을 언급하는 것이 아니다.- 그리고 제3제국만이 아니다.

우리가 현대 시대에서의 인간적 상황에 대한 우리의 인식의 불가피성과 취소 불가능성이라는 의미를 제거한다면, "성인된 세계"

---

33) 특히 채무에 의해서 발생한 자율의 상실의 이러한 측면을 나의 책에서 더욱 자세하게 다루었다. *Grace and Mortgage: The Language of Faith and the Debt of the World* (London: Darton & Todd, 1997). 또한 'Jesus Christ for us Today', in *Bonhoeffer for a New Day: Theology in a Time of Transition*, ed. J. de Gruchy (Grand Rapids: Eerdmans, 1997)도 보라.

라는 언어는 디트리히 본회퍼의 증언에 대한 현대적 읽기와 적용에서, 현실주의적인 동시에 도전적인 비전을 제공할 수 있다. 우리는 민족, 사회, 공동체들이 자발적으로든 마지못해서든 "감시 하에" 후퇴되고, 자율과 책임적으로 행동할 권리를 박탈당하며, 독일어가 표현하듯이 "사기를 잃고"(entmündigt), 관리 하에 들어가며, 그들의 결정이 아무것도 아니라고 간주되는 차원으로 환원되는 책임에 대하여 순진하게 맹목적이 되지 말아야 한다. 우리의 목전에서 세계가 매우 신속하고 분명하게 성숙하게 된다는 선언의 높은 가치와 엄청난 허약함은 인류가 그 현실을 담당하는 큰 어려움이 그러한 바와 같이 그렇게 이해된다. 인간의 자율의 유산을 공유한 사람들이 주로 『옥중서신』으로부터 그 당시에 사기를 잃은 사람들을 위해서 저항하는 사람들과 "말 못하는 자들을 위해서 입을 여는 자들"과 연대감을 얻게 된다는 것은 결코 놀라운 일이 아니다.


## 윤리적 행위와 하나님의 고난

본회퍼의 경력과 그가 끼친 공헌에 대한 평가는 그가 죽은 후에도 오랫동안 논쟁거리가 되었다. 1975년 발행된 베트게의 책제목처럼 "추방과 순교"(exile and martyr)라는 말은 그의 고전적인 자서전의 제목인 『신학자, 그리스도인, 동시대인』에 나오는 말들을 보완해준다. 이 사람은 그리스도인으로서 무엇을 행하고 어떤 존재가 되려고 추구했는가? 『나를 따르라』의 언어가 제시하듯이, 그는 산상설교에 따라 살아가기로 결심한 기독교 성자였는가? 그가 마지막으로 남긴 말, "이것이 끝입니다. 그러나 나에게 있어서는 삶의 시

작입니다"[34]는 경건한 죽음이라는 기독교적 전통에 부합하는 것
이며, 적어도 신앙을 위한 순교자, 진리를 위하여 죽은 사람의 지위
에 부합되었다. 그렇지만 여기에서도 그의 자기 이해와 그와 관련
되어 수없이 논쟁된 "순교"라는 주제에 의해서 질문들이 제기된다.
1933년 브래드포드(Bradford)에서 개최된 본회퍼와 영국 내 독일의
다른 개신교회 목사들의 회합을 기리는 60주년 기념 논문집 가운데
해든 윌머(Haddon Willmer)의 논문은 본회퍼 연구를 위해서 제기된
문제, 즉 본회퍼의 "신성함"을 다루고 있다. 그는 본회퍼가 히틀러를
암살하려 했던 1944년 7월 20일의 계획이 실패로 끝났다는 것을 알
게 된 날에 쓴 편지를 인용하고 있다.

> "이 세상에서 완전히 살아감으로써만 우리는 믿는 것을 배운다. 우
> 리는 성자이건, 회개한 죄인이건, 성직자이건 … 자기 자신으로부
> 터 무엇인가를 만들어내려는 시도를 완전히 포기해야 한다. 현세성
> (this-worldliness)이라는 말은 삶의 의무와 문제들, 성공과 실패, 경험
> 과 당혹 속에서도 거침없이 살아가는 것을 의미하는 것이다. 그렇게
> 함으로써 우리는 우리를 온전히 하나님의 손에 맡기고, 우리 자신의
> 고난이 아니라 이 세계에서의 하나님의 고난을 진지하게 생각하고 -
> 겟세마네에서 그리스도와 함께 깨어 있게 되는 것이다."[35]

---

34) E. Bethge, *Dietrich Bonhoeffer: Theologian, Christian, Contemporary* (London: Collins, 1970), p. 830.

35) 1944년 7월 21일자의 편지, Haddon Willmer, 'Bonhoeffer's Sanctity as a Problem for Bonhoeffer Studies', in *Celebrating Critical Awareness: Bonhoeffer and Bradford 60 Years on* (London: International Bonhoeffer Society, 1993)에서 인용.

본회퍼가 신성함의 추구를 중요한 일로 여기지 않았다는 것이 판명된다고 하더라도, 그가 죽고 난 후 머지않아 독일의 국가수반을 암살하려는 시도에 연루된 자가 순교자로 묘사되는 것이 과연 합당한 일인지에 대한 논쟁이 일어났다. 히틀러가 대표했던 악을 인식하게 된 50년 동안은 우리가 그 문제의 참된 힘을 바라보는 것을 억제하지 못했다. 그렇지만 실제로 발생한 것은 본회퍼가 그의 행동의 모호함에도 불구하고 존경을 받게 되었다는 것이다. 윌머는 이것을 "사후에 얻게 된 성자로서의 경력"이라고 일컫는다. "수많은 서클들에서, 나치 독일에서 나온 몇 안 되는, 아마 유일하다 할 수 있는, 프로테스탄트의 성인 후보자로서의 본회퍼의 지위는 정치적으로 기꺼이 죄의식을 불러일으키는 그의 마음에 기인한다."[36] 사실상 윌머가 인용하고 있는 편지의 앞 단락에는 본회퍼가 감옥에 있는 동안 그가 품었던 생각에 이르게 하는 중요한 단서를 포함하고 있다.

> "나는 지난 한 해 동안, 더욱더 기독교의 깊은 현세성(this-worldliness)을 알게 되고 이해하게 되었다. 그리스도인은 종교인(homo religiosus)이 아니라, 예수가 - 세례 요한과는 달리, 한 인간이었던 것처럼, 단순히 한 인간이다. 내가 말하는 현세성이란 계몽된 사람들, 활동적인 사람들, 안락한 사람들, 선정적인 사람들의 천박하고 비속한 현세성이 아니라, 훈련과 죽음과 부활에 대한 부단한 지식에 의해서 특징을 나타내는 심오한 현세성이다. 나는 루터가 이러한 현세적인 삶을 살았

---

36) ibid., p. 10.

다고 생각한다." [37)

   이것은 그의 초기 『윤리학』에 나타난 거의 모든 짐을 아주 잘 요
약해주는 단락이며, 앞서 말한 바와 같이, 히틀러 암살 계획이 실패
했다는 소식을 듣고서 쓴 것이다. 그것은 수십 년 후 "현세적인 초
월"(this-worldly transcendence)에 관한 본회퍼의 가르침을 생각하는 것
과는 매우 다른 형태의 "현세성"(this-worldliness)에 관한 말이다. 본회
퍼의 기독교적 실천(Christian praxis)을 둘러싼 논쟁은 따라서, 그리고
불가피하게 기독교적 참여에 관한 논쟁이 된다. 그것은 마땅히 다
음과 같아야 한다. 회상은 우리 시대의 도전에 대처하기 위한 구실
(alibi)로서 예언자들에 대한 기념비를 세우려는 것이 아니다. 특별한
행동을 한 기독교적 인물의 공헌을 인정하는 것은 불가피하게 어
떤 행동이 우리의 상황에서 요청되느냐에 작용하는 것을 의미한다.
정말로 『옥중서신』은 본회퍼에 의해서만이 아니라, 기독교 신자들
에 의해서만이 아니라, 독일에서 국가사회주의의 물결에 저항을 감
행했던 사람들에 의해서 행해지고 감행되었던 것에 의해서 우리에
게 제시된 도전들에 관한 많은 성찰을 불러일으켰다. 본회퍼에게서
는 인간의 자율, "현세적 거룩함", 하나님의 고난에의 참여 사이에
가장 긴밀한 연관이 있었다. 그는 같은 편지에서, "우리에게 어떻게
이런 형태의 삶을 통하여 하나님의 고난에 동참하게 될 때 성공했
다고 교만해지고 실패했다고 방황하는 일이 있을 수 있는가?"라고
질문한다.
   로빈슨의 『신에게 솔직히』(Honest to God)가 나온 지 꼭 2년 만에,

---

37) Bonhoeffer, *Letters and Papers from Prison*, p. 369.

그러나 독일이 본회퍼의 의미를 인식하도록 제공했던 유리한 지점 으로부터, 도로테 죌레(Dorothee Sölle)는 하나님이 세상에서의 고난 에 대해 응답해야 한다는 주장을 하는 종교적 신념에 지나지 않는 현대의 무신론을 고발한다. 그녀는 7월 16일자 편지에서 본회퍼의 논평을 인용하면서, "인간의 종교성은 인간 자신으로 하여금 고난 을 통하여 세상 안에서 행하시는 하나님의 능력을 보게 한다. 그는 다급할 때 등장하여 돕는 신(Deus ex machina)으로서의 하나님을 말한 다. 그렇지만 성서는 그에게 하나님의 무기력함과 고난으로 향하게 한다."[38]고 지적한다. 그녀는 "무죄한 자들을 위해서 비난을 받는" 하나님이 "실제로 전능한 하나님, 왕, 아버지, 지배자, 세상 위에 계 신 분이다. 현대인은 바로 이 하나님을 고발한다"[39]고 지적한다. 아 마도 19세기, 고난은 "무신론의 반석"이었을 것이다. 이와 달리 그 녀는 다음과 같이 주장한다.

"우리 세기에 세상에서의 하나님의 패배보다 하나님을 더 설득력 있 게 표현하는 것은 아무것도 없다. 그 하나님은 과거에도 지금도 세상 에서 조롱당하고 고문을 당하며 불에 타며 가스에 질식된다. 그것이 하나님에 대한 그 모든 희망을 하나님께 두고, 그 정체성에 도달하는 기독교 신앙의 반석이다."[40]

『옥중서신』의 말미에서 우리는 본회퍼의 「어떤 저서의 초안」(Out-

---

38) ibid., p. 361.
39) D. Sölle, *Christ the Representative: An Essay in Theology After the Death of God* (London: SCM Press, 1967), p. 150.
40) ibid., p. 151.

line for a Book)41)을 발견한다. 거기에서 그는 편지들에서 나온 주제들 대부분을 불과 4페이지로 압축하고 있다. 그의 첫째 장은 "인간이 성인이 되는 것"에 대해서 다루고, 둘째 장은 "하나님과 세속"에 대해 다룰 예정이었으며, 셋째 장은 교회에게 기독교적이 되라는 급진적인 촉구이다. "교회는 타자를 위해서 존재할 때에만 교회이다." 그는 이것이 단순한 수사학이 아니라, 교회의 재산을 나누어 주는 것을 포함하는 실천적인 프로그램이 되기를 의미했다. 그가 이 시대에 같은 제안을 제시했는지 안 했는지 우리는 알 수가 없다. 분명한 것은 "타자를 위한 교회"의 근거가 편지 전체를 통해서, 그 편지들의 신학에서 그리고 그 편지들의 교회론에서 발견된다는 것이다. 모든 것은 그와 그의 공모자들이 가졌던 "비할 데 없는 가치"에 속한 것으로 그가 묘사했던 경험에서 나온 것이다.

> "우리는 세계사의 위대한 사건들을 아래로부터, 즉 소외된 자들과 혐의를 받는 자들과 학대를 받는 자들의 관점으로부터 … 간단히 말해서 고난을 당하는 자의 관점에서 보기를 배웠다. 중요한 것은 이 기간 중에 마음을 괴롭힌 비통함이나 선망도 아니라, 우리가 새로운 눈으로 크고 작은 문제들을 보게 되었다는 것이다 … 관대함, 휴머니티, 정의와 자비에 대한 우리의 인식이 더욱 분명하고, 더욱 자유로우며, 덜 부패하게 되었어야 했다는 것이다." 42)

저 말들은 무엇인가를 더욱 분명하게 해준다. 본회퍼는 자신이

---

41) Bonhoeffer, *Letters and Papers from Prison*, pp. 380-383.
42) ibid., p. 17.

특권과 비교적 안정적인 위치에서부터 출발한 영적인 여행을 했다는 것을 잘 알고 있었다. 편지들의 증언이 그것을 더욱 분명하게 해준다. 그는 여러 가지 신분을 가지고 있었고, 독일인, 전문가, 그리스도인, 루터교회 교인, 목사, 신학자의 신분으로서 그 어느 것에 대해서도 변명하지 않았다. 그의 희생은 그가 선(善)으로 간주했던 것들의 상실이었으나, 그가 알고 있었던 최고선(最高善, the supreme good)은 아니었다. 그것은 우리를 위한 그리스도(Christ for us)에 대한 그의 이해와 헌신이었다. 그의 삶의 포기와 그 같은 것을 행하기 위해 준비하라는 그의 교회에 대한 촉구는 그의 생명을 증오한 사람들에 대한 항복이 아니라, 그의 생명을 사랑했던 분에 대한 순종이었다.

그가 참석하지 못해 매우 아쉽게 생각한다고 말한 가족 행사가 있기 며칠 전, 본회퍼는 그의 대자(代子.godson)인 디트리히 베트게가 세례 받은 것과 관련 "세례 받는 날에 대한 상념"(Thoughts on the Day of the Baptism)이라는 글을 썼다. 그것은 상실과 비극의 감정으로 가득 차 있는 글이지만, 이 아기가 직면하게 될 새로운 가능성을 환영하고 사랑하는 감정으로 가득 차 있는 글이기도 하다. 그것은 가족과 사회에서의 그의 정체성을 평가한다. 그러나 그는 뜻밖에도 모든 것 중에서 가장 중요한 정체성의 원천이 되는 세례의 의미로 돌아온다. 그는 그것에 대해 이해하지 못하는 아기에 대해 말해져야 할 기독교적 선포의 위대한 말들을 진술한다. 하지만 그것은 교회에 대해서도 말하는 것이다.

"이러한 모든 것은 너무나 어려운 것이고 너무나 거리가 먼 것이기 때문에 우리는 그것에 대하여 말할 엄두도 못 낸다. 전통적인 말들과 행위들에서 우리는 아직 그것을 포착하거나 표현할 수 없다고 하더라도 무엇인가 전혀 새롭고도 혁명적인 것이 있으리라고 생각하고 있다. 그것은 우리 자신의 잘못이다. 지난 몇 년 동안에 오로지 자기 보존이 목적 자체인 것처럼 여기고 자기 보존을 위해서만 싸워온 우리의 교회는 세계에 대해 화해와 구원의 말씀을 담당할 수 없게 되었다." [43)]

그 다음에 그리고 그러한 이유로, 그는 침묵의 증언에 대한 그의 유명한 촉구를 제시한다. 이것은 그가 그 밖의 다른 곳에서 그 자체를 해석하는 행동이 되는 유일하게 참된 신앙고백이라고 일컫는 것인데, 그것은 다름 아닌 비의훈련(arcani disciplina, discipline of the secret)이고, 기도하는 것이며, 세상에서의 정의로운 행동이다. 그럼에도 불구하고 그는 계속해서 교회가 아마도 완전히 비종교적(non-religious)이지만, 예수의 언어와 같이, 인류에 대한 하나님의 평화와 하나님의 도래를 선포하는 … 해방하고 구원하는 새로운 언어를 다시 말하게 될 그날에 대한 희망에 대해서 말한다. 그때까지는 그는 어린 디트리히가 "기도하고 정의를 행하며 하나님의 때를 기다리는" 사람들 가운데 한 사람으로서 그의 세례의 정체성에 따라 살아가게 되기를 기도한다.

본회퍼의 옥중 편지들은 그가 또는 그의 교회가 그러한 정체성에 따라 살아갈 수 있고, 우리를 위한 그리스도를 온전히 선포하며, 다른 모든 것보다 세례의 정체성을 높이 평가하고, 다른 사람을 희생시키면서 특권을 누리는 사람들을 만들어내는 모든 것에 저항할 수 있느냐고 묻는 사람의 편지들이다. 그러므로 『옥중서신』의 영속적

---

43) ibid., p. 300.

인 가치는 그 편지들이 우리에게 남겨놓은 질문 속에 그 유산의 중요 부분이 있다.

결론으로서 그 질문을 생생하게 표현하는 것이 가장 좋을 것이다. 뮌헨에 근거를 두고 "백장미" 운동('White Rose' Movement)을 일으킨 본회퍼보다 약간 더 젊은 다른 저항투쟁 운동가는 소피 숄(Sophie Scholl)이었다. 그녀는 동생 한스(Hans)와 함께 처형을 당했다. 그녀를 기념하기 위해 오늘날 뮌헨대학 밖에 있는 광장에 숄 남매 광장(Geschwister Scholl Platz)이 세워져 있다. 그녀는 그녀가 꾼 꿈을 감방 동료에게 털어놓았는데, 그것을 여동생 잉게(Inge)가 백장미 운동에 대한 보고서에 기록하였다.[44]

"소피는 세례 복장을 하고 있는 한 아이를 데리고 언덕을 올라가고 있는 꿈을 꾸었다. 갑자기, 아무런 경고도 없이 그녀는 빙하로 갈라진 깊은 틈에 당도했다. 순간 그녀는 그 아래 나락으로 고꾸라지기 전에 그 아이를 가까스로 안전하게 내려놓았다."

그날 소피 숄은 남동생과 함께 참수 당했다. 현대 세계에서 기독교로부터 살아가는 것은 자신들을 본질적으로 대자(代子)들, 본회퍼의 인식과 희생의 수혜자들이라고 생각하는 사람들의 과제이다. 그를 좋아하는 사람들은 참고 견디면서 앞쪽에 있는 것을 위해서 준비하며 나락에 떨어지는 것을 피하게 하는 사람들이다.

---

44) I. Scholl, *Die weisse Rose* (Frankfurt-on-Main: Fischer, 1986). 또한 A. Gill, *An Honourable Defeat* (London: Heinemann, 1944)도 보라.

# 13. 정의를 위한 기도와 행동. 본회퍼의 영성

지프리 켈리(Geffrey B. Kelly)

거짓된 경건과 우상 숭배적 종교. "비의훈련". 기도와 명상. 기도와 정의
를 위한 행동 1) 연대성. 2) 정의의 행실. 3) 고난.

『옥중서신』에 나타난 "기독교적 세속성"에 관한 놀라운 주장과
히틀러를 암살하려는 음모에서 고무적인 역할을 했다는 점에 국한
해서만 디트리히 본회퍼를 아는 사람들은, 그가 날마다 어린아이
와 같이 기도를 드리는 사람이었다는 것을 알고서 간혹 깜짝 놀라
게 된다. 사실상 본회퍼신학의 초기 분석가들은 반 히틀러 공모에
서 점점 강하게 정점에 도달한 모범적인 행동주의와 『윤리학』에서
교회의 국가에 대한 책임적인 행동을 선동하는 일에서 일탈된 것으
로서 그의 가장 직접적인 "영적인 문헌"인 『나를 따르라』와 『신도

의 공동생활』을 무시했다. 그렇다고 이 저작들은 결코 "경건 문학적인" 우회가 아니다. 이 저작들은 지속적이며 신앙으로 충만한 본회퍼의 내적 활력의 원천을 반영하고 그의 심오한 "영성"을 반영하고 있다. 이러한 영성이 아니었더라면 본회퍼는 나치즘에 대한 투쟁에서 결코 견디어낼 수 없었을 것이다.

이 연구의 초점인, 본회퍼의 "영적인 힘"의 리듬을 분별하는 것은 우리를 그의 시대로 인도해 주며, 성서의 말씀에 대한 날마다의 명상에서 표현된 것으로서의 기도와 행동 사이의 본질적인 관련, 진정한 기독교 공동체를 형성하려는 그의 노력, 그리고 잔인한 독재 체제에 유린당하는 한 나라를 위한 자유와 정의를 회복하기 위하여 자진하여 하나님의 은총에 인도함을 받아 그리스도와 같은 모험을 감행하는 일로 인도해 준다. 본회퍼의 시(詩)에서 한 구절을 인용하자면, 이러한 것들은 "선을 위한 능력"(Powers for Good)이다.[1] 이것이 나치즘에 대한 저항에서 그를 침착하게 해주었다. 그들은 그의 그리스도 중심적인 영성을 거짓된 경건과 우상 숭배적 종교로부터 구별해 준다.

## 거짓된 경건과 우상 숭배적 종교

예수 그리스도의 뒤를 따르는 일에 요구되는 것에 자신을 맞추었던 본회퍼는 많은 믿는 자들이 자신들의 불신앙을 감추는 경건주의

---

1) D. Bonhoeffer, *Letters and Papers from Prison: The Enlarged Edition* (New York: Macmillan, 1972), p. 400.

적 방패를 경계하게 하였다. 본회퍼는 기독교 신앙이 아돌프 히틀러의 독재와 부합한다는 주장을 하며 거짓을 떠벌이는 정치적 기회주의와 도덕적 둔감함을 알아채고 폭로하는 데에 비범한 능력을 천부적으로 부여받은 사람이다. 본회퍼는 교회의 나치화를 증언하면서, 이른바 기독교 사회가 복음을 배반하는 것을 보고서 분노했다.

본회퍼 선집의 여러 곳에서 교회생활과 신앙고백이 이교도가 되버린 세상에 대해 안이한 적응을 함으로써 값싸게 전락되었다는 혐의를 말하는 구절들이 발견된다. 법을 더 잘 준수하며 질서정연한 사회를 건설하겠다는 나치의 약속에 대한 교회의 보증(endorsements)은 더럽혀진 정치 체제와의 신성하지 못한 동맹에 들어가려는 것이라는 경각심을 일깨웠다. 1939년 그의 일기에 묘사된 바와 같이 무해한 것처럼 보이는 설교도 세상에 대하여 그리스도가 되어야 하는 교회의 실패에 대한 그의 내적인 불쾌감을 일으킬 수 있었다. 한 가지 사례를 들자면, 본회퍼는 뉴욕에 있는 유명한 리버사이드(Riverside) 교회에서 참석했던 예배가 "상당히 제멋대로의 자기 만족의 종교적 축제"에 지나지 않는다고 탄식했다. 본회퍼에게 있어서, 그 예배는 "하나님의 말씀에 의해 제어되기에 익숙해진 육신을 자극 선동하는 일종의 우상 숭배적 종교"를 대변했다. 그는 그 설교가 "자유주의, 이기주의, 무관심"의 악취를 풍겼다고 불평했다.[2]

그 예배에 대한 본회퍼의 비판은 그를 초청한 미국의 동료들에 대한 자애롭지 못한 행위가 아니라 독일교회들을 향한 질책이었다. 강단에서 건, 학문적 토대에서 건, 개인의 일상생활에서 건, 진정한

---

2) G. Kelly and F. B. Nelson, *A Testament to Freedom: The Essential Writings of Dietrich Bonhoeffer* (San Francisco: Harper & Row, 1990), p. 470.

기독교 공동체를 잠식시키고 하나님의 말씀을 파괴하는 모든 것에 대한 그의 비판은 부끄러움 없는 솔직한 것이었다. 흡인력이 강한 그 설교에서 본회퍼가 아쉬워했던 것은 예수 그리스도를 향한 초점 이었으며, 전 세계에 있는 기독교 교회들에 감염된 거만한 자기 만 족으로 인해 복음을 거부하는 것이었다. 이와 마찬가지로 그는 그 들이 "자유의 땅"에 둥지를 틀었기 때문에 그 백성들이 언론의 자 유와 예배의 자유를 포함하여 비할 바가 없는 자유들을 누리고 있 다는 미국의 교회들의 주장이 충분하다고 보았다. 자유가 교회들 에 의해서 방해받지 않는 종교적 활동을 의미한다면 그 주장은 옳 은 것이지만, 자유가 하나님의 말씀이 가장 강력한 심판, 명령, 용 서, 해방의 소리로 울려 퍼져야 한다는 것을 의미한다면 그 주장은 분명 참된 주장이 아니다. 교회가 복음을 약화시킴으로써 국가 질 서나 강력한 지위와 부를 지닌 사람들에게 소심한 충성을 맹세한다 면, 이 교회는 나치의 독일에 있든지, 아니면 "민주주의적인" 미국 에 있든지 간에, 그 교회가 제아무리 그 자유를 큰 소리로 선포한다 고 할지라도, "사슬에 매여 있는" 교회이다.[3]

1930년대 본회퍼가 관심을 돌렸던 독일 도처에서 쉽게 동원된 시민들이 히틀러가 선전하는 게르만 민족의 자부심(Teutonic pride)에 감화를 받고 은혜를 입기에 만족하는 군중처럼 여겨졌다. 그들은 예수 그리스도의 품안에 숨는 것이 아니라 히틀러의 군사력과 미증 유의 번영과 민족 안보에 대한 나치의 약속이라는 정치적 날개 아 래 숨었던 것이다. 생각건대 예수 그리스도를 대표하는 교회들은 개인의 자유와 존엄성에 대한 히틀러의 억압에 의해서 솟구친 그

---

3) ibid., p. 524.

모든 절규들 속에서 그들 민족의 자비의 소리도 아니었고 양심의 소리도 되지 못했다. 예수의 산상설교는 그리스도인들과 교회들로 하여금 세상에서 영적이며 사회적인 재생의 지렛대들로서 봉사하도록 위임했다. 다른 한편 본회퍼를 대경실색하게 한 것은 히틀러를 따르는 것이 영적이며 사회적인 불법의 시련을 남겨주었다는 것이다. 교회들은 정치-교회적 협약(concordats)에서 그들에게 제공한 비호 배후로 후퇴하거나 루터의 두 왕국론의 보호수단으로 후퇴함으로써, 그들 활동의 성스러운 측면을 속(俗)으로부터, 종교적인 것을 속된 것으로부터 교묘하게 분리함으로써 생존했다.

그러나 "검과 복음", 국가와 교회 사이의 관계에 대한 루터의 가르침은 결코 양자가 서로 격리되어야 한다는 것을 의도한 것이 아니었다. 그것은 교회와 개인적인 신앙이 마치 정치적 정부의 법령이 어떤 것일지라도 이의 없이 받아들여야 한다는 것처럼 여기도록 한 것이 아니었다. 교회들의 "신중을 기하는 전략들"(playing-it-safe tactics)은 본회퍼의 견해로는 종교인들이 그렇게 흔쾌히 따르겠다고 자처한 예수 그리스도에 대한 신앙을 불명예스럽게 만드는 것이다. 교회들은 수많은 신자들에게 예수 그리스도에 대한 신앙이 예수 그리스도의 추종자들인 그들에게 부과된 엄격한 요구들로부터 그들의 일상의 요구들, 세속화된 삶을 차단시키는 공동의 신중함이라는 인상을 심어주었다. 그리고 그들은 차례로 이것이 예수 그리스도의 이름으로 정의를 촉진시키고 인권을 수호해야 하는 그들의 책임을 기피하는 것을 의미했다고 할지라도, 스스로 번영하기를 받아들이고 그러한 조건에서 정치적인 결단들을 문제시하기로 했다.

본회퍼는 인권문제를 예배와 분리시키고 "두 영역들에 대한 사유"를 부추기는 종교적 지도자들을 거칠게 대했다. 그는 그들이 사람들에게 예수 그리스도 안에서 세상으로 들어오시는 그 세상과의 공동체를 거부했다고 비난했다.[4] 나아가 자신들의 종교적인 충성을 세속적인 충성으로부터 분리시키는 것을 받아들인 사람들에 반대하여, 본회퍼는 미움의 대상이 된 유대인과 경멸당하는 사회주의자를 포함한 모든 사람들과의 예수 그리스도의 인간적 연대의 실재에서, 하나님은 신앙과 "세속성"이 화해될 수 있는 연합을 세상에 부여하셨다. 루터의 두 왕국론에 대한 올바른 해석은 서로 지원하지만 그리스도인들이 때로는 "보다 더 나은 세속성의 이름으로" 세속에 대해 반대할 수 있는 비판적인 관계를 유지하는 것이다.[5] 본회퍼는 이러한 방식으로 루터를 해석하고 "세속에 반대되는" 그리스도의 모범을 호소하는 것이 신앙인들에 대한 나치제국의 분노를 야기시킬 것이라는 점을 잘 알고 있었다. 그리스도인의 "희생"은 고난의 잔이며, 더 나아가서 20세기의 골고다, 나치의 처형장에서의 수치스러운 죽음이다.

본회퍼는 그의 전 생애를 통하여, 교회는 가난한 사람들을 돌보고, 평화의 대의(大義)를 위해 모험의 길을 가며, 날마다 산상설교에 따라 살아가고, 유대인들과의 연대를 고백하며 정부 속에 있는 악에 대해 정면으로 대처하며 사회적 책임을 지고 살아가라고 촉구했다. 본회퍼 선집에서는 그가 초기 논문에서 발전시킨 것과는 매우 다른 방식으로 교회를 상기하는 구절들이 눈에 띈다. "하나님은 우리에게 지상에서 하나님을 영화롭게 하기를 원하신다. 하나님은 우리에게 우리의 형제와 자매들 가운데서 - 어디서든지 하나님을

---

4) D. Bonhoeffer, *Ethics* (New York: Macmillan, 1965), p. 200 (번역은 약간 바뀌었다).
5) ibid., p. 199.

영화롭게 하기를 원하신다."[6] 자유에 관한 기념할 만한 한 설교에서, 본회퍼는 진정한 그리스도인들에 대해 언급한다. 즉 "사랑하는 사람들은 … 지상에서 가장 혁명적인 사람들이다. 그들은 모든 가치관을 뒤엎는 사람들이다. 그들은 인간사회에서 폭약같은 사람들이다." 그러나 그리스도인들은 "사람들이 제거하기를 원하고, 무법자라고 부르며, 사람들에게 죽임을 당하는 자들이다. 그리스도인들의 길은 십자가를 향해 뻗어있다".[7] 나치의 허풍과 억압이 있을 거라는 암시로 인해 그의 회중들을 잃지는 않았다. 지금은 교회지도자들에게 있어서 저항이 불러올 정치적 이익과 불이익을 평가할 시간이 아니었다. 본회퍼에게 있어서, 그리스도를 뒤따르라는 부르심은 준엄한 것이지만 명백한 것이었다. 그것은 다름 아닌 자기를 희생하는 신앙과 전심으로 대하는 자기 이웃과의 연대, 특히 거칠고도 정당함을 변호하는 이데올로기들에 의해서 "인간 이하"(subhuman)의 취급을 받는 사람들과의 연대이다.

그리스도와 함께 십자가의 길을 걸어가는 것을 교회가 몹시 마땅치 않게 여기는 것을 보고서 본회퍼가 격분한 것은 그가 옥중에서 쓴 글들의 여러 구절에서 자명하게 나타난다. 예컨대 잊지 못할 한 구절은 "우리가 삶의 중대한 문제들을 진지하게 착수하고자 한다면, 그 정체에서 벗어나서 … 논쟁적인 문제들을 말하는 모험을 하라"고 교회에 도전을 던진 것이었다.[8] "비종교적 기독교"의 시대가 도래할 것이라는 그의 불안하게 하는 주장과 성서적 개념들의 "비

---

6) 'Thy Kingdom Come', in Kelly and Nelson, *A Testament to Freedom*, p. 92.

7) ibid., p. 206.

8) Bonhoeffer, *Letters and Papers from Prison*, p. 378 (번역은 약간 바뀌었다).

종교적 해석"에 대한 그의 요구는 독일의 교회들이 도피주의자의 종교성의 정체된 연못으로 변했다는 확신을 보여주는 한 대목이다. 그들의 주요 관심사는 교의학적 정통과 변하기 쉬운 평범한 의견들로 채워져 있는 것처럼 보였다. 그는 이러한 교회들이 "그리스도에 대한 인격적인 신앙을 거의 가지고 있지 않다"는 것을 발견하고 놀랐다. 그 교회들은 "타자를 위해서 모험을 걸기"를 두려워했다. 왜냐하면 그 교회들이 하나님의 성서적 말씀으로부터 떨어지게 되었기 때문이다. "예수는 시야에서 사라져[버렸다]"[9]

그러므로 본회퍼는 교회가 성직의 특권을 보존하고 영적으로 의존하는 주체들에 대한 강력한 권력을 유지하기에 열심인 신성한 제도가 아닌 그리스도와 같이 섬김의 공동체가 되는 "비종교적 기독교"에 대해서 말한 것이다. 참된 공동체가 되기 위하여 이 공동체는 영적인 무기력 상태에서 깨어나서 "하나님 없는 세상의 수중에서 하나님의 고난에" 기꺼이 동참해야 한다.[10] 간단히 말하면 교회들은 마땅히 그들 자신이 "예수 그리스도의 길에서 사로잡히기"를 허용해야 했다.[11]

회고해 보면 새로워지고 그리스도를 지향하는 교회에 대한 본회퍼의 꿈은 교회들과 그들의 부르주아 교인들에게 있어서 너무 당혹스럽고도 비현실적인 것이었을지도 모른다. 본회퍼는 산상설교를 진지하게 받아들였다. 그는 교회들이 세상에 대하여 오래된 그리스도(alter Christus)였다는 그들의 주장을 취하기를 원했다. 여기에 그의

---

9) ibid., 381.
10) ibid., p. 361.
11) ibid.

실망과 소망이 걸려 있다. 형무소에 있는 동안에 그는 복음의 사상의 위임이 좌절당한 나라들에서의 기독교의 갱생을 갈망했다. 그는 우리가 감옥에서 나온 세례에 관한 그의 설교에서 읽는 바와 같이 "그것이 마치 목적 그 자체인 것처럼 자기 보존을 위해서만 투쟁해 왔던" 교회가 "인류와 세상을 향한 화해와 구속의 말씀을 취할 수 없게" 되었다는 냉정한 결론에 도달했다.[12] 이 교회는 예수 그리스도에 대한 충성을 선포하는 반면에, 게르만 민족의 신들에게 충성을 맹세하는 교회였다. 이 교회는 실제로 급진적인 회개가 절실히 필요했다.

## "비의훈련"

본회퍼는 제2차 세계대전의 폐허에서 솟아 올라 죄가 많은 세상에 대하여 다시 지배권을 행사하려는 교회에 대해 경계했다. 따라서 그는 미래의 교회가 히틀러 집권시대의 잔학한 행위에 아무 책임이 없다고 스스로 확신하고 자기의 특권을 회복하려는데 대한 염려를 말했다. "비종교적 기독교"(non-religious Christianity)의 도래에 관한 그의 진술들은 그리스도에게로 전향하라는 교회에 대한 경고이다. 그리고 그것은 "세상이 변화되고 그것에 의하여 갱신되는 하나님의 말씀을 말하도록 다시 한 번 부르심을 받을 때까지" 꾸준한 기도와 용기 있는 행실로 인내하며 기다리라는 경고이다 … "그것은 – 예수의 언어에서와 같이, 아마도 완전히 비종교적인 언어일지

---

12) Kelly and Nelson, *A Testament to Freedom*, p. 505.

는 몰라도 해방시키며 구속하는 새로운 언어가 될 것이다. 그것은 사람들에게 충격을 주겠지만 그 능력으로 그들을 이기게 될 것이다."[13] 해방시키며 충격을 주는 "비종교적 언어"의 형태가 어떤 형태냐는 단서는 그가 미래에 "기독교적 주장이 침묵의 감추어진 문제가 될 것이다"라고 말한 데서 바로 파악될 수 있다.[14] 세례에 관한 설교와 거의 동시에 보내진 편지들에서 나온 이와 관련된 두 구절에서, 본회퍼는 "비의훈련"(discipline of the secret, disciplina arcani)에 대해서 언급하는데, 이것은 이교도의 타락에 대해 교회의 온전함을 보호하려는 것을 목적으로 하는 초대교회의 실천에 관한 언급이다. 첫 번째 언급은 본회퍼가 비종교적 기독교에서 예배와 기도가 어떤 의미를 갖게 되느냐는 질문에 대한 답변의 상황에서 '비의훈련'을 호소하려는 그의 의도로부터 나온 것이다.[15]

본회퍼에게 있어서, 종교는 결코 하나님의 은사로서의 신앙과 동일시되지 않는다. 종교는 너무나도 인간적이고, 결점이 많으며 죄에 빠지기 쉽다. 신앙의 종교적 장식들은 구원하는 신앙과 그 신앙으로부터 흘러나오는 진정한 거룩함과 결코 동일하지가 않다. 본회퍼는 신성모독으로부터 보호되어야 하는 신앙의 신비들에 관하여 말했다. 그런 까닭에 "비의훈련"의 실천의 회복을 말한 것이다.[16] 본회퍼는 하나님의 궁극성(ultimacy)을 그들 자신의 우상 숭배적인 수단의 성상(聖像)으로 변모시키고 "성스러운 것"을 텅 빈 종교적 방언으로 탈바꿈시키는 거만한 방식을 잘 알고 있었다. 교회의 말씀

---

13) Bonhoeffer, *Letters and Papers from Prison*, p. 300 (번역은 약간 바뀌었다).
14) ibid. (이탤릭체는 필자가 표시한 것이다).
15) ibid., p. 281.
16) ibid., p. 286.

들은 저들의 교회들에 의해서 선동된 이른바 그리스도인들에 의해서 저질러진 불의의 행동을 통해서 복음의 변조의 시대에 그 신빙성에 대한 요구를 상실하게 되었다.

이와 같이 본회퍼에게 있어서 문제는 그리스도인들과 신앙의 공동체가 어떻게 세속과의 관여한 가운데서 예수 그리스도와의 동일성을 탕진하는 것을 막느냐는 것이었다. 훈련은 초대교회에서 그러했던 것처럼 본질적으로 중요한 것이지만, 이 훈련이 적대감을 갖는 사회 앞에서 의기양양하게 휘둘러질 수 없고, 마지못해 하는 시민에게 강요될 수도 없다. 주장에 있어서 소박한 훈련과 행동에 있어서의 겸손은 교회를 돕기 위해서 요구되었던 것인데, 교회는 그 자체로부터 해방되었고, 종교적 형태의 구식 형태들의 정체로부터 구원되었다. 교회는 하나님의 말씀에 의해서 선포된 기독교 신앙의 신비들을 감상적인 자기 방어적 광란으로써가 아니라 기도와 예배와 그리스도와 같은 모범으로 보존해야 하는 위임을 받았다. 본회퍼에 의하면 기도와 모범 없이는 하나님의 변치 않는 인자하심에 대한 선포도 아무런 설득력을 갖지 못한다. "비의훈련"에 대한 본회퍼의 신비적인 언급은 타자를 위한 교회의 모든 대리적인 행동이라는 이러한 "그리스도 중심적인 관점"(Christ-centered perspective)을 보존하려고 의도된 것이었다.[17]

본회퍼의 그리스도 중심적인 영성(Christocentric spirituality)에 의거하여 추정한다면, 그리스도는 그리스도인의 책임적인 삶 배후에서

---

17) 여기에 제시된 "비의훈련"에 대한 분석은 나의 책에서 따온 것이다. G. B. Kelly, *Liberating Faith: Bonhoeffer's Message for Today* (Minneapolis: Augsburg Publishing House, 1984), pp. 133-138. 본회퍼의 신학의 이 측면에 대한 보다 더 상세한 연구를 위해서는 J. W. Matthews, 'Responsible Sharing of the Mystery of Christian Faith: Disciplina Arcani in the Life and Theology of Dietrich Bonhoeffer', *Dialog*, 25(1) (Winter 1986), 19-25를 보라.

그가 모든 실재와 영감의 구조가 되시는 것과 같이 이 "훈련"의 중심이 되신다. 그리스도인들은 신자들의 공동체에서 기도하고 예배를 드려야 한다. 이와 같이 그들은 빈곤과 슬픔만을 경험한 타자들을 섬길 수 있는 자세를 확고히 하여야 한다. 동일한 그리스도를 지향하는 생각이 모든 사람에 의해서 공유되지 않는다면, 그리스도인들과 그들의 교회들은 그럼에도 불구하고 계속해서 성령이 마침내 그들의 기도와 모범에 대해 계시의 음성을 주시고 다시 한 번 교회로 하여금 예수 그리스도 안에서 형제자매가 되는 그들에게 하나님의 말씀을 효과적으로 말할 수 있도록 해주실 것이라고 신뢰할 수 있다.

교회가 나아가야 할 미래의 방향에 관한 본회퍼의 감정에 대해서 많은 통찰을 제공해 주는 그의 대자(代子)에게 보내는 세례식에 관한 편지도 역시 그 자신의 그리스도 지향적인 영성의 핵심을 노출하고 있다. 그는 다음과 같이 쓰고 있다. "오늘날 우리가 그리스도인이 된다는 것은 두 가지 중요한 문제에 국한될 것이다. 즉, 그것은 기도와 사람들을 위한 정의로운 행동이다." "그리스도인의 모든 행동, 발언, 조직은 이러한 기도와 행동으로부터 새롭게 태어나야 한다." 그는 교회들이 말하는 새로운 방식을 필요로 했다고 말했다 … "그때 기독교적 주장이 침묵의 감추어진 문제가 되겠지만, 거기에는 기도하고 정의를 위해 행동하며 하나님의 때를 기다리는 사람들이 있게 될 것이다. 네가 그들 가운데 한 사람이 되도록 하라."[18] 사실상 기도와 정의를 위한 행동은 내가 본회퍼의 "영성"이라고 일컬

---

18) Kelly and Nelson, *A Testament to Freedom*, p. 505. 번역은 바뀌었다. Bonhoeffer, *Letters and Papers from Prison*, p. 300.

은 것 가운데서 가장 분명한 특징으로서 두드러지게 나타난다. 무엇보다도 본회퍼는 그의 저작들로부터 그의 개인적인 결점에도 불구하고, 기도하는 깊은 신앙에 의해서 인도함을 받고, 조직적인 부도덕에 의해서 더럽혀진 한 사회에서 정의의 회복을 위해서 일하는 데에 생명을 거는 위대한 모험을 취하는 사람으로서 나타난다.

## 기도와 명상

본회퍼가 처음 체포되었을 때, 수많은 그의 동료 목사들이 그를 자신의 신앙과 성직에 완전히 낯선 문제들에 간섭한 단순한 정치적인 선동가로 간단히 처리해버리는 반응을 보였다는 점은 불행이었다. 그가 위기에 처해 있었음에도 불구하고 교회의 중보기도에 포함될 수 없었다. 전쟁이 끝난 후, 성직자들에게 본회퍼가 저항에 참여한 것을 교회의 불변의 수치로 보기보다는 특별히 유해한 전제 정치에서 예수 그리스도를 더욱더 성실하게 나타내는 정치적인 저항 행위로서 분류하는 것이 더 원활해졌다. 그의 옥중서신들을 받아들이고 그의 인격적인 모범을 따른다는 것은 성직이 주는 특권들을 너무나 많이 희생해야 한다는 것을 의미했다. 본회퍼는 이미 그의 『윤리학』에서 나치즘의 대량 학살 규정(genocide rule)의 희생자들에게 행한 폭력에 대한 죄책을 고백하라고 교회들에게 권고했다.[19] 회고해 보면, 본회퍼의 "죄책 고백"(Confession of Guilt)이라는 극적인 말은 교회들이 기꺼이 자인하기보다는 겸손과 뉘우침을 상당히 강요

---

19) 'Confession of Guilt', in Bonhoeffer, *Ethics*, pp. 110-116.

한 것처럼 보였다. 오랜 후에 기독교 교파들이 마지못해서 그들의 양심을 검토하기 시작하고 나치즘이 북돋운 증오에의 연루를 극복하기 시작하자, 독일의 저항 운동에서의 그의 행동을 통한 본회퍼의 기독교적 증언의 이슈가 경탄과 모방의 모범이 되었다. 뒤늦었지만 교회들은 영감을 주는 그의 말들로부터 능력을 이끌어내기 시작했다. 상황이 변하고 시대는 변했을지라도, 본회퍼의 생애와 신학이 던져주는 도전은 그대로 남게 되었다. 교회가 인종, 계급, 종파의 적대감으로 만연되어 있는 세상에서 평화와 정의를 성취하기 위한 구체적인 행동과 기독교 신앙을 어떻게 관련시키는가? 그렇지 않으면, 이와 밀접한 관계가 있는 질문도 가능하다. 기독교적 상황이 어떻게 의(義)를 위한 박해를 견딜 수 있는가?(마 5:10)

만일 순교가 예수 그리스도의 진리에 대한 증언이라면, 본회퍼가 무슨 이유로 그의 기독교적 신앙을 확고한 인권 수호와 반(反)히틀러 공모의 관여와 연결시킬 수 있었느냐에 대한 존 드 그루시(John de Gruchy)의 설명은 여기에서 매우 적합성을 갖는다. "본회퍼는 순교를 추구하지 않았다. 본회퍼는 그가 본 진리를 따라갔고 그가 그것을 실천하며 살았기 때문에 처형을 당했다."[20] 그리고 본회퍼가 추구한 바와 같이, 진리는 죽음의 수용소의 일상적인 고문으로부터 구출되기 위하여 절규하는 무죄한 자들 가운데서 하나님이 고난을 당하신다는 것이었다. 그러므로 본회퍼의 선집에서 나온 많은 구절들이 그리스도인들의 과제는 폭력이 저질러지고, 악에 대한 저항이 진압 당하며, 예수 그리스도 안에서의 자신의 형제자매들이 고난

---

20) John de Cruchy, 'Bonhoeffer in South Africa', in E. Bethge, *Bonhoeffer: Exile and Martyr*, ed. John de Gruchy (London: Collins, 1975), p. 27.

을 겪는 동안에, 침묵 속에서 방관자로서 서있는 것이나 교회의 안전 속에서 기도의 환상에 빠지는 것이 아니라는 그의 확신을 강조한다. 베트게는 본회퍼가 성경 본문들을 날마다 명상하면서 이것을 알았고, 독선으로 변질되는 것으로부터 본회퍼의 행동을 지켜주고 그의 정신을 끈덕진 인내로 고취시켜 주며 "복음의 진리에 맞추어서 정의를 행하기"를 유지하게 해준 것은 기도에 대한 그의 헌신이었다고 보고 있다.[21] 본회퍼에게 있어서 정의를 위한 예언자적 행동에 대한 결속이 없이는 어떤 기도도 완전하게 보일 수는 없었다.

그것이 바로, 베트게에게 보내는 노출된 편지에서, 본회퍼가 그의 개인적인 기도의 실천이 어떻게 그의 삶이 걸려 있는 갈등을 일으키는 방향들을 하나의 다루기 쉬운 전체로 통합시키도록 도왔는지에 대해서 쓰게 된 이유이다. 이와 동시에 본회퍼는 클라이스트 - 레트쵸프(Kleist-Retzow) 가족과 함께 머무르면서 그의 『윤리학』에 대한 초고를 작성하고 있을 때, 다음과 같이 썼다.

"나는 여기에서 날마다 아침 기도를 매우 즐깁니다. 이 기도들은 나에게 성경 본문의 의미를 깊이 생각하도록 강권합니다. 이와 마찬가지로 성경을 읽음으로써, 나는 당신과 당신의 업적에 관한 많은 것을 생각하게 되었습니다. 나에게 있어서 규칙적으로 작성된 일과는 일(work)과 기도(prayer)를 의미합니다. 이것들은 사람들과 나의 관계를 용이하게 만들어주고, 훈련 부족의 결과로 일어나는 정서적, 신체적, 영적 문제들로부터 나를 보호해 줍니다." [22]

---

21) E. Bethge, *Prayer and Righteous Action* (Belfast: Christian Journals Ltd, 1979), pp. 26-27.
22) D. Bonhoeffer, *Kirchenkampf und Finkenwalde: Resolutionen Aufsätze Rundbriefe 1933-1943, Gesammelte Schriften*, vol. II (Munich: Chr. Kaiser Verlag, 1959), p. 376 (저

여기에서 확인된 일(work)과 기도(prayer)의 협력 관계에 대한 본회퍼의 집착은 완전히 다른 상황에서 나온 것이지만, 전후의 독일에서의 교회의 특성을 나타내기를 소망했던 정의를 위한 행동과 기도의 다른 한쪽이다.

본회퍼의 기도 생활이 무엇과 같았는지 그리고 간접적으로 세례에 관한 그의 설교에서 어떤 형태의 기도에 대해서 언급하고 있느냐는 것을 발견해 내는 것은 바로 개인적이며 공동체적인 기도가 항상 그의 우선적인 일들 가운데서 얼마나 특별한 위치를 차지했느냐는 것을 탐구하는 것이다. 그는 언젠가 독일의 저항을 위해서 접수되었던 에탈 수도원(Monastery of Ettal)에서 이렇게 천명한 적이 있다. 그에게 있어서 "아침기도와 저녁기도와 개인적인 중보기도가 없는 날은 사실상 의미나 중요성이 없는 날이었다."[23] 본회퍼는 그렇지 않으면 흩어질 삶의 여러 가닥들을 붙잡아주는 기도의 능력에 대해 확신하고 있었으므로 핑켄발데에서 고백교회의 신학교 학생들의 훈련에 날마다의 기도와 명상을 포함시키자고 주장했다. 그들의 공동체 생활은 균형 있는 교육과정, 연구, 식사, 예배, 서로에 대한 봉사, 오락 및 스포츠로 구성되었다. 그러나 그 조직의 중심에는 기도로 하루를 시작하고 기도로 하루를 마치는 것 그리고 성경 본문들에 대한 날마다의 명상이 있었다.

"본회퍼의 방식"을 합성한 이러한 날마다의 명상적인 기도는 성직을 위한 준비를 하는 그들에게 예측하지 않은 측면이었고, 처음

---

자의 번역).
23) ibid., p. 398 (저자의 번역).

에는 오해를 받기도 했다. 심지어는 본회퍼가 젊은 성직자들에게 부과하는 것이 "비복음적인 수도원 생활"이라는 농담까지 생기기도 했다. 그들이 그에게 이러한 불평을 하고 그 공동체로부터 결석하는 일이 잇따랐을 때에도, 본회퍼는 그들의 신학교의 정규적인 생활의 부분으로서 그 실천을 유지하는 것을 철회하지 않았다. 그 대신에 그는 한 주일에 한 번 주어진 성경 본문들에 대한 공동의 성찰과 함께 공동의 예배를 드리라고 제안했다. 그 자신은 신학과 학생들과 함께 그 자신의 명상적인 기도를 함께 드림으로써 솔선수범하는 모범을 보였다. 점차 그들의 반항은 수그러들었고, 그들은 그와 함께 날마다의 명상이 어떤 일을 초래하는지를 감상하기 시작했다. 그들은 그들 자신의 신앙에 자양분을 주고, 그들의 사명을 강화시켜 주며, 보다 더 큰 확신을 가지고 복음을 전파할 능력을 주기 위하여, 선포된 말씀에 의해서 개인적으로 은사로 받은 것을 생각하기 시작했다. 본회퍼는 그 자신의 경험으로부터 기독교 목사들이 "십자가에 달리신 예수 그리스도와의 날마다의 인격적인 교제에 들어가야" 한다는 것을 알았다. 그의 음성은 "십자가로부터 직접 그들에게 들려온다. … 거기에서 그리스도는 그 자신이 우리의 말로 솔직하게 말씀하시는 것으로 우리에게 나타나신다. 오직 거기에서만 우리는 경건주의적 수다(pietistical chatter)의 무서운 위험을 추방할 수 있다."[24]

나중에 그는 그의 신학교 학생들에게 날마다의 기도문구(Losungen), 성경으로부터 이끌어낸 간략한 본문들에 대해서 명상하는, 과

---

24) D. Bonhoeffer, *Theologie Gemeinde: Vorlesungen Briefe Gespräche 1927-1944, Gesammelte Schriften,* vol. III (Munich: Chr. Kaiser Verlag, 1960), p. 43 (저자의 번역).

거 모라비아 형제 공동체들의 관습을 소개해 주었다. 그들의 핑켄 발데의 경험에 이어지는 여러 해 동안 본회퍼는 여러 번 그날을 위한 이러한 본문들에 대한 저들의 관심을 촉구하곤 했다. 예를 들어 1937년 크리스마스에 기숙사에 있는 목사 후보생들에게 보내는 편지에서 그는 공들여서 크리스마스 이브로부터 새해 이브에 이르기까지의 "날마다의 성경 본문"들에 대한 성찰을 게재해 놓았다. 이것은 불행하게도 그들 각자에게 보낼 수 없었던 당시 막 발행된 『나를 따르라』(The Cost of Discipleship)의 사본 대신에 주는 그의 크리스마스 선물이었다.[25] 본회퍼는 그들의 공동체가 게슈타포에 의해서 폐쇄되었지만 핑켄발데에서의 그들의 공동생활을 상기시켰고, 그의 신학교 학생들에게 그날을 위한 성경 본문들을 성찰하는 그들의 실천을 지속하라고 장려했다.[26] 감옥에 있을 동안에도 그는 기도문구에 대한 명상이 그에게 의미 있는 세계를 열어주었다고 썼다.[27]

게슈타포가 신학교 학생들을 해산시킨 후에도, 본회퍼는 성찰을 위한 주간의 성경 본문을 제공하는 회람 서신들을 통하여 그들의 공동체 생활과 유사한 생활을 유지하도록 했다. 전쟁이 최고조에 이르렀을 때 쓴 한 편지에서, 본회퍼는 날마다의 명상을 포기하지 말라고 그들에게 촉구했다. 그는 그들과 함께 "하나님의 말씀에

---

25) Bonhoeffer, *Kirchenkampf und Finkenwalde*, pp. 524-530.

26) 예컨대, D. Bonhoeffer, *Auslegungen Predigten: Berlin London Finkenwalde 1931-1944, Gesammelte Schriften*, vol. IV (Munich: Chr. Kaiser Verlag, 1961), pp. 588-96을 보라. 성령강림절, 성령강림절 화요일과 1944년 6월 7-8일을 위한 본문들에 대한 본회퍼의 성찰.

27) Bonhoeffer, *Letters and Papers from Prison*, p. 176을 보라. 이 부분은 주로 나의 "편집자의 서문"에서 인용한 것이다. D. Bonhoeffer, *Life Together; The Prayerbook of the Bible, Dietrich Bonhoeffer Works*, vol. V, trans D. W. Bloesch and J. H. Burtness (Minneapolis: Fortress Press, 1996), pp. 14-15. 본회퍼의 "날마다의 본문"의 사용에 대해서는, 특히 F. B. Nelson, 'Bonhoeffer and the Spiritual Life: Some Reflections', *Journal of Theology for Southern Africa*, 30 (March 1980), 34-38을 보라.

대한 날마다의 고요한 관심 집중이 … 단 몇 분 동안이라고 할지라도" 지금은 전쟁으로 인해 단편화된 "[그들의] 삶에 내적이며 외적인 질서를 가져다 준 모든 것의 초점"이었다는 확신을 나누었다. 그들의 세례로부터 견신례와 성직안수에 이르기까지 그들의 삶의 통일성을 보존해준 것은 사실상 그들의 날마다의 명상이었다. 그는 "그것이 우리의 회중의, 우리의 형제자매의, 우리의 영적인 고향의 구원 공동체 속에서 우리를 지켜준다"고 결론을 내렸다.[28] 신학교 학생들에게 이 말은 날마다의 기도의 중요성에 관한 본회퍼 자신의 가르침에 대한 기억을 되살아나게 한다.

그의 전기작가도 본회퍼가 그의 신학교 학생들에게 교실에서의 지도를 통해서는 물론 그의 개인적으로 보인 모범을 통해서 기도하는 방법을 가르쳐주었다는 정보를 우리에게 제공해 준다. 그는 간혹 공동체의 즉흥적으로 만들어진 기도에 대한 책임을 맡았다. 이 기도들은 그들의 공동생활을 이루었던 하나님의 모든 은사에 대한 감사의 기도, 고백교회를 위한 중보기도, 특히 투옥된 목사들을 위한 중보기도, 그들의 목회에서 실패에 대해 용서를 비는 기도, 그들의 적대자들을 위한 기도를 포함한다. 본회퍼의 방법은 그의 마음으로부터 큰 소리로 기도하는 것 그리고 그들의 생각을 함께 나누는 모든 사람들을 격려하는 것 그리고 이와 같이하여 그들의 서로의 신앙을 강화시키고, 그들의 공동체 의식을 향상시키는 것이었다. 당시 신학생이었던 베트게가 "우리는 전에 이같은 기도를 드려본 적이 없다"고 지적한 바와 같이, 이것은 기도를 가르치는 간접적

---

28) 'Letter of March 1, 1942', in Kelly and Nelson, *A Testament to Freedom*, p. 457 (번역은 약간 바뀌었다).

인 방법이었다.[29)]

다른 신학생은 본회퍼의 예수의 사랑, 특히 낮아지신 자의 모습
에서의 예수의 사랑, 신앙의 그리스도 안에서의 지상적인 예수의
모습에서의 예수의 사랑이 본회퍼의 즉흥적으로 만들어진 기도에
어떻게 연결되는지에 대해서 말했다. 여기에 이 고도로 지성적인
그리스도인의 실존의 중심과 핵심이 있었다. 우리는 아침예배와 저
녁예배의 즉석 기도에서 그것을 느꼈다. 그 기도는 주님에 대한 사
랑과 그의 형제들에 대한 사랑으로부터 흘러나왔다.[30)]

본회퍼는 그 자신을 위해서나 그의 신학교 학생들을 위해서나 하
나님의 말씀이 날마다 그들에게 말씀하시도록 허용해야 할 필요성
을 강조했다. 그는 이렇게 주장했다. "목사들은 다른 사람들보다 더
많이 기도해야 한다. [왜냐하면] … 그들이 기도해야 할 것을 더 많
이 가지고 있기 때문이다." 이러한 진술은 신학교에서 날마다의 명
상의 실천을 지원하기 위하여 그가 쓴 한 논문에서 나온 것이다.
「왜 나는 명상하는가?」라는 제하의 글에서, 본회퍼는 "기도는 그 날
에 드리는 첫 번째 예배이다"라고 대답했다.[31)] 1936년 그의 신학교
학생들에게 보내진 한 회람 서신의 부분으로 보내진 그의 말들은
그의 책, 『신도의 공동생활』에서 다시 게재되었다. 거기에서 그는

---

29) 'Der Ort des Gebets im Leben und Theologie Dietrich Bonhoeffers' ('The Place of Prayer
in the Life and Theology of Dietrich Bonhoeffer', in E. Bethge, *Bekennen und Widerste-
hen: Aufsätze — Reden — Gespräche* (Munich: Kaiser Verlag, 1984), p. 163.

30) Wilhelm Rott, 'Something Always Occurred to Him', in *I Knew Bonhoeffer: Reminiscen-
ces by his Friends*, ed. W. Zimmermann and R. G. Smith (London: Collins, 1966), p. 134.

31) Bonhoeffer, *Kirchenkampf und Finkenwalde* (나의 번역).

다음과 같이 명기했다.

"말씀 아래에서의 그들의 공동생활은 그날의 이른 시간에 드리는 공동의 예배로 시작된다. 함께 살아가는 공동체는 찬양과 감사를 불러일으킨다. 아침의 심원한 침묵은 처음으로 신앙 공동체의 기도와 찬송에 의해서 깨어진다. 밤과 이른 아침의 침묵 이후, 찬송과 하나님의 말씀이 더욱 분명하게 들려질 것이다. 도처에서 성경은 그날의 첫 번째 생각과 첫 번째 말이 하나님께 속한다는 것을 우리에게 말해준다." [32]

이에 어울리게 저녁기도는 밤의 휴식 이전의 공동체의 마지막 말이 될 수 있다. 본회퍼와 그의 목사 후보생들은 시편을 기도하고, 성경을 읽으며, 찬송을 드리고 공동으로 마감하는 기도를 드림으로써 그들이 하루를 시작했을 때와 똑같이 하루를 마감했다. 본회퍼가 기도의 전면에 내세운 여러 가지 목적들 가운데는 그날에 대한 하나님의 축복, 세계 안에서의 평화, 어려움에 처한 사람들을 위한 중보기도, 특히 동료 목사들, 가난한 사람들, 슬프고도 외로운 사람들, 병든 사람들과 죽어가는 사람들, 심지어는 적대자들을 위한 중보기도가 들어 있었다. 본회퍼는 다른 사람의 죄, 특히 태만의 죄와 동료 형제자매의 마음을 상하게 한 죄를 용서할 필요성에 대해 관심을 쏟도록 했다. 그는 모든 분열을 치유하고자 하는 것을 자신의 생활 규칙과 공동체의 생활 규칙으로 삼았다. 그는 어느 누구라도 "화해하지 않은 마음으로 잠자리에 들어서는 안 된다"고 말했다. 그는 만

---

32) Bonhoeffer, *Life Together; Prayerbook of the Bible*, p. 51.

일 공동체가 예수 그리스도에 대한 사랑과 서로에 대한 사랑 안에서 갱신되고자 한다면 화해는 본질적으로 중요한 것이라고 지적했다.[33]

베트게는 신학교 시절을 회상하면서 본회퍼가 그들의 공동체 예배에 심혈을 기울였던 것같이 보였다고 지적한다. 본회퍼는 참된 기독교 공동체를 형성하기 위하여 그들은 기도를 통해 하나님과의 관계를 발전시키고 하나님의 말씀에 의해 인도하심을 받아야 한다고 확신했다. 이것을 발생시키기 위하여, 그는 혼자와 공동으로 시편을 기도하는 것이 결정적으로 중요하다고 느꼈다. 그러므로 그것은 시편이 다른 기도들을 핏기가 없는 것처럼 보이게 만들었다고 한 루터의 말에 대한 인용문에서 그가 그렇게 보게 된 이유이다. 그리고 다른 진술에서 그는 "다른 안이하고 작은 기도"가 "시편에서 경험될 수 있는 능력과 열정과 불"을 결여했다고 말했다.[34]

우리가 시편을 통해서 그것을 감상할 수 있는 선집에서 나온 여러 구절들에서, 본회퍼는 하나님의 말씀과 일상의 사건들 사이의 관계 그리고 하나님의 존재를 모두 만났던 것으로 보인다. 그의 전기작가는 본회퍼가 기도와 명상을 위해서 사용한 성경에서의 메모에 대한 정밀한 검사를 통하여 이것을 설명한다. 예컨대 베트게는 유대인들의 곤경에 대한 기도를 통한 본회퍼의 감수성을 보여주기 위하여, 시편 74편 8절에 대한 본회퍼의 난외 주에 대한 주의를 촉구한다. 본회퍼는 수정의 밤(* Crystal Night, "깨어진 유리창의 밤"[the night of broken glass]이라고도 알려짐. 이날 밤에 약 7,500개 유대인 상점들이 고의적으

---

33) ibid., pp. 78-79.
34) *Prayerbook of the Bible*, ibid., p. 147에 붙이는 나의 "편집자의 서문"을 보라.

로 파괴되고, 171개 유대인 회당들이 방화되었다)의 날짜인 「9.11.38」(1938년 11월 9일)을 적어놓았다. 그날에 유대인 회당들이 방화되고, 유대인 상점들이 파괴되었으며, 유대인들이 잔인하게 취급을 당했다. 본문은 다음과 같이 되어 있다. "그들이 마음속으로 이르기를 우리가 그들을 진멸하자 하고 이 땅에 있는 하나님의 모든 회당을 불살랐나이다." 다음에 이어지는 두 구절은 그의 펜으로 밑줄이 그어졌고 느낌표로 표시되었다. "우리의 표적은 보이지 아니하며 선지자도 더이상 없으며 이런 일이 얼마나 오래 될지 우리 중에 아는 자도 없나이다. 하나님이여 대적이 언제까지 비방하겠으며 원수가 주의 이름을 영원히 능욕하리이까?"[35] 나중에 본회퍼는 이제는 그들 자신의 교구에서 목회를 하고 있는 그의 예전 신학교 학생들에게 보내는 회람 서신에 수정의 밤에 대한 그의 반응을 포함시켰다. 그는 다음과 같이 썼다. "지난 며칠 동안에 나는 시편 74편, 스가랴 2장 12절(슥 2:8 "너희를 범하는 자는 그의 눈동자를 범하는 것이라!"), 로마서 9장 4-5절(양자 됨, 영광, 언약, 율법, 예배, 약속이 이스라엘에게 속해 있다), 로마서 11장 11-15절에 대해서 많은 것을 생각해 왔습니다. 그것은 곧바로 우리를 기도로 인도합니다."[36] 이것은 주어진 상황에서, 그리고 일상생활에서의 예측하지 못한 것이 분출되는 상황에서 이 경우에는 나치 독일의 유대인들에 대한 부도덕한 박해에서의 가장 많은 상처를 입은 순간들에서, 본회퍼가 시편을 기도하고 그것을 하나님의 말씀으로 명상한 방식을 보여주는 가장 전형적인 실례였다.

---

35) 이 성구 인용들은 베트게(Bethge)의 논문, 'Dietrich Bonhoeffer and the Jews', in *Ethical Responsibility: Bonhoeffer's Legacy to the Churches*, ed. J. D. Godsey and G. B. Kelly (New York: Edwin Mellen Press, 1981), pp. 74-75에서 가져온 것이다.

36) D. Bonhoeffer, *Kirchenkampf und Finkenwalde*, p. 544 (저자의 번역).

본회퍼에게 있어서 시편들에서 나온 이 구절들도 역시 시편을 기도하는 것이 결코 자신의 생활과 선교의 일상적인 측면과 고립될 수 없었다. 그는 그의 신학교 학생들에게 문제시되는 구절들을 곰곰이 살펴보고 하나님 자신의 말씀을 불신하는 경멸의 가르침이 아니라, 하나님이 실제로 거부한 적이 없는 유대인들을 위한 사랑과 관심으로 생각하라고 요구했다. 그 구절들을 명상하면서, 본회퍼는 유대인들 가운데서 하나님의 고난에 대해 넌지시 말하고 있었다. 본회퍼는 그의 신학교 학생들에게 예수 그리스도와 더불어 시편을 기도하도록 가르쳤다. '수정의 밤'에 그들은 유대인 형제자매들의 인격 속에서 예수와 함께 이렇게 절규할 수 있었다. "하나님이여 대적이 언제까지 비방하겠으며 원수가 주의 이름을 영원히 능욕하리이까?"

시편의 이러한 실천적인 차원은 본회퍼가 왜 시편을 기도의 중요한 원리로 소중히 여겼는지를 설명하는 데에 도움이 된다. 무엇보다도 시편은 그로 하여금 그의 투옥을 포함하여 그의 선교의 모든 변화무쌍함 가운데서 그 자신의 변화되는 기분에 대처할 수 있게 해주었다. 시편은 하나님이 그 자신의 시대의 특징을 이루었던 모든 슬픔과 기쁨, 성공과 실패 속에도 가까이 계셨다는 것을 그에게 가르쳐주었다. 그러므로 그가 그들의 정규적인 공동체 예배에 시편을 포함시키라고 주장했던 것은 그의 교훈을 따르고 그의 공동체 생활을 함께 나눈 신학교 학생들에게 결코 놀라운 것으로 다가오지 않았다. 그는 그들에게 이렇게 말했다. "시편의 기도는 우리로 하여금 공동체로서 기도하는 방법을 가르쳐 준다."[37] 테겔 형무소에서

---

37) Bonhoeffer, *Life Together; Prayerbook of the Bible*, p. 57.

의 가장 험악한 시절에도 그는 그의 부모에게 이러한 말들을 전할수 있었다. "나는 여러 해 동안 내가 그렇게 해왔던 것처럼 날마다시편을 읽습니다. 나는 시편을 알고나서 다른 어떤 책보다도 시편을 더 사랑합니다." 같은 편지에서 그는 그의 부모에게 자신의 포로상태의 명백한 무의미함을 겪는 죄수의 고뇌에 대한 성경의 응답으로부터 영적인 위로를 얻는다고 말했다. 특히 시편 31편은 그로 하여금 그의 생명이 하나님께 맡겨져 있다는 것을 시인하도록 도와주었다. "나의 앞날이 주의 손에 있사오니"(15절). 그럼에도 불구하고그는 시편 13편이 그에게 허용한 바와 같이, 안달이 나서 고민스러운 질문에 대한 응답을 구한다. "여호와여 어느 때까지니이까?"[38] 본회퍼가 아마도 자신을 위하여 아우구스티누스의 Deus intimior meo (하나님이 내가 나 자신에게 친밀한 것보다도 나에게 더 친밀하시다)를 의역한 것처럼 보이는, "하나님이 우리가 우리 자신을 아는 것보다도우리를 더 잘 아신다"고 주장한 바와 같이, 시편은 그에게 있어서예수 그리스도의 기도였다. [39]

그러므로 그의 동료 죄수들을 위해서 작성한 기도가 시편의 정신으로 가득 채워져 있었다는 것은 예측할 수 있는 것이었다. 이 점에 있어서 그들의 끊임없는 주제는 하나님이 허락하시는 모든 것에대한 하나님의 사랑과 용납에 대한 신뢰였다. 그는 "오늘 어떤 일이 일어난다고 할지라도 하나님의 성호는 찬양을 받으실 것이다"라고 기도했다. 그는 그날이 가까워 오자 자기 자신은 물론 그의 사랑하는 자들과 동료 죄수들과 심지어는 형무소 간수들까지도 하나님

---

38) Bonhoeffer, *Letters and Papers from Prison*, pp. 39-40.
39) *Prayerbook of the Bible,* in Bonhoeffer, *Life Together; Prayerbook of the Bible,* p. 160.

의 손에 맡겼다. 그는 하나님이 보내주시는 것을 감당할 능력과 두려움을 극복할 수 있는 용기를 구했다. 모든 곳에 스며드는 감옥 생활의 고통에서 그는 하나님께 이렇게 아뢰곤 했다. "나는 당신의 은총을 신뢰합니다. 그리고 나의 생명을 당신의 손에 맡깁니다. 당신의 뜻에 따라 나에게 대하소서. 그리고 당신은 나에게 가장 좋으신 분이십니다. 나의 하나님, 내가 살든지 죽든지 나와 함께 하시는 당신과 함께 하겠습니다."[40] 형무소 안에서 불법적으로 유통된 이 기도들은 평화와 자유를 위한 본회퍼의 행동을 안내해 주고 감옥에서까지도 공동체를 위한 그의 관심을 발산시키는 데 도움을 준 수많은 통찰들을 나타내 준다. 사실상 본회퍼는 "테겔 형무소에서 누어 있는 모든 사람들을 그가 접촉할 수 있는 사람들과 함께 그 자신이 모범을 보이며, 그 자신의 능력을 이끌어 낼 수 있는 영역으로 이끌려고" 시도했다.[41] 전쟁에서 살아남은 동료 공모자이자 수감자였던 한 사람은 자신의 주위에 있는 사람들의 영적인 행복과 사기를 위해서 생긴 본회퍼의 고독에 관해 이렇게 설명해 주었다. 그는 이렇게 썼다. "본회퍼는 최후까지 기도 예배를 준비하고, 모든 희망을 상실한 사람들을 위로하며, 그들에게 참신한 용기를 북돋아 줌으로써 [그들의] 기운을 향상시켰다. 높이 솟은 신앙의 반석인 그는 그의 동료 수감자들에게 빛나는 모범이 되었다.[42] 본회퍼의 영성을 공부한 한 학생은 형무소에서의 그의 기도의 정독은 그에게 본회퍼의 영적인 원기와 활력의 근원 – 하나님에 대한 그의 끊임없는, 날마다의,

---

40) Bonhoeffer, *Letters and Papers from Prison*, pp. 139-143.

41) J. C. Hampe, *Prayers from Prison* (Philadelphia: Fortress Press, 1979), p. 45.

42) F. von Schlabrendorff, *The Secret War Against Hitler* (London: Hodder & Stoughton, 1966), p. 324.

어린아이와 같은 관계 - 을 새로운 감상으로 깨닫게 해주었다고 진술했다.[43]

또한 그 "어린아이와 같은 관계"는 그의 가족, 친구들, 동료 목사들, 공모자들, 심지어는 나치의 희생자들과의 강력한 연대감의 형태를 취했다. 그는 "다른 그리스도인들의 신체적인 현존은 신자들에게 비할 데 없는 기쁨과 힘의 원천이다"라고 썼다.[44] 그러나 그들이 신체적으로 현존해 있든지 아니면 기도와 성찰 속에서 그에게 가까이 있든지 간에, 본회퍼는 그들이 모두 "[그들을] 지탱해 주는 공동체 안에" 있었다는 생각으로부터 강한 위로를 경험했다. 베트게에게 보내는 고별 편지들 가운데 한 편지에서 나온 이 말들은 다음과 같은 그의 강력한 신앙고백 직전에 자리하고 있다. "하나님은 예수 안에서 그 모든 것에 대하여 '예와 아멘'(Yes and Amen)을 말씀하셨고, 그 '예와 아멘'은 우리가 그 위에 서게 되는 굳건한 기반이다."[45]

이것은 바로 본회퍼의 기도에 대한 신앙, 즉 중보기도의 능력에 대한 그의 신앙의 다른 측면을 설명해 주는 연대성이었다. 가족, 친구들, 신학교 학생들, 공모자들과의 그 자신의 연대감은 자연스럽게 중보기도의 필요성에 대한 그의 이해에 잘 들어맞는다. 확실히 말하자면 그들은 사랑, 신앙, 자비 그리고 나치즘에 대한 저항의 위험으로 하나가 되었다. 그렇지만 신체적으로는 멀리 떨어져 있어도, 그들은 예수 그리스도 안에서의 교제와 공동의 신앙이라는 하

43) Nelson, 'Bonhoeffer and the Spiritual Life', p. 36.

44) Bonhoeffer, *Life Together; Prayerbook of the Bible*, p. 29.

45) ibid., p. 391 (번역은 약간 바뀌었다).

나님의 은사에 의해서 그들의 기도에서 서로를 기억하며 서로를 위해 주님께 중보기도를 드리면서 의식적으로든 무의식으로든 한데 모아졌다. 본회퍼는 핑켄발데에 있는 목사 후보생들에 대한 그의 무뚝뚝한 주장에서보다 기독교 공동체 내에서 중보기도의 중요성을 더 많이 주장한 곳은 없다. "기독교 공동체는 그 구성원들의 서로를 위한 중보기도로 살아간다. 그렇지 않으면 그 공동체는 파괴될 것이다." 본회퍼는 중보기도를 "개인과 공동체가 정화되기 위하여 매일 들어가야 하는 목욕탕"으로서 높이 평가했다.[46] 본회퍼는 타자를 위해서 기도하는 것이, 자신의 삶이 예측할 수 없는 방향으로 던져진 사람들 가운데서는 거의 불가능하다고 생각하는 것을 성취한다는 것을 알고 있었다. 이 기도에서 적대자들은 용서를 받을 수 있고, 무거운 짐들은 가벼워지며, 슬픔은 경감된다.

형무소에 있는 동안에 가족과 친구들로부터 고립되고 고백교회의 가시적인 지원을 거부당한 상태에서도 불구하고 본회퍼는 그를 위하여 드려지는 기도들에서 그가 기억된다는 생각으로 용기를 얻었다. 그는 부끄러워하지 않고 베트게에게 다음과 같은 약속을 구했다.

"서로를 위해 중보기도를 드리는 일에 신실하게 머무르자. … 그리고 우리가 다시 만날 수 없다는 결정이 내려지더라도 우리는 끝까지 감사함과 용서로 서로를 기억하자. 하나님, 우리가 언젠가는 서로를 위해 기도하고 찬양과 감사함으로 결합하여 [하나님] 앞에 서게

---

46) ibid., p. 90.

하소서."[47]

기도에서 그들의 연합은 단순한 감정 이입의 도약 이상의 것이었다. 만일 본회퍼가 반나치의 결심을 끝까지 유지할 수 있었다면, 이것은 대부분 그가 베트게의 우정과 기도의 지원으로부터 파생된 지속적인 영감으로 인한 것이었다. 그는 그의 마지막 편지들 가운데 하나에서 이렇게 탄원했다. "제발 나에 대해서 걱정하거나 염려하지 말게. 그러나 나를 위해서 기도하는 것을 잊지 말게나." 그리고 나서 그는 다음과 같이 덧붙여 말했다.

> "나는 그대가 그렇게 하지 않는다고 확신한다! 나는 하나님의 인도하시는 손을 확신하므로 내가 항상 저 확실성 안에서 유지되기를 소망한다. 그대는 내가 인도함을 받는 그 길을 따라 내가 감사함과 기뻐함으로 여행을 하고 있다는 것을 의심해서는 안 된다. 나의 과거의 삶은 하나님의 인자하심으로 가득 넘쳤다. 나의 죄는 십자가에 달리신 그리스도의 용서하시는 사랑으로 인해 보상되었다."[48]

그러한 우정과 상호 기도의 강렬함에서 개인적인 생존과 사랑하는 자들의 안전에 대한 본회퍼의 관심은 결국 그의 죽음을 신앙의 행위와 하나님이 허락하시는 것에 대한 순종으로 만들어준 하나님의 보호에 대한 완전한 확신에 양보되었다. 그는 "선을 위한 능력들"(The Powers for Good)이라는 시적인 찬송의 감동적인 한 절에서 이

---

47) Bonhoeffer, *Letters and Papers from Prison*, p. 131.
48) ibid., p. 393.

러한 감정을 기도한다. "그러나 당신은 당신의 슬픔의 잔을 기울여야 한다/ 당신의 명령에서 쓴 찌꺼기를 마시기 위하여/ 우리는 전율 없이 감사함으로 받아들인다/ 당신의 자비롭고 사랑스런 손에서 나오는 이 제물을/."[49] 그는 자신과 공모에 연루된 그의 친구들을 기다리는 운명을 극복할 수 없는 그 자신의 무능함에 대처하려고 시도했을 때에도, 그는 이 시구들을 "[그의] 고뇌의 떨림으로부터 벗어 나와", "고요하게 신뢰하며 … 더욱 강력한 손에 [그의] 투쟁을 맡기는" 필요성을 표현하는 자유에 관한 그의 시(詩)에 포함시켰다.[50] 그가 레나테와 에버하르트 베트게에게 보내는 편지에서 그의 마음의 평정에 엄습해 오는 무기력 감정으로 그들의 "생명이 이제 더 좋은 그리고 더욱 강력한 손안에 완전히 놓이게 되었다"는 신앙의 관점을 잃지 않기를 희망하면서 다른 사람들의 운명을 표현하려고 노력을 기울이는 상황에서 일찍이 언급한 "더욱 강력한 손"은 "갑작스럽게 단절되었다."[51]

여기에서 나타난 태도는 1944년 2월 21일의 편지에서 더욱 세련되게 나타났다. 거기에서 그는 베트게에게 그가 매우 적절한 시기에 그의 "운명"에 대해 대항하기도 하고 순종하기도 해야 한다고 말한다. 그에게 있어서 문제는 그의 "운명"이라고 판단되는 완전한 중립지대에서 어떻게 하나님을 발견할 수 있느냐는 것이었다. 그는 어느 누구도 저항과 순종 사이의 경계를 추상적으로 정의할 수 없다는 결론을 내린다. 오직 그의 신앙만이 그에게 "각 상황에서 [그

---

49) Kelly and Nelson, *A Testament to Freedom*, p. 522 (저자의 번역).
50) From 'Stations on the Way to Freedom, p. 522 (저자의 번역).
51) Bonhoeffer, *Letters and Papers from Prison*, p. 190.

의] 기반에 설 수 있는" 충분한 탄력성과 행동을 제공할 수 있었다.[52] 1944년 7월 10일의 공모가 실패로 끝난 후, 그의 나라와 나치의 희생자들을 그들의 고난으로부터 구출하려는 그의 노력을 하나님의 더욱 강력한 지혜와 통제에 맡긴다고 가정한다면, 그의 글들은 점차 하나님이 허락하는 무엇이든지 그에 대한 신앙 안에서의 "순종"으로 입증되었다. 고난, 심지어는 죽음이 그의 운명이라는 성가신 깨달음에도 불구하고 그러한 상황에서의 기도는 그를 더욱더 하나님의 섭리적 보호에 대한 신앙으로 인도했다. 암살 시도가 실패로 끝난 이후 8일만에, 그는 다음과 같이 썼다. "고난에서, 구원은 우리 자신의 손으로부터 하나님의 손에 우리의 존재를 맡기는 데에 있다."[53] 그러한 구원에 대한 그의 신앙의 행위는 그리스도인의 제자직에 관한 그의 책에서 그가 주장한 것과 일치한다. 즉, 그리스도를 따르는 것은 정의를 위해서 박해를 무릅쓰는 사람들의 운명인 십자가에 자신을 내어 맡기는 것이다. 그러한 죽음은 사실상 모든 것의 종말이 아니라 예수 그리스도와의 그리스도인의 교제를 완전히 꽃피우는 것이었다.[54]

## 기도와 정의를 위한 행동

마음을 뜨겁게 하는 열렬한 기도가 기독교 공동체의 유일한 구

---

52) ibid., pp. 217-218.
53) bid., p. 375.
54) D. Bonhoeffer, *The Cost of Discipleship*, p. 99를 보라.

조는 아니다. 베트게가 관찰한 바와 같이, 본회퍼는 정의를 위한 구체적인 행동에 관련시키지 않고서도 기도가 경건주의적 자만과 활기 없는 내세성으로 일탈할 수도 있다고 확신했다.[55] 그의 영성은 그리스도인의 신실한 기도는 물론 예수 그리스도의 담대한 모방을 주축으로 삼는다. 본회퍼는 평범한 생활의 문제들을 해결하는 것과 관련하여 일정한 성숙에 도달한 세상 자체에 대하여 말한다. 그러나 그는 진정으로 성숙한 신앙이 호전성과 착취 위에서 번영하는 사람들과는 달리 이웃에 대한 사랑이 평화와 정의의 선교로 변화시킬 때에만 성취될 수 있다는 것을 잘 알고 있었다. 본회퍼가 전망한 바와 같이 히틀러 이후의 미래의 그리스도인들은 그들의 날마다의 기도를, 사람들이 오직 고통과 억압만을 경험하는 곳에서 정의를 촉진시키기 위하여 필요한 실천적인 행실로 연결시키는 사람들이 되어야 한다. 만일 그들이 불가능한 것처럼 보이는 문제들에 대한 종교적인 해결책으로 회의적인 세상에서 그들의 신용을 다시 얻으려고 한다면, 이것이 기독교 교회들이 걸어가야 할 길이다. 본회퍼에게 있어서, 유일하게 신빙성이 있는 신앙은 자비에 의해서 고취되고 봉사에서 형성되는 신앙이었다.

본회퍼가 세례에 관한 그의 설교에서 언급한 "정의를 위한 행동"이라는 말이 의도하는 바에 대한 한 가지 해답이 없다고 하더라도, 그의 저작들로부터 세 가지의 방향이 끊임없이 출현하는 것으로 보인다. 본회퍼는 억눌린 자들과의 부끄러운 기색이 없는 연대, 의롭지 못한 사회의 희생자들을 해방시키기 위한 구체적인 단계 그리고 그리스도를 위해서 기꺼이 고난 받고자 하는 마음, 이 모든 것을 그

---

55) Bethge, *Prayer and Righteous Action*, pp. 26-27.

가 예수 그리스도를 따르는 "값비싼 은총"(costly grace)이라고 일컬은 것과 관련시켰다. 이 마지막 부분에서 우리는 하나님의 "가장 작은 자들"과의 연대에 돌입하고 그들이 당해왔던 냉대에 직면하여 그들의 존엄성을 선포해야 하는 교회의 사명에 대한 본회퍼의 강조로부터 시작하여, 순서대로 이것을 각각 다루게 될 것이다.

## 1) 연대성

세상에서 인종 차별적 억압과 계급적 억압의 세력과 투쟁하면서 영감을 찾으려고 하는 사람들은 간혹 동료 공모자들과 가족에게 보내는 본회퍼의 1942년 성탄절의 간곡한 권고로부터 극적인 구절들을 인용한다. 「10년 이후」(After Ten Years)라는 제목의 에세이에서, 그는 그들에게 역사의 사건들을 대중의 운명을 통제하는 힘 있는 소수자의 유리한 입장에서가 아니라 희생자들의 눈으로 평가해야 할 필요성에 대해서 말한다. 공모자들은 "아래로부터 버림받은 사람들, 혐의를 받는 사람들, 학대를 당하는 사람들, 무기력한 사람들, 억눌린 사람들, 매도당하는 사람들의 관점으로부터 – 간단히 말해서 고난을 받는 사람들의 관점으로부터 세계사의 위대한 사건들을 볼 수 있는" 특권을 가졌다.[56] 게슈타포에 의해서 체포되기 직전에 쓴 이 말들은 그의 삶의 여정에서의 갑작스런 전환을 의미하지 않는다. 본회퍼는 일찍이 1928년, 처음으로 익숙하지 않은 가난을 대하게 되었을 때, 그는 예수 그리스도가 가난한 사람의 모습으로 그들 가운데 계셨다는 것을 자신의 교구의 교인들에게 상기시키려

---

56) Bonhoeffer, *Letters and Paper from Prison*, p. 17.

고 노력했다. 그의 형제자매들 중에서 가장 작은 자 가운데서 살아가시는 그리스도 안에 지속적으로 거하는 것은 교회가 부유한 사람들의 변덕에 비위를 맞추기를 무시하는 것과는 다른 어떤 것이다. 본회퍼에 의하면 사실상 그리스도인들이 영광을 돌려야 하는 그리스도는 "분명하게 무가치한 것들에 대해 무한한 가치와 그렇게 분명하게 가치 있는 것처럼 보이는 가치에 대해 무한한 무가치"를 선포하심으로써 사회의 속물적인 가치관을 뒤엎으시는 분이다.[57] 그 당시 콧대가 센 사회에서 예수 그리스도를 발견하는 것은 베를린 대학에서 그의 학생들을 가장 불안하게 만드는 도전들 가운데 하나가 되었다. 본회퍼는 예수가 "약함 속에 자신을 숨기고 신인(God-man)으로 인정되지 않는 방식으로" 우리의 세상에 들어오셨다고 주장했다. 예수는 "왕의 옷"을 입지 않으셨다. 그 대신에 "그는 익명으로 거지들 중에서 거지로서, 죽어 가는 자들 가운데서 죽어 가는 자로 걸어가신다."[58] 한 나라의 소외된 사람들 가운데서의 예수 그리스도의 동시대적인 현존에 대한 감수성은, 본회퍼가 미래의 교회에 요구하는 것의 초점이다. 그리스도인들은 그들의 형제자매들 가운데서 가장 약한 자들 가운데서 예수를 긍정해야 한다. 본회퍼는 그의 『윤리학』에서 억눌린 자들과 그리스도 안에서의 연대성의 문제를 궁극적인 결론으로 다루었다. 유대인들을 박해한 사람들은 "예수 그리스도의 가장 약한 자들과 가장 무방비 상태에 있는 형제자매들을 죽인 공범이다."[59]

---

57) Kelly and Nelson, *A Testament to Freedom*, p. 196.
58) D. Bonhoeffer, *Christ the Centre*, trans. E. H. Robertson (New York: Harper & Row, 1978), p. 197.
59) Bonhoeffer, *Ethics*, p. 114 (번역은 역간 바뀌었다).

억눌린 자들과의 그러한 연대성은 여러 세기에 걸쳐 교회의 가르침에 낯선 것이 아니었다. 그러나 본회퍼의 비전은 자기 자신의 생존 이외에는 누구를 옹호하기를 꺼려했던 교회에 대해 초점을 맞춘 것이었다. 연대는 다름 아닌 6백만 유대인들, 이른바 "인간 이하"(Untermenschen)의 취급을 받는 무수한 다른 사람들, 정치적인 적대자들, 한마디 말로 표현하자면, 인종적으로 순수한 게르만 민족의 밀레니엄(Teutonic millenium)을 창조하기 위한 히틀러의 광기어린 계획에서 노예화와 제거를 당할 운명을 가진 사람들 가운데서 "익명으로" 고난을 당하시는 예수 그리스도와의 연대이다. 본회퍼는 그의 신학교 학생들에게 "지금 사람들 가운데서 가장 작은 자들을 공격하는 자들은 그리스도를 공격하는 자들이다"라고 말했다.[60] 본회퍼에게 있어서, 십자가의 길을 따라서 그리스도를 따르는 것은 다름 아닌 사악한 정치적 지도자들이 경멸의 대상으로 만들어놓은 사람들을 위한 돌봄에서 하나님의 자신의 취약함을 받아들이라는 것을 교회에 요구하는 것이다.

## 2) 정의의 행위

그렇지만 억눌린 자들과의 연대는 정의로운 사회를 창조하는 일을 돕는 그리스도인들의 사명에 있어서 첫 번째 단계일 뿐이다. 본회퍼는 친구들과 적대자들 가운데서는 물론 교계에서도 억압적인 공공정책에 의해서 희생을 당한 사람들에 대한 책임을 받아들이고, 이 "작은 자들"을 보호하는 효과적인 수단을 취하라고 종교지도자

---

60) Bonhoeffer, *Cost of Discipleship*, p. 341.

들에게 촉구하는, "억제할 수 없는 선동가"로서 알려졌다. 그는 예언자적 격분과 신속한 행동이 요구될 때 줏대 없는 보편성을 자랑삼아 내보이는 교회들의 걱정스런 추세를 보고서 근심했다. 감옥에서, 1944년 7월 20일의 음모가 실패로 끝나고 그에게 위험이 닥쳐왔을 때, 그는 아돌프 히틀러에 대한 그의 민족의 노예화를 해방시키기 위하여 그리스도인들과 교회들이 해야 할 일을 다시 지적한다. 이제는 유명하게 된 시(詩)인 "자유에 이르는 도상에 있는 정거장"(Stations on the Way to Freedom)에서 극적으로 분출된 것과 같이, 그는 자유가 "환상, 마음을 [통해서가] 아니라, 대담한 정의의 행위에서 나오는 용기를 통해서/ … 높이 솟아오르는 이념을 통해서가 아니라, 오직 행동을 통해서" 그들에게 실제로 현실이 될 수 있다고 주장한다.[61]

여기에서 우리는 나치 권력자들의 눈에서 완전히 인간 이하로서 낙인을 찍힌 수많은 무고한 사람들 가운데서 불행을 만들어낸 악을 멈추게 하기 위한 명백한 어떤 것을 수행하라고 교회들에게 박차를 가하는 본회퍼의 실천적인 성향을 보게 된다. 어떤 환상적인 과정을 밟아야 하는가에 대한 끊임없는 심사숙고나 그것을 행함이 없이 무엇을 해야 하는가에 대하여 꿈꾸는 것도 죽음의 수용소에서 운명을 기다리는 희생자들의 불확실한 상황에 영향을 미치지 못한다.

오직 원기 왕성하고도 용감한 행동만이 영향을 미칠 수 있다. 그리스도인들이 예수 그리스도 자신의 복제가 아니라는 것을 인정했지만, 그럼에도 불구하고 본회퍼는 동료 공모자들에게 그들이 진정한 그리스도인들이 되기를 원한다면, "위험의 순간이 올 때 책임 있

---

61) Kelly and Nelson, *A Testament to Freedom*, p. 515 (저자의 번역).

게 행동함으로써, 두려움에서가 아니라 고난을 당하는 모든 사람들을 위한 그리스도의 해방하시고 구속하시는 사랑에서 흘러나오는 진정한 자비를 보여줌으로써 그리스도의 도량이 넓으신 마음에 동참해야 한다"고 주장했다. 공모자들에 대한 그의 권고 부분의 마지막 말은 우물쭈물하지 말고 행동하기 시작해야 할 필요성에 대한 틀림없는 판단이다. "단순한 기다림과 방관은 기독교적 행동이 아니다. 그리스도인들은 자비와 행동을 위해 부르심을 받았다."[62]

유대인들을 보호하는 데로 교회를 밀고 나아가려는 본회퍼의 노력은 애국심을 끓게 하는 그 자신의 나라가 보다 더 큰 군사적인 영광으로 나아가는 꿈에 젖어 흥청거리는 동안에도 세계 평화를 위한 그의 선동 속에서 그 대응책을 가지고 있었다. 여기에서도 그는 교회들에게 "세상이 이를 갈겠지만, 세상이 듣고 사람들이 즐거워할 수 있도록 외쳐야 할" 책임을 부과했다. 왜냐하면 "그리스도의 교회가 그리스도의 이름으로 그들의 자손들의 손에서 무기를 취하고 격노하는 세상에 대하여 그리스도의 평화를 선포했기 때문이다."[63] 그가 에큐메니칼 대표들의 모임에서 말한 평화는 "위대한 모험"(the great venture)이었다. 금세기에 평화주의자들은 우리가 관찰한 바와 같이, 무기로 가득 채워진 세상에서 평화와 정의를 성취해야 한다는 도덕적 권고(moral suasion)를 이용하여 교회지도자들을 설득하려는 설교에서 본회퍼의 지칠 줄 모르는 노력의 열정에 필적하지 못

---

62) D. Bonhoeffer, *Letters and Papers from Prison*, p. 14 (번역은 약간 바뀌었다).

63) Kelly and Nelson, *A Testament to Freedom*, pp. 228-229.

했다.[64] 그렇게 행하지 못한 그들의 실패는 교회들이 그들의 침묵으로 말미암아 "책임적인 행동에서, 대의를 변호하는 일에 대한 용감함에서, 올바른 것이라고 알려진 것을 위해 기꺼이 고난을 받을 자세에서 몰락하는 죄를 범했다"는 그의 통렬한 비난 배후에 있다. 그들은 "불법적인 잔인한 무력의 사용, 수많은 무고한 사람들의 육체적, 정신적인 고난, 억압, 증오와 살인 그리고 … 그들을 서둘러 도울 길을 찾지 않는 것을 증언"해 왔다.[65]

교회의 편에서의 이러한 "죄책 고백"의 함축적 의미는 본회퍼가 그의 『윤리학』에서 설명한 행동의 형태를 위해서 분명한 것이다. 교회는 "무수한 무고한 사람들"의 고난을 경감시켜줄 수 있는 "방법들을 발견"해야 한다. 그들은 정의를 위해서 행동해야 하는 그들의 의무를 면제받지 못한다. 또한 그들이 그들의 생계를 잃을까 두려워하여 법에 순종하거나 또는 독재의 분위기 속에서 더 심각한 것으로 나라 사랑에 대한 그들의 평판을 잃을까 두려워하여 국가에 반대하여 사람들을 보호하는 실천적인 문제보다 그들의 영적인 사명을 더 높이 평가하는 구실을 인정받지도 못한다. 본회퍼가 그의 신학교 학생들에게 그리스도를 따르는 것에 관한 그의 가장 도전적인 강의들 가운데 한 강의에서 말한 바와 같이, 그리스도인들은 "인간적인 삶, 그들의 개인적인 존엄과 영광의 가장 무가치한 보화를 던져버려야 한다."[66]

---

64) ibid., p. 104를 보라. 이러한 주장은 스위스 글랑(Gland)에서 개최된 에큐메니칼 회의의 상황에서 제기된 것이다. 거기에서 본회퍼는 "국가 안보"(national security)의 우상을 맹렬하게 공격했다. 위에 지적한 설교에서, 본회퍼는 "세계가 무기로 가득 채워져 있다"고 천명했다.

65) Bonhoeffer, *Ethics,* pp. 114-115.

66) Bonhoeffer, *Cost of Discipleship*, pp. 124-125.

## 3) 고난

본회퍼가 주장한 교회는 저들의 삶을 지배하기에 이른 무자비한 정부에 의해서 희생된 사람들을 위해서 기꺼이 고난받을 때에만 교회이다. 감옥에서 본회퍼는 마가복음 15장 34절을 읽고서 위로를 얻었다. 거기에서 죽어 가는 그리스도는 십자가로부터 거의 절망 속에서 다음과 같이 절규한다. "나의 하나님, 나의 하나님 어찌하여 나를 버리셨나이까?"[67] 그리스도인들은 저들의 구세주와 같이, 형제자매들 가운데서 가장 작은 자를 위한 책임으로부터 도망칠 수 없다. 하나님은 그들에게서 상처를 입기 쉽게 되셨다. 만일 그들이 예수 그리스도를 따르기로 한다면, 세상의 억눌린 자들을 위해 저들의 모든 힘을 기울이는 자들은 어떤 깜짝 놀랄 만한 신적인 구출이나 마음 내키지 않는 세상을 강제로 심판하기 위한 어떤 기적적인 개입을 기대해서도 안 된다. 본회퍼는 다음과 같이 고백하는 데까지 나아간다. "하나님은 십자가상에서 세상 밖으로 밀려나셨다. 하나님은 세상에서 약하고 무기력하시다. 그리고 이것은 정확하게 하나님이 우리와 함께 하시고 우리를 도우시는 방법, 유일한 방법이다. … 그리스도는 그의 전지전능함에 의해서가 아니라 그의 약함과 고난에 의해서 우리를 도우신다."[68]

그러한 "도움"은 신앙의 은사이다. 하나님은 그리스도인들에게 저들의 고통의 이유에 대한 합리적이며 논리적으로 정연한 응답을

---

67) Bonhoeffer, *Letters and Papers from Prison*, pp. 337, 360.
68) ibid., pp. 360-361 (번역은 약간 바뀌었다).

주시지 않는다. 하나님은 그들과 함께 고난을 당하신다. 그런 까닭에 본회퍼는 "오직 고난 받는 하나님만이 도울 수 있다"는 영적인 현실을 받아들였다.[69] 그러한 "도움"은 짓밟힌 자들이 그들의 불행 속에서 혼자가 아니라는 은총의 보증이다. 하나님은 그리스도 안에서 20세기의 악에 의해서 저들의 생명이 위협을 당한 사람들이 직면하는 괴로운 문제들에 대해 그럴듯하게 둘러대는 설명을 주시지 않는다. 하나님은 포로 상태로부터 하나님의 백성들을 해방시키기 위해 영적으로 능력을 주는 소망의 예언자들을 일으키시면서, 고난을 받는 자들과 함께 고난을 당하기로 선택하신다. 본회퍼와 같이 "마지막까지 힘껏 그리스도의 고난을 함께 나누는 것"이 운명인 사람들[70]은 하나님이 그들의 고통과 거부를 담당하신다는 것을 깨달았다.[71] 하나님의 취약성과 자비에 대한 이러한 신앙은 본회퍼의 십자가의 신학의 중심에 있다. 그리고 그 신앙은 그가 그들이 통제할 수 없는 증오에 의해서 상처를 입은 사람들을 위한 해방시키는 위안을 제공하는 "정의를 위한 행동"에 반드시 포함시키고자 하는 것의 중심에 있다. 이들은 저들의 절규에 귀를 기울이시는 하나님과 그들에게 다가가서 저들의 고통을 완화시켜주기 위해 행동하려는 그리스도인들을 사모하는 하나님의 특별한 자녀들이다.

기도와 정의를 위한 행동을 결합시키는 본회퍼의 미래 교회의 신학은 그 자체로서 오늘날 세계에서 저들의 시민권을 박탈당한 사

---

69) ibid.

70) Bonhoeffer, *Cost of Discipleship*, p. 98.

71) 나의 논문, 'Sharing in the Pain of God: Dietrich Bonhoeffer's Reflections on Christian Vulnerability', *Weavings: A Journal of the Christian Spiritual Life*, 8 (4) (July-August 1994), 6-15를 보라.

람들이 직면하는 구체적인 문제들과 연결되어 있다. 그들은 그들의 고난에서 그들의 곤란과 저들을 위한 실천적인 행동에서 그들과의 하나님의 연대에 관한 예언자적 말씀을 갈망한다. 권력과 영향력을 가진 자들에게 편을 들어주며 인권이 침해당할 때 인내하는 태도를 취하는 현상 유지 상태(status quo)를 받아들이는 것은 본회퍼가 복음에 대한 불충과 형제자매들 가운데서 가장 작은 자들 가운데 있는 예수 그리스도를 외면하는 것으로서 거부한 것이다.

# 정선한 영어 참고 문헌

Bethge, E. Dietrich Bonhoeffer: Theologian, Christian, Contemporary. London: Collins, 1970.

Bonhoeffer: Exile and Martyr. London: Collins, 1975.

Bonhoeffer: An Illustrated Instruction. London: Collins, 1979.

Prayer and Righteous Action. Belfast: Christian Journals Ltd, 1979.

Friendship and Resistance: Essays on Dietrich Bonhoeffer. Geneva: WCC, 1995.

Bethge, E., Bethge, R. and Gremmels, Dietrich Bonhoeffer: A Life in Pictures. Philadelphia: Fortress Press, 1986.

* Bonhoeffer, D. Temptation. New York: Macmillan, 1955.

The Cost of Discipleship. New York: Macmillan, 1960.

Sanctorum Communio: A Dogmatic Enquiry into the Sociology of the Church. London: Collins, 1963.

Ethics. New York: Macmillan, 1965.

No Rusty Swords: Letters, Lectures and Notes, 1928-1936, Collected Works of Dietrich Bonhoeffer, vol. I. New York: Harper & Row, 1965.

The Way to Freedom: Letters, Lectures and Notes, 1935-1939, Collected Works of Dietrich Bonhoeffer, vol. II. London: Collins, 1966.

Letters and Papers from Prison: The Enlarged Edition, New York: Macmillan, 1972.

True Patriotism: Letters, Lectures and Notes, 1939-1945, Collected Works of Dietrich Bonhoeffer, vol. III. London: Collins, 1973.

Christ the Centre. New York: Harper & Row, 1978.

Fiction from Prison: Gathering up the Past. Philadelphia: Fortress Press, 1981.

Spiritual Care. Philadelphia: Fortress Press, 1985.

Meditating on the Word. Cambridge: Cowley, 1986.

Act and Being: Transcendental Philosophy and Ontology in Systematic Theology, Dietrich Bonhoeffer Works, vol. II. Minneapolis: Fortress Press, 1996.

Life Together: The Prayerbook of the Bible, Dietrich Bonhoeffer Works, vol. V. Minneapolis: Fortress Press, 1996.

Creation and Fall: A Theological Exposition of Genesis 1-3, Dietrich Bonhoeffer Works, vol. III. Minneapolis: Fortress Press, 1997.

Bonhoeffer, D. and von Wedemeyer, M. Love Letters from Cell 92. London: Harper-Collins, 1993.

Bosanquet, M. The Life and Death of Dietrich Bonhoeffer. London: Hodder & Collins, 1993.

Burtness, J. H. Shaping the Future: The Ethics of Dietrich Bonhoeffer. Philadelphia: Fortress Press, 1985.

Clements, K. A Patriotism for Today: Love of Country in Dialogue with the Witness of Dietrich Bonhoeffer. London: Collins, 1986.

What Freedom? The Persistent Challenge of Dietrich Bonhoeffer. Bristol: Bristol Baptist College, 1990.

Day, T. I. Dietrich Bonhoeffer on Christian Community and Common Sense. New York: Edwin Mellen Press, 1982.

de Gruchy, J. Bonhoeffer and South Africa: Theology in Dialogue. Grand Rapids: Eerdmans, 1984.

Dietrich Bonhoeffer: Witness to Jesus Christ. London: Collins, 1987.

(ed.) Bonhoeffer for a New Day: Theology in a Time of Transition. Grand Rapids: Eerdmans, 1997.

Dumas, A. Dietrich Bonhoeffer: Theologian of Reality. New York: Macmillan, 1971.

Fant, C. E. Bonhoeffer: Worldly Preaching. New York: Crossroad, 1990.

Feil, E. The Theology of Dietrich Bonhoeffer. Philadelphia: Fortress Press, 1985.

Feil, E. Bonhoeffer Studies in Germany: An Overview of Recent Literature, Philadelphia: International Bonhoeffer Society, 11997.

Floyd, W. W. Jr. Theology and the Dialectics of Otherness: On Reading Bonhoeffer and Adorno, Baltimore: University Press of America, 1988.

Floyd, W. W. Jr. and Marsch, C. (eds.) Theology and the Practice of Responsibility: Essays on Dietrich Bonhoeffer. Valley Press International, 1994.

Glazener, M. The Cup of Wrath: The Story of Dietrich Bonhoeffer's Resistance to Hitler. Macon, Ga.: Smyth & Helwys, 1992.

Godsey, J. D. The Theology of Dietrich Bonhoeffer. London: SCM, 1960.

Godsey, J. D. and Kelly, G. B. eds., Ethical Responsibility: Bonhoeffer's Legacy to the Churches. New York: Edwin Mellen Press, 1981.

Green, C. Bonhoeffer: A Theology of Sociality. Grand Rapids: Eerdmans, 1999.

Huntemann, G. The Other Bonhoeffer: An Evangelical Reassessment of Dietrich Bonhoeffer. Grand Rapids: Baker Books, 1993.

Kelly, G. B. Liberating Faith: Bonhoeffer's Message for Today. Minneapolis: Augsburg Publishing House, 1984.

Kelly, G. B. and Nelson, F. B. A Testament to Freedom: The Essential Writings of Dietrich Bonhoeffer. New York: HarperCollins, 1990.

Klassen, A. J. (ed.) A Bonhoeffer Legacy: Essays in Understanding. Grand

Rapids: Eerdmans, 1981.

Kuhns, W. In Pursuit of Dietrich Bonhoeffer. London: Burns & Oates, 1967.

Kuske, M. The Old Testament as the Book of Christ: An Appraisal of Bonhoeffer's Interpretation. Philadelphia: Westminster, 1976.

Leibholz-Bonhoeffer. S. The Bonhoeffers: Portrait of a Family. London: Sidgwick & Jackson, 1971.

Lovin, R. W. Christian Faith and Public Choices: The Social Ethics of Barth, Brunner and Bonhoeffer. Philadelphia: Fortress Press, 1984.

Marsh, C. Reclaiming Dietrich Bonhoeffer: The Promise of his Theology. New York: Oxford University Press, 1994.

Marty, M. E. (ed.) The Place of Bonhoeffer: Problems and Possibilities in his Thought. New York: Association Press, 1962.

Moltmann, J. and Weissbach, A. Two Studies in the Theology of Dietrich Bonhoeffer. New York: Charles Scribner's Sons, 1967.

Ott, H. Reality and Faith: The Theological Legacy of Dietrich Bonhoeffer. London: Lutterworth, 1971.

Pangritz, A. Karl Barth in the Theology of Dietrich Bonhoeffer. Grand Rapids: Eerdmans, 1998.

Peck, W. J. (ed.) (1987) New Studies in Bonhoeffer's Ethics, Toronto Studies in Theology, vol. 30. New York: Edwin Mellen Press, 1987.

Pejsa, J. To Pomerania in Search of Dietrich Bonhoeffer. Minneapolis: Kenwood Publishing, 1995.

Phillips, J. The Form of Christ in the World: A Study of Bonhoeffer's Christology. London: Collins, 1967.

Rasmussen, L. Dietrich Bonhoeffer: Reality and Resistance. Nashville: Abingdon, 1972.

Dietrich Bonhoeffer: His Significance for North Americans. Minneapolis: Fortress Press, 1990.

Reist, B. A. The Promise of Bonhoeffer. Philadelphia: Lippincott, 1969.

Robertson, E. H. The Shame and the Sacrifice: The Life and Teaching of Dietrich Bonhoeffer. London: Hodder & Stoughton, 1987.

Scholder, K. The Church and the Third Reich. 2 vols. Philadelphia: Fortress Press, 1988.

Smith, R. G. A World Come of Age: A Symposium on Dietrich Bonhoeffer. London: Collins, 1967.

Wind, Renate Dietrich Bonhoeffer: A Spoke in the Wheel, 1992. London: SCM, 1992.

Woelfel, J. Bonhoeffer's Theology: Classical and Revolutionary. New York: Abingdon, 1970.

Wüstenberg, R. K. A Theology of Life: Dietrich Bonhoeffer's Religionless Christianity. Grand Rapids: Eerdmans, 1998.

Zimmermann, W. and Smith, R. G. (eds.) I Knew Bonhoeffer: Reminiscence by his Friends. London: Collins, 1966

\* 본회퍼의 저작의 새로운 번역의 출판 세부 사항에 대해서는 제4장을 보라.

# 인명색인

# 본회퍼 신학개론

THE CAMBRIDGE COMPANION TO DIETRICH BONHOEFFER

초판인쇄 2017년 2월 25일 | 초판출간 2017년 2월 28일 | 저자 존 W. 드 그루시 편 | 옮긴이 유석성·김성복 | 펴낸곳 종문화사 | 편집 디자인오감 | 인쇄 (주)두경 | 제본 우성제본 | 값 25,000원 | 주소 서울시 은평구 연서로34 2 3층(불광동) | ⓒ 2017, jongmunhwasa printed in Korea | ISBN 979-11-87141-23-5 39190 | 잘못된 책은 바꾸어 드립니다.